핵심만 쏙쏙 예제는 빵빵

파워포인트 2016

해람북스기획팀 지음

초판 발행일 | 2021년 01월 20일
저자 | 해람북스 기획팀
펴낸이 | 박재영
총편집인 | 이준우
기획진행 | 유효섭, 김미경

㈜**해람북스** **주소** | 서울시 용산구 한남대로 11길 12, 고와스빌딩 6층
문의전화 | 02-6337-5419 팩스 02-6337-5429
홈페이지 | http://www.hrbooks.co.kr

발행처 | (주)미래엔에듀파트너 **출판등록번호** | 제2016-000047호

ISBN 979-11-6571-099-6

정보기술자격(ITQ) 시험 안내

■ 정보기술자격(ITQ) 시험이란?

정보화 시대의 기업, 기관, 단체 구성원들에 대한 정보기술능력 또는 정보기술 활용능력을 객관적으로 평가하는 시험입니다. 정보기술 관리 및 실무능력 수준을 지수화, 등급화하여 객관성을 높였으며, 과학기술정보통신부에서 공식 인증하는 국가공인자격 시험입니다. 또한, 산업인력의 정보 경쟁력 강화를 통한 국가 정보화 촉진을 목적으로 시행하고 있으며, 초등학생부터 대학생, 직장인, 노년층에 이르기까지 다양한 계층에서 IT 실력을 검증받고 있습니다.

■ 응시 자격 및 시험 과목

- 정보기술자격(ITQ) 시험은 대한민국 국민 누구나 응시가 가능합니다.
- 동일 회차에 아래한글/MS, 한글엑셀/엑셀, 한글액세스, 한글파워포인트/한쇼, 인터넷의 5개 과목 중 최대 3과목까지 응시가 가능합니다. 단, 한글엑셀/한셀, 한글파워포인트/한쇼, 아래한글/MS 워드는 동일 과목군으로 동일 회차에 응시가 불가능합니다(자격증에는 "한글엑셀(한셀)", "한글파워포인트(한쇼)"로 표기되며, 최상위 등급이 기재됨).

자격 종목(과목)		프로그램 및 버전		등급	시험 방식	시험 시간
		S/W	공식 버전			
정보기술자격 ITQ	아래한글	한컴오피스	NEO(2016)	A등급 B등급 C등급	PBT	60분
	한셀					
	한쇼					
	MS 워드	MS 오피스	2016			
	한글엑셀					
	한글액세스					
	한글파워포인트					
	인터넷	내장 브라우저 IE8.0 이상				

■ 합격 결정 기준

500점 만점을 기준으로 A등급부터 C등급까지 등급별 자격을 부여하며, 낮은 등급을 받은 응시자가 차기 시험에 다시 응시하여 높은 등급을 받으면 등급을 업그레이드 해주는 방법으로 평가를 합니다.

등급	점수	수준
A등급	400점 ~ 500점	주어진 과제의 80%~100%를 정확히 해결할 수 있는 능력
B등급	300점 ~ 399점	주어진 과제의 60%~79%를 정확히 해결할 수 있는 능력
C등급	200점 ~ 299점	주어진 과제의 40%~59%를 정확히 해결할 수 있는 능력
500점 만점이며 200점 미만은 불합격입니다.		

■ 시험 배점 및 시험 시간

시험 배점	문항 및 시험 방법	시험 시간
과목당 500점	5~10문항 실무 작업형 실기 시험	과목당 60분

■ 시험 출제 기준(한글파워포인트/한쇼)

문항	배점	출제 기준
전체 구성	60점	전체 슬라이드 구성 내용을 평가 • 슬라이드 크기, 슬라이드 개수 및 순서, 슬라이드 번호, 그림 편집, 슬라이드 마스터 등 전체적인 구성 내용을 평가
표지 디자인	40점	도형과 그림을 이용한 제목 슬라이드 작성 능력을 평가 • 도형 편집 및 그림 삽입, 도형 효과 • 워드아트(워드숍) • 로고 삽입(투명한 색 설정 기능 사용)
목차 슬라이드	60점	목차에 따른 하이퍼링크와 도형, 그림 배치 능력을 평가 • 도형 편집 및 효과 • 하이퍼링크 • 그림 편집
텍스트/동영상 슬라이드	60점	텍스트 간의 조화로운 배치 능력을 평가 • 텍스트 편집/목록 수준 조절/글머리 기호/내어쓰기 • 동영상 삽입
표 슬라이드	80점	파워포인트 내에서의 표 작성 능력을 평가 • 표 삽입 및 편집 • 도형 편집 및 효과
차트 슬라이드	100점	프레젠테이션을 위한 차트를 작성할 수 있는 종합 능력을 평가 • 차트 삽입 및 편집 • 도형 편집 및 효과
도형 슬라이드	100점	도형을 이용한 슬라이드 작성 능력을 평가 • 도형 및 스마트아트 이용 : 실무에 활용되는 다양한 도형 작성 • 그룹화/애니메이션 효과

■ 기관별 ITQ 시험 활용 분야

구분	활용 분야
기업	입사 시 우대, 사원교육제도, 승진가점, 경진대회 등
대학	학점인정, 교양필수, 개설과목적용, 졸업인증제, 정보화능력배양, 신입생특별전형 등
정부부처	공무원 채용가점, 공무원 승진가점, 경진대회, 이벤트, 주민정보화교육 등

ITQ 답안 작성 요령

■ 시험 절차

■ 수험자 로그인

① 바탕 화면에서 [KOAS 수험자용] 아이콘을 더블 클릭하여 실행합니다.

② [수험자 등록] 대화 상자가 나타나면 수험번호를 입력하고, [확인] 버튼을 클릭합니다.

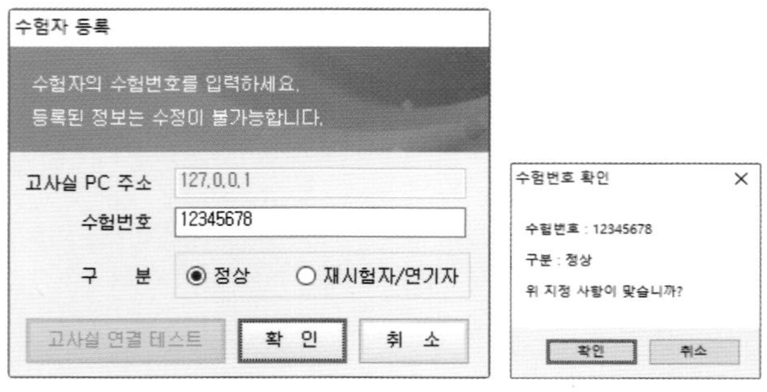

③ [수험자 버전 선택] 대화 상자에서 'MS 오피스 2007 이상'을 선택하고, [확인] 버튼을 클릭합니다.

④ 다시 [수험자 버전 선택] 대화 상자에서 수험자 정보를 확인하고, [확인] 버튼을 클릭합니다(수험자 정보가 다른 경우 [취소] 버튼을 클릭한 후 감독위원에게 문의).

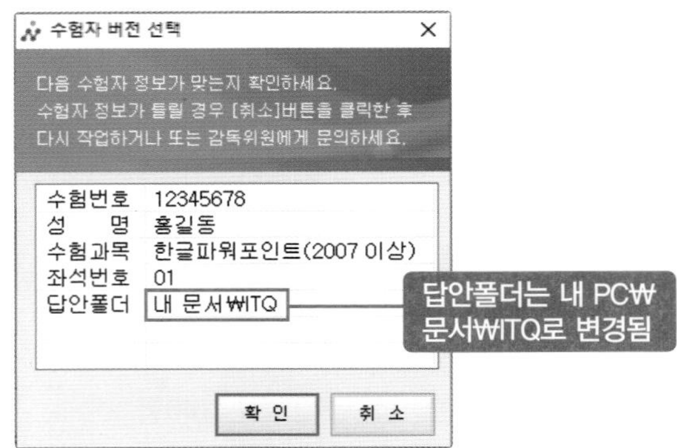

■ 답안 파일 저장(수험자 PC에 저장)

① PowerPoint 2016을 실행한 후 [파일]-[저장]-[찾아보기]를 선택합니다.

② [다른 이름으로 저장] 대화 상자에서 저장 위치(내 PC₩문서₩ITQ)와 파일 이름(12345678-홍길동)을 지정하고, [저장] 버튼을 클릭합니다.

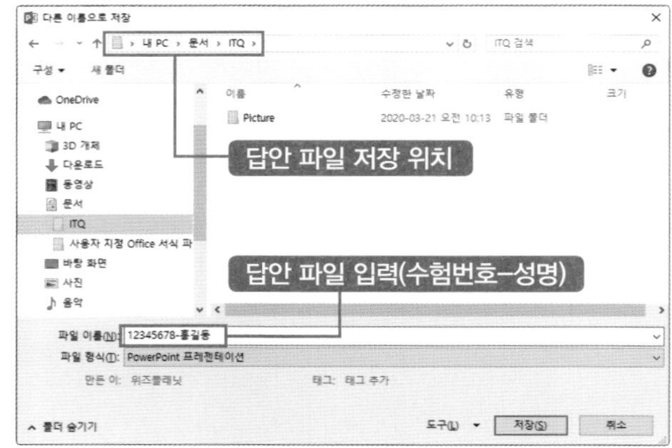

③ 제목 표시줄에서 저장된 파일 이름(수험번호-성명)을 확인합니다.

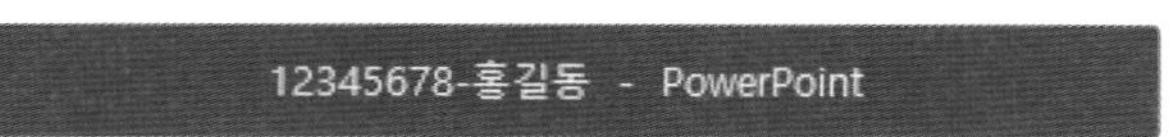

④ 답안 파일을 작성하는 중간에도 주기적으로 저장(Ctrl+S)합니다.

■ 답안 파일 전송(감독관 PC로 전송)

① 답안 파일을 전송하기 위해 [답안 전송] 버튼을 클릭합니다.

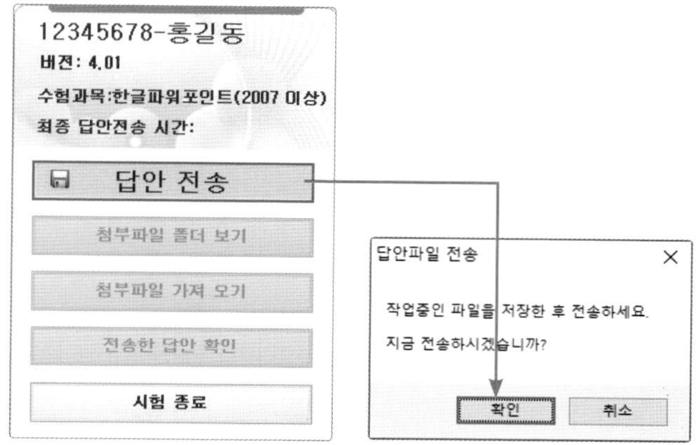

② [고사실 PC로 답안 파일 보내기] 대화 상자에서 답안 파일을 확인하고, [답안전송] 버튼을 클릭합니다(이전 파일 용량과 동일하다는 창이 나타나면 파일을 재저장한 후 [전송] 버튼을 클릭).

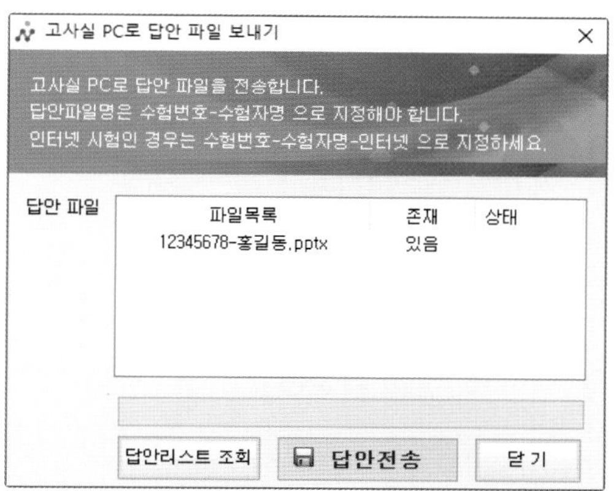

③ 계속해서 답안 파일의 전송 상태(성공)를 확인하고, [닫기] 버튼을 클릭합니다(전송 상태가 '실패'로 표시될 경우 [답안전송] 버튼을 다시 클릭).

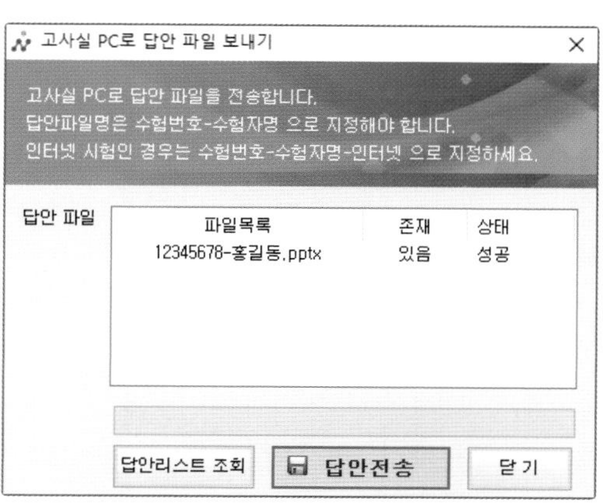

■ 시험 종료 전 주의사항

- 파일명은 본인의 "수험번호-성명"으로 입력하여 답안 폴더(내 PC₩문서₩ITQ)에 하나의 파일로 저장고, 답안 문서 파일명이 "수험번호-성명"과 일치하지 않거나 답안 파일을 전송하지 않아 미제출로 처리될 경우 실격 처리합니다(예 : 12345678-홍길동.pptx).
- 답안 작성을 마치면 파일을 저장하고, [답안 전송] 버튼을 클릭하여 감독위원 PC로 답안을 전송하되 수험생 정보와 저장한 파일명이 다를 경우는 전송되지 않습니다.
- 답안 작성 중에도 주기적으로 저장하면서 [답안 전송]을 해야 문제 발생을 줄일 수 있으며, 작업한 내용을 저장하지 않고 전송할 경우 이전에 저장된 내용이 전송됩니다.
- 시험을 완료한 수험자는 답안 파일이 전송되었는지를 확인한 후 감독위원의 지시에 따라 문제지를 제출하고 퇴실합니다.

■ 교재의 [ITQ답안폴더] 설치하기

① ITQ 시험에서는 [내 PC₩문서₩ITQ] 폴더가 자동으로 생성되어 있으므로 별도로 폴더를 작성할 필요가 없습니다.

② 본 교재에서는 부록으로 제공된 'ITQ답안폴더.exe' 파일을 이용하여 폴더를 생성합니다.

③ 해람북스(http://www.hrbooks.co.kr/)의 [자료실]-[IT수험서]에서 'ITQ답안폴더.exe' 파일을 다운로드한 후 파일을 더블 클릭하면 [내 PC₩문서₩ITQ] 폴더가 자동으로 생성됩니다.

④ 그림 문제의 경우는 반드시 [내 PC₩문서₩ITQ₩Picture] 폴더에서 정확한 파일을 선택하여 삽입합니다.

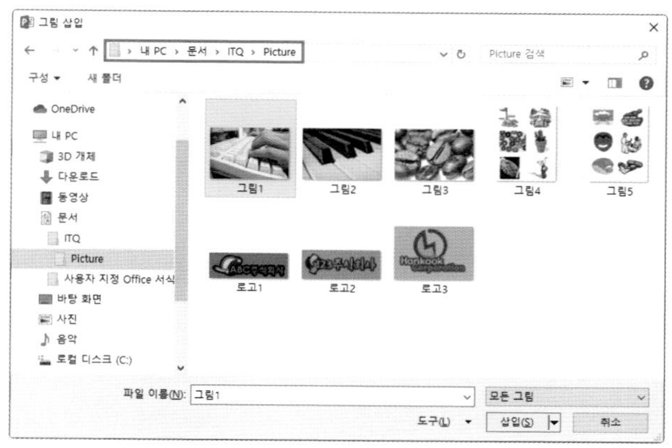

CONTENTS

이 책의 차례

PART 01 출제 유형 완전 분석

PART 02 실전모의고사

PART 03 최신기출유형

PART 01

Information Technology Qualification

출제 유형 완전 분석

[전체 구성]

전체 구성에서는 슬라이드의 크기 및 순서와 슬라이드 마스터에 적용되는 제목, 로고, 번호 등을 적용하는 방법에 대하여 알아봅니다.

시험 유형 미리보기

• 예제 파일 : 없음 / • 완성 파일 : 유형 분석 01₩유형 01_완성.pptx

※ [전체 구성] 60점

(1) 슬라이드 크기 및 순서 : 크기를 A4 용지로 설정하고, 슬라이드 순서에 맞게 작성한다.

(2) 슬라이드 마스터 : 2~6 슬라이드의 제목, 하단 로고, 슬라이드 번호는 슬라이드 마스터를 이용하여 작성한다.

– 제목 글꼴(돋움, 40pt, 흰색), 왼쪽 맞춤, 도형(선 없음)

– 하단 로고(「내 PC₩문서₩ITQ₩Picture₩로고2.jpg」 배경(회색) 투명색으로 설정)

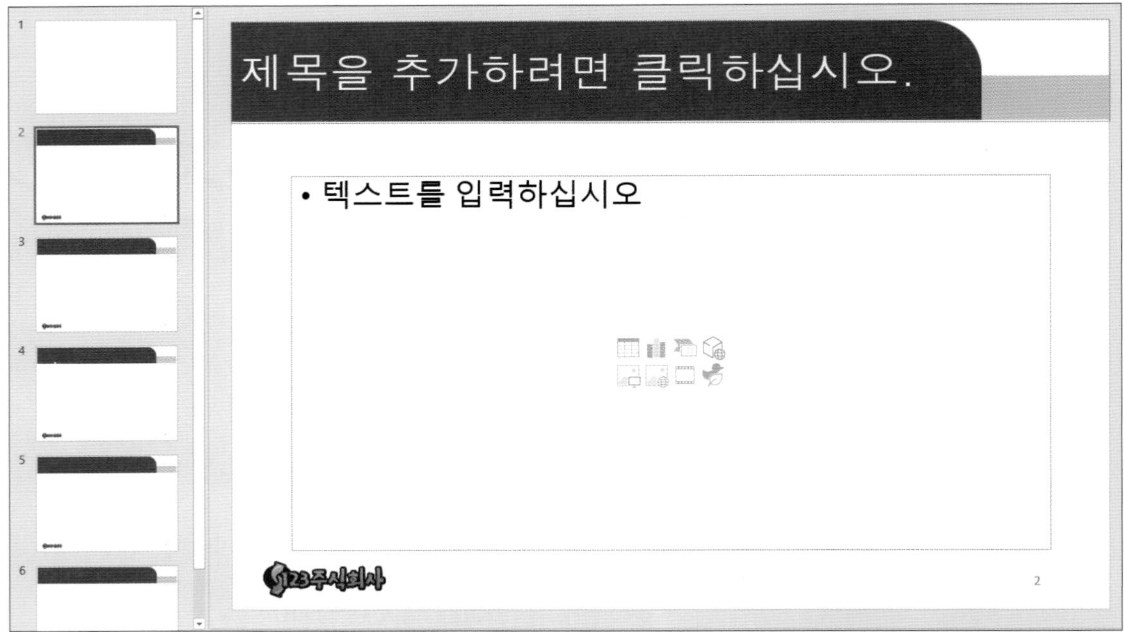

유형 잡기 01 페이지 설정과 슬라이드 추가하기

1 PowerPoint 2016 초기 화면에서 슬라이드 크기를 지정하기 위하여 [디자인] 탭의 [사용자 지정] 그룹에서 슬라이드 크기(슬라이드 크기) 단추를 클릭하고, [사용자 지정 슬라이드 크기]를 선택합니다.

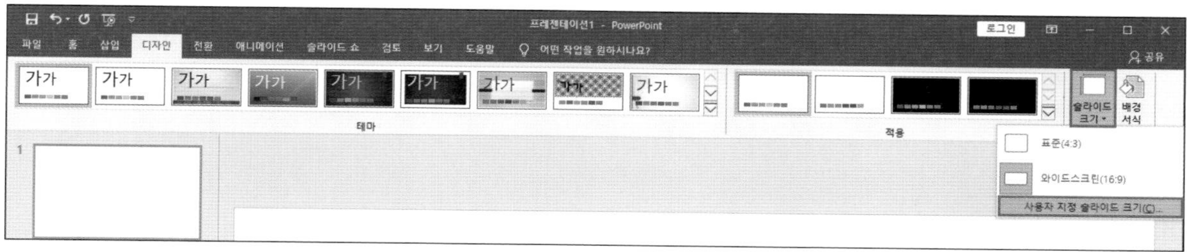

2 [슬라이드 크기] 대화 상자에서 슬라이드 크기의 목록(⌄) 단추를 클릭한 후 'A4 용지(210×297mm)'를 선택하고, [확인] 버튼을 클릭합니다.

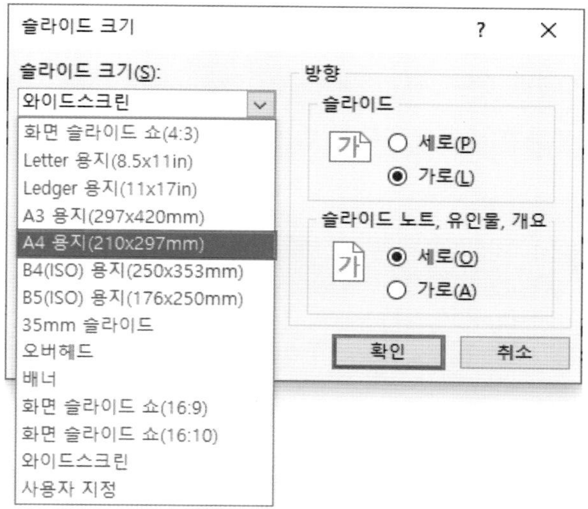

3 새 슬라이드에 맞게 크기를 조정하는 대화 상자가 나타나면 [최대화] 버튼을 클릭합니다.

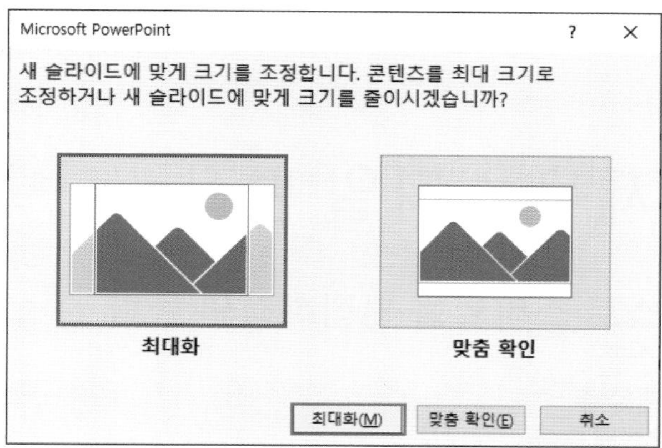

4 문제에 맞게 총 6개의 슬라이드를 구성하기 위하여 첫 번째 슬라이드를 선택한 후 Enter를 5번 누릅니다.

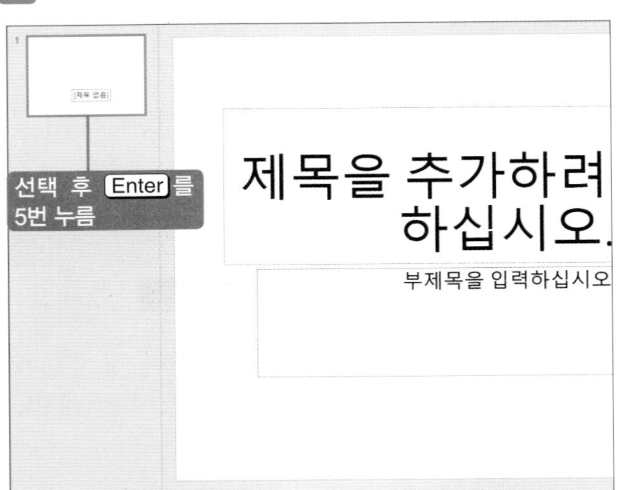

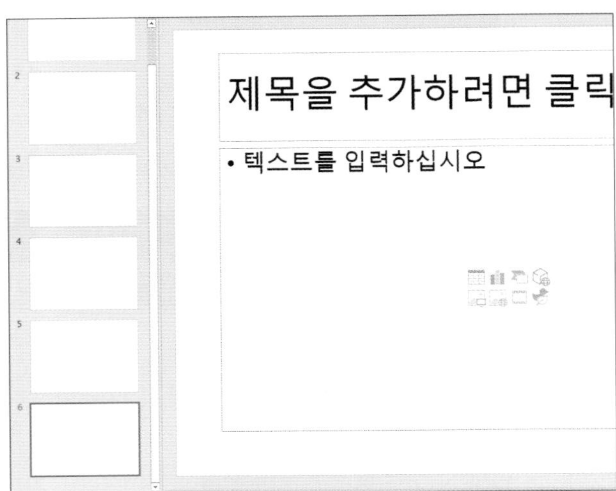

유형 잡기 02 슬라이드 마스터에 제목 도형 작성하기

1 2~6 슬라이드에 동일한 슬라이드 마스터를 적용하기 위하여 [보기] 탭의 [마스터 보기] 그룹에서 슬라이드 마스터(슬라이드 마스터) 단추를 클릭합니다.

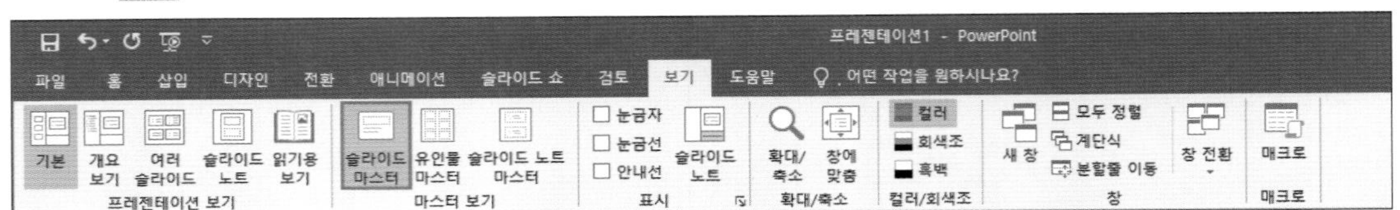

2 슬라이드 마스터 화면이 나타나면 미리 보기에서 세 번째 슬라이드 마스터(제목 및 내용 레이아웃: 슬라이드 2-6에서 사용)를 선택합니다.

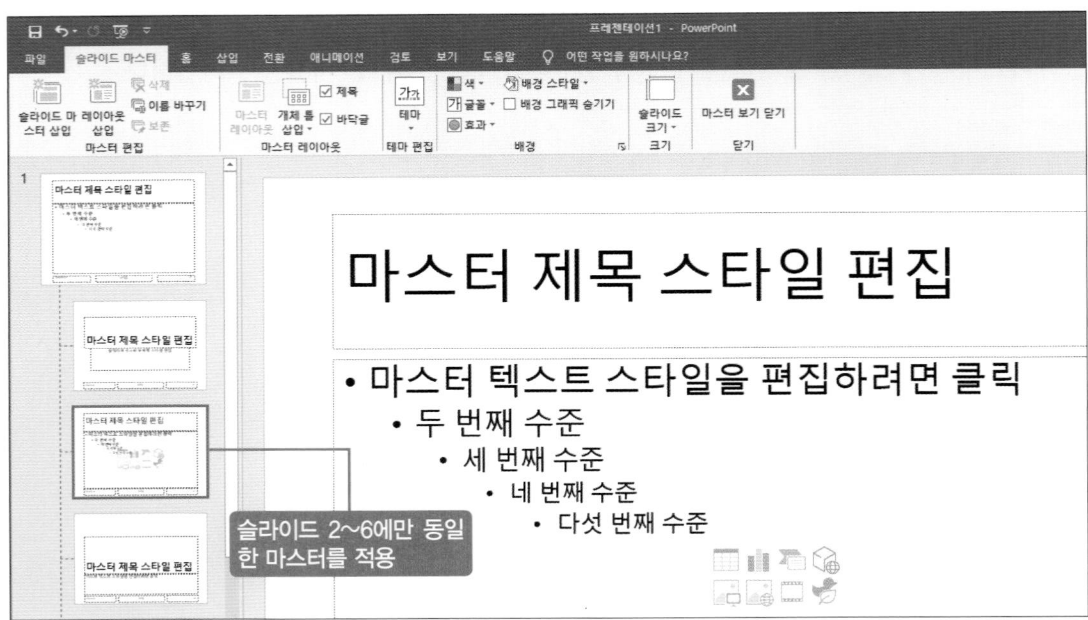

3 제목 도형을 삽입하기 전에 '마스터 제목 스타일 편집' 개체 상자를 선택한 후 아래쪽으로 드래그하여 이동합니다.

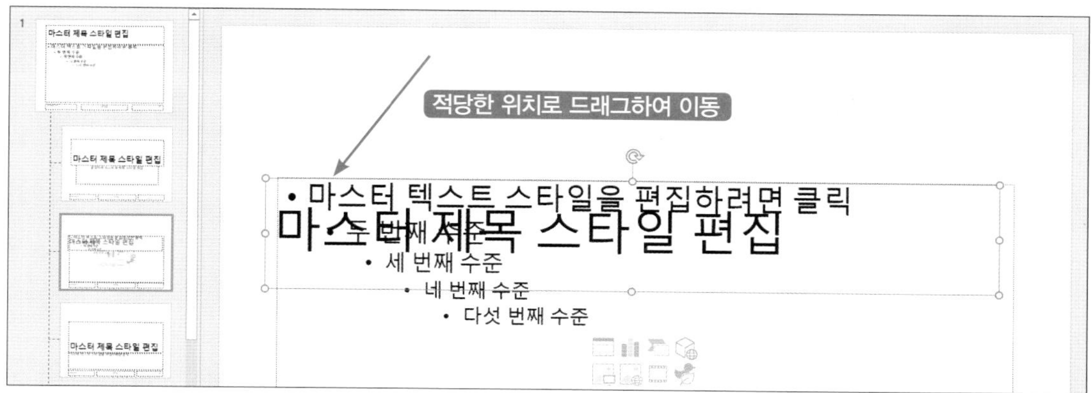

4 [삽입] 탭의 [일러스트레이션] 그룹에서 도형(도형) 단추를 클릭하고, 사각형의 직사각형( )을 선택합니다.

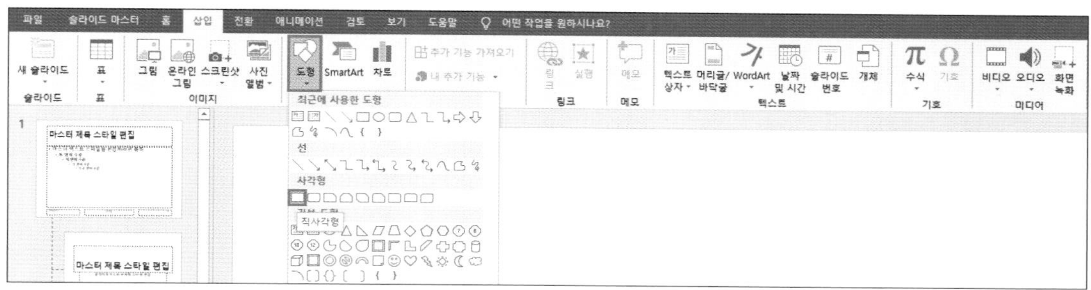

5 마우스 포인터가 '+' 모양으로 변경되면 슬라이드 상단에 적당한 크기로 드래그하여 삽입합니다.

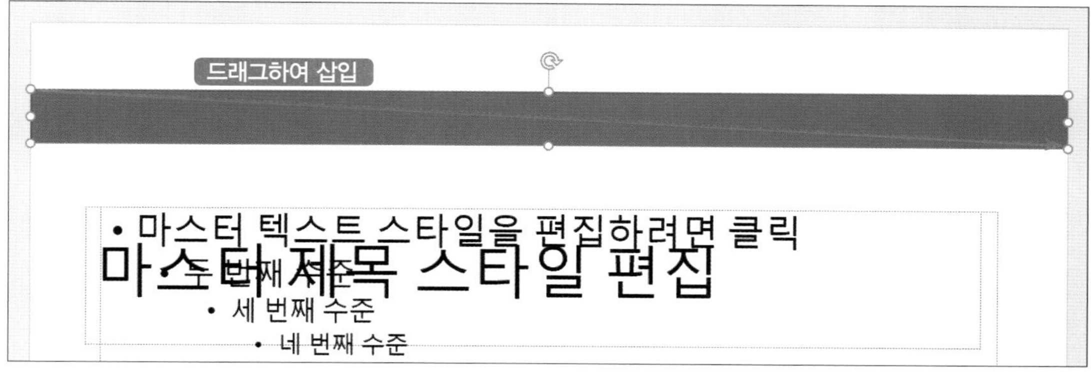

Tip 슬라이드 마스터 도형의 크기와 위치

- 슬라이드 마스터의 상단 도형은 문제지에서 슬라이드 2~6의 공통 사항이므로 이를 참조하여 작업합니다.
- 도형의 크기와 위치는 문제지의 《출력형태》를 참조하여 비슷하게 조절하면 됩니다.

6 [그리기 도구]-[서식] 탭의 [도형 스타일] 그룹에서 도형 채우기(도형 채우기) 단추를 클릭하고, '파랑, 강조 5, 60% 더 밝게'를, 도형 윤곽선(도형 윤곽선) 단추를 클릭하고, '윤곽선 없음'을 각각 선택합니다.

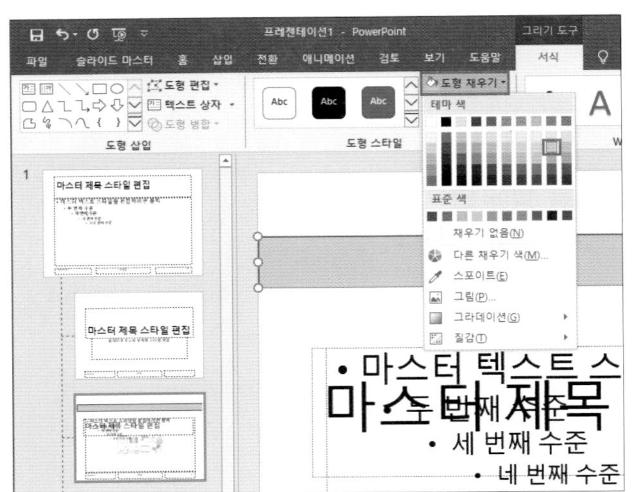

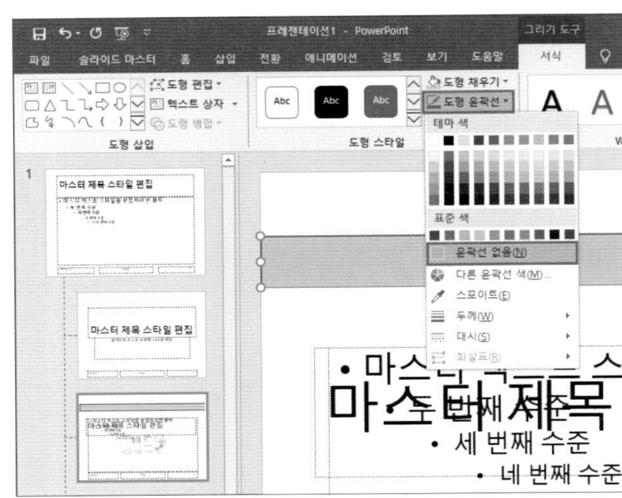

7 이번에는 [삽입] 탭의 [일러스트레이션] 그룹에서 도형(도형) 단추를 클릭하고, 사각형의 한쪽 모서리가 둥근 사각형(▭)를 선택합니다.

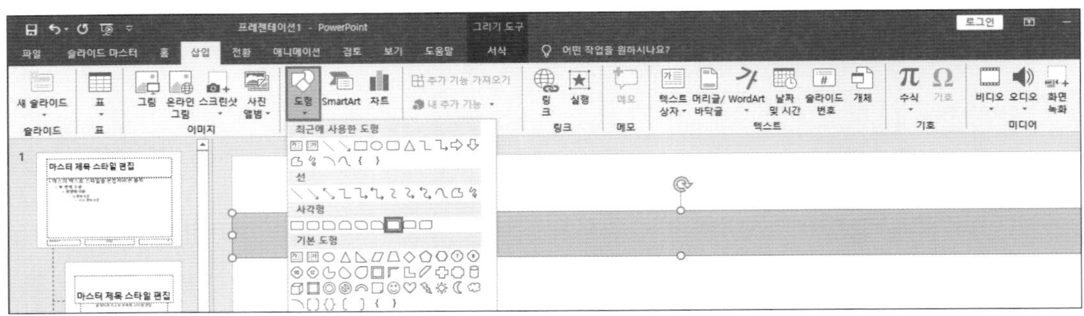

8 마우스 포인터가 '+' 모양으로 변경되면 슬라이드 상단에 적당한 크기로 드래그하여 삽입합니다.

9 한쪽 모서리가 둥근 사각형의 모양을 변경하기 위하여 모양 조절 핸들(●)을 도형 안쪽으로 드래그하여 도형의 모서리 모양을 변경합니다.

Tip 도형의 편집 핸들

- 슬라이드에 도형을 삽입하면 회전 핸들, 모양 조절 핸들, 크기 조절 핸들이 나타납니다.
- 세 가지의 핸들을 이용하면 도형의 방향(각도), 모양, 크기 등을 자유롭게 조절할 수 있습니다.

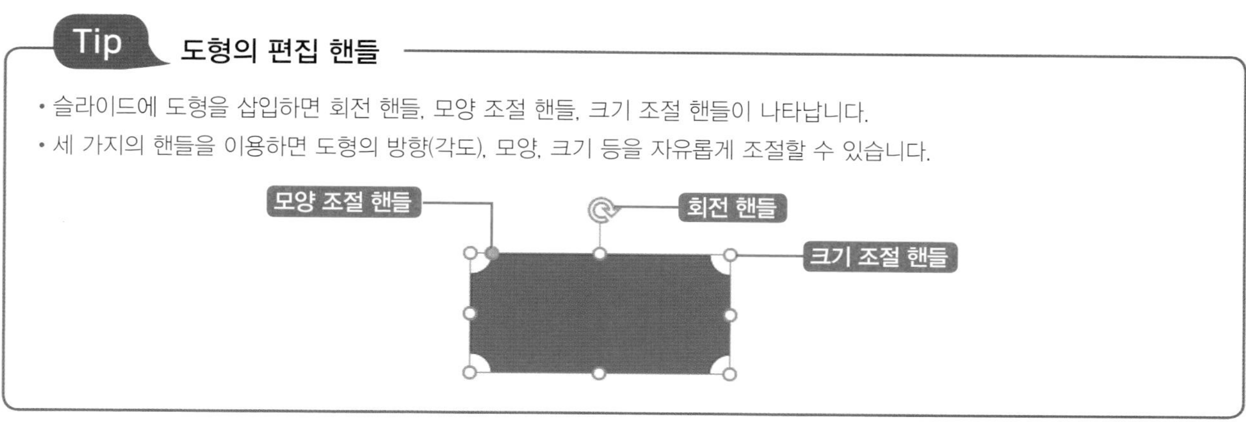

10 [그리기 도구]-[서식] 탭의 [도형 스타일] 그룹에서 도형 채우기(도형 채우기 ▾) 단추를 클릭하고, '청회색, 텍스트 2'를, 도형 윤곽선(도형 윤곽선 ▾) 단추를 클릭하고, '윤곽선 없음'을 각각 선택합니다.

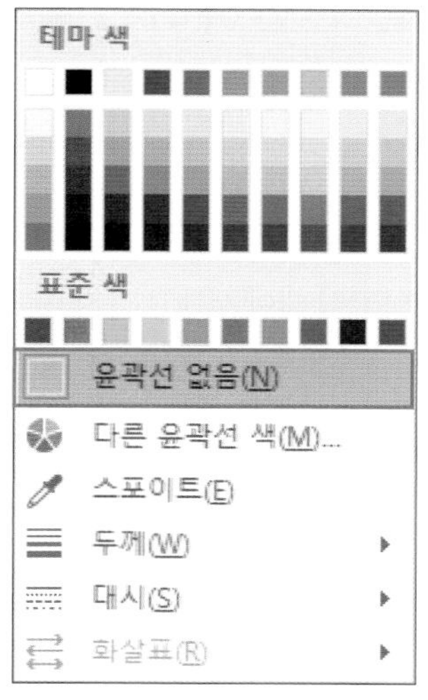

Tip 도형 스타일(서식)

시험에서 출제되는 도형 스타일은 《출력형태》를 참조하여 비슷하게 작성하되 문제지에서 특별한 지시사항이 없을 경우 도형 색상은 임의의 색으로 지정합니다. 단, 도형의 선(윤곽선)은 주어진 조건대로 '선 없음'을 반드시 설정해야 합니다.

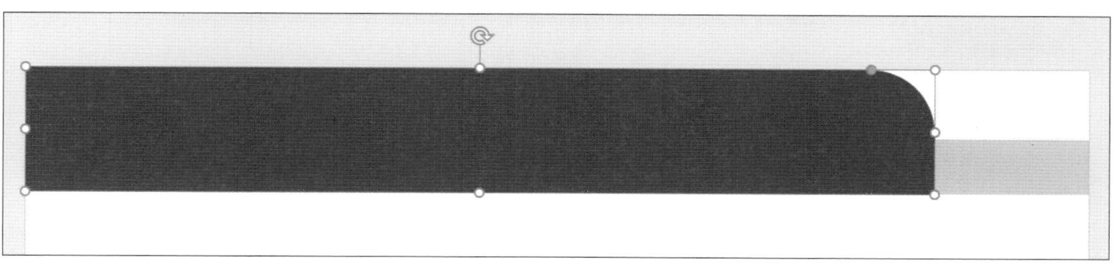

유형 잡기 03 제목 도형에 글꼴 서식 지정하기

1 아래쪽으로 이동한 '마스터 제목 스타일 편집' 개체 상자를 원위치하기 위하여 개체 상자를 선택한 후 위쪽으로 드래그하여 이동합니다(현재는 개체 상자가 도형의 맨 뒤에 위치하므로 글자가 보이지 않음).

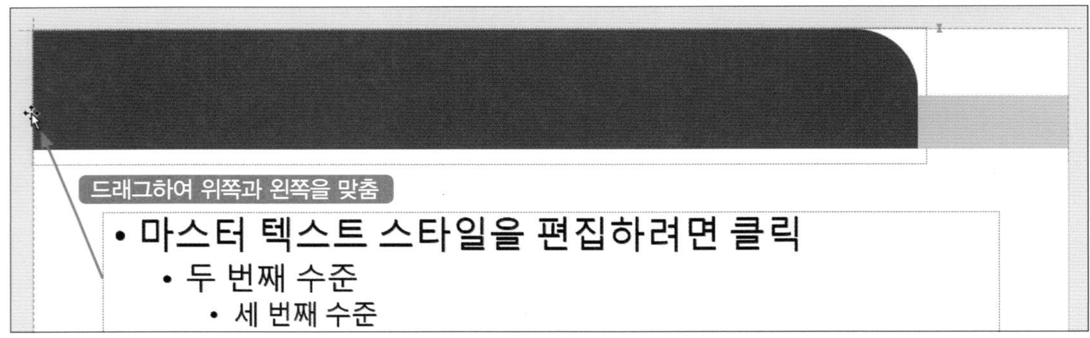

2 '마스터 제목 스타일 편집' 개체 상자의 크기 조절 핸들을 이용하여 제목 도형의 크기에 맞게 상하좌우를 동일하게 맞춥니다.

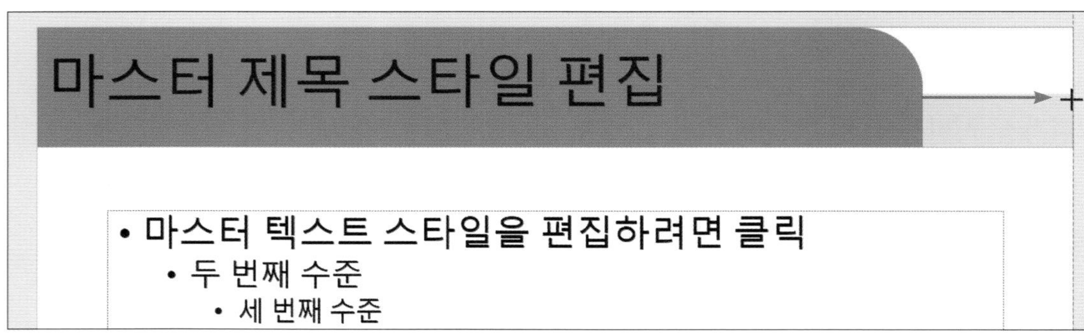

3 '마스터 제목 스타일 편집' 개체 상자가 선택된 상태에서 [그리기 도구]-[서식] 탭의 [정렬] 그룹에서 앞으로 가져오기(앞으로 가져오기) 단추를 클릭하고, [맨 앞으로 가져오기]를 선택합니다.

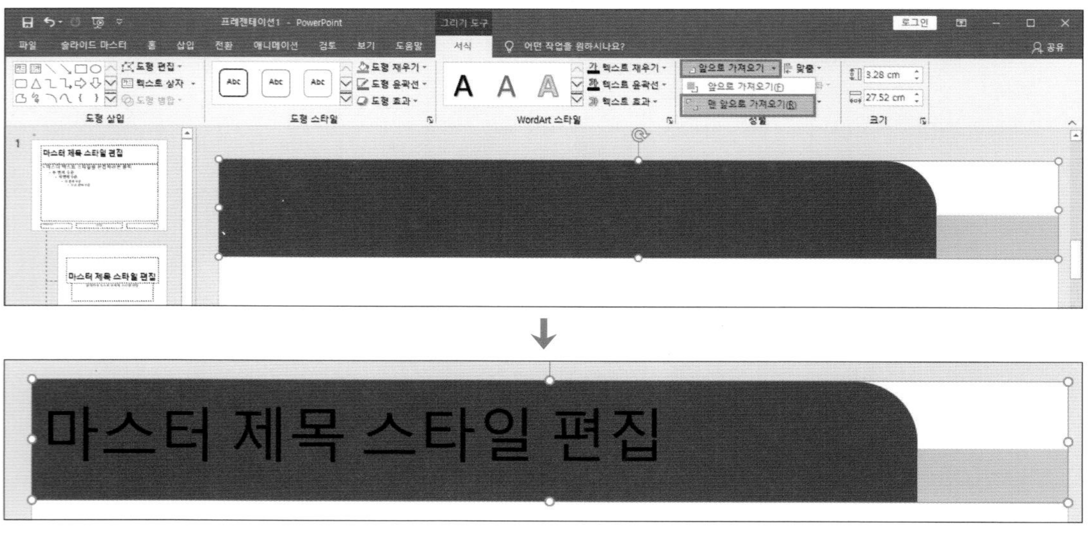

Tip 맨 앞으로 가져오기

'마스터 제목 스타일 편집' 개체 상자를 이동하면 제목 도형의 맨 뒤쪽으로 숨겨지므로 반드시 [맨 앞으로 가져오기]를 선택해야 합니다. 이때, 순서는 개체 상자를 이동한 후 [맨 앞으로 가져오기]를 선택해도 되고, 아니면 이동하기 전에 미리 [맨 앞으로 가져오기]를 선택한 다음 개체 상자를 이동해도 됩니다.

4 문제지에서 제시한대로 [홈] 탭의 [글꼴] 그룹에서 글꼴은 '돋움', 글꼴 크기는 '40', 글꼴 색은 '흰색, 배경 1'을 각각 지정합니다(개체 상자는 이미 왼쪽 맞춤이 되어 있으므로 따로 지정할 필요는 없음).

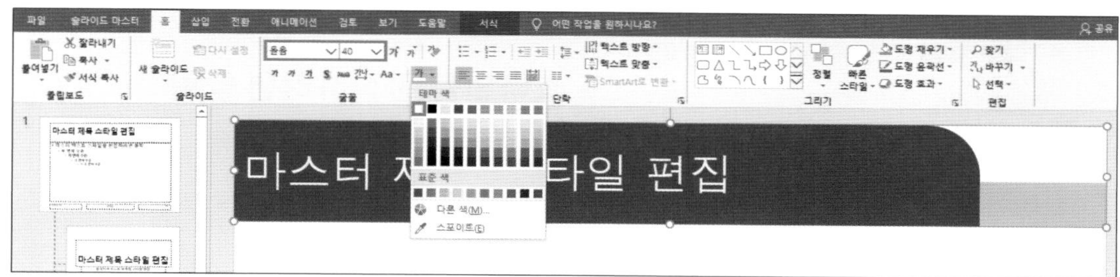

유형 잡기 04 슬라이드 마스터에 로고 삽입하기

1 [삽입] 탭의 [이미지] 그룹에서 그림(그림) 단추를 클릭합니다.

2 [그림 삽입] 대화 상자에서 찾는 위치(내 PC₩문서₩ITQ₩Picture)와 파일 이름(로고2.jpg)을 선택하고, [삽입] 버튼을 클릭합니다.

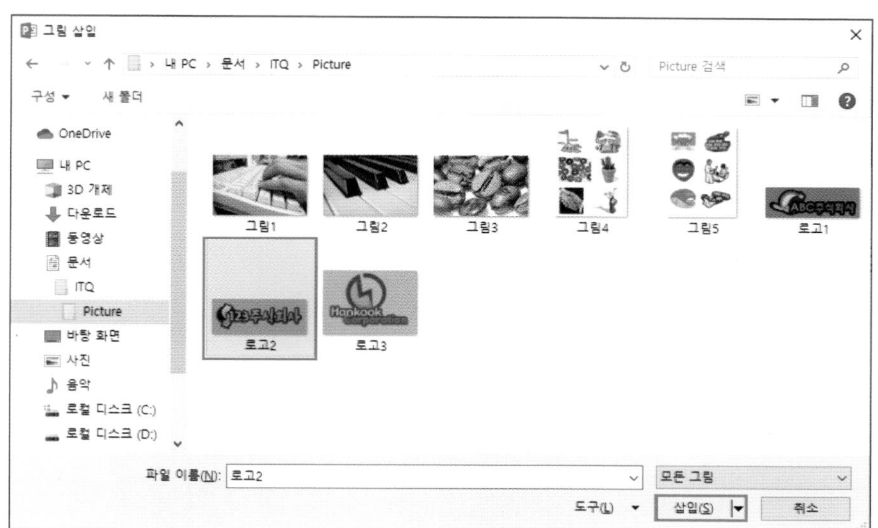

Tip 그림 삽입

시험장에서 그림 삽입 문제의 경우는 감독위원의 지시에 따라 반드시 「내 PC₩문서₩ITQ₩Picture」 폴더에서 정확한 파일을 선택하여 삽입합니다.

3 그림이 삽입되면 [그림 도구]-[서식] 탭의 [조정] 그룹에서 색(색) 단추를 클릭하고, [투명한 색 설정]을 선택합니다.

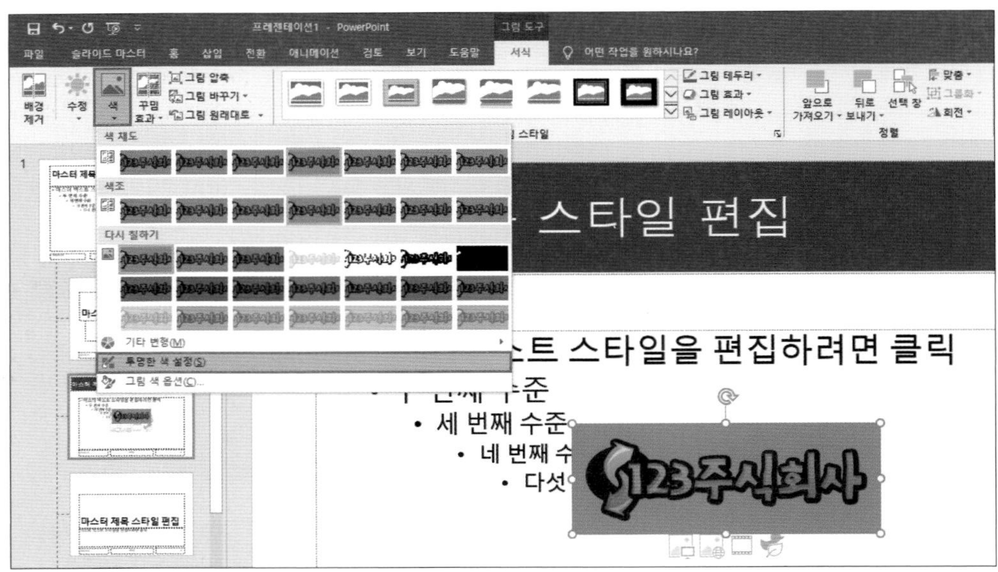

4 마우스 포인터가 모양으로 변경되면 그림에서 투명한 색으로 설정할 회색 부분을 클릭합니다.

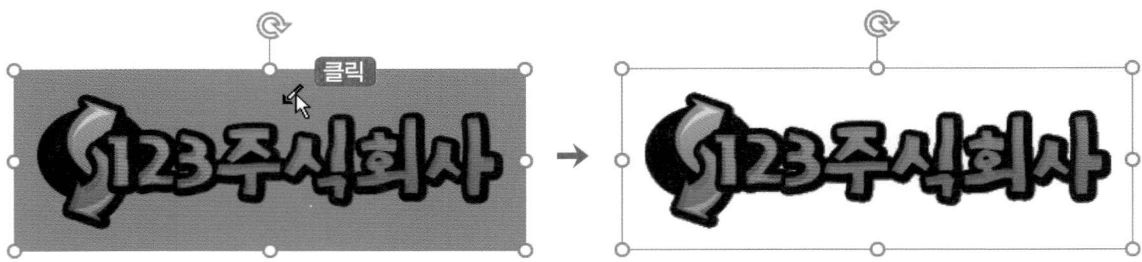

5 그림의 크기 조절 핸들을 이용하여 《출력형태》와 같이 로고 크기를 적당히 조절한 후 슬라이드 왼쪽 하단에 배치합니다.

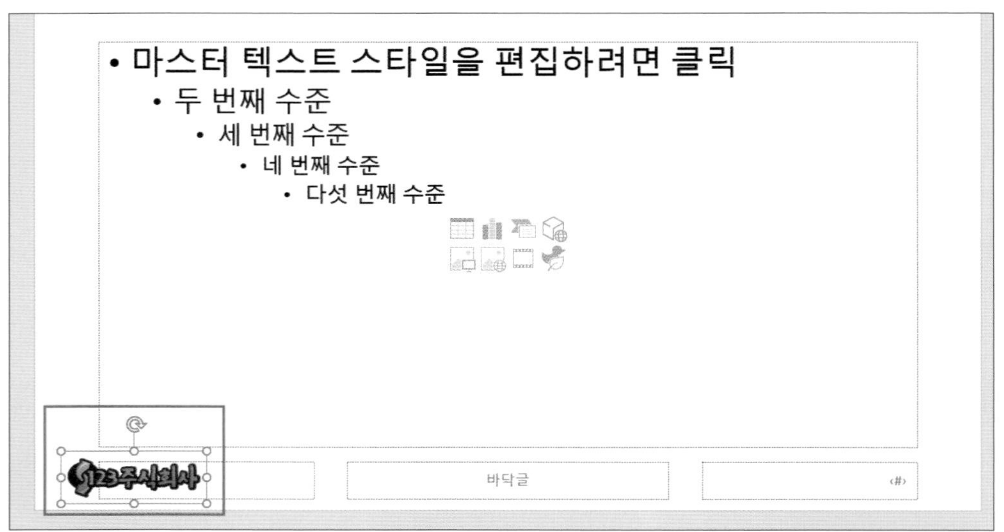

유형 잡기 05 슬라이드 마스터에 번호 삽입하기

1 [삽입] 탭의 [텍스트] 그룹에서 머리글/바닥글(머리글/바닥글) 단추를 클릭합니다.

2 [머리글/바닥글] 대화 상자의 [슬라이드] 탭에서 '슬라이드 번호'와 '제목 슬라이드에는 표시 안 함'을 각각 체크하고, [모두 적용] 버튼을 클릭합니다.

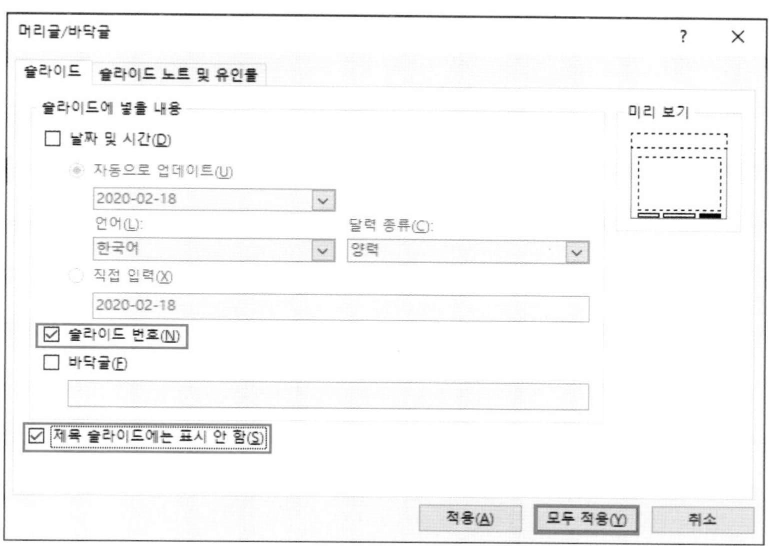

Tip 제목 슬라이드에는 표시 안 함

문제의 조건에서 슬라이드 마스터는 슬라이드 1을 제외한 슬라이드 2~6까지만 적용되므로 슬라이드 번호를 선택한 후 '제목 슬라이드에는 표시 안 함'을 반드시 체크(선택)해야 합니다.

3 [슬라이드 마스터] 탭의 [닫기] 그룹에서 마스터 보기 닫기(마스터 보기 닫기) 단추를 클릭합니다.

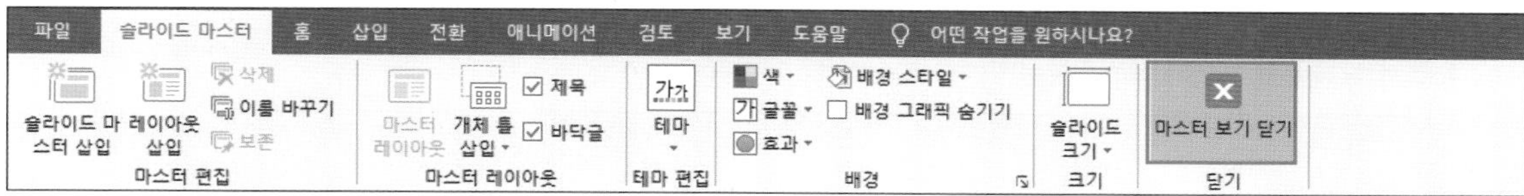

4 그 결과 슬라이드 1을 제외한 슬라이드 2~6까지는 동일한 제목 도형, 로고, 슬라이드 번호가 적용된 것을 확인할 수 있습니다.

5 모든 작업이 완료되면 빠른 실행 도구 모음에서 저장( ) 단추를 클릭하여 완성 파일을 저장합니다.

Tip 슬라이드 번호 기타 유형

• 유형 1 : 시험에서 슬라이드 번호 뒤쪽에 '쪽'이나 '페이지'가 입력되어 있는 경우는 〈#〉 다음을 클릭하고, "쪽"이나 "페이지"를 입력한 후 [머리글/바닥글] 단추를 클릭하여 작업합니다.

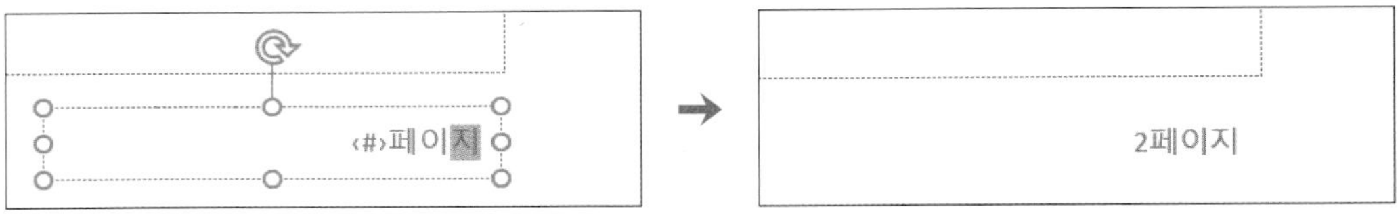

‹#›페이지 → 2페이지

• 유형 2 : 시험에서 슬라이드 번호 위치가 왼쪽에 있는 경우는 하단에 있는 날짜와 바닥글 상자를 선택하고, Delete를 눌러 삭제한 후 슬라이드 번호 상자를 Shift를 누른 상태에서 왼쪽으로 이동합니다. 계속해서 [홈] 탭의 [단락] 그룹에서 왼쪽 맞춤( ) 단추를 클릭하고, [머리글/바닥글]을 작업합니다.

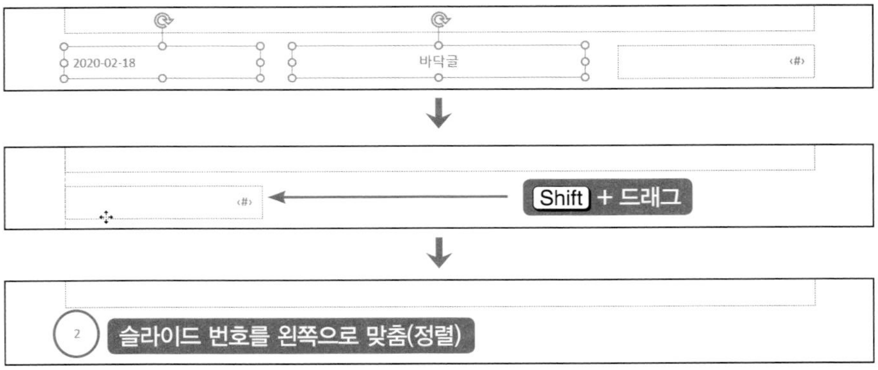

2020-02-18 | 바닥글 | ‹#›

↓

‹#› ← Shift + 드래그

↓

2 슬라이드 번호를 왼쪽으로 맞춤(정렬)

출제 유형 문제

• **예제 파일** : 없음 / • **완성 파일** : 유형 분석 01₩유형 02_완성.pptx

01 **문제지의 지시사항과 세부조건을 참조하여 《출력형태》에 맞게 작업하시오.**

(1) 슬라이드 크기 및 순서 : 크기를 A4 용지로 설정하고, 슬라이드 순서에 맞게 작성한다.

(2) 슬라이드 마스터 : 2~6 슬라이드의 제목, 하단 로고, 슬라이드 번호는 슬라이드 마스터를 이용하여 작성한다.

– 제목 글꼴(돋움, 40pt, 흰색), 가운데 맞춤, 도형(선 없음)

– 하단 로고(「내 PC₩문서₩ITQ₩Picture₩로고3.jpg」 배경(연보라) 투명색으로 설정)

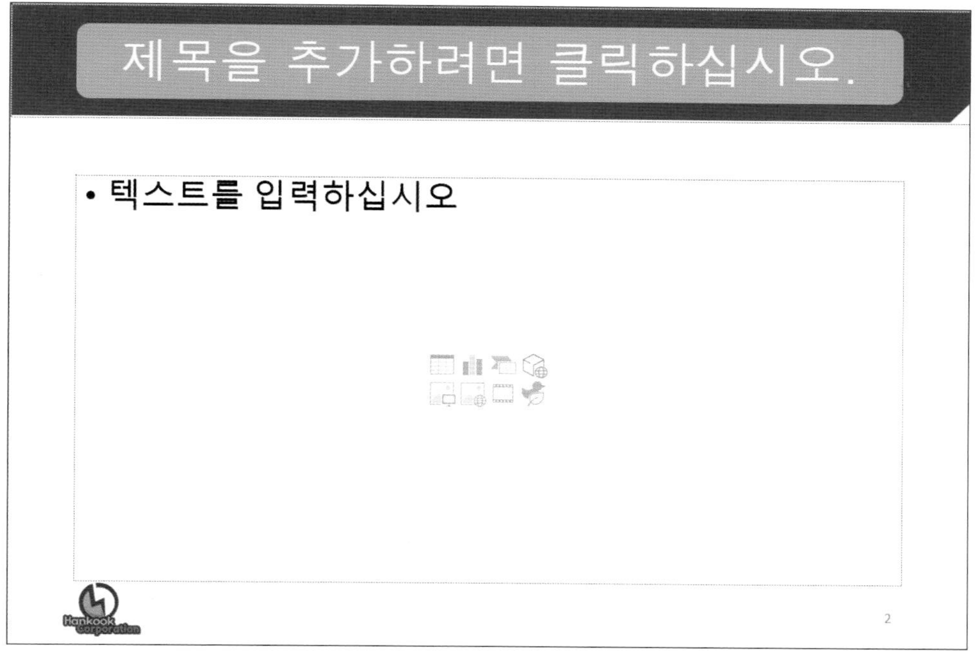

Hint

[도형]-[사각형]-[한쪽 모서리가 잘린 사각형]을 삽입한 후 [그리기 도구]-[서식] 탭의 [정렬] 그룹에서 [회전]-[상하 대칭]을 선택합니다.

출제 유형 문제

• **예제 파일** : 없음 / • **완성 파일** : 유형 분석 01₩유형 03_완성.pptx

02 문제지의 지시사항과 세부조건을 참조하여 《출력형태》에 맞게 작업하시오.

(1) 슬라이드 크기 및 순서 : 크기를 A4 용지로 설정하고, 슬라이드 순서에 맞게 작성한다.

(2) 슬라이드 마스터 : 2~6 슬라이드의 제목, 하단 로고, 슬라이드 번호는 슬라이드 마스터를 이용하여 작성한다.

– 제목 글꼴(돋움, 40pt, 흰색), 왼쪽 맞춤, 도형(선 없음)

– 하단 로고(「내 PC₩문서₩ITQ₩Picture₩로고1.jpg」 배경(회색) 투명색으로 설정)

Hint

[도형]-[사각형]-[한쪽 모서리가 잘린 사각형]을 삽입한 후 모양 조절 핸들을 이용하여 오른쪽 모서리를 변형합니다.

출제 유형 문제

• **예제 파일** : 없음 / • **완성 파일** : 유형 분석 01₩유형 04_완성.pptx

03 문제지의 지시사항과 세부조건을 참조하여 《출력형태》에 맞게 작업하시오.

(1) 슬라이드 크기 및 순서 : 크기를 A4 용지로 설정하고, 슬라이드 순서에 맞게 작성한다.

(2) 슬라이드 마스터 : 2~6 슬라이드의 제목, 하단 로고, 슬라이드 번호는 슬라이드 마스터를 이용하여 작성한다.

– 제목 글꼴(돋움, 40pt, 흰색), 가운데 맞춤, 도형(선 없음)

– 하단 로고(「내 PC₩문서₩ITQ₩Picture₩로고2.jpg」 배경(회색) 투명색으로 설정)

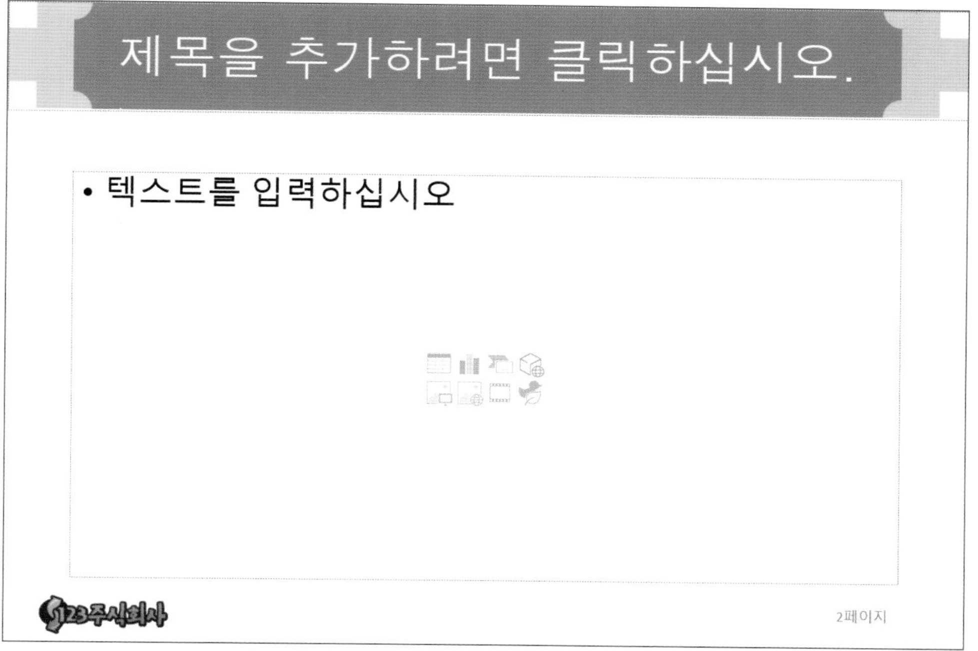

Hint

슬라이드 번호는 〈#〉 다음을 마우스로 클릭하고, "페이지"를 입력한 후 [머리글/바닥글] 단추를 클릭하여 작업합니다.

출제 유형 문제

• **예제 파일** : 없음 / • **완성 파일** : 유형 분석 01₩유형 05_완성.pptx

04 문제지의 지시사항과 세부조건을 참조하여 《출력형태》에 맞게 작업하시오.

(1) 슬라이드 크기 및 순서 : 크기를 A4 용지로 설정하고, 슬라이드 순서에 맞게 작성한다.

(2) 슬라이드 마스터 : 2~6 슬라이드의 제목, 하단 로고, 슬라이드 번호는 슬라이드 마스터를 이용하여 작성한다.

– 제목 글꼴(돋움, 40pt, 흰색), 왼쪽 맞춤, 도형(선 없음)

– 하단 로고(「내 PC₩문서₩ITQ₩Picture₩로고1.jpg」 배경(회색) 투명색으로 설정)

Hint

날짜와 바닥글 상자를 Delete 를 눌러 삭제하고, 슬라이드 번호 상자를 Shift 를 누른 상태에서 왼쪽으로 이동합니다. 계속해서 [홈] 탭의 [단락] 그룹에서 [왼쪽 맞춤] 단추를 클릭하고, [머리글/바닥글]을 작업합니다.

유형분석 02

[슬라이드 1] 《표지 디자인》

슬라이드 1에서는 표지 디자인을 작성하는 것으로 도형에 그림 채우기와 효과, 워드아트 삽입과 편집, 그림 삽입과 배경 등을 적용하는 방법에 대하여 알아봅니다.

시험 유형 미리보기

• 예제 파일 : 유형 분석 02₩유형 01_문제.pptx / • 완성 파일 : 유형 분석 02₩유형 01_완성.pptx

※ [슬라이드 1] ≪표지 디자인≫ 40점

(1) 표지 디자인 : 도형, 워드아트 및 그림을 이용하여 작성한다.

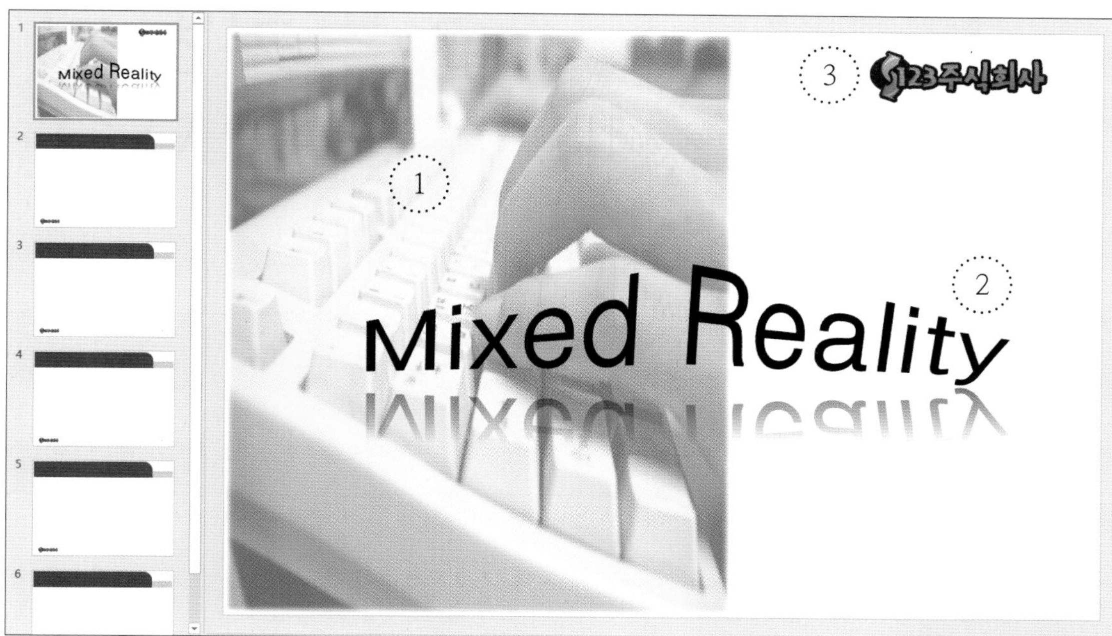

세부조건

① 도형 편집
- 도형에 그림 채우기 : 「내 PC₩문서₩ITQ ₩Picture₩그림1.jpg」, 투명도 50%
- 도형 효과 : 부드러운 가장자리 5포인트

② 워드아트 삽입
- 변환 : 삼각형
- 글꼴 : 돋움, 굵게
- 텍스트 반사 : 근접 반사, 4 pt 오프셋

③ 그림 삽입
- 「내 PC₩문서₩ITQ₩Picture₩로고2.jpg」
- 배경(회색) 투명색으로 설정

유형 잡기 01 도형 삽입과 그림 채우기

1 [파일]-[열기]-[찾아보기]를 차례로 선택하고, [열기] 대화 상자에서 '유형 분석 02₩유형 01_문제.pptx'를 불러오기 합니다.

2 '슬라이드 1'을 선택한 후 [홈] 탭의 [슬라이드] 그룹에서 레이아웃(레이아웃 ▾) 단추를 클릭하고, '빈 화면'을 선택합니다.

Tip [파일]-[열기]

- 파일을 불러올 때는 Ctrl+O를 눌러도 됩니다.
- 현재는 실습을 위해서 예제 파일을 불러오지만 실제 시험장에서는 파일을 불러오지 않고, 처음 저장한 슬라이드에서 바로 작업합니다.

3 [삽입] 탭의 [일러스트레이션] 그룹에서 도형(도형) 단추를 클릭하고, 사각형의 직사각형(□)을 선택합니다.

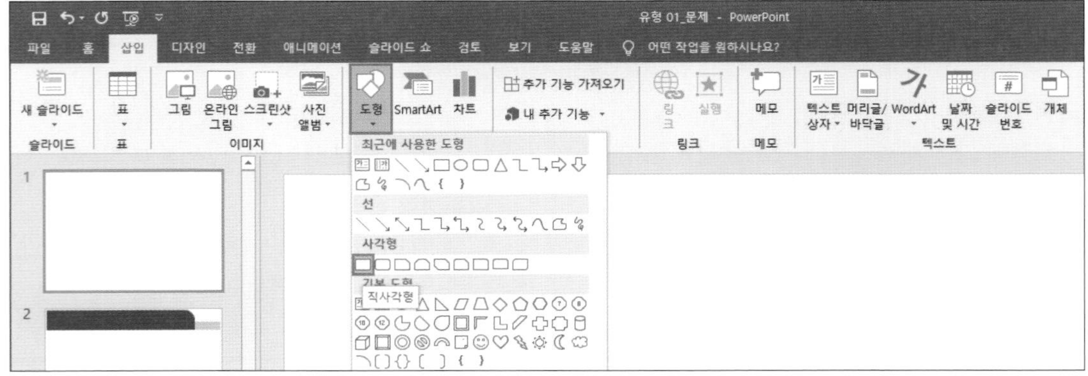

4 마우스 포인터가 '+' 모양으로 변경되면 슬라이드에 적당한 크기로 드래그하여 삽입합니다.

5 도형에 그림을 채우기 위하여 직사각형이 선택된 상태에서 [그리기 도구]-[서식] 탭의 [도형 스타일] 그룹에서 도형 채우기(도형 채우기) 단추를 클릭하고, [그림]을 선택합니다.

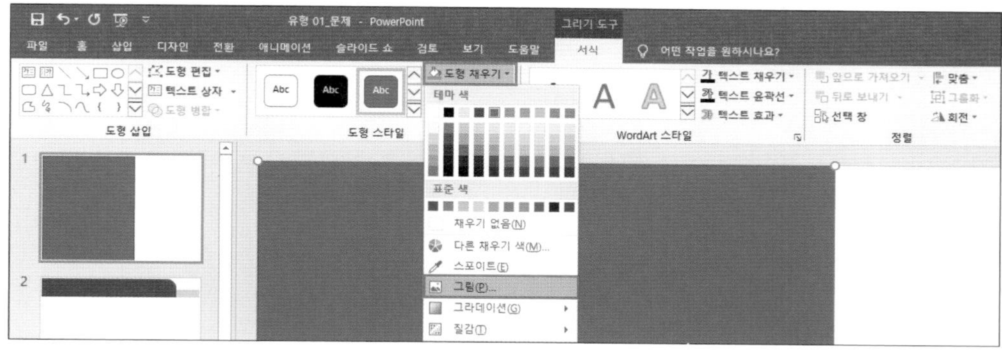

6 [그림 삽입] 대화 상자에서 찾는 위치(내 PC₩문서₩ITQ₩Picture)와 파일 이름(그림1.jpg)을 선택하고, [삽입] 버튼을 클릭합니다.

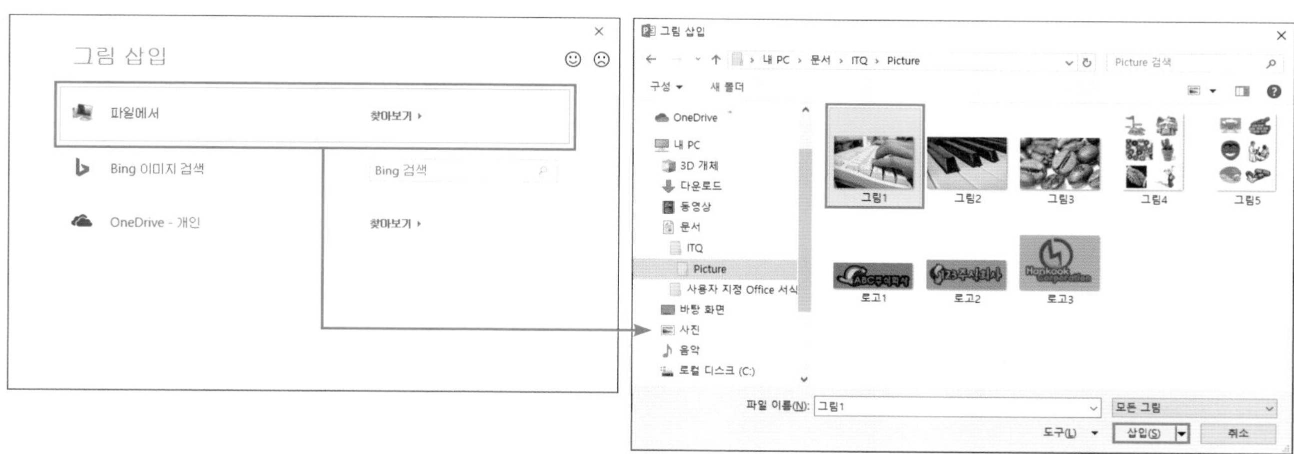

7 직사각형에 그림이 삽입되면 그림 위에서 마우스 오른쪽 버튼을 클릭하고, [그림 서식]을 선택합니다.

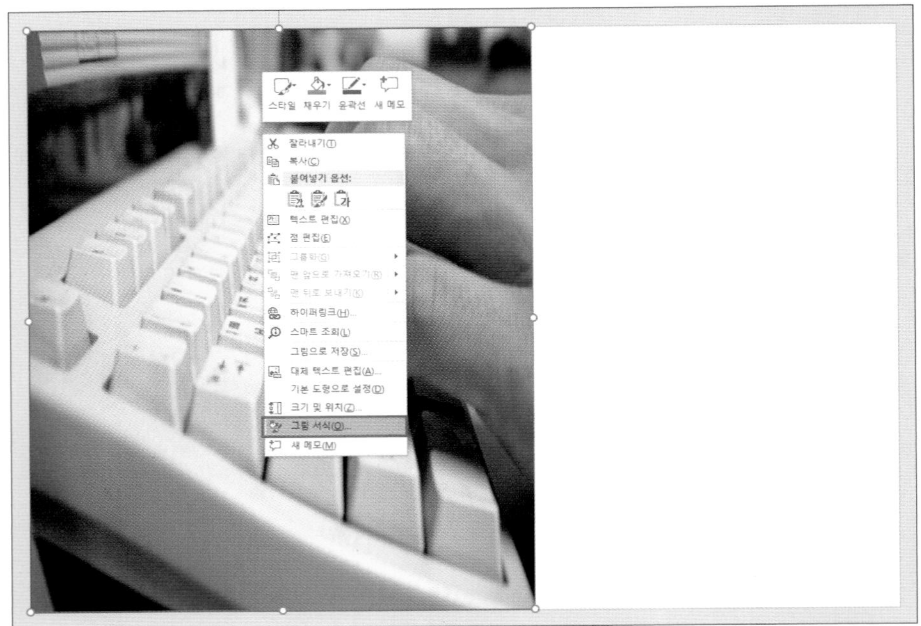

Tip 그림 서식

[그림 도구]-[서식] 탭의 [그림 스타일] 그룹에서 도형 서식( ) 단추를 클릭해도 됩니다.

8 그림 서식 작업창에서 도형 옵션에 있는 채우기 및 선( ) 단추를 클릭하고, 채우기에서 투명도를 '50%'로 설정합니다.

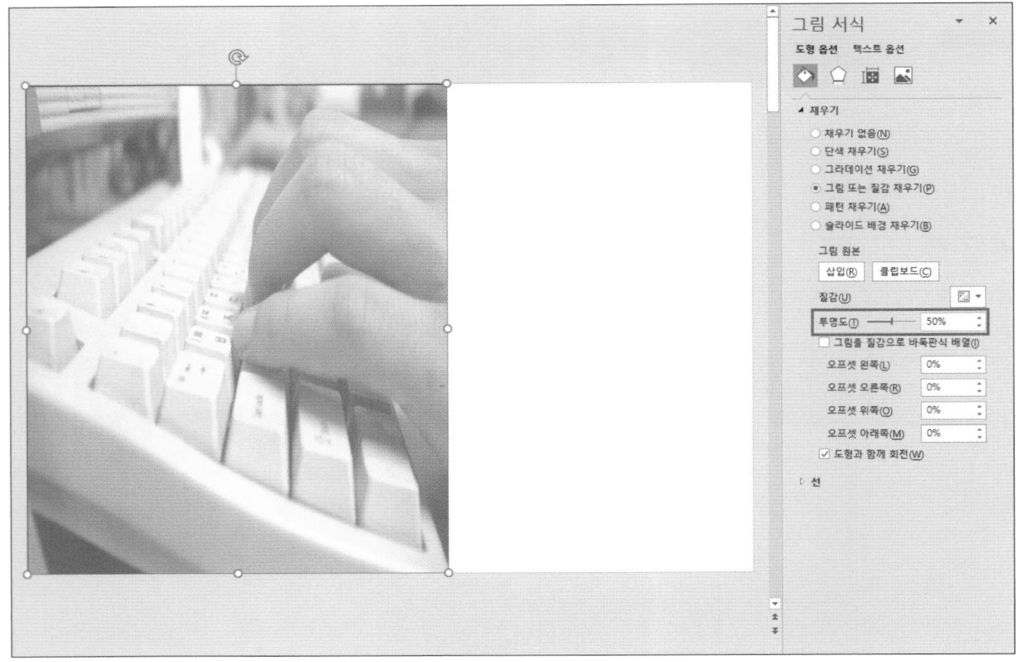

9 계속해서 도형 옵션에 있는 효과( ) 단추를 클릭하고, 부드러운 가장자리에서 크기를 '5 pt'로 설정합니다.

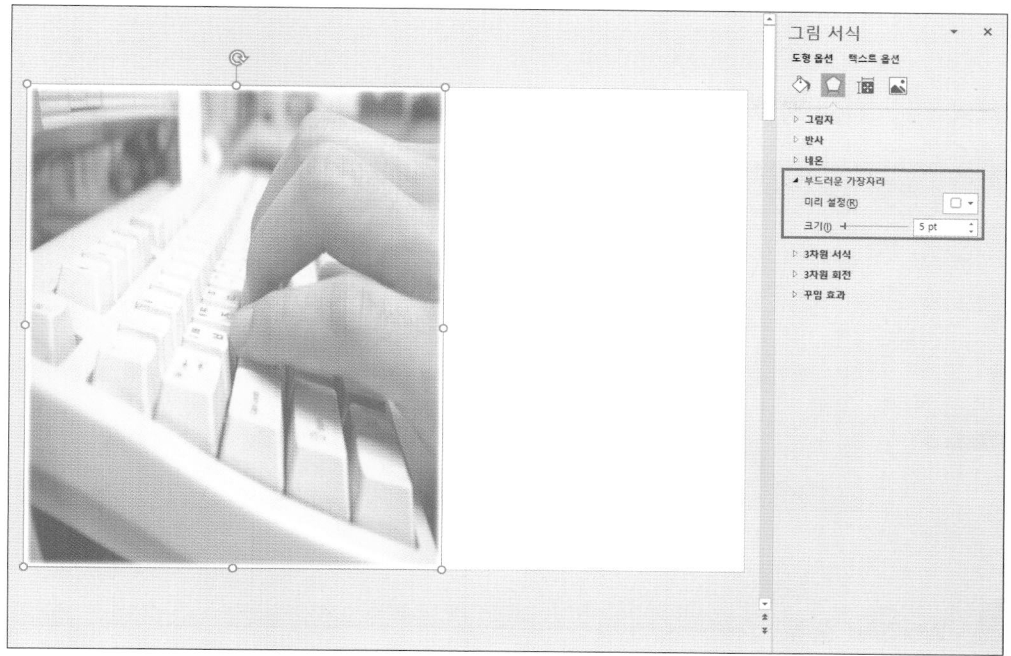

Tip 도형 효과

[그림 도구]-[서식] 탭의 [그림 스타일] 그룹에서 그림 효과(그림 효과) 단추를 클릭하고, [부드러운 가장자리]-[부드러운 가장자리 변형]-[5 포인트]를 선택해도 됩니다.

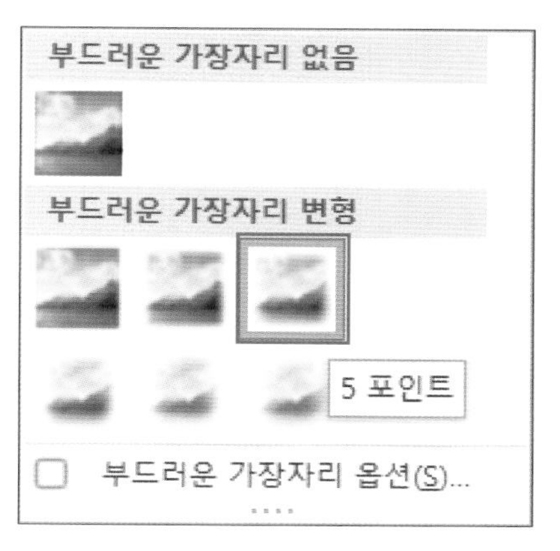

10 도형 편집 작업이 완료되면 그림 서식 작업창에서 닫기(×) 단추를 클릭합니다.

유형 잡기 02 워드아트 삽입과 편집하기

1 [삽입] 탭의 [텍스트] 그룹에서 WordArt(가 WordArt) 단추를 클릭하고, 임의의 WordArt를 선택합니다.

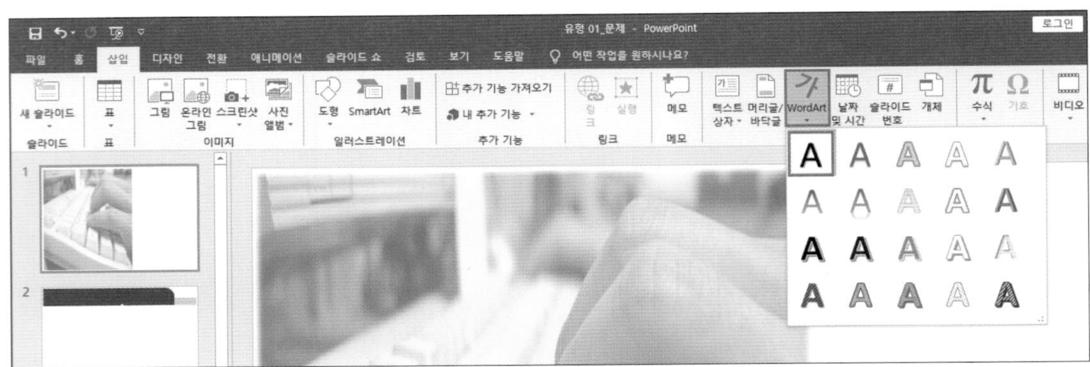

Tip WordArt 종류

실제 시험장에서는 WordArt 종류가 따로 주어지지 않기 때문에 임의의 WordArt(주로 첫 번째 WordArt를 선택)를 선택하여 삽입한 후 해당 WordArt 서식을 해제하고, 조건으로 주어진 글꼴 서식을 지정합니다.

2 슬라이드에 WordArt가 삽입되면 [그리기 도구]-[서식] 탭의 [WordArt 스타일] 그룹에서 자세히(▾) 단추를 클릭하고, [WordArt 서식 지우기]를 선택합니다.

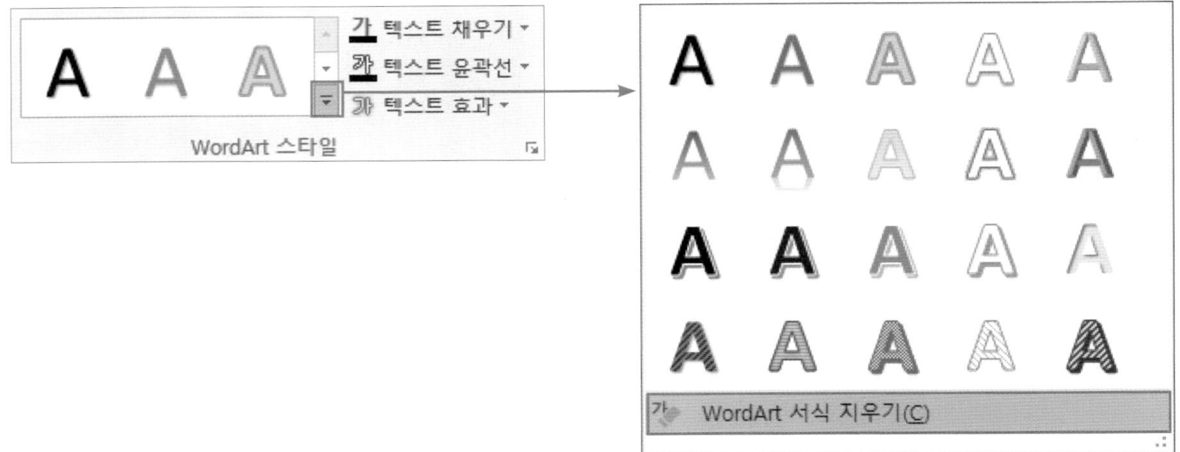

3 WordArt가 블록으로 지정된 상태에서 문제지의 내용(Mixed Reality)을 입력합니다(만일, 블록이 해제된 경우에는 WordArt 안쪽을 클릭하여 기존 내용을 Delete로 지우고 새롭게 입력).

4 WordArt의 글꼴을 변경하기 위해서 [홈] 탭의 [글꼴] 그룹에서 글꼴은 '돋움', 글꼴 스타일은 '굵게'를 각각 지정합니다.

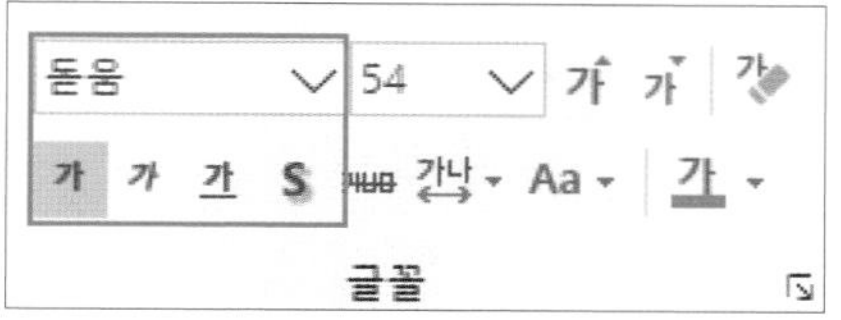

5 이번에는 [그리기 도구]-[서식] 탭의 [WordArt 스타일] 그룹에서 텍스트 효과(텍스트 효과) 단추를 클릭하고, [반사]-[반사 변형]-[근접 반사, 4 pt 오프셋]을 선택합니다.

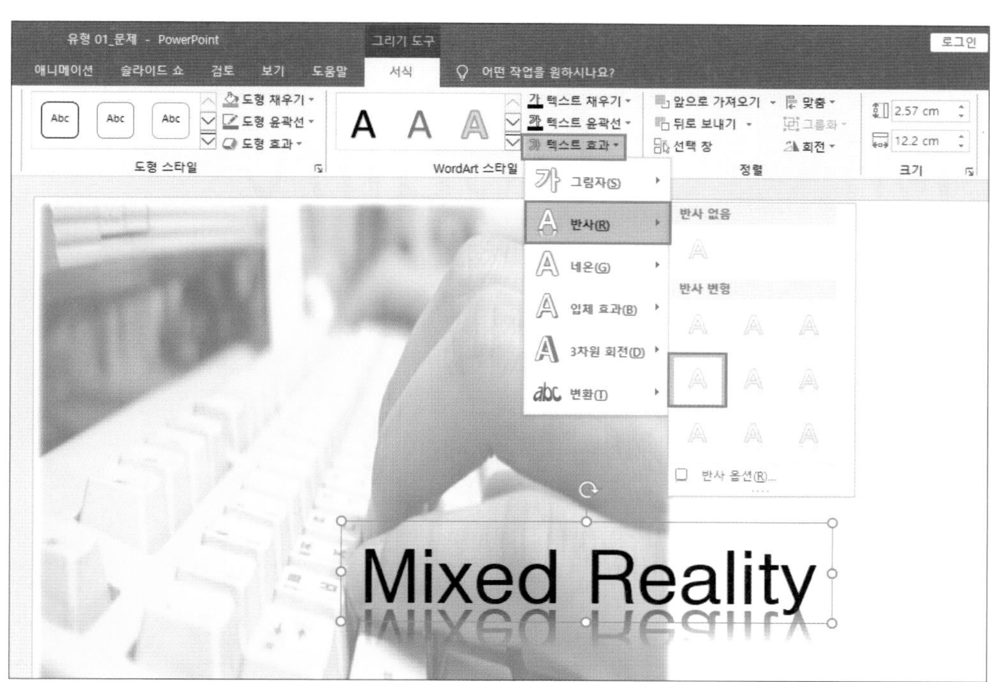

6 다시 한 번 [WordArt 스타일] 그룹에서 텍스트 효과(텍스트 효과) 단추를 클릭하고, [변환]-[휘기]-[삼각형]을 선택합니다.

7 크기 조절 핸들을 이용하여 WordArt의 크기를 《출력형태》와 비슷하게 조절한 후 위치를 변경합니다.

Tip WordArt의 위치 이동

WordArt를 이동할 경우 WordArt 테두리에서 마우스 포인터가 모양으로 변경되면 원하는 위치로 드래그하여 이동합니다.

유형 잡기 03 그림 삽입과 편집하기

1 [삽입] 탭의 [이미지] 그룹에서 그림(그림) 단추를 클릭합니다.

2 [그림 삽입] 대화 상자에서 찾는 위치(내 PC₩문서₩ITQ₩Picture)와 파일 이름(로고2.jpg)을 선택하고, [삽입] 버튼을 클릭합니다.

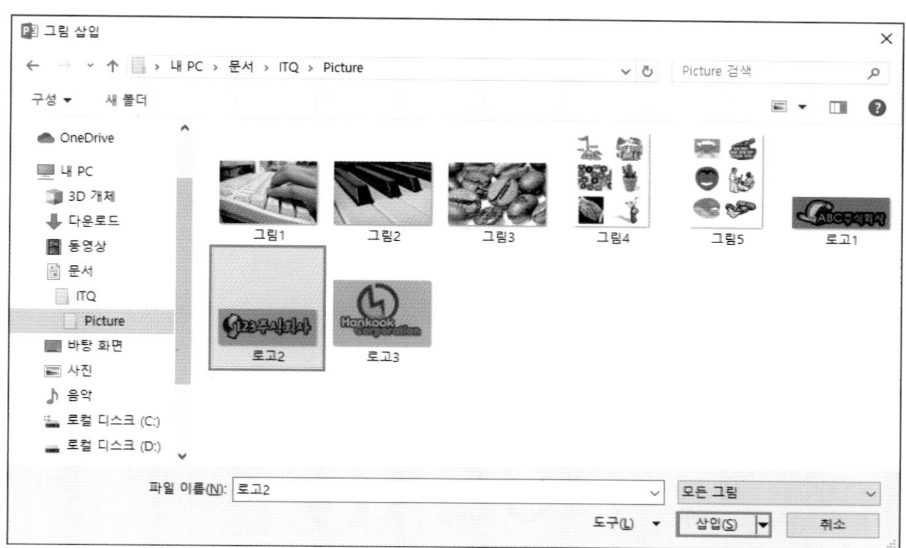

Tip 그림 삽입

시험장에서 그림 삽입 문제의 경우는 감독위원의 지시에 따라 반드시 「내 PC₩문서₩ITQ₩Picture」 폴더에서 정확한 파일을 선택하여 삽입합니다.

3 그림이 삽입되면 [그림 도구]-[서식] 탭의 [조정] 그룹에서 색(색) 단추를 클릭하고, [투명한 색 설정]을 선택합니다.

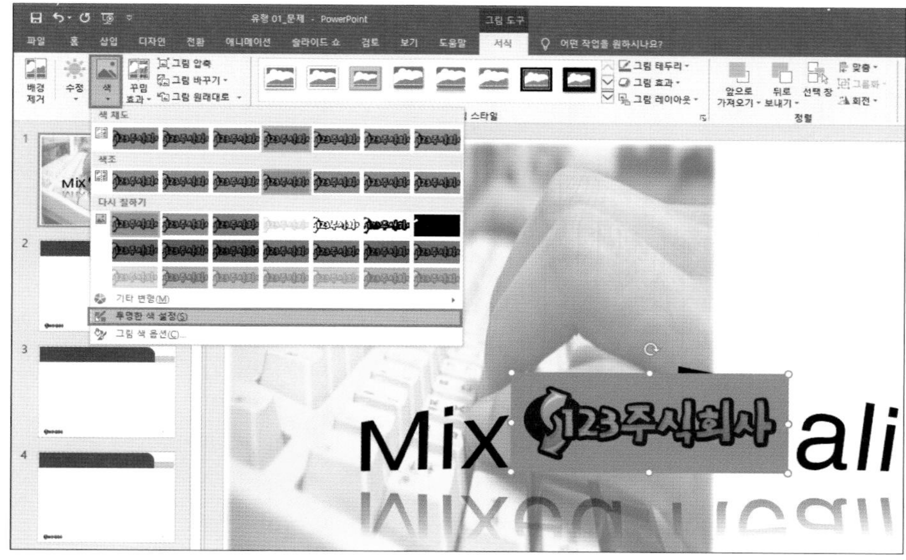

4 마우스 포인터가 모양으로 변경되면 그림에서 투명한 색으로 설정할 회색 부분을 클릭합니다.

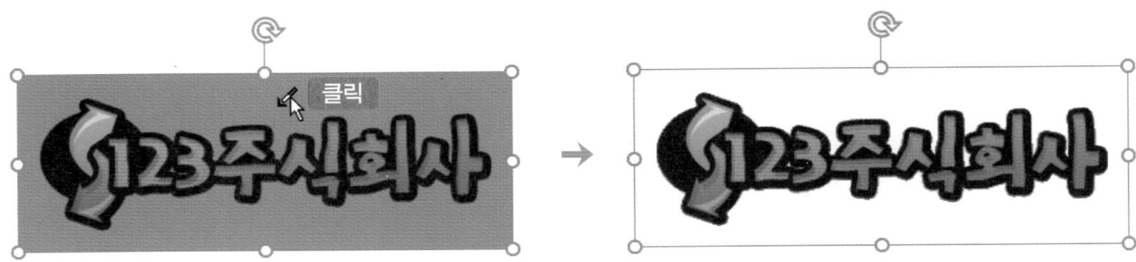

5 그림의 크기 조절 핸들을 이용하여 《출력형태》와 같이 로고 크기를 적당히 조절한 후 슬라이드 오른쪽 상단에 배치합니다.

6 모든 작업이 완료되면 빠른 실행 도구 모음에서 저장( ) 단추를 클릭하여 완성 파일을 저장합니다.

출제 유형 문제

• **예제 파일** : 유형 분석 02₩유형 02_문제.pptx / • **완성 파일** : 유형 분석 02₩유형 02_완성.pptx

01 문제지의 지시사항과 세부조건을 참조하여 《출력형태》에 맞게 작업하시오.

(1) 표지 디자인 : 도형, 워드아트 및 그림을 이용하여 작성한다.

세부조건

① 도형 편집
- 도형에 그림 채우기 : 「내 PC₩문서₩ITQ₩Picture₩그림2.jpg」, 투명도 50%
- 도형 효과 : 부드러운 가장자리 5포인트

② 워드아트 삽입
- 변환 : 오른쪽 줄이기
- 글꼴 : 돋움, 굵게
- 텍스트 반사 : 근접 반사, 터치

③ 그림 삽입
- 「내 PC₩문서₩ITQ₩Picture₩로고3.jpg」
- 배경(연보라) 투명색으로 설정

• 그림 채우기에 필요한 도형으로 [사각형]-[직사각형]을 적당한 크기로 삽입합니다.
• 임의의 WordArt를 삽입한 후 WordArt 서식을 지우고, 글꼴과 텍스트 효과를 적용합니다.

• **예제 파일** : 유형 분석 02₩유형 03_문제.pptx / • **완성 파일** : 유형 분석 02₩유형 03_완성.pptx

02 문제지의 지시사항과 세부조건을 참조하여 《출력형태》에 맞게 작업하시오.

(1) 표지 디자인 : 도형, 워드아트 및 그림을 이용하여 작성한다.

세부조건

① 도형 편집
- 도형에 그림 채우기 : 「내 PC₩문서₩ITQ₩Picture₩그림3.jpg」, 투명도 50%
- 도형 효과 : 부드러운 가장자리 10포인트

② 워드아트 삽입
- 변환 : 중지
- 글꼴 : 돋움, 굵게
- 텍스트 반사 : 1/2 반사, 터치

③ 그림 삽입
- 「내 PC₩문서₩ITQ₩Picture₩로고1.jpg」
- 배경(회색) 투명색으로 설정

Hint
• 그림 채우기에 필요한 도형으로 [사각형]-[양쪽 모서리가 둥근 사각형]을 적당한 크기로 삽입합니다.
• 임의의 WordArt를 삽입한 후 WordArt 서식을 지우고, 글꼴과 텍스트 효과를 적용합니다.

출제 유형 문제

• **예제 파일** : 유형 분석 02₩유형 04_문제.pptx / • **완성 파일** : 유형 분석 02₩유형 04_완성.pptx

03 문제지의 지시사항과 세부조건을 참조하여 《출력형태》에 맞게 작업하시오.

(1) 표지 디자인 : 도형, 워드아트 및 그림을 이용하여 작성한다.

세부조건

① 도형 편집
- 도형에 그림 채우기 : 「내 PC₩문서₩ITQ₩Picture₩그림1.jpg」, 투명도 50%
- 도형 효과 : 부드러운 가장자리 5포인트

② 워드아트 삽입
- 변환 : 물결 1
- 글꼴 : 돋움, 굵게
- 텍스트 반사 : 근접 반사, 터치

③ 그림 삽입
- 「내 PC₩문서₩ITQ₩Picture₩로고2.jpg」
- 배경(회색) 투명색으로 설정

Hint
- 그림 채우기에 필요한 도형으로 [기본 도형]-[배지]를 적당한 크기로 삽입합니다.
- 임의의 WordArt를 삽입한 후 WordArt 서식을 지우고, 글꼴과 텍스트 효과를 적용합니다.

• **예제 파일** : 유형 분석 02₩유형 05_문제.pptx / • **완성 파일** : 유형 분석 02₩유형 05_완성.pptx

04 문제지의 지시사항과 세부조건을 참조하여 《출력형태》에 맞게 작업하시오.

(1) 표지 디자인 : 도형, 워드아트 및 그림을 이용하여 작성한다.

세부조건

① 도형 편집
- 도형에 그림 채우기 : 「내 PC₩문서₩ITQ₩Picture₩그림2.jpg」, 투명도 50%
- 도형 효과 : 부드러운 가장자리 5포인트

② 워드아트 삽입
- 변환 : 역갈매기형 수장
- 글꼴 : 돋움, 굵게
- 텍스트 반사 : 근접 반사, 4 pt 오프셋

③ 그림 삽입
- 「내 PC₩문서₩ITQ₩Picture₩로고1.jpg」
- 배경(회색) 투명색으로 설정

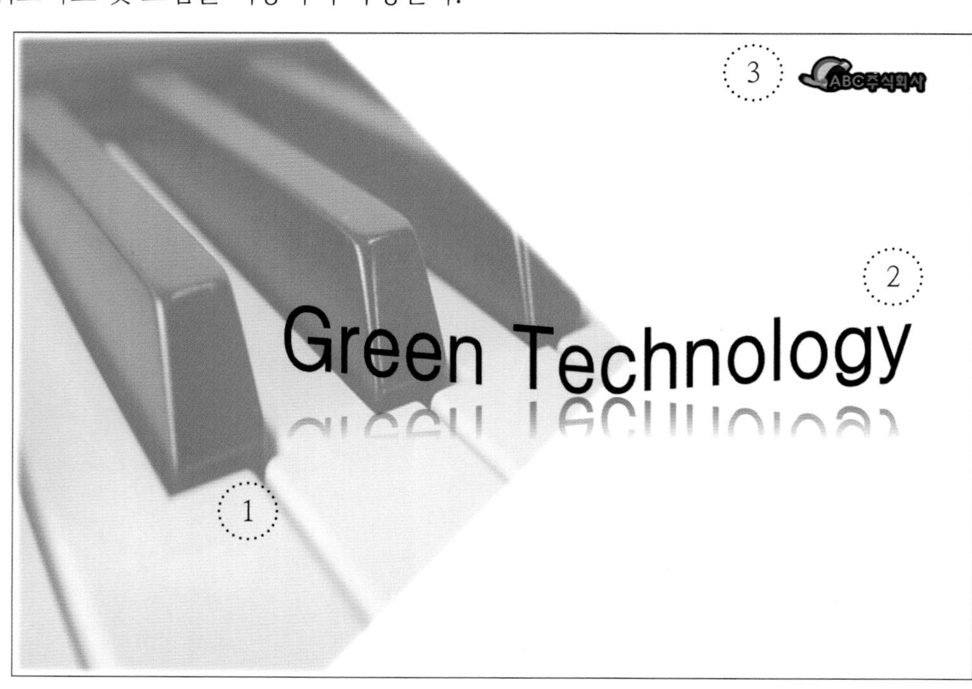

Hint
- 그림 채우기에 필요한 도형으로 [블록 화살표]-[오각형]을 적당한 크기로 삽입합니다.
- 임의의 WordArt를 삽입한 후 WordArt 서식을 지우고, 글꼴과 텍스트 효과를 적용합니다.

출제 유형 문제

• **예제 파일** : 유형 분석 02₩유형 06_문제.pptx / • **완성 파일** : 유형 분석 02₩유형 06_완성.pptx

05 문제지의 지시사항과 세부조건을 참조하여 《출력형태》에 맞게 작업하시오.

(1) 표지 디자인 : 도형, 워드아트 및 그림을 이용하여 작성한다.

세부조건

① 도형 편집
- 도형에 그림 채우기 : 「내 PC₩문서₩ITQ₩Picture₩그림2.jpg」, 투명도 50%
- 도형 효과 : 부드러운 가장자리 5포인트

② 워드아트 삽입
- 변환 : 원통 아래
- 글꼴 : 돋움, 굵게
- 텍스트 반사 : 전체 반사, 8 pt 오프셋

③ 그림 삽입
- 「내 PC₩문서₩ITQ₩Picture₩로고1.jpg」
- 배경(회색) 투명색으로 설정

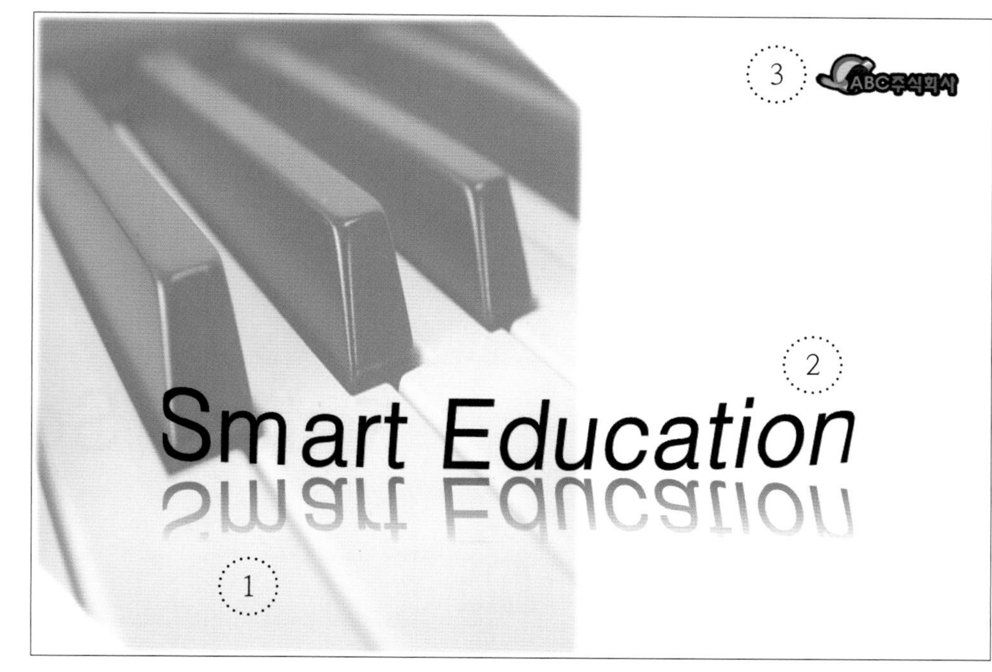

- 그림 채우기에 필요한 도형으로 [사각형]-[대각선 방향의 모서리가 잘린 사각형]을 적당한 크기로 삽입합니다.
- 임의의 WordArt를 삽입한 후 WordArt 서식을 지우고, 글꼴과 텍스트 효과를 적용합니다.

• **예제 파일** : 유형 분석 02₩유형 07_문제.pptx / • **완성 파일** : 유형 분석 02₩유형 07_완성.pptx

06 문제지의 지시사항과 세부조건을 참조하여 《출력형태》에 맞게 작업하시오.

(1) 표지 디자인 : 도형, 워드아트 및 그림을 이용하여 작성한다.

세부조건

① 도형 편집
- 도형에 그림 채우기 : 「내 PC₩문서₩ITQ₩Picture₩그림3.jpg」, 투명도 50%
- 도형 효과 : 부드러운 가장자리 5포인트

② 워드아트 삽입
- 변환 : 휘어 내려가기
- 글꼴 : 굴림, 굵게
- 텍스트 반사 : 근접 반사, 8 pt 오프셋

③ 그림 삽입
- 「내 PC₩문서₩ITQ₩Picture₩로고2.jpg」
- 배경(회색) 투명색으로 설정

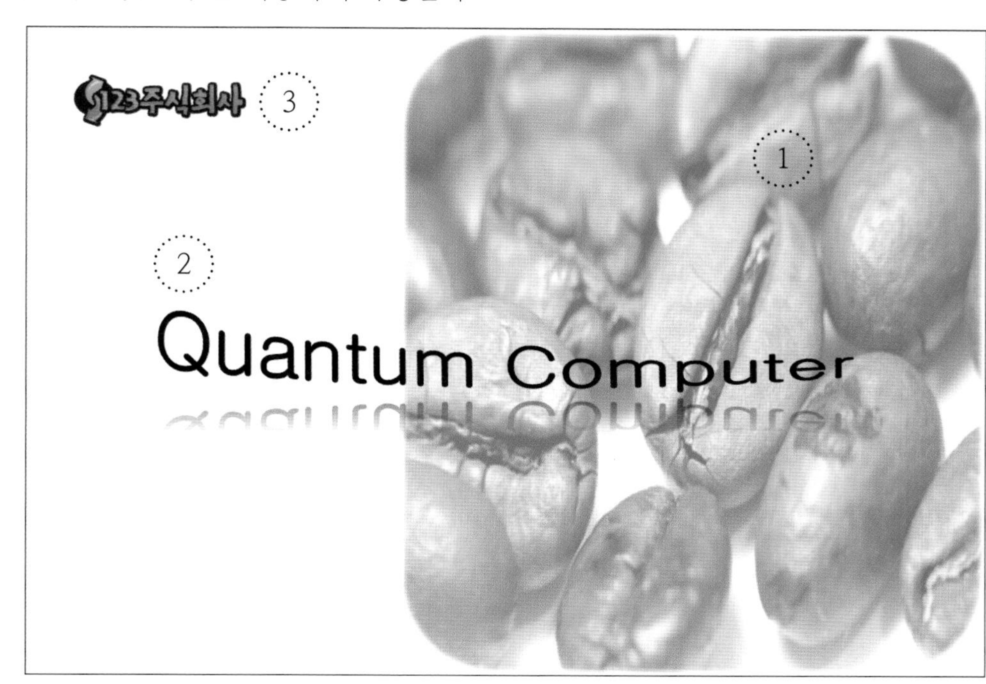

- 그림 채우기에 필요한 도형으로 [사각형]-[모서리가 둥근 직사각형]을 적당한 크기로 삽입합니다.
- 임의의 WordArt를 삽입한 후 WordArt 서식을 지우고, 글꼴과 텍스트 효과를 적용합니다.

출제 유형 문제

• **예제 파일** : 유형 분석 02₩유형 08_문제.pptx / • **완성 파일** : 유형 분석 02₩유형 08_완성.pptx

07 문제지의 지시사항과 세부조건을 참조하여 《출력형태》에 맞게 작업하시오.

(1) 표지 디자인 : 도형, 워드아트 및 그림을 이용하여 작성한다.

세부조건

① 도형 편집
- 도형에 그림 채우기 : 「내 PC₩문서₩ITQ₩Picture₩그림1.jpg」, 투명도 50%
- 도형 효과 : 부드러운 가장자리 5포인트

② 워드아트 삽입
- 변환 : 원통 위
- 글꼴 : 돋움, 굵게
- 텍스트 반사 : 근접 반사, 터치

③ 그림 삽입
- 「내 PC₩문서₩ITQ₩Picture₩로고3.jpg」
- 배경(연보라) 투명색으로 설정

• 그림 채우기에 필요한 도형으로 [사각형]-[대각선 방향의 모서리가 잘린 사각형]을 적당한 크기로 삽입합니다.
• 임의의 WordArt를 삽입한 후 WordArt 서식을 지우고, 글꼴과 텍스트 효과를 적용합니다.

• **예제 파일** : 유형 분석 02₩유형 09_문제.pptx / • **완성 파일** : 유형 분석 02₩유형 09_완성.pptx

08 문제지의 지시사항과 세부조건을 참조하여 《출력형태》에 맞게 작업하시오.

(1) 표지 디자인 : 도형, 워드아트 및 그림을 이용하여 작성한다.

세부조건

① 도형 편집
- 도형에 그림 채우기 : 「내 PC₩문서₩ITQ₩Picture₩그림3.jpg」, 투명도 50%
- 도형 효과 : 부드러운 가장자리 5포인트

② 워드아트 삽입
- 변환 : 위쪽 원호
- 글꼴 : 돋움, 굵게
- 텍스트 반사 : 근접 반사, 터치

③ 그림 삽입
- 「내 PC₩문서₩ITQ₩Picture₩로고2.jpg」
- 배경(회색) 투명색으로 설정

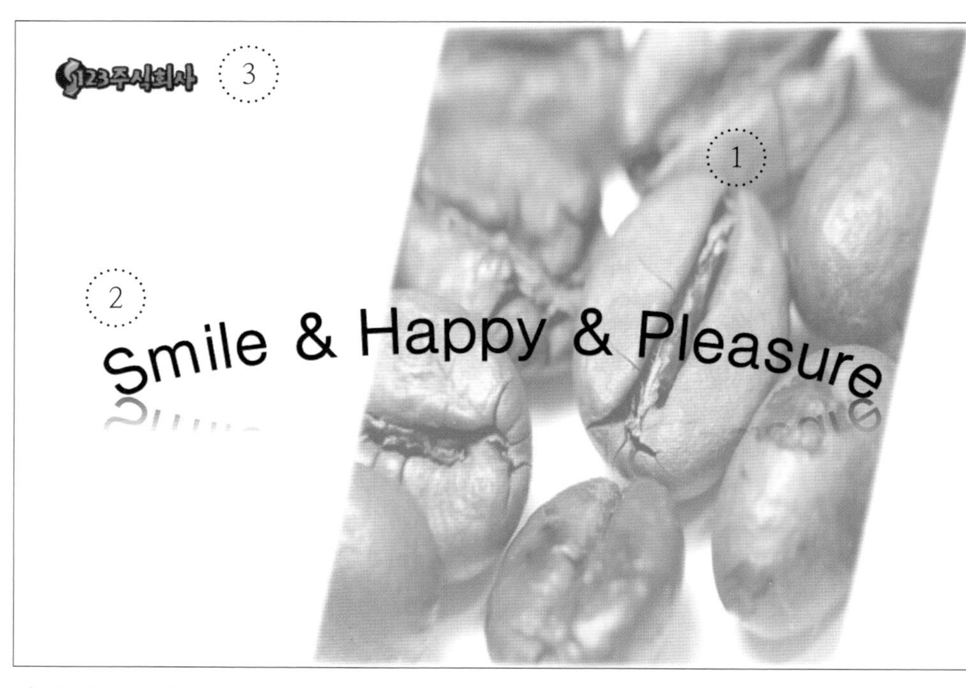

• 그림 채우기에 필요한 도형으로 [기본 도형]-[평행 사변형]을 적당한 크기로 삽입합니다.
• 임의의 WordArt를 삽입한 후 WordArt 서식을 지우고, 글꼴과 텍스트 효과를 적용합니다.

[슬라이드 2] 《목차 슬라이드》

슬라이드 2에서는 목차 슬라이드를 작성하는 것으로 여러 가지 도형을 이용하여 목차를 작성하고, 주어진 텍스트에 하이퍼링크를 적용하는 방법에 대하여 알아봅니다.

시험 유형 미리보기

• 예제 파일 : 유형 분석 03₩유형 01_문제.pptx / • 완성 파일 : 유형 분석 03₩유형 01_완성.pptx

※ [슬라이드 2] ≪목차 슬라이드≫ **60점**

(1) 출력형태와 같이 도형을 이용하여 목차를 작성한다(글꼴 : 굴림, 24pt).

(2) 도형 : 선 없음

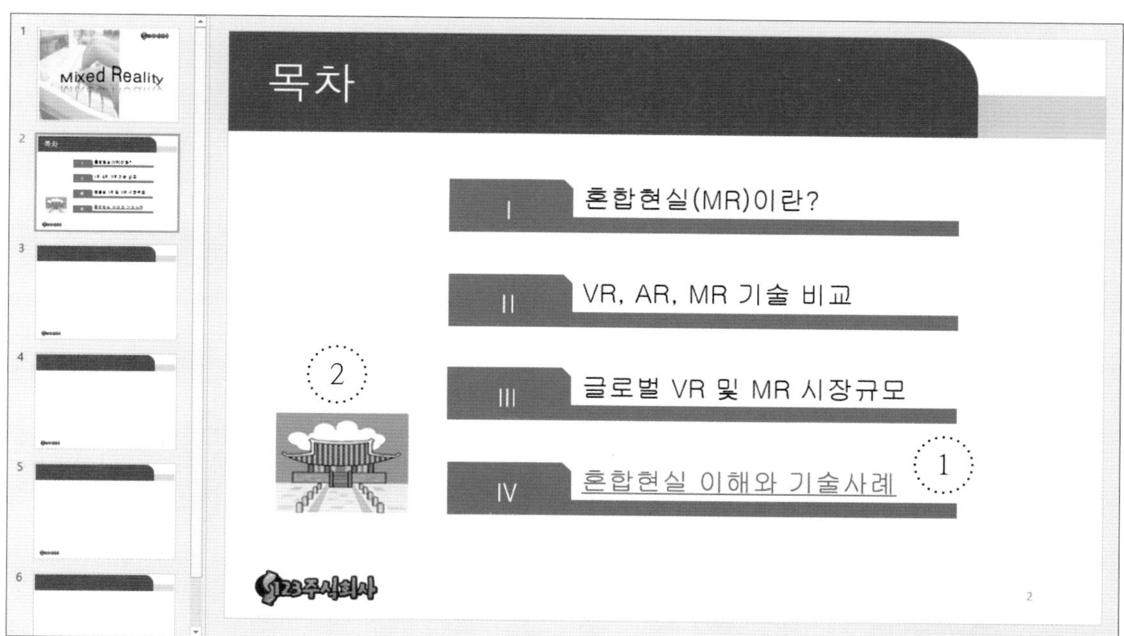

세부조건

① 텍스트에 하이퍼링크 적용
→ '슬라이드 6'

② 그림 삽입
– 「내 PC₩문서₩ITQ₩Picture₩그림5.jpg」
– 자르기 기능 이용

유형 잡기 01 목차 도형 작성하기

1 [파일]-[열기]-[찾아보기]를 차례로 선택하고, [열기] 대화 상자에서 '유형 분석 03₩유형 01_문제.pptx'를 불러오기 합니다.

2 '슬라이드 2'를 선택한 후 슬라이드 상단의 '제목을 추가하려면 클릭하십시오.' 부분을 클릭한 후 주어진 제목을 입력합니다.

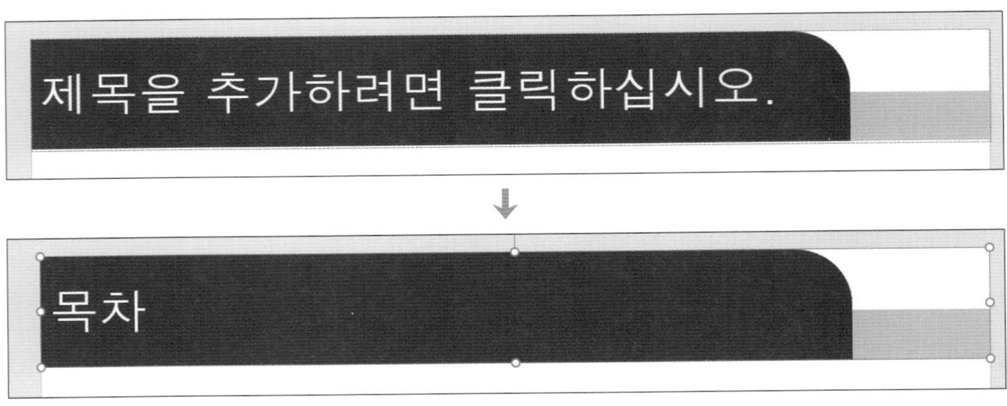

3 제목 앞의 간격을 《출력형태》처럼 맞추기 위하여 '목차' 앞에 커서를 위치시킨 후 SpaceBar를 두 번 누릅니다.

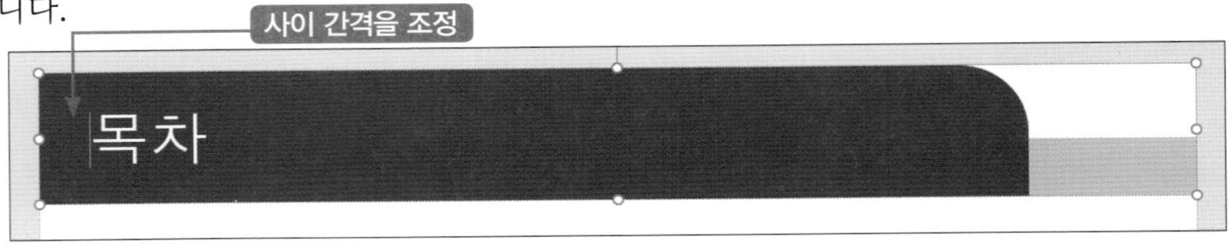

4 내용 개체 틀을 삭제하기 위하여 테두리를 클릭하고, Delete 를 누릅니다.

5 [삽입] 탭의 [일러스트레이션] 그룹에서 도형(도형) 단추를 클릭하고, 사각형의 직사각형(□)을 선택합니다.

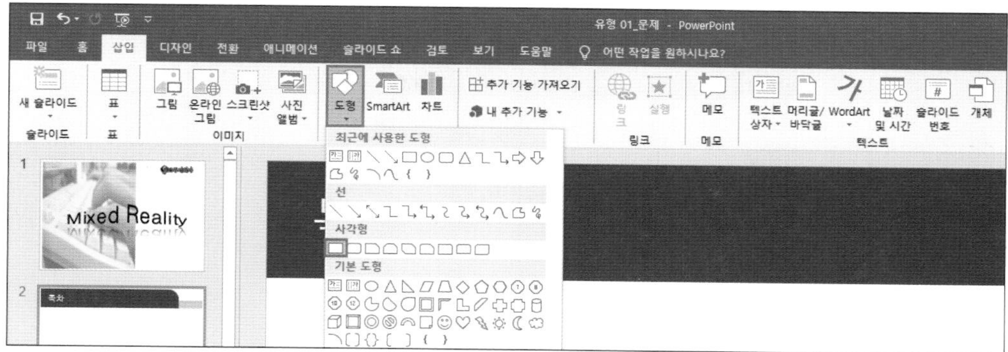

6 마우스 포인터가 '+' 모양으로 변경되면 슬라이드에 적당한 크기로 드래그하여 삽입합니다.

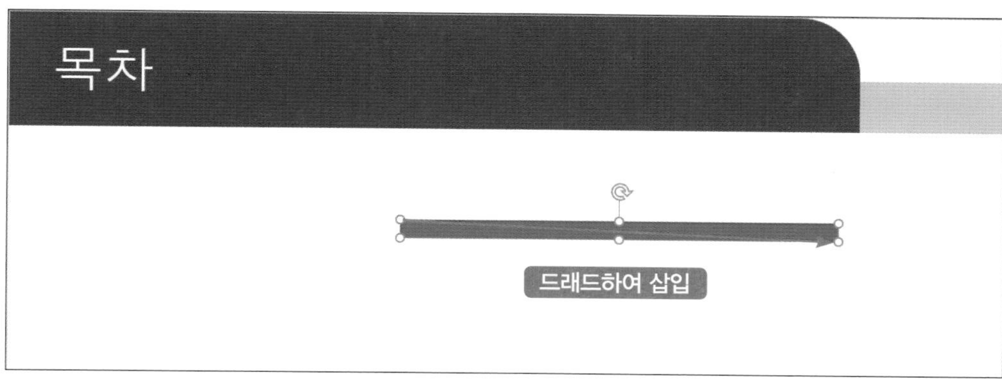

7 이번에는 [삽입] 탭의 [일러스트레이션] 그룹에서 도형(도형) 단추를 클릭하고, 사각형의 한쪽 모서리가 잘린 사각형(□)을 선택합니다.

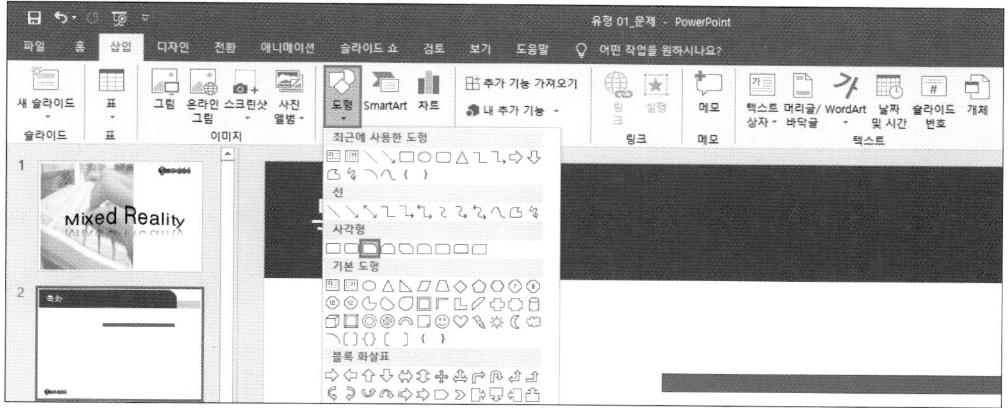

8 마우스 포인터가 '+' 모양으로 변경되면 슬라이드에 적당한 크기로 드래그하여 삽입합니다.

9 Ctrl을 이용하여 두 개의 도형을 선택한 후 [그리기 도구]-[서식] 탭의 [도형 스타일] 그룹에서 도형 윤곽선 (도형 윤곽선 ▾) 단추를 클릭하고, '윤곽선 없음'을 선택합니다.

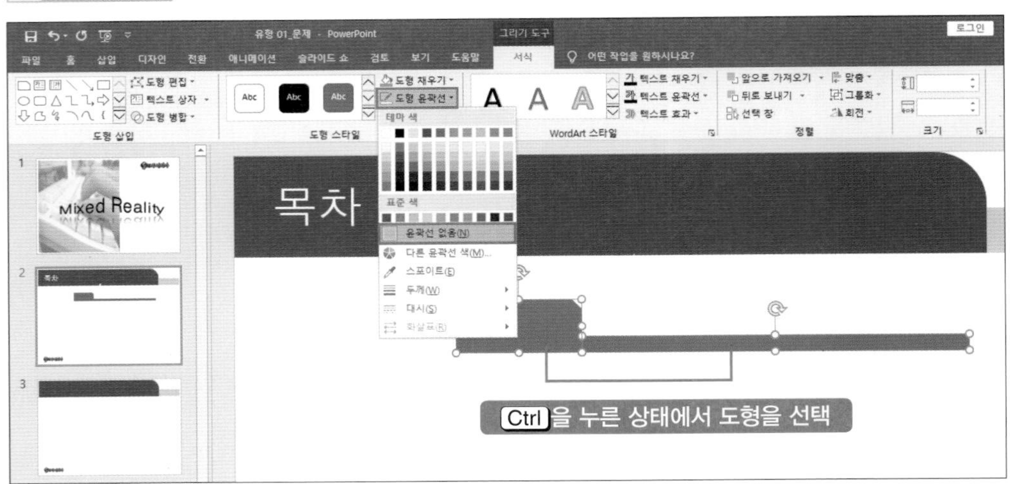

Tip 도형 선택

여러 개의 도형을 동시에 선택하려면 마우스로 해당 도형들이 포함되도록 드래그하여 선택하거나 Ctrl 또는 Shift를 누른 상태에서 도형을 하나씩 선택합니다.

10 한쪽 모서리가 잘린 사각형을 선택한 후 한글 자음 'ㅈ'을 입력하고, 한자를 누르면 해당 특수 문자 목록이 나타나는데, 여기에서 로마 숫자(Ⅰ)를 선택합니다.

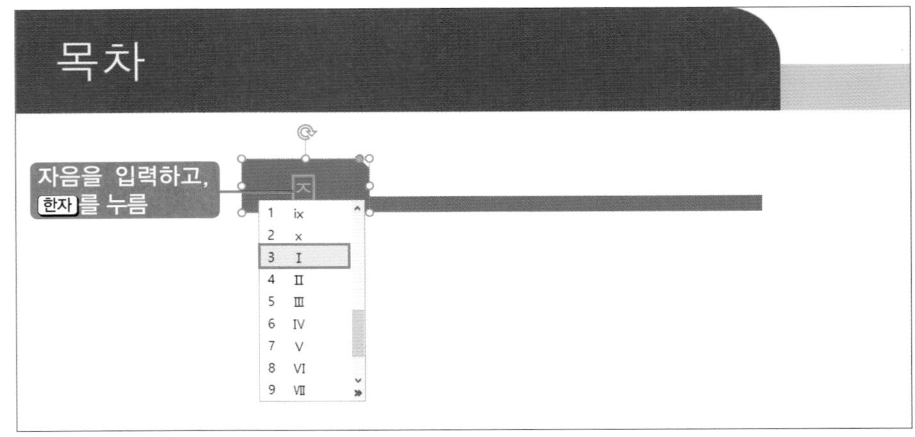

Tip 특수 문자 입력

- 한글 자음(ㄱ, ㄴ, ㄷ, …)을 입력한 후 한자 또는 오른쪽 Ctrl을 누르면 해당 특수 문자 목록이 나타납니다.
- 특수 문자 목록에서 보기 변경(») 단추를 클릭하면 해당 기호 목록을 확인할 수 있습니다.

자음	특수 문자	자음	특수 문자
ㄱ	문장 기호(!, ', ., /, :, ?, ^, _, | 등)	ㅇ	영문 원/괄호 문자(ⓐ, ⓑ, ⒜, ⒝ 등)
ㄴ	괄호(", (, [, {, 〈, 《, 「, 『, 【 등)	ㅈ	숫자(0, 1, ⅰ, ⅱ, ⅲ, Ⅰ, Ⅱ, Ⅲ 등)
ㄷ	수학 기호(+, -, <, =, ±, ×, ÷, ≠ 등)	ㅊ	분수/첨자(½, ⅓, ¹, ², ₁, ₂ 등)
ㄹ	단위($, %, ₩, ㎝, ㎞, ㎟, ㎠, ㎡ 등)	ㅋ	현대 자음/모음(ㄱ, ㄲ, ㄳ, ㅏ, ㅐ 등)
ㅁ	일반 도형(#, &, *, @, ※, ☆, ◎ 등)	ㅌ	고어 자음/모음(ㅥ, ㅦ, ㅧ, ㅨ, ㅰ 등)
ㅂ	괘선(─, │, ┌, ┐, ┘, └, ├ 등)	ㅍ	로마 문자(Ａ, Ｂ, Ｃ, ａ, ｂ, ｃ 등)
ㅅ	한글 원/괄호 문자(㉠, ㉡, ㈀, ㈁ 등)	ㅎ	그리스 문자(Α, Β, Γ, Δ, Ε, Θ 등)

11 계속해서 [홈] 탭의 [글꼴] 그룹에서 글꼴은 '굴림', 글꼴 크기는 '24'를 각각 지정합니다.

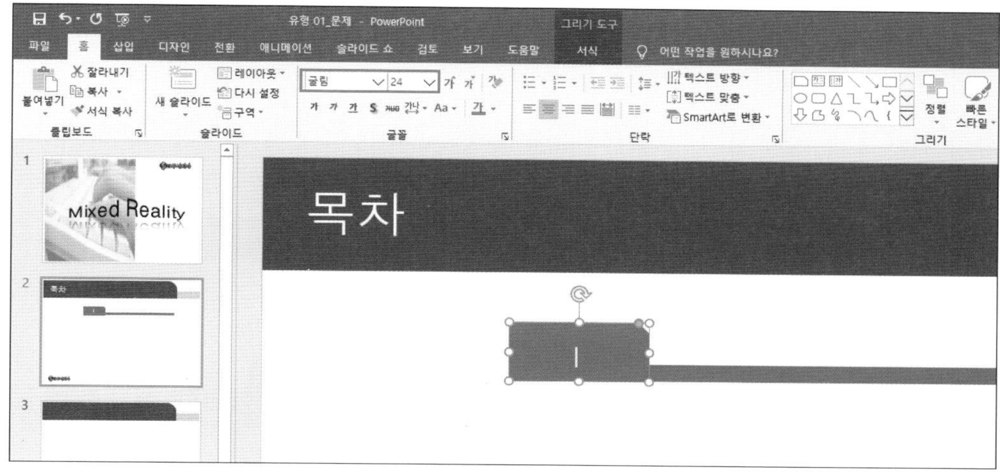

12 [삽입] 탭의 [텍스트] 그룹에서 가로 텍스트 상자(가) 단추를 클릭합니다.

13 마우스 포인터가 '↓' 모양으로 변경되면 해당 위치에 마우스를 드래그하여 텍스트 상자를 삽입한 후 주어진 내용을 입력합니다.

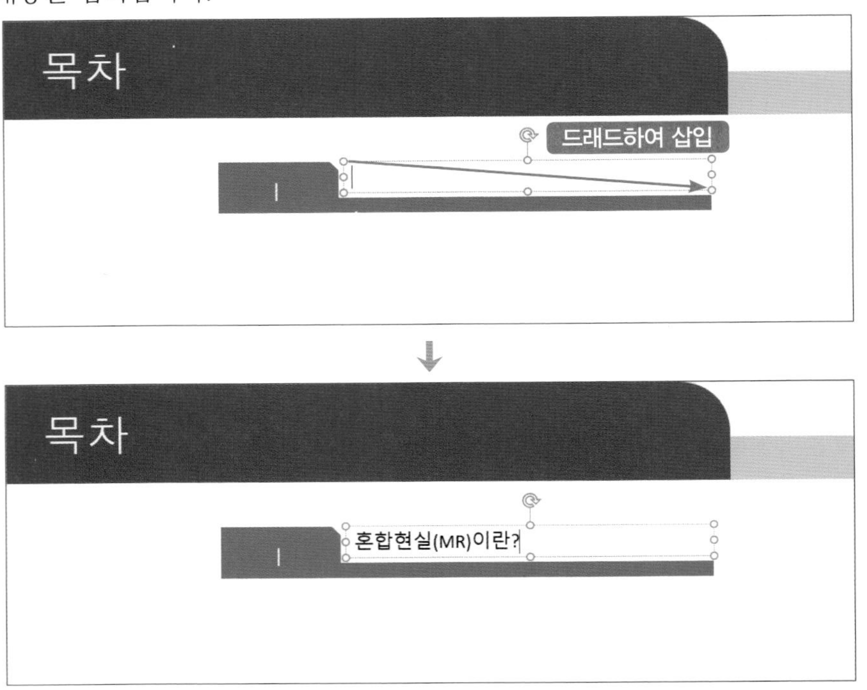

14 텍스트 상자를 선택한 후 [홈] 탭의 [글꼴] 그룹에서 글꼴은 '굴림', 글꼴 크기는 '24'를 각각 지정합니다 (이때, 텍스트 상자의 위치를 상하좌우로 세밀하게 조정하려면 방향키를 이용).

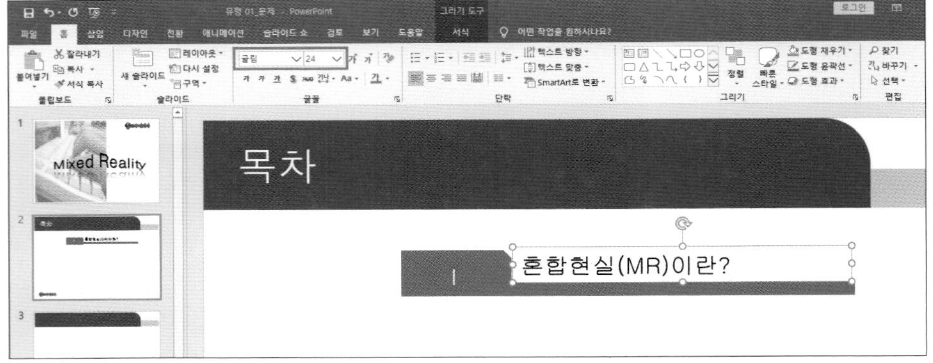

15 마우스를 드래그하여 두 개의 도형과 텍스트 상자를 동시에 선택한 후 Ctrl+Shift를 누른 상태에서 아래쪽으로 드래그하여 모든 개체를 복사합니다.

목차

혼합현실(MR)이란?

혼합현실(MR)이란?

Ctrl + Shift + 드래그

Tip 도형의 이동과 복사

- 드래그 : 도형을 원하는 위치로 이동합니다.
- Shift+드래그 : 도형을 수평 또는 수직으로 이동합니다.
- Ctrl+드래그 : 도형을 원하는 위치로 복사합니다.
- Ctrl+Shift+드래그 : 도형을 수평 또는 수직으로 복사합니다.

16 동일한 방법으로 Ctrl+Shift를 이용하여 아래쪽으로 2개를 더 복사합니다.

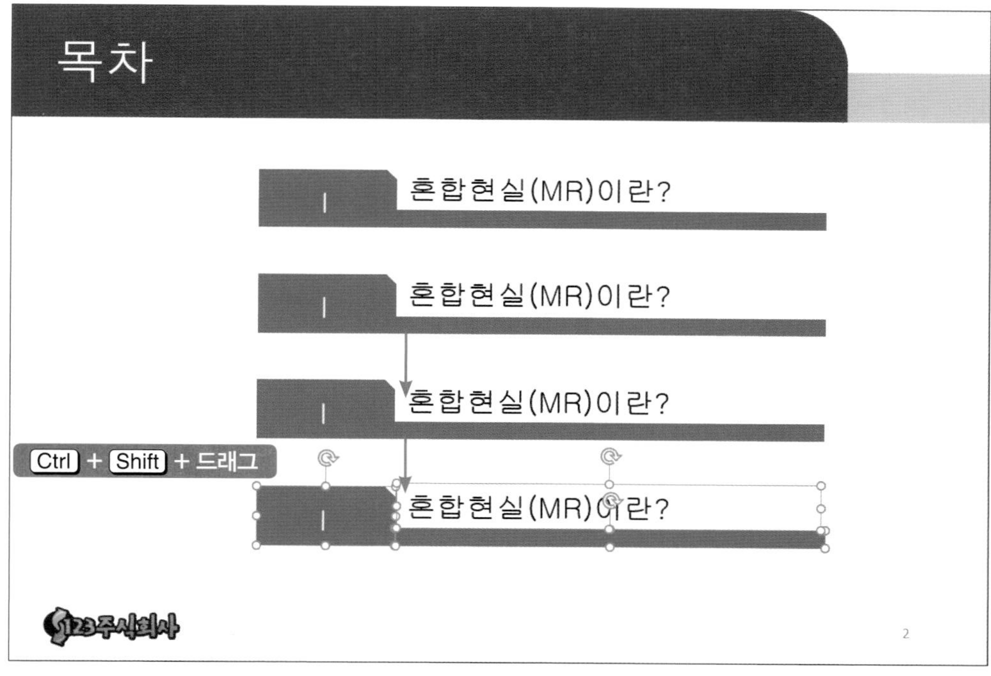

17 도형과 텍스트 상자 안쪽을 클릭한 후 문제지와 동일하게 주어진 내용을 각각 수정합니다.

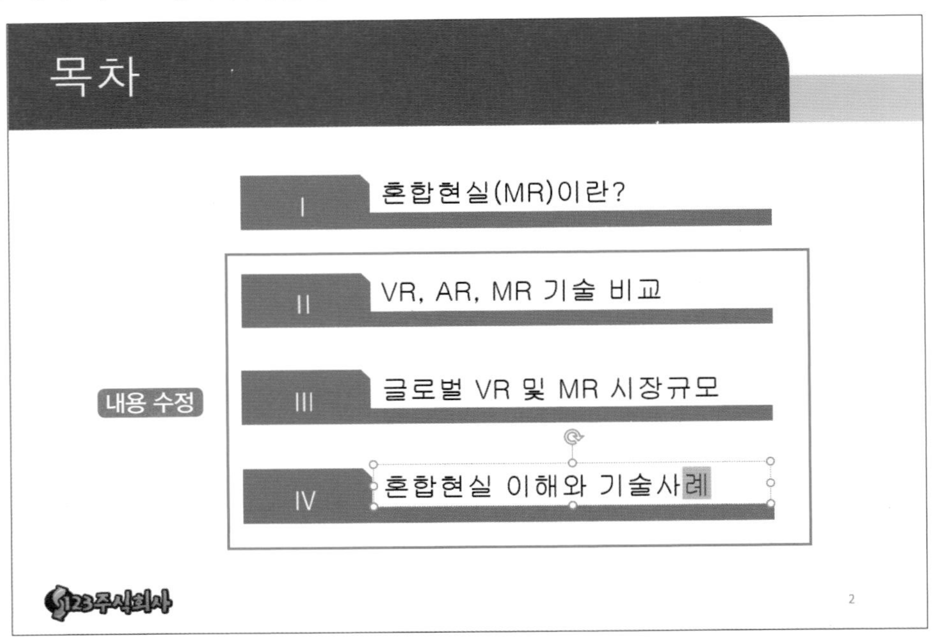

유형 잡기 02 하이퍼링크 적용하기

1 네 번째 목차에 해당하는 '혼합현실 이해와 기술사례'를 블록 지정한 후 마우스 오른쪽 버튼을 클릭하고, [하이퍼링크]를 선택합니다.

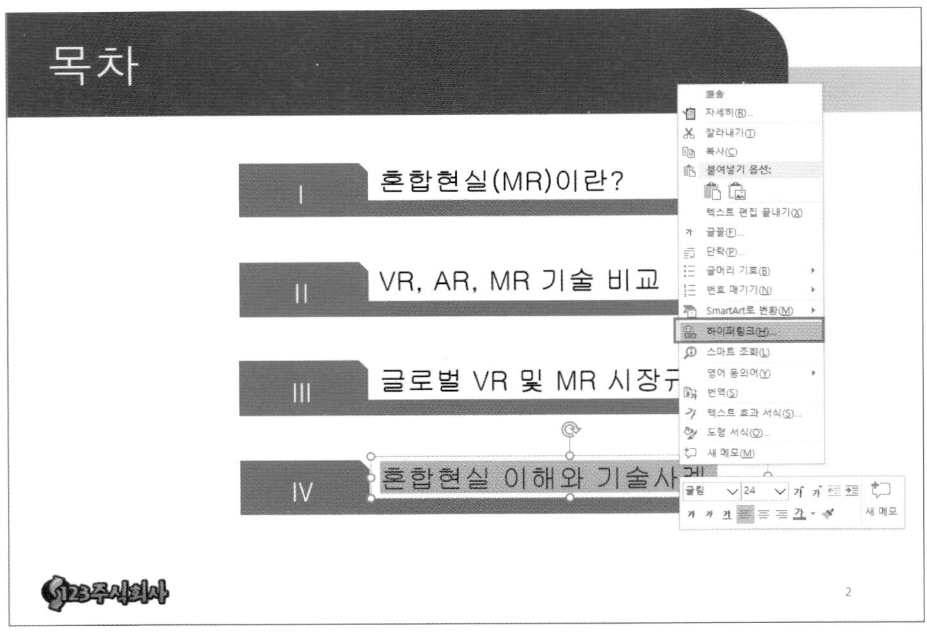

Tip 하이퍼링크

하이퍼링크는 웹 페이지와 파일에 빠르게 액세스할 수 있도록 문서에 링크를 설정하는 기능으로 [삽입] 탭의 [링크] 그룹에서 하이퍼링크(하이퍼링크) 단추를 클릭해도 됩니다(=Ctrl+K).

2 [하이퍼링크 삽입] 대화 상자에서 연결 대상을 '현재 문서'로 선택하고, 이 문서에서 위치 선택을 '슬라이드 6'으로 지정한 후 [확인] 버튼을 클릭합니다.

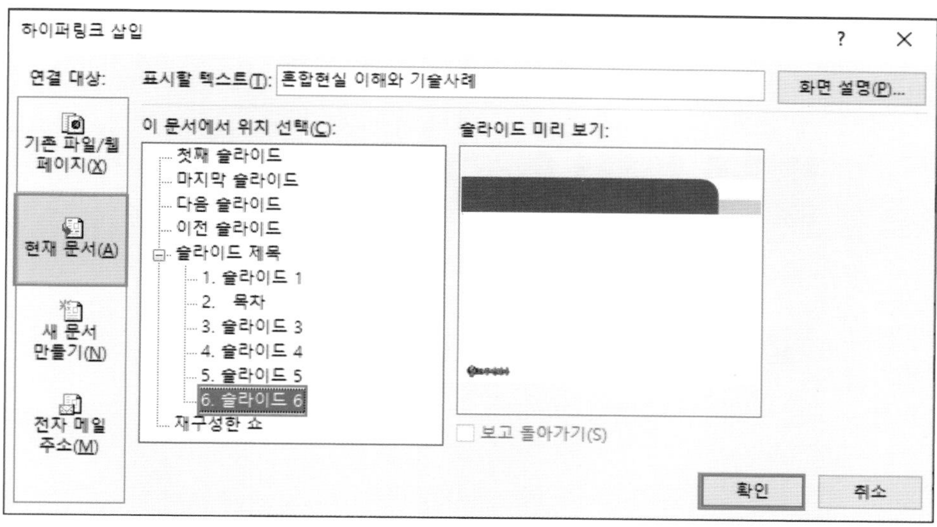

3 그 결과 하이퍼링크가 설정되면 해당 텍스트에는 파란색과 밑줄이 표시됩니다.

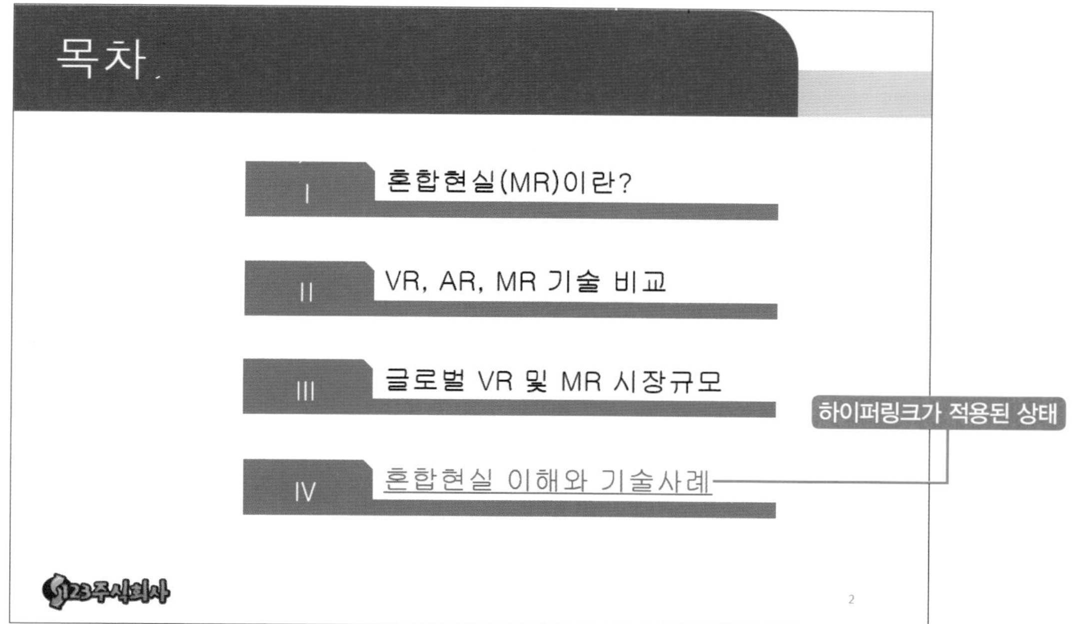

Tip 하이퍼링크 제거

하이퍼링크를 제거하려면 하이퍼링크가 적용된 텍스트에서 마우스 오른쪽 버튼을 클릭하고, [하이퍼링크 제거]를 선택하면 됩니다.

유형 잡기 03 그림 삽입하기

1 [삽입] 탭의 [이미지] 그룹에서 그림(그림) 단추를 클릭합니다.

2 [그림 삽입] 대화 상자에서 찾는 위치(내 PC₩문서₩ITQ₩Picture)와 파일 이름(그림5.jpg)을 선택하고, [삽입] 버튼을 클릭합니다.

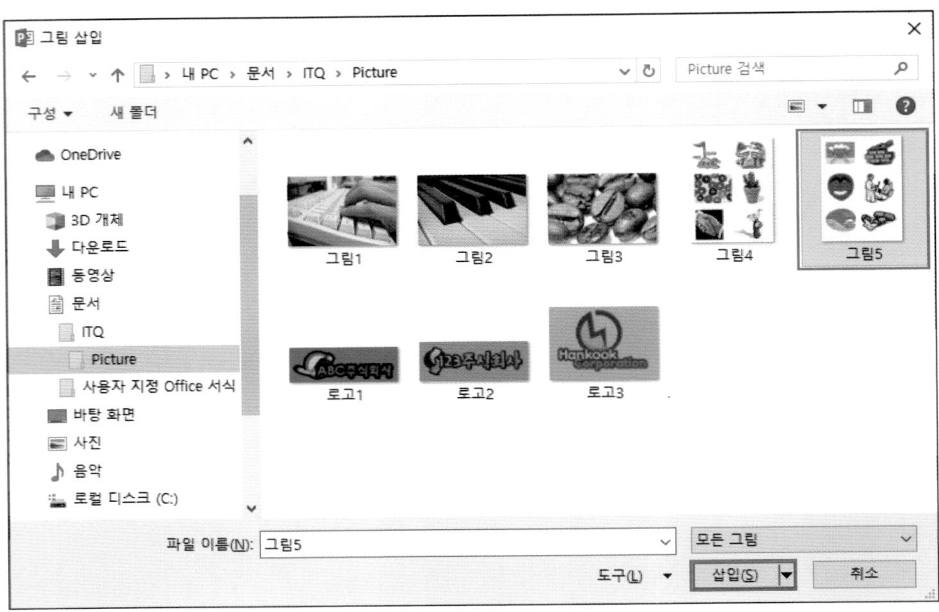

3 슬라이드에 그림이 삽입되면 [그림 도구]-[서식] 탭의 [크기] 그룹에서 자르기( ) 단추를 클릭합니다.

4 그림의 오른쪽 하단 모서리에서 마우스 포인터가 ┛ 모양으로 변경되면 그림을 자르기할 부분까지 드래그한 후 ESC를 누릅니다.

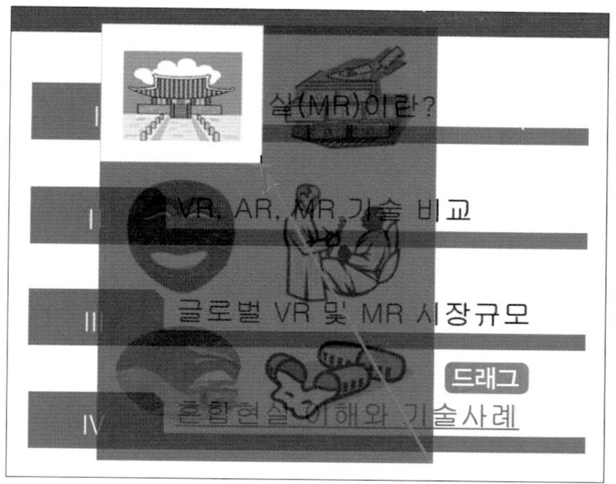

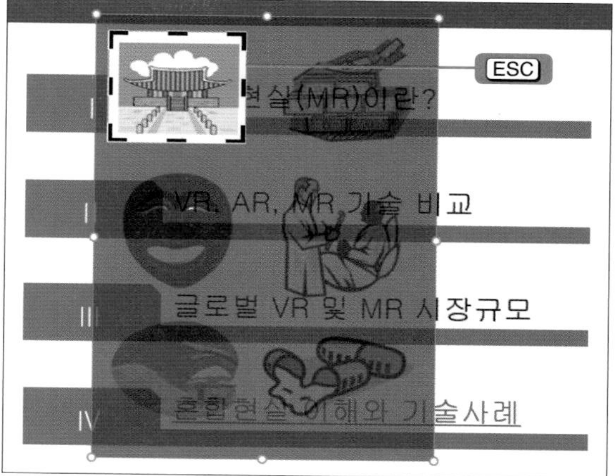

Tip 그림 자르기

- 자르기 조절점을 상하좌우에서 하나씩 드래그하면 그림을 정확하게 자르기 할 수 있습니다.
- 자르기 해제는 ESC를 누르거나 슬라이드에서 임의의 위치를 클릭하면 됩니다.

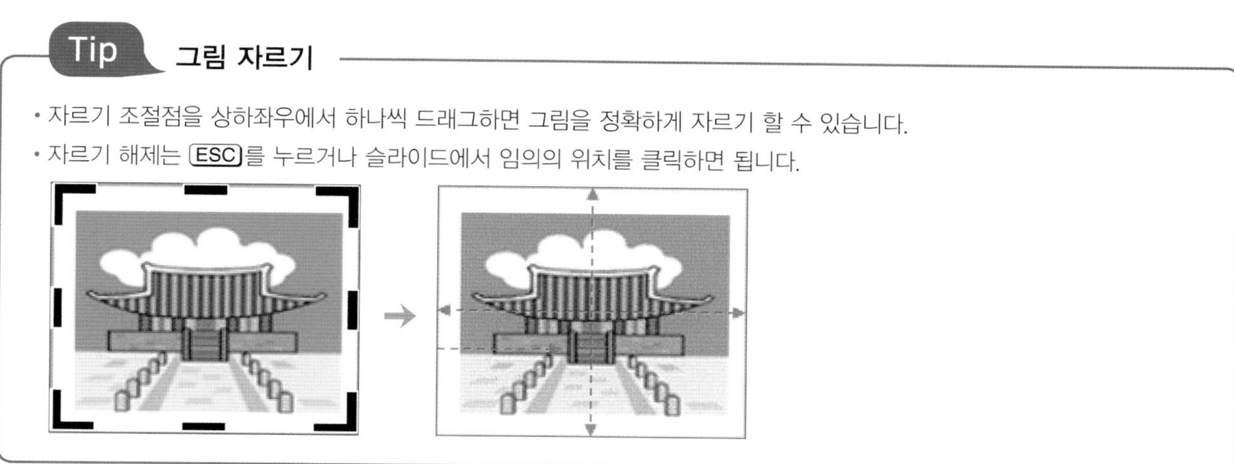

5 출력형태에 맞게 그림을 드래그하여 크기와 위치를 적당히 조절합니다.

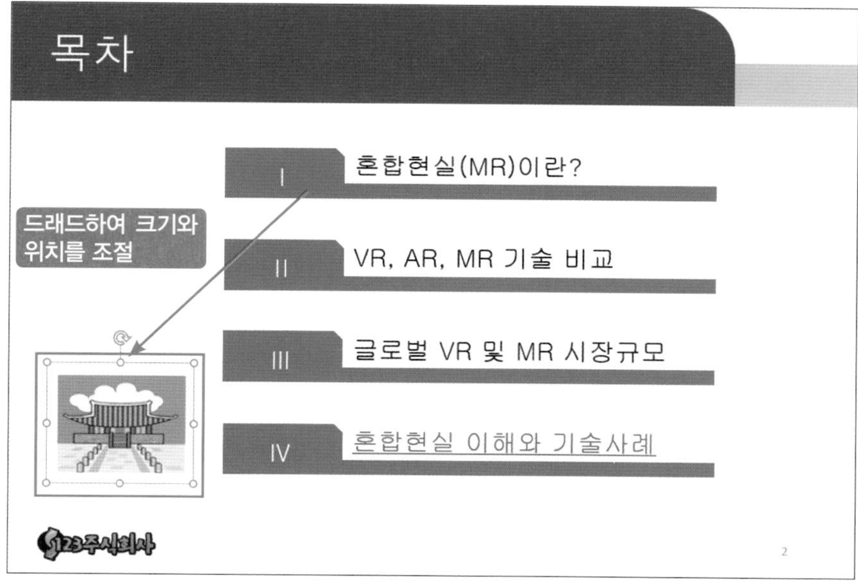

6 모든 작업이 완료되면 빠른 실행 도구 모음에서 저장(💾) 단추를 클릭하여 완성 파일을 저장합니다.

출제 유형 문제

• **예제 파일** : 유형 분석 03₩유형 02_문제.pptx / • **완성 파일** : 유형 분석 03₩유형 02_완성.pptx

01 문제지의 지시사항과 세부조건을 참조하여 《출력형태》에 맞게 작업하시오.

(1) 출력형태와 같이 도형을 이용하여 목차를 작성한다(글꼴 : 굴림, 24pt).

(2) 도형 : 선 없음

세부조건

① 텍스트에 하이퍼링크 적용
→ '슬라이드 6'

② 그림 삽입
– 「내 PC₩문서₩ITQ₩Picture₩그림4.jpg」
– 자르기 기능 이용

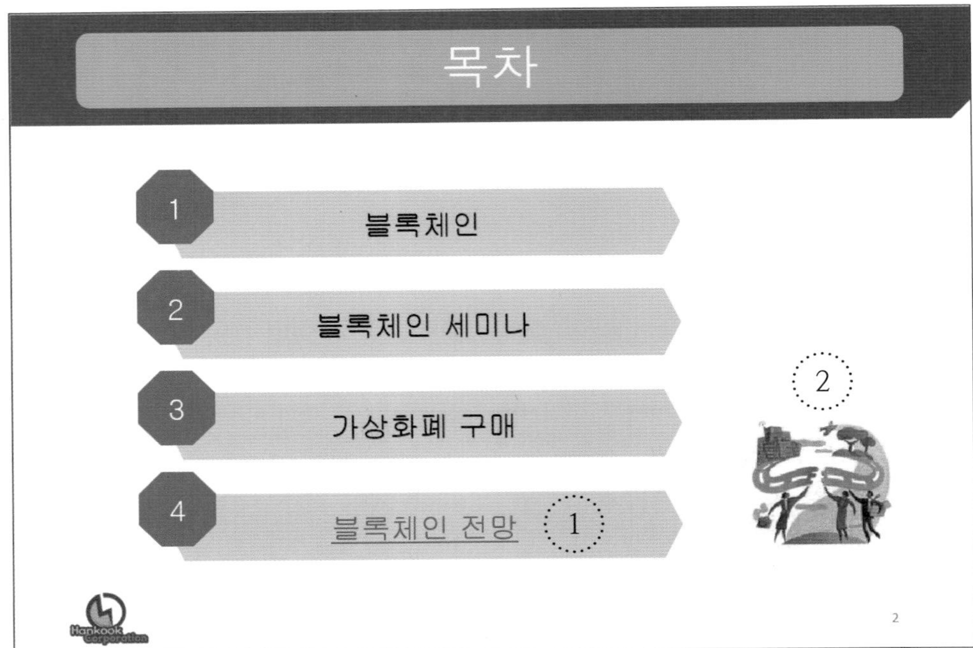

Hint

도형은 [기본 도형]-[육각형]/[팔각형]을 각각 삽입한 후 육각형의 텍스트에는 '글꼴 색-검정, 텍스트 1'을 추가로 설정합니다.

출제 유형 문제

• **예제 파일** : 유형 분석 03₩유형 03_문제.pptx / • **완성 파일** : 유형 분석 03₩유형 03_완성.pptx

02 문제지의 지시사항과 세부조건을 참조하여 《출력형태》에 맞게 작업하시오.

(1) 출력형태와 같이 도형을 이용하여 목차를 작성한다(글꼴 : 굴림, 24pt).

(2) 도형 : 선 없음

세부조건

① 텍스트에 하이퍼링크 적용
→ '슬라이드 5'

② 그림 삽입
– 「내 PC₩문서₩ITQ₩Picture₩그림4.jpg」
– 자르기 기능 이용

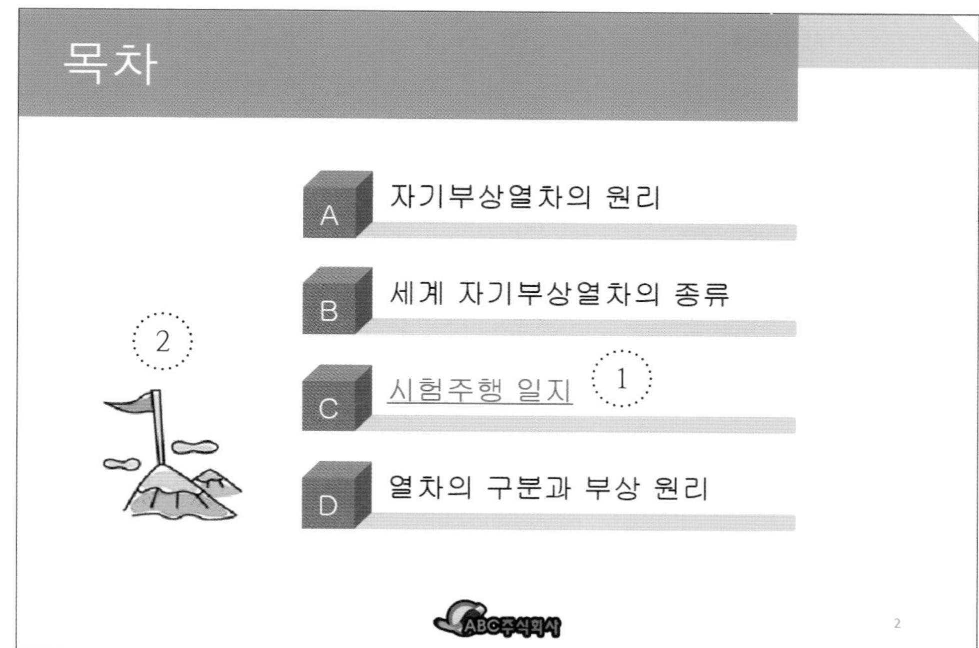

Hint

도형은 [사각형]-[모서리가 둥근 직사각형]과 [기본 도형]-[정육면체]를 각각 삽입한 후 가로 텍스트 상자를 이용하여 주어진 내용을 각각 입력합니다.

출제 유형 문제

• **예제 파일** : 유형 분석 03₩유형 04_문제.pptx / • **완성 파일** : 유형 분석 03₩유형 04_완성.pptx

03 문제지의 지시사항과 세부조건을 참조하여 《출력형태》에 맞게 작업하시오.

(1) 출력형태와 같이 도형을 이용하여 목차를 작성한다(글꼴 : 굴림, 24pt).

(2) 도형 : 선 없음

세부조건

① 텍스트에 하이퍼링크 적용
→ '슬라이드 4'

② 그림 삽입
– 「내 PC₩문서₩ITQ₩Picture₩그림4.jpg」
– 자르기 기능 이용

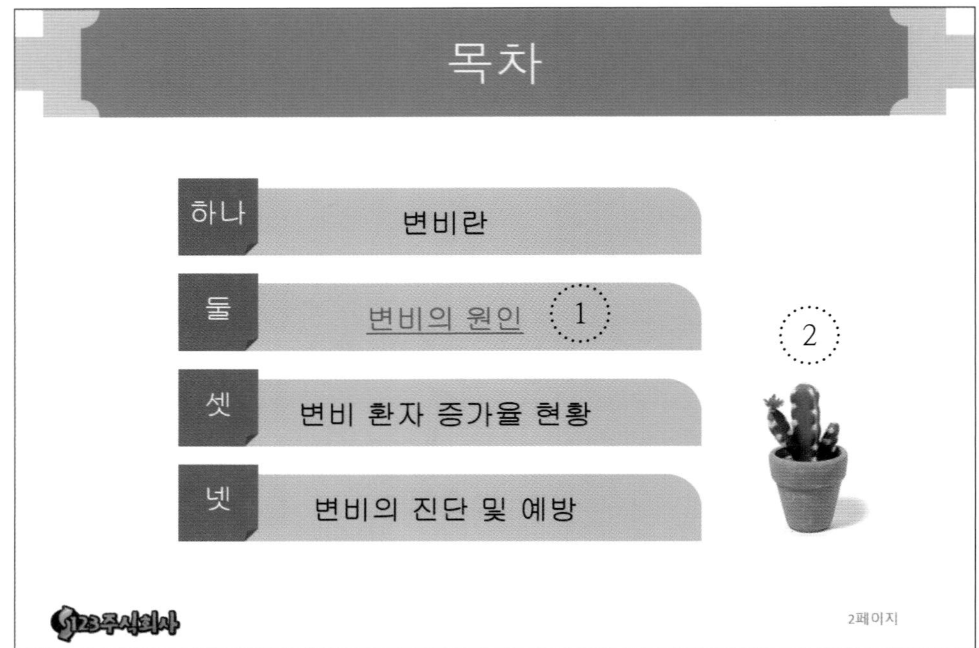

Hint

• 도형은 [사각형]-[한쪽 모서리가 둥근 사각형]과 [기본 도형]-[모서리가 접힌 도형]을 각각 삽입한 후 한쪽 모서리가 둥근 사각형은 모양 조절 핸들을 이용하여 모양을 변경합니다.

• 한쪽 모서리가 둥근 사각형의 텍스트에는 '글꼴 색-검정, 텍스트 1'을 추가로 설정합니다.

출제 유형 문제

• **예제 파일** : 유형 분석 03₩유형 05_문제.pptx / • **완성 파일** : 유형 분석 03₩유형 05_완성.pptx

04 문제지의 지시사항과 세부조건을 참조하여 《출력형태》에 맞게 작업하시오.

(1) 출력형태와 같이 도형을 이용하여 목차를 작성한다(글꼴 : 굴림, 24pt).

(2) 도형 : 선 없음

세부조건

① 텍스트에 하이퍼링크 적용
→ '슬라이드 6'

② 그림 삽입
– 「내 PC₩문서₩ITQ₩Picture₩그림4.jpg」
– 자르기 기능 이용

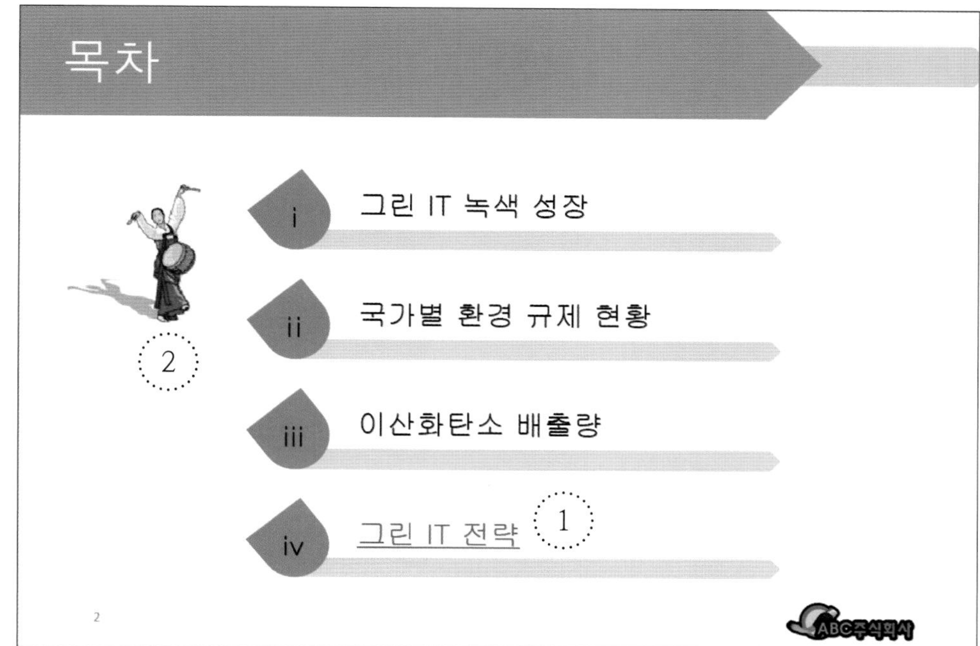

Hint

• 도형은 [블록 화살표]-[오각형]과 [순서도]-[지연]을 각각 삽입한 후 지연 도형은 회전 핸들을 이용하여 방향을 회전합니다.
• 로마 숫자는 가로 텍스트 상자를 이용하여 작성한 후 지연 도형 가운데에 배치합니다.

출제 유형 문제

• **예제 파일** : 유형 분석 03₩유형 06_문제.pptx / • **완성 파일** : 유형 분석 03₩유형 06_완성.pptx

05 **문제지의 지시사항과 세부조건을 참조하여 《출력형태》에 맞게 작업하시오.**

(1) 출력형태와 같이 도형을 이용하여 목차를 작성한다(글꼴 : 굴림, 24pt).

(2) 도형 : 선 없음

세부조건

① 텍스트에 하이퍼링크 적용
→ '슬라이드 4'

② 그림 삽입
– 「내 PC₩문서₩ITQ₩Picture₩그림4.jpg」
– 자르기 기능 이용

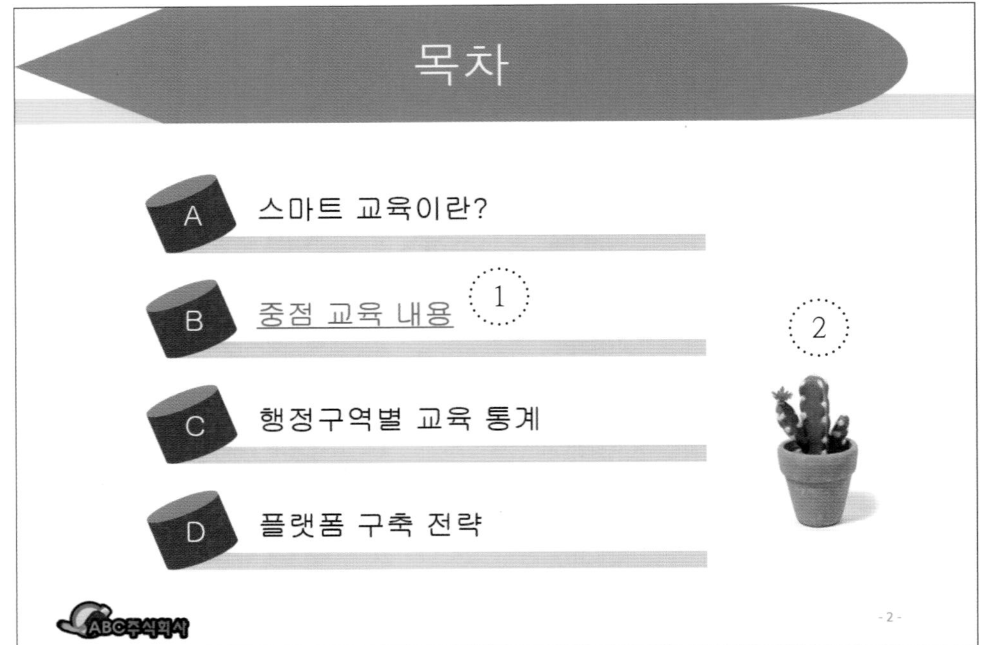

Hint

• 도형은 [사각형]-[직사각형]과 [기본 도형]-[원통]을 각각 삽입한 후 원통 도형은 회전 핸들을 이용하여 방향을 회전합니다.
• 직사각형의 텍스트에는 '글꼴 색-검정, 텍스트 1'을 추가로 설정합니다.

출제 유형 문제

• **예제 파일** : 유형 분석 03₩유형 07_문제.pptx / • **완성 파일** : 유형 분석 03₩유형 07_완성.pptx

06 문제지의 지시사항과 세부조건을 참조하여 《출력형태》에 맞게 작업하시오.

(1) 출력형태와 같이 도형을 이용하여 목차를 작성한다(글꼴 : 돋움, 24pt).

(2) 도형 : 선 없음

세부조건

① 텍스트에 하이퍼링크 적용
→ '슬라이드 3'

② 그림 삽입
– 「내 PC₩문서₩ITQ₩Picture₩그림4.jpg」
– 자르기 기능 이용

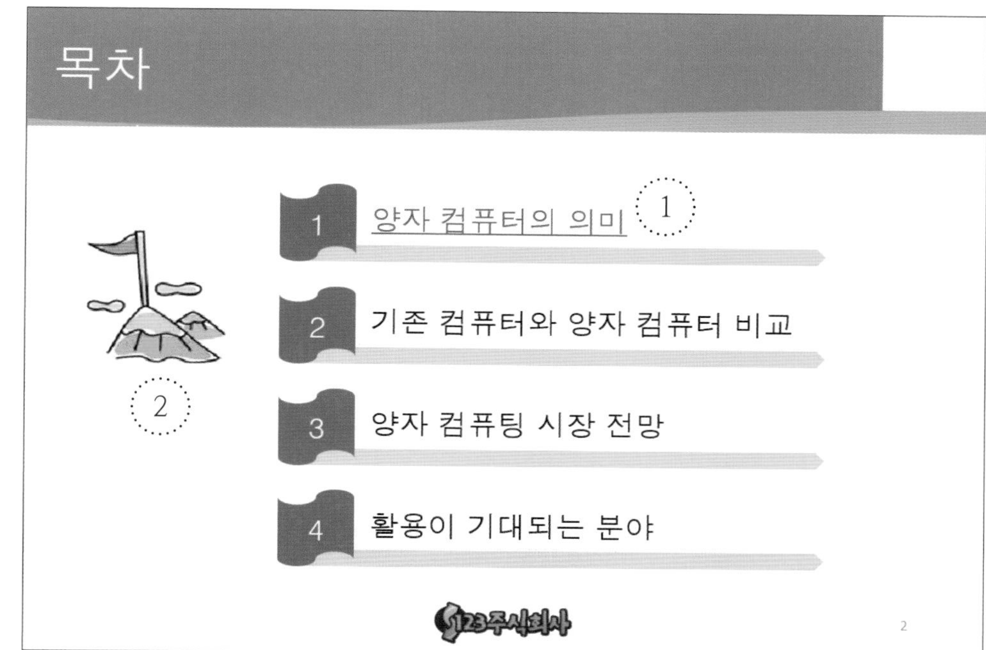

Hint

도형은 [블록 화살표]-[오각형]과 [순서도]-[천공테이프]를 각각 삽입한 후 가로 텍스트 상자를 이용하여 주어진 내용을 입력합니다.

[슬라이드 3] 《텍스트/동영상 슬라이드》

슬라이드 3에서는 텍스트와 동영상 슬라이드를 작성하는 것으로 입력한 텍스트에 글머리 기호와 문단을 적용하고, 주어진 동영상을 삽입한 후 재생하는 방법에 대하여 알아봅니다.

시험 유형 미리보기

• 예제 파일 : 유형 분석 04₩유형 01_문제.pptx / • 완성 파일 : 유형 분석 04₩유형 01_완성.pptx

※ [슬라이드 3] ≪텍스트/동영상 슬라이드≫ 60점

(1) 텍스트 작성 : 글머리 기호 사용(❖, ■)

❖문단(굴림, 24pt, 굵게, 줄 간격 : 1.5줄), ■문단(굴림, 20pt, 줄 간격 : 1.5줄)

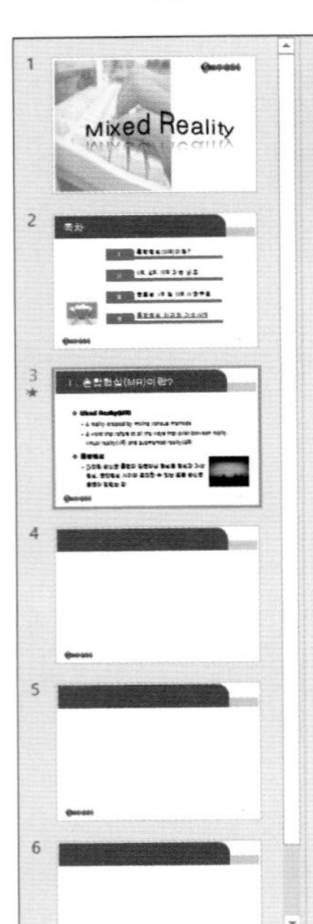

Ⅰ. 혼합현실(MR)이란?

❖ Mixed Reality(MR)

- A reality created by mixing various methods
- A word that refers to all the ways that exist between reality, virtual reality(VR) and augmented reality(AR)

1

❖ 혼합현실

- 다양한 방식을 혼합해 만들어낸 현실로 현실과 가상현실, 증강현실 사이에 존재할 수 있는 모든 방식을 통틀어 일컫는 말

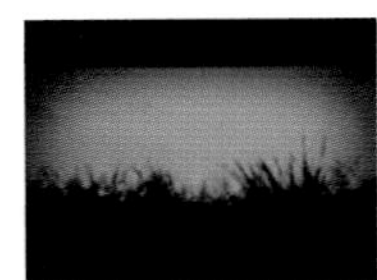

123주식회사 3

세부조건

① 동영상 삽입 :
- 「내 PC₩문서₩ITQ₩Picture₩동영상.wmv」
- 자동 실행, 반복 재생 설정

유형 잡기 01 텍스트에 글머리 기호와 문단 적용하기

1 [파일]-[열기]-[찾아보기]를 차례로 선택하고, [열기] 대화 상자에서 '유형 분석 04₩유형 01_문제.pptx'를 불러오기 합니다.

2 '슬라이드 3'을 선택한 후 슬라이드 상단의 '제목을 추가하려면 클릭하십시오.' 부분을 클릭한 후 주어진 제목을 입력합니다.

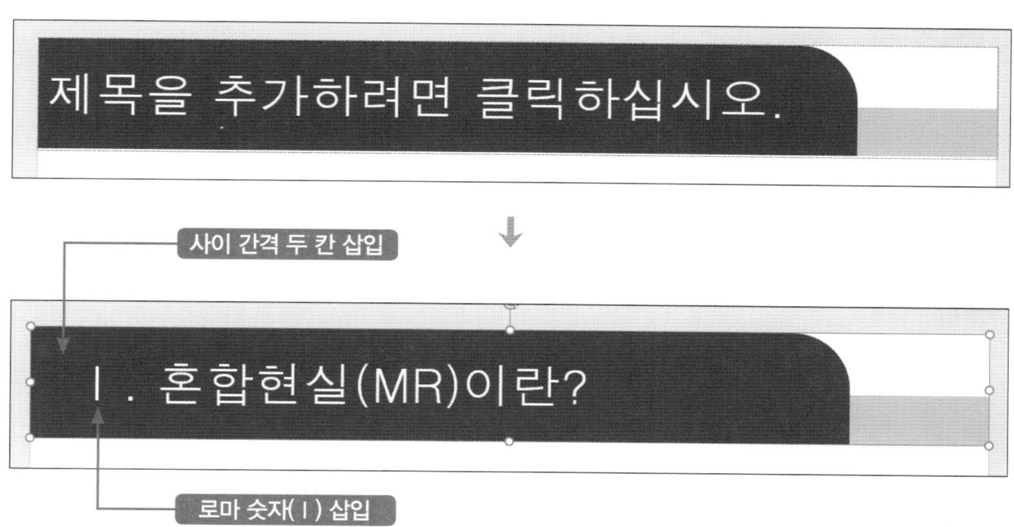

3 텍스트 개체 상자 안쪽을 클릭한 후 주어진 내용을 입력하고, Enter를 누릅니다.

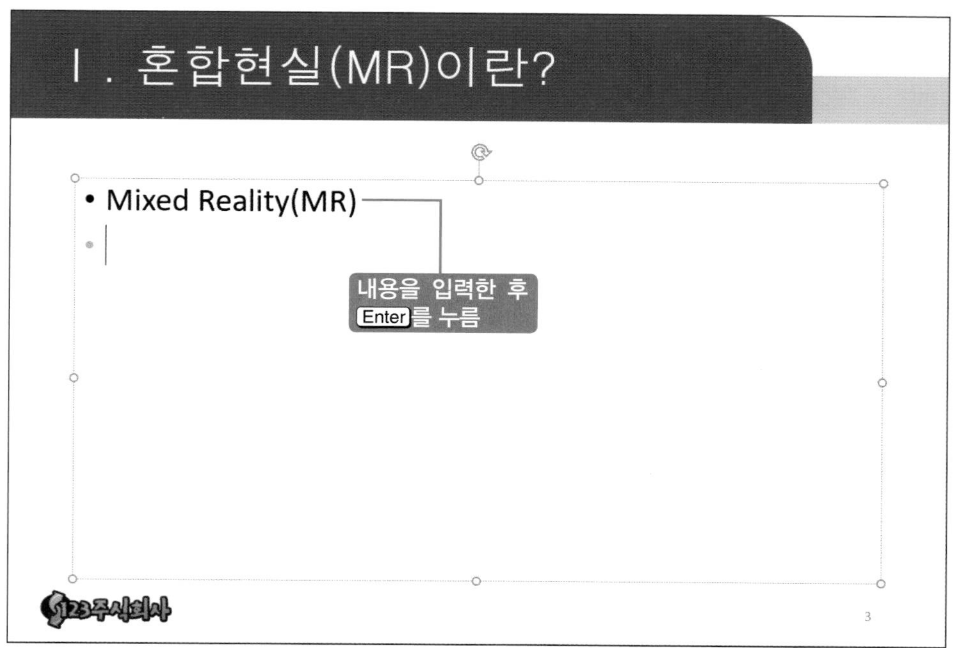

4 맨 앞의 커서 위치에서 목록 수준을 한 단계 내리기 위하여 Tab 을 누른 후 주어진 내용을 입력합니다.

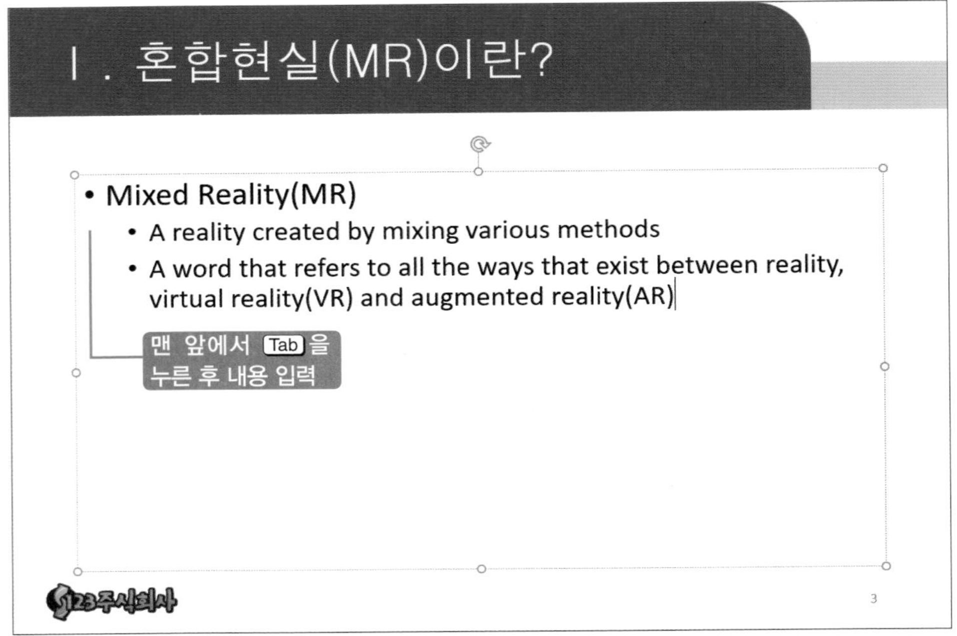

Tip 목록 수준 줄임/늘림

- [홈] 탭의 [단락] 그룹에서 목록 수준 줄임( ) 단추를 클릭하면 들여쓰기 수준을 낮춥니다(=Shift+Tab).
- [홈] 탭의 [단락] 그룹에서 목록 수준 늘림( ) 단추를 클릭하면 들여쓰기 수준을 높입니다(=Tab).

5 글머리 기호를 변경하기 위하여 첫 번째 단락에 커서를 위치시킨 후 [홈] 탭의 [단락] 그룹에서 글머리 기호 목록( ) 단추를 클릭하고, '별표 글머리 기호'를 선택합니다.

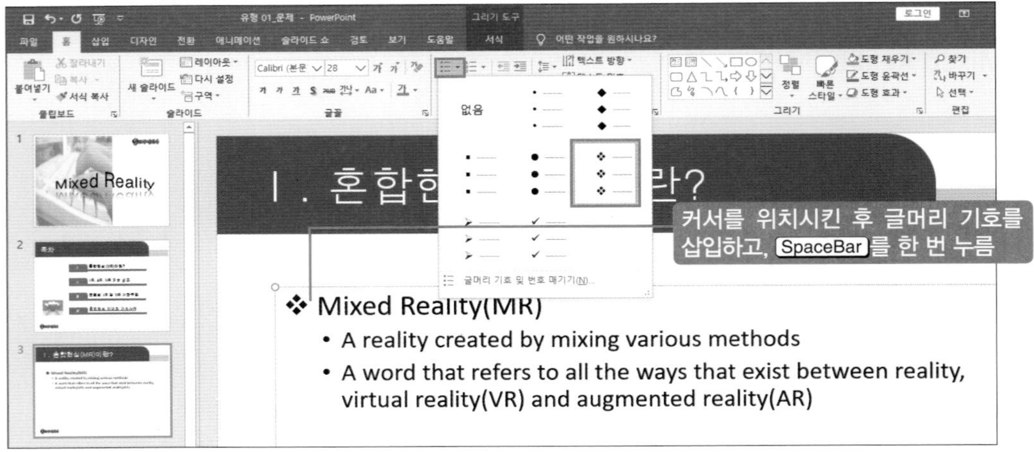

6 나머지 단락을 블록 지정한 후 [홈] 탭의 [단락] 그룹에서 글머리 기호 목록( ) 단추를 클릭하고, '속이 찬 정사각형 글머리 기호'를 선택합니다.

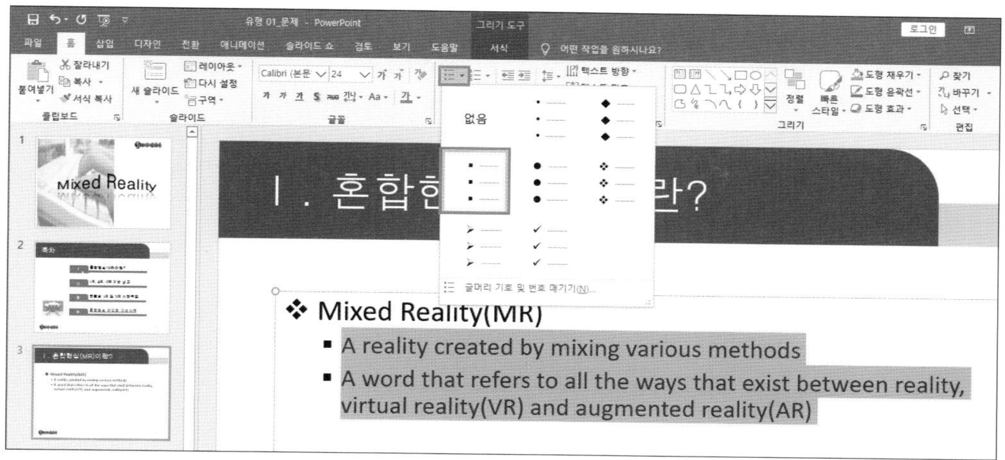

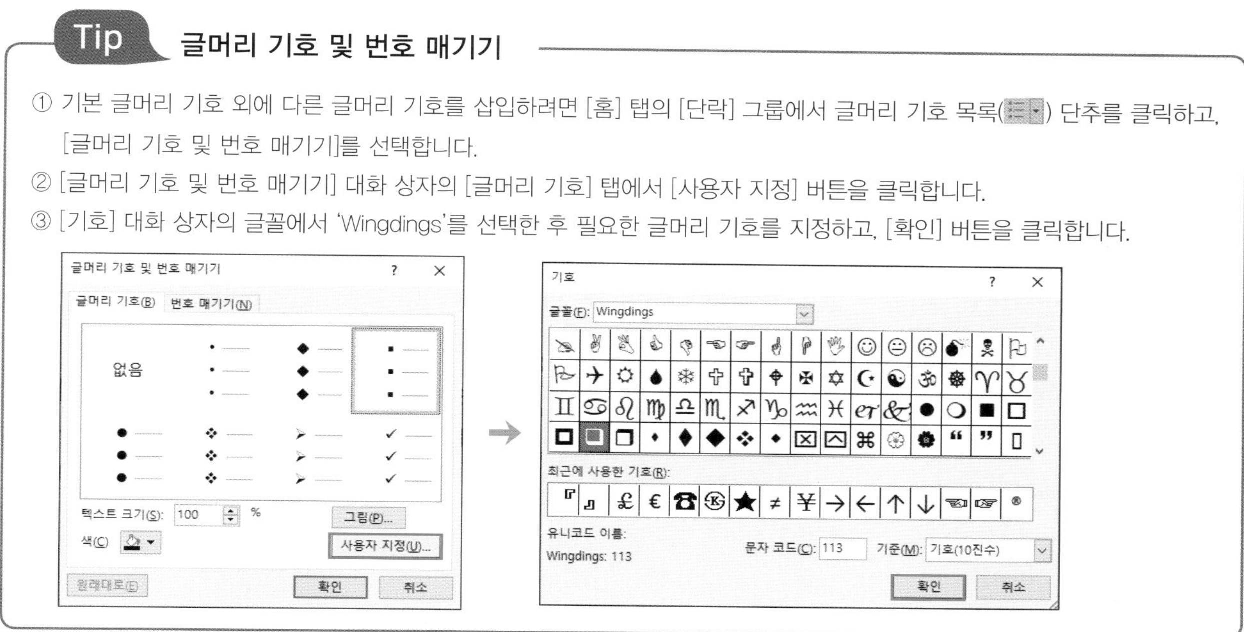

Tip 글머리 기호 및 번호 매기기

① 기본 글머리 기호 외에 다른 글머리 기호를 삽입하려면 [홈] 탭의 [단락] 그룹에서 글머리 기호 목록( ) 단추를 클릭하고, [글머리 기호 및 번호 매기기]를 선택합니다.
② [글머리 기호 및 번호 매기기] 대화 상자의 [글머리 기호] 탭에서 [사용자 지정] 버튼을 클릭합니다.
③ [기호] 대화 상자의 글꼴에서 'Wingdings'를 선택한 후 필요한 글머리 기호를 지정하고, [확인] 버튼을 클릭합니다.

7 다시 첫 번째 단락을 블록 지정한 후 [홈] 탭의 [글꼴] 그룹에서 글꼴은 '굴림', 글꼴 크기는 '24', 글꼴 스타일은 '굵게'를 각각 지정합니다.

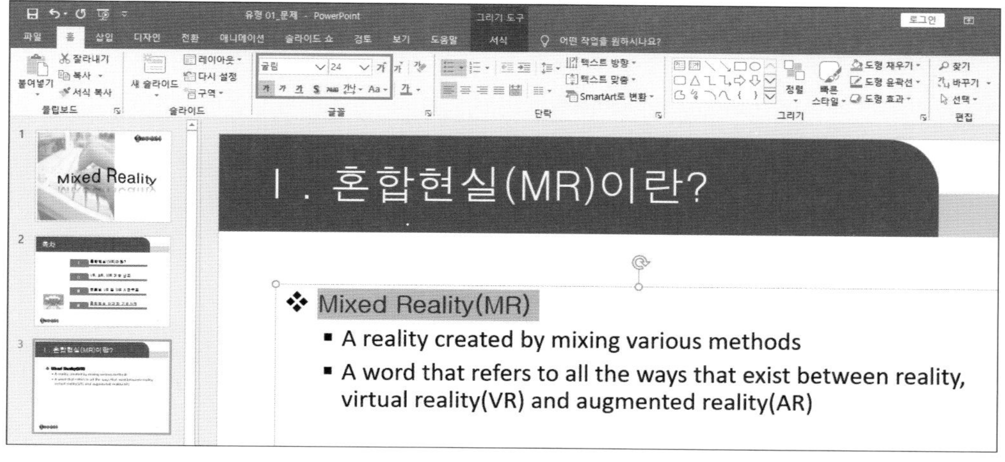

8 나머지 단락을 블록 지정한 후 [홈] 탭의 [글꼴] 그룹에서 글꼴은 '굴림', 글꼴 크기는 '20'을 각각 지정합니다.

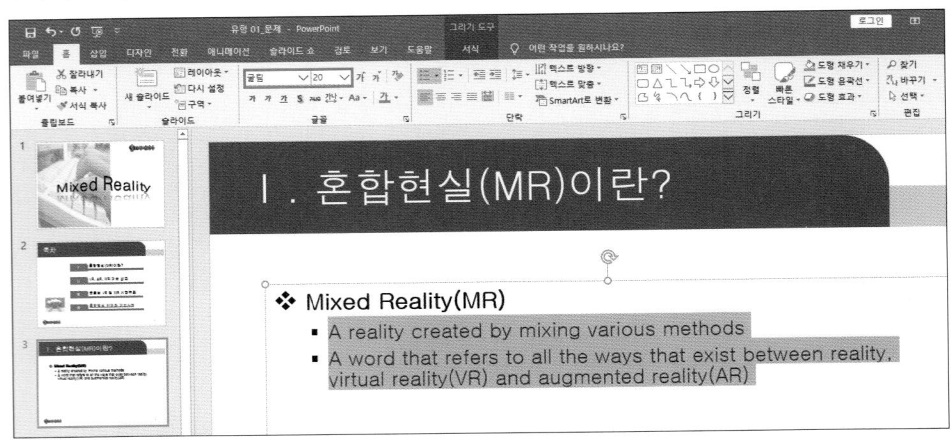

9 이번에는 전체 내용을 블록 지정한 후 [홈] 탭의 [단락] 그룹에서 줄 간격( ) 단추를 클릭하고, [1.5]를 선택합니다.

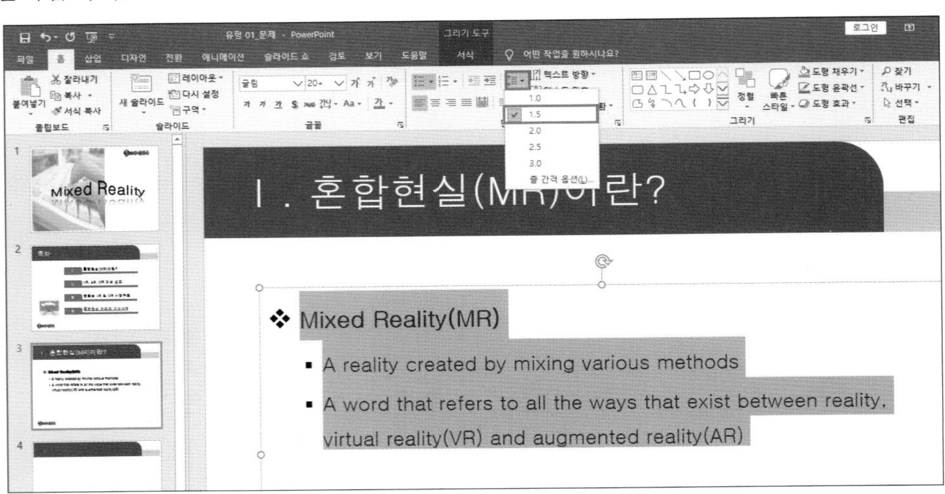

10 텍스트 개체 상자를 선택한 후 크기 조절 핸들을 이용하여 세로 크기를 적당히 조절합니다.

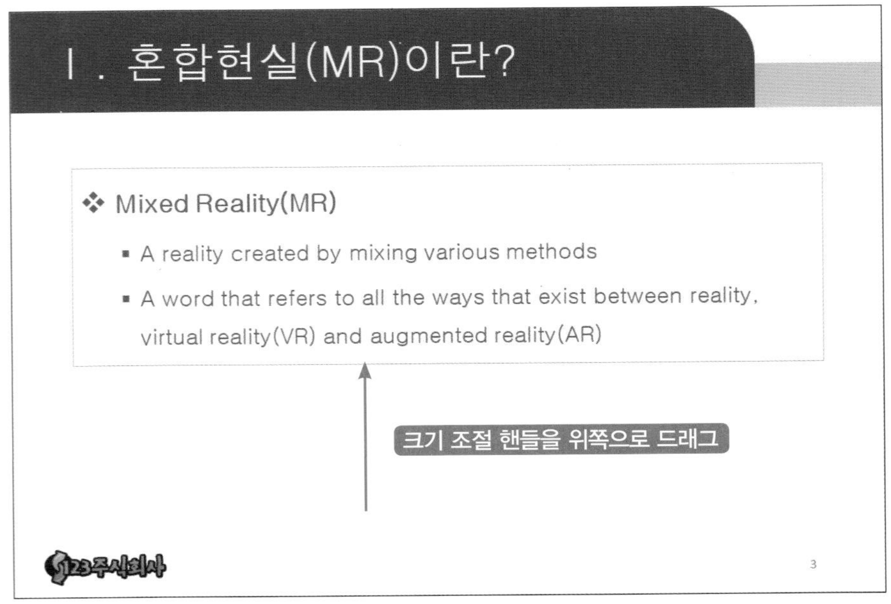

11 텍스트 개체 상자를 복사하기 위하여 Ctrl+Shift를 누른 상태에서 아래쪽으로 드래그하여 복사합니다.

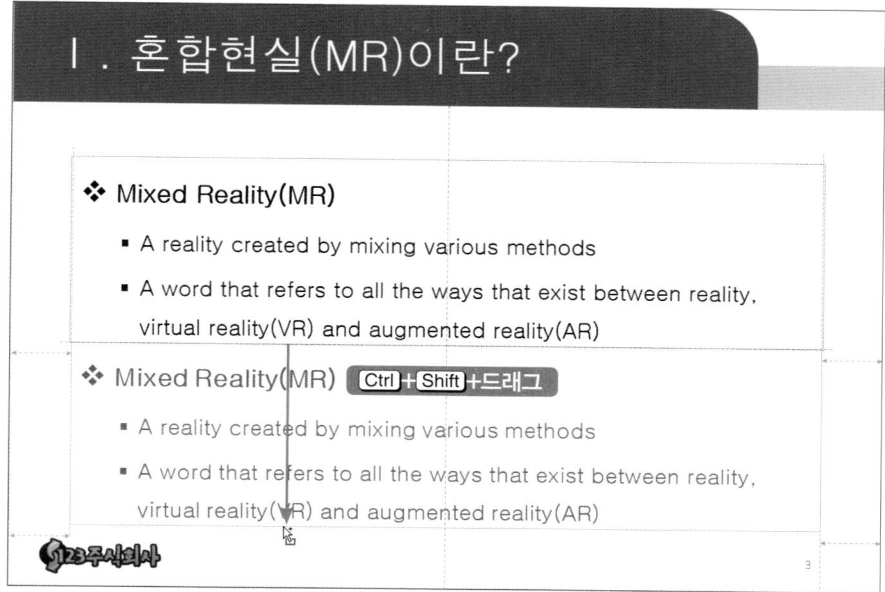

12 텍스트 개체 상자가 복사되면 주어진 텍스트 내용을 수정합니다. 이때, 글꼴 서식이 변경되지 않도록 적용된 글꼴 서식을 반드시 확인합니다.

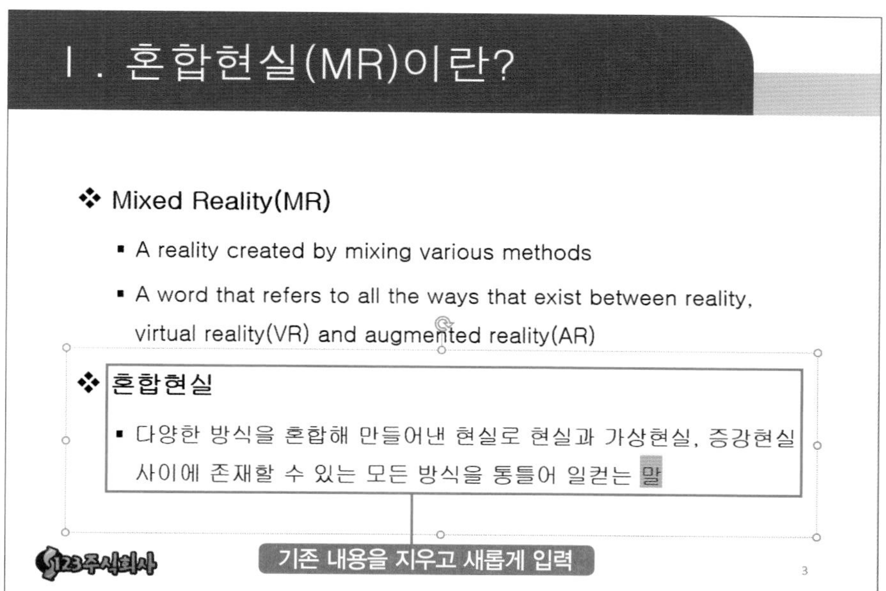

Tip 글꼴 서식

첫 번째 내용을 입력할 경우 마우스를 글자 맨 앞에서 클릭하면 지정된 글꼴 서식이 해제되므로 반드시 글자 맨 뒤에서 새로운 내용을 입력하고, 앞의 내용을 삭제하는 것이 효과적입니다.

❖ Mixed Reality(MR)혼합현실 → ❖ 혼합현실

13 텍스트 개체 상자가 선택된 상태에서 크기 조절 핸들을 이용하여 가로 크기를 조절합니다.

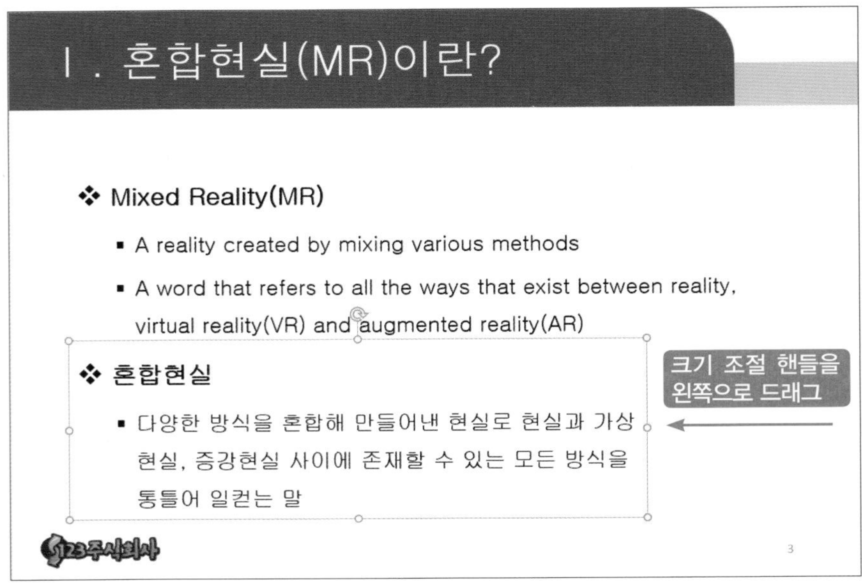

Tip 텍스트 상자 서식

텍스트 개체 상자의 크기를 조절할 때 글꼴 크기가 변경될 수 있으므로 텍스트 상자에서 마우스 오른쪽 버튼을 클릭하고, [도형 서식]을 선택합니다. 도형 서식 작업창의 텍스트 옵션에서 텍스트 상자( ) 단추를 클릭한 후 '자동 맞춤 안 함'을 선택하고, 닫기(×) 단추를 클릭하면 글꼴 크기가 변경되지 않습니다.

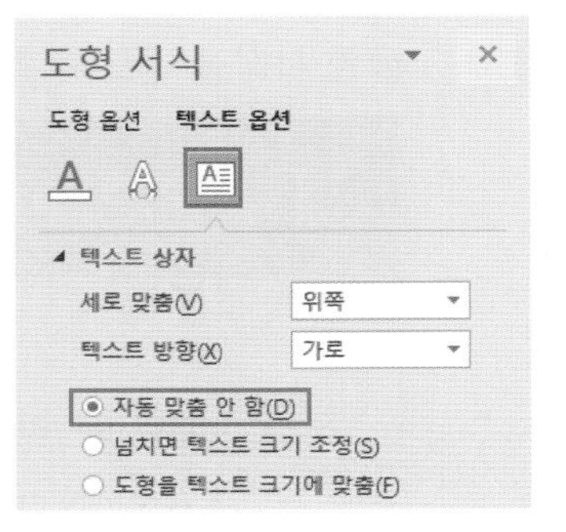

유형 잡기 02 동영상 삽입하기

1 [삽입] 탭의 [미디어] 그룹에서 비디오(비디오) 단추를 클릭하고, [내 PC의 비디오]를 선택합니다.

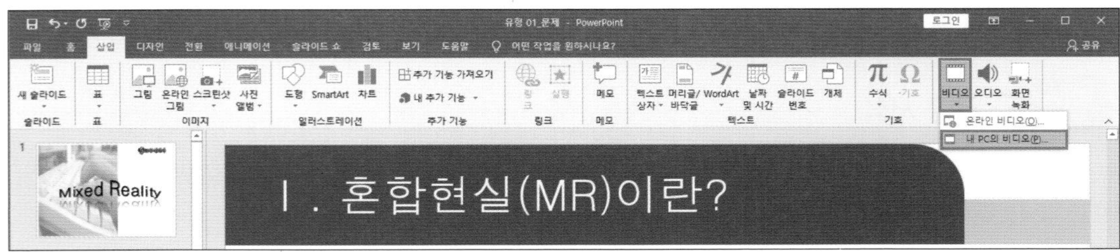

2 [비디오 삽입] 대화 상자에서 찾는 위치(내 PC₩문서₩ITQ₩Picture)와 파일 이름(동영상.wmv)을 선택하고, [삽입] 버튼을 클릭합니다.

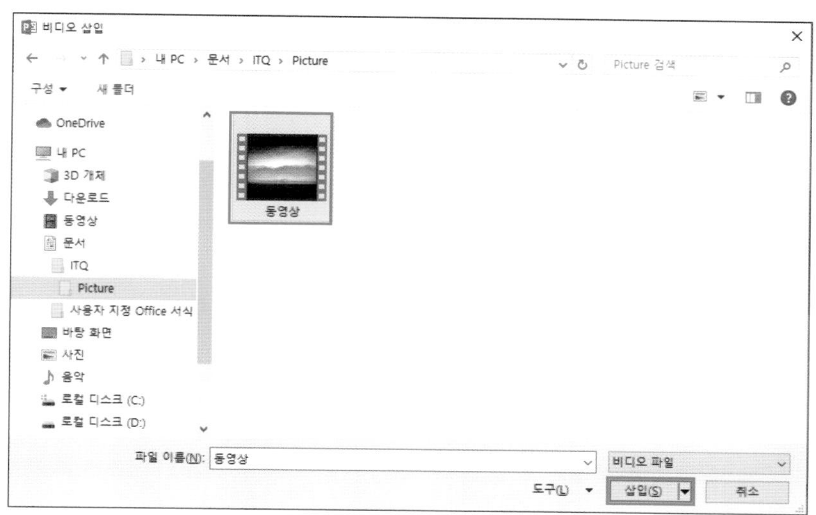

3 슬라이드에 동영상이 삽입되면 크기와 위치를 적당히 조절합니다.

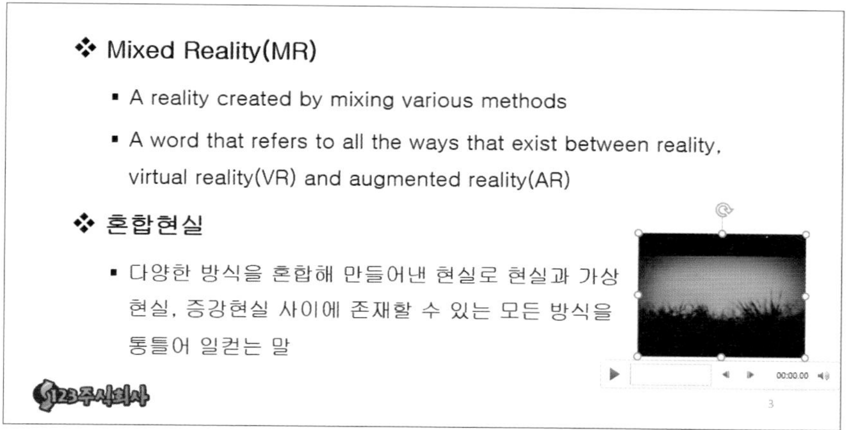

4 [비디오 도구]-[재생] 탭의 [비디오 옵션] 그룹에서 시작의 '자동 실행'과 '반복 재생'을 각각 선택합니다.

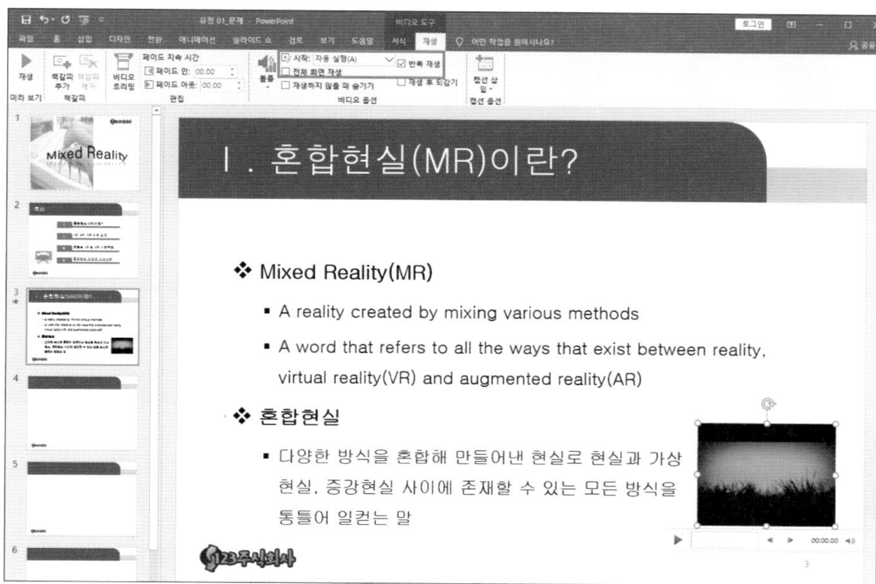

5 모든 작업이 완료되면 빠른 실행 도구 모음에서 저장(🖫) 단추를 클릭하여 완성 파일을 저장합니다.

출제 유형 문제

• **예제 파일** : 유형 분석 04₩유형 02_문제.pptx / • **완성 파일** : 유형 분석 04₩유형 02_완성.pptx

01 문제지의 지시사항과 세부조건을 참조하여 《출력형태》에 맞게 작업하시오.

(1) 텍스트 작성 : 글머리 기호 사용(◆, ■)

◆ 문단(굴림, 24pt, 굵게, 줄 간격 : 1.5줄), ■ 문단(굴림, 20pt, 줄 간격 : 1.5줄)

세부조건

① 동영상 삽입 :

- 「내 PC₩문서₩ITQ₩Picture₩동영상.wmv」
- 자동 실행, 반복 재생 설정

블록체인

◆ Block Chain

■ A blockchain, originally block chain, is a growing list of records, called blocks, which are linked using cryptography

■ Each block contains a cryptographic hash of the previous block, a timestamp, and transaction data

◆ 블록체인 기술

■ 비트코인을 비롯한 대부분의 암호화폐 거래에 사용하며 블록체인 소프트웨어를 실행하는 많은 사용자들의 각 컴퓨터에서 서버가 운영되어 중앙은행 없이 개인 간의 자유로운 거래 가능

(1)

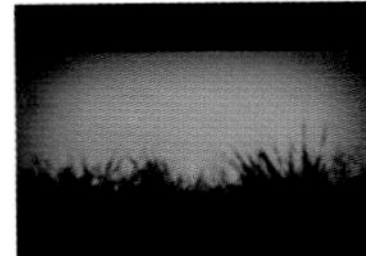

3

Hint

• 영문이 입력된 텍스트 개체 상자를 위쪽으로 조금 드래그하여 위치를 조정합니다.
• 위쪽 텍스트 개체 상자와 여백을 조정하기 위해 복사한 텍스트 개체 상자의 위치를 조정합니다.
• 세밀한 위치 조정은 텍스트 개체 상자가 선택된 상태에서 방향키를 이용합니다.

출제 유형 문제

• **예제 파일** : 유형 분석 04₩유형 03_문제.pptx / • **완성 파일** : 유형 분석 04₩유형 03_완성.pptx

02 문제지의 지시사항과 세부조건을 참조하여 《출력형태》에 맞게 작업하시오.

(1) 텍스트 작성 : 글머리 기호 사용(❖, ✔)

❖문단(굴림, 24pt, 굵게, 줄 간격 : 1.5줄), ✔문단(굴림, 20pt, 줄 간격 : 1.5줄)

세부조건

① 동영상 삽입 :
- 「내 PC₩문서₩ITQ₩Picture₩동영상.wmv」
- 자동 실행, 반복 재생 설정

자기부상열차의 원리

❖ Magnetic levitation train

✔It is a method of propulsion that uses magnets rather than with wheels, axles and bearings

✔A train is levitated a short distance away from a guide way using magnets to create both lift and thrust

1

❖ 자기부상열차의 원리

✔같은 극끼리 미는 힘이 작용하는 자기력 원리를 이용한 열차로 레일 아래 위치한 차량의 전자석에 전력을 공급하면 자기력이 발생하여 레일과 전자석에 흡인력이 생겨 끌어당기며 열차가 위로 뜨게 됨

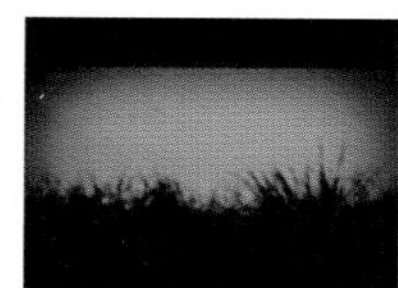

3

Hint

• 영문이 입력된 텍스트 개체 상자를 위쪽으로 조금 드래그하여 위치를 조정합니다.
• 위쪽 텍스트 개체 상자와 여백을 조정하기 위해 복사한 텍스트 개체 상자의 위치를 조정합니다.
• 세밀한 위치 조정은 텍스트 개체 상자가 선택된 상태에서 방향키를 이용합니다.

출제 유형 문제

• **예제 파일** : 유형 분석 04₩유형 04_문제.pptx / • **완성 파일** : 유형 분석 04₩유형 04_완성.pptx

03 **문제지의 지시사항과 세부조건을 참조하여 《출력형태》에 맞게 작업하시오.**

(1) 텍스트 작성 : 글머리 기호 사용(➢, •)

➢ 문단(굴림, 24pt, 굵게, 줄 간격 : 1.5줄), • 문단(굴림, 20pt, 줄 간격 : 1.5줄)

세부조건

① 동영상 삽입 :
- 「내 PC₩문서₩ITQ₩Picture₩동영상.wmv」
- 자동 실행, 반복 재생 설정

하나. 변비란

➢ Constipation is
- Defined as having a bowel movement fewer than three times per week
- Some people who are constipated find it painful to have a bowel movement and often experience straining, bloating, and the sensation of a full bowel

➢ 변비란
- 배변 시 무리한 힘이 필요하거나 대변이 과도하게 딱딱한 경우, 배변이 3~4일에 한번 미만인 경우로 변비는 전 인구의 5~20%가 증상을 호소할 만큼 매우 흔한 증상으로 남자보다 여자에게 흔하게 발생

1

123주식회사

3페이지

Hint

- 영문이 입력된 텍스트 개체 상자를 위쪽으로 조금 드래그하여 위치를 조정한 후 텍스트 상자의 너비를 조절합니다.
- 위쪽 텍스트 개체 상자와 여백을 조정하기 위해 복사한 텍스트 개체 상자의 위치를 조정합니다.
- 세밀한 위치 조정은 텍스트 개체 상자가 선택된 상태에서 방향키를 이용합니다.

출제 유형 문제

• **예제 파일** : 유형 분석 04₩유형 05_문제.pptx / • **완성 파일** : 유형 분석 04₩유형 05_완성.pptx

04 **문제지의 지시사항과 세부조건을 참조하여 《출력형태》에 맞게 작업하시오.**

(1) 텍스트 작성 : 글머리 기호 사용(●, ❖)

●문단(굴림, 24pt, 굵게, 줄 간격 : 1.5줄), ❖문단(굴림, 20pt, 줄 간격 : 1.5줄)

세부조건

① 동영상 삽입 :
- 「내 PC₩문서₩ITQ₩Picture₩동영상.wmv」
- 자동 실행, 반복 재생 설정

ⅰ. 그린 IT 녹색 성장

● Green computing

❖The primary objective of such a program is to account for the triple bottom line and criteria for measuring organizational success

1

● 그린 IT 녹색 성장

❖컴퓨터를 사용할 때 소모되는 에너지를 절약하자는 기술 캠페인

❖냉각장치, CPU, GPU 프로세서 재설계, 대체에너지 사용, 가상화 등을 통해 컴퓨팅을 할 때 소비되는 전력 에너지를 줄임

3

ABC주식회사

Hint

- 위쪽 텍스트 개체 상자와 여백을 조정하기 위해 복사한 텍스트 개체 상자의 위치를 조정합니다.
- 세밀한 위치 조정은 텍스트 개체 상자가 선택된 상태에서 방향키를 이용합니다.

• **예제 파일** : 유형 분석 04₩유형 06_문제.pptx / • **완성 파일** : 유형 분석 04₩유형 06_완성.pptx

05 문제지의 지시사항과 세부조건을 참조하여 《출력형태》에 맞게 작업하시오.

(1) 텍스트 작성 : 글머리 기호 사용(❖, ■)

❖문단(굴림, 24pt, 굵게, 줄 간격 : 1.5줄), ■문단(굴림, 20pt, 줄 간격 : 1.5줄)

세부조건

① 동영상 삽입 :
- 「내 PC₩문서₩ITQ₩Picture₩동영상.wmv」
- 자동 실행, 반복 재생 설정

A. 스마트 교육이란?

❖ Smart Education

■ Smart Education is all the rage in South Korea, driven by both the public and private sectors efforts to create state-of-the-art learning environment

1

❖ 스마트 교육

■ 교육 내용, 방법, 평가 환경 등 교육 체제를 혁신함으로써 모든 학생의 재능을 발굴, 육성하는 교육 패러다임

■ 풍부한 자료와 정보통신기술을 활용하여 학습을 유도

-3-

Hint

• 위쪽 텍스트 개체 상자와 여백을 조정하기 위해 복사한 텍스트 개체 상자의 위치를 조정합니다.
• 세밀한 위치 조정은 텍스트 개체 상자가 선택된 상태에서 방향키를 이용합니다.

출제 유형 문제

• **예제 파일** : 유형 분석 04₩유형 07_문제.pptx / • **완성 파일** : 유형 분석 04₩유형 07_완성.pptx

06 **문제지의 지시사항과 세부조건을 참조하여 《출력형태》에 맞게 작업하시오.**

(1) 텍스트 작성 : 글머리 기호 사용(❖, ●)

❖문단(굴림, 24pt, 굵게, 줄 간격 : 1.5줄), ●문단(굴림, 20pt, 줄 간격 : 1.5줄)

세부조건

① 동영상 삽입 :
- 「내 PC₩문서₩ITQ₩Picture₩동영상.wmv」
- 자동 실행, 반복 재생 설정

1. 양자 컴퓨터의 의미

❖ Quantum computing

● Quantum computing is computing using quantum-mechanical phenomena, such as superposition and entanglement

● A quantum computer is a device that performs quantum computing

❖ 양자 컴퓨터

● 얽힘이나 중첩 같은 양자역학적인 현상을 이용하여 자료를 처리하는 컴퓨터로 1982년 리차드 파인만이 처음 제시했고, 데이비드 도이치가 구체적인 양자 컴퓨터의 개념을 정리함

1

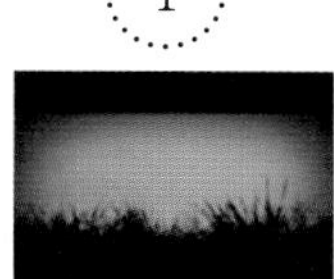

3

Hint

• 위쪽 텍스트 개체 상자와 여백을 조정하기 위해 복사한 텍스트 개체 상자의 위치를 조정합니다.
• 세밀한 위치 조정은 텍스트 개체 상자가 선택된 상태에서 방향키를 이용합니다.

유형분석 05

[슬라이드 4] 《표 슬라이드》

슬라이드 4에서는 표 슬라이드를 작성하는 것으로 표 삽입 기능을 이용하여 표를 작성하고, 스타일을 지정한 후 표에 도형을 추가하는 방법에 대하여 알아봅니다.

시험 유형 미리보기

• 예제 파일 : 유형 분석 05₩유형 01_문제.pptx / • 완성 파일 : 유형 분석 05₩유형 01_완성.pptx

※ [슬라이드 4] ≪표 슬라이드≫ **80점**

(1) 도형과 표 작성 기능을 이용하여 슬라이드를 작성한다(글꼴 : 돋움, 18pt).

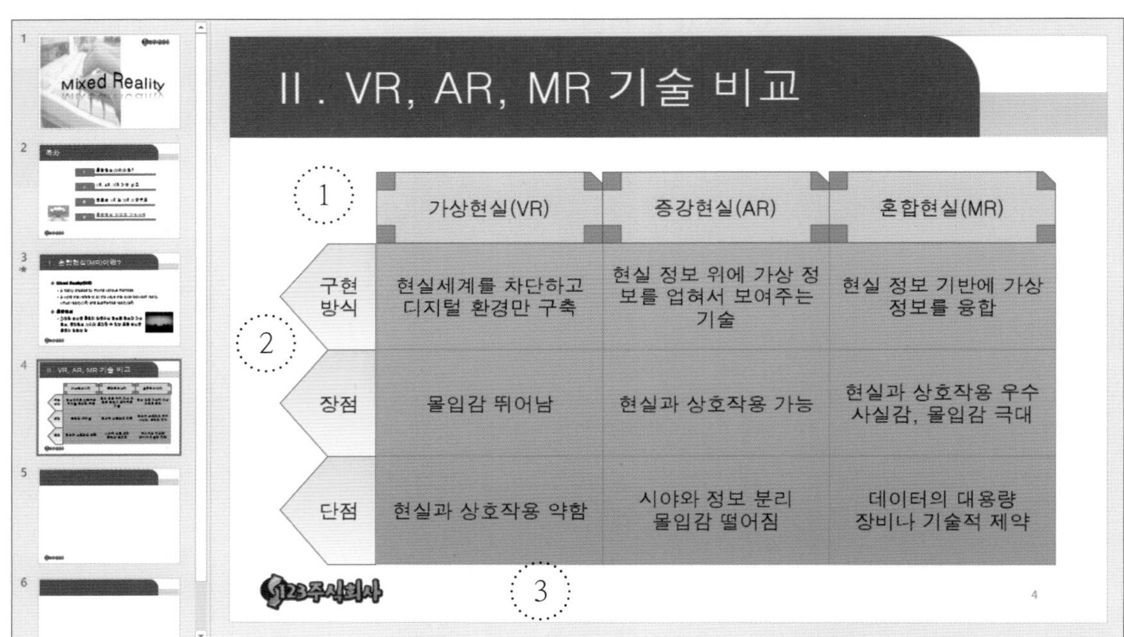

세부조건

① 상단 도형 : 2개 도형의 조합으로 작성

② 좌측 도형 : 그라데이션 효과(선형 아래쪽)

③ 표 스타일 : 테마 스타일 1 – 강조 1

유형 잡기 01 표 작성하기

1 [파일]-[열기]-[찾아보기]를 차례로 선택하고, [열기] 대화 상자에서 '유형 분석 05₩유형 01_문제.pptx'를 불러오기 합니다.

2 '슬라이드 4'를 선택한 후 슬라이드 상단의 '제목을 추가하려면 클릭하십시오.' 부분을 클릭한 후 주어진 제목을 입력합니다.

3 텍스트 개체 상자에서 표 삽입( ) 아이콘을 클릭한 후 [표 삽입] 대화 상자가 나타나면 열 개수는 '3', 행 개수는 '3'을 각각 입력하고, [확인] 버튼을 클릭합니다.

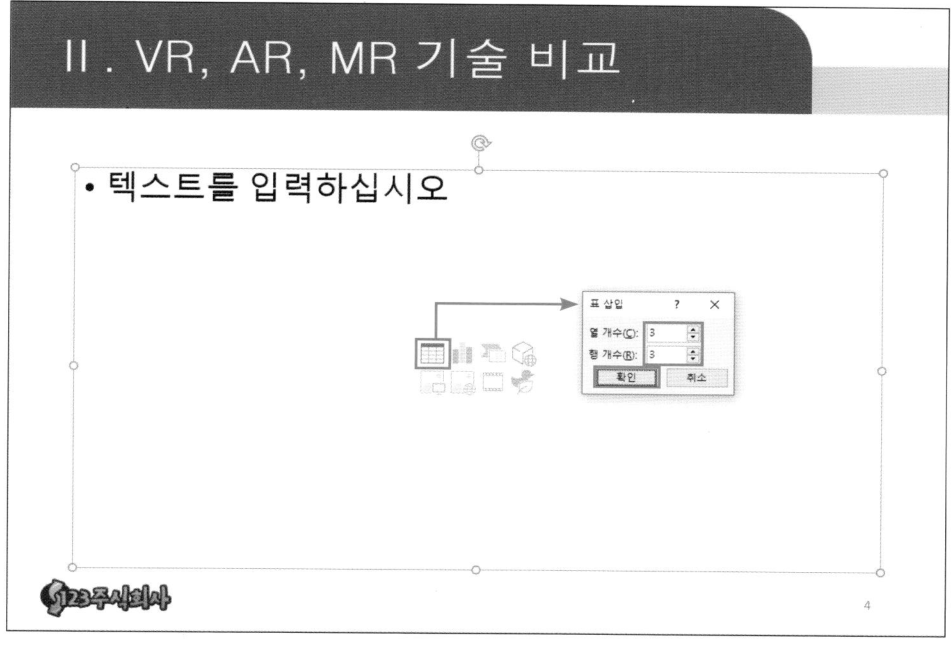

4 슬라이드에 표가 삽입되면 [표 도구]-[디자인] 탭의 [표 스타일] 그룹에서 자세히(▾) 단추를 클릭하고, '테마 스타일 1 - 강조 1'을 선택합니다.

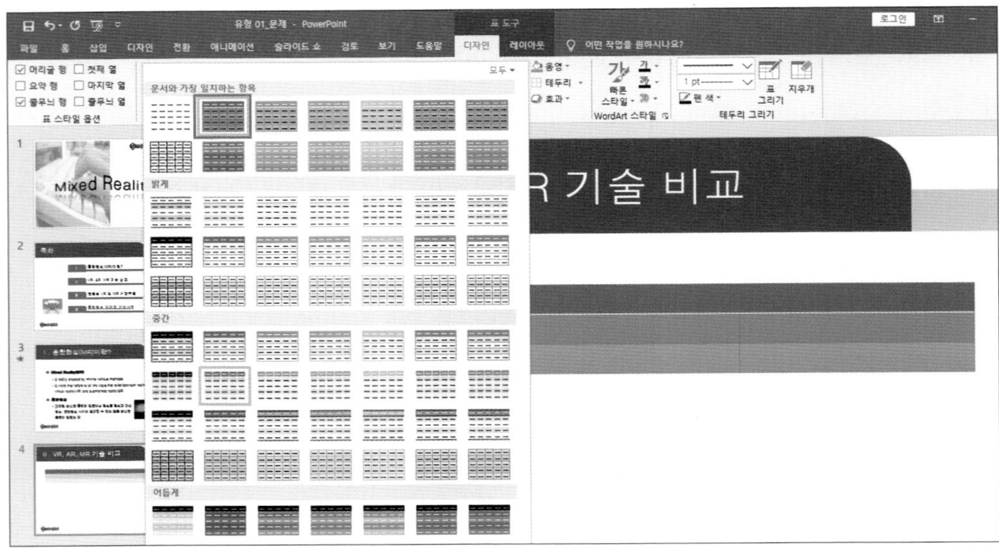

5 계속해서 [표 도구]-[디자인] 탭의 [표 스타일 옵션] 그룹에서 '머리글 행'과 '줄무늬 행'의 체크 표시를 해제합니다.

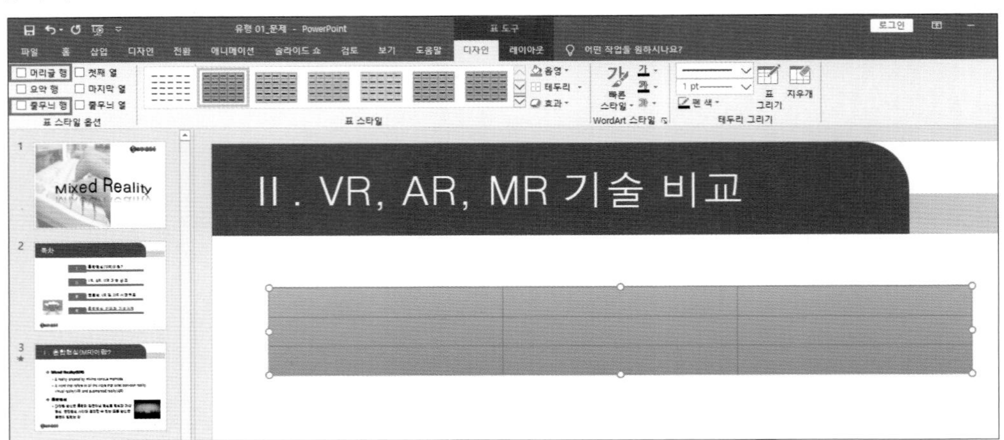

Tip 머리글 행과 줄무늬 행

- 머리글 행 : 표의 머리글 행을 설정하거나 해제하는 것으로 표의 첫 행 서식을 특별하게 지정합니다.
- 줄무늬 행 : 짝수 행과 홀수 행의 서식이 서로 다른 줄무늬 행을 표시합니다.

6 표의 세로(행) 크기를 조절하기 위하여 크기 조절 핸들을 아래쪽으로 드래그합니다.

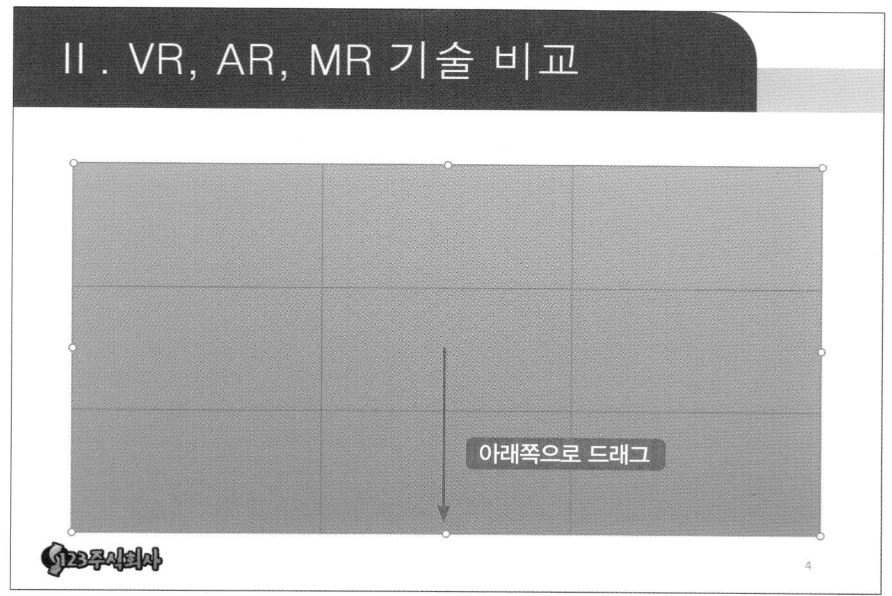

7 표의 가로(열) 크기를 조절하기 위하여 크기 조절 핸들을 오른쪽으로 드래그한 후 표의 위치도 적당히 조절합니다.

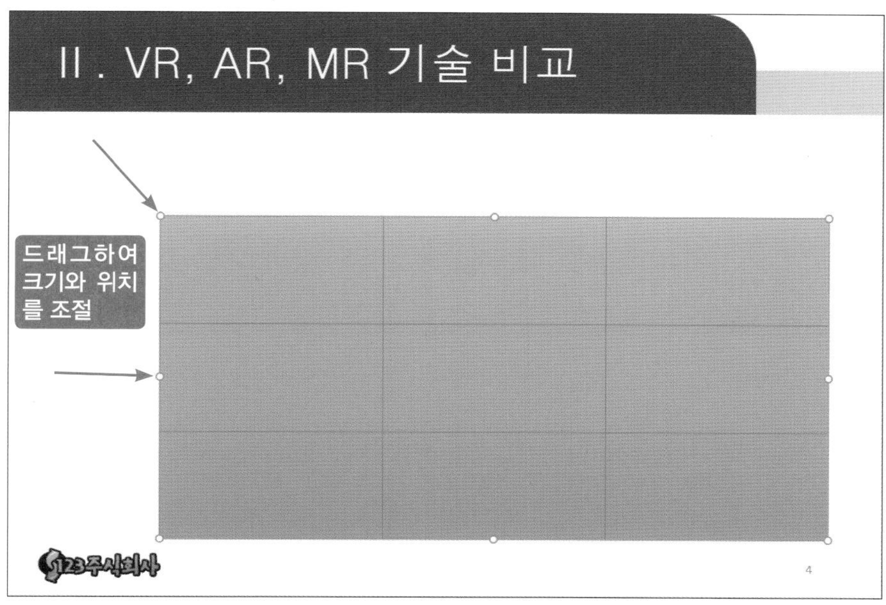

Tip 표의 크기/행 높이/열 너비 조절

- 표의 크기는 상하좌우 크기 조절 핸들을 드래그하여 조절합니다.
- 표의 행 높이는 표의 가로 경계선에서 마우스 포인터가 ÷ 모양일 때 위쪽/아래쪽으로 드래그합니다.
- 표의 열 너비는 표의 세로 경계선에서 마우스 포인터가 ‖ 모양일 때 왼쪽/오른쪽으로 드래그합니다.

[표의 크기 조절] [표의 행 높이 조절] [표의 열 너비 조절]

8 표에 주어진 내용을 입력합니다(이때, 문제지의 표 형태에 따라 셀 경계선을 드래그하여 셀 크기를 조절할 수 있음).

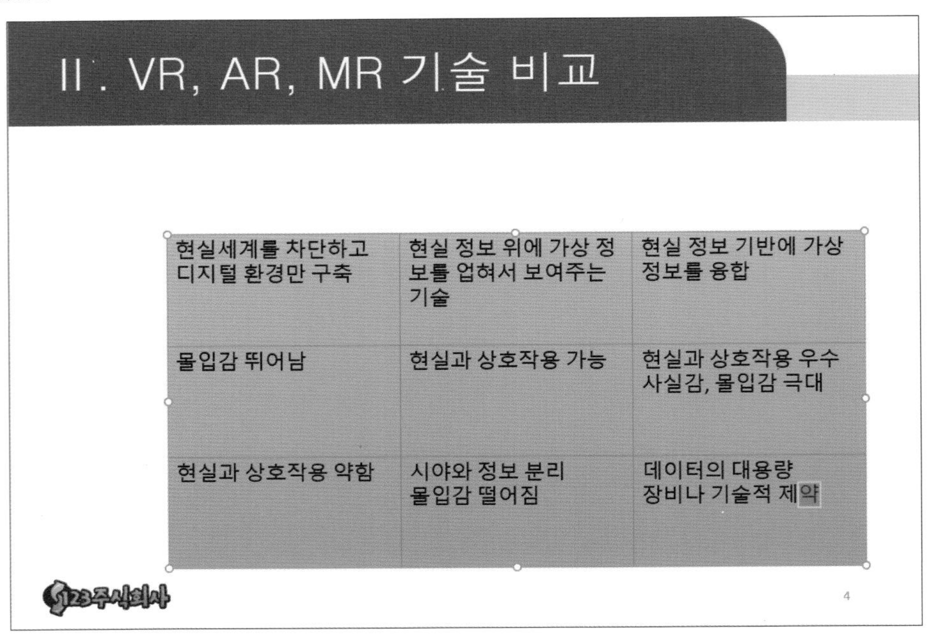

9 표가 선택된 상태에서 [홈] 탭의 [글꼴] 그룹에서 글꼴은 '돋움', 글꼴 크기는 '18'을 각각 지정합니다.

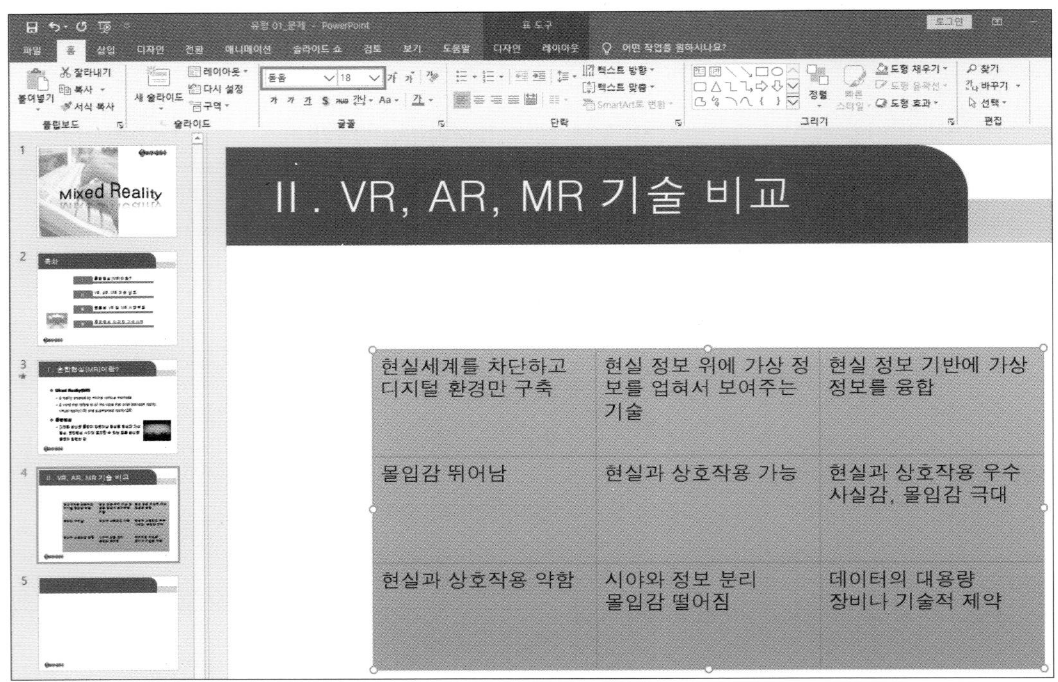

10 [홈] 탭의 [단락] 그룹에서 가운데 맞춤(≡) 단추를 클릭한 후 다시 텍스트 맞춤(텍스트 맞춤 ▾) 단추를 클릭하고, [중간]을 선택합니다.

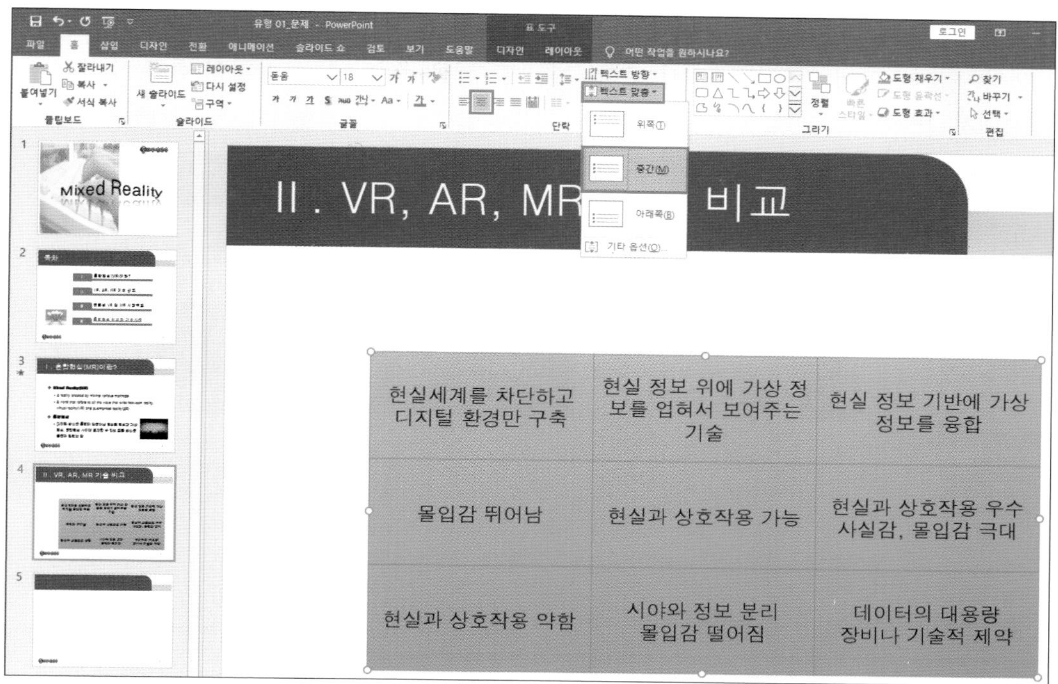

Tip 표의 셀 병합과 셀 분할

• 셀 병합은 선택한 셀을 하나의 셀로 병합하는 것으로 해당 부분을 블록 지정한 후 [표 도구]-[레이아웃] 탭의 [병합] 그룹에서 셀 병합(셀 병합) 단추를 클릭합니다.

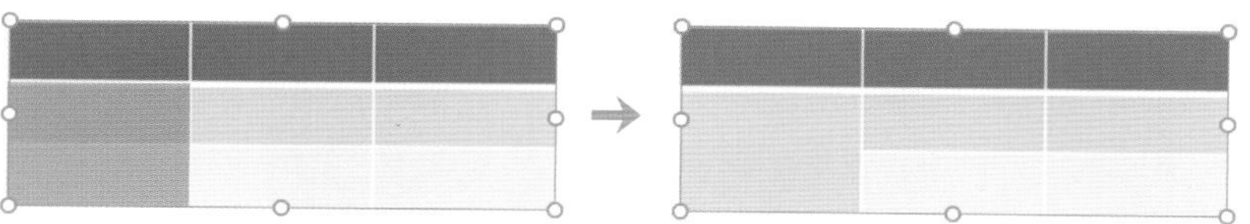

• 셀 분할은 선택한 셀을 여러 개의 셀로 나누는 것으로 해당 부분을 블록 지정한 후 [표 도구]-[레이아웃] 탭의 [병합] 그룹에서 셀 분할(셀 분할) 단추를 클릭합니다.

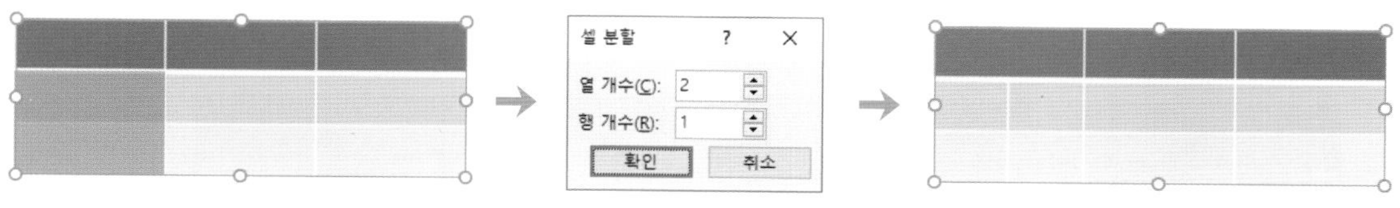

유형 잡기 02 표에 상단 도형 작성하기

1 [삽입] 탭의 [일러스트레이션] 그룹에서 도형(도형) 단추를 클릭하고, 사각형의 한쪽 모서리가 잘린 사각형(□)을 선택합니다.

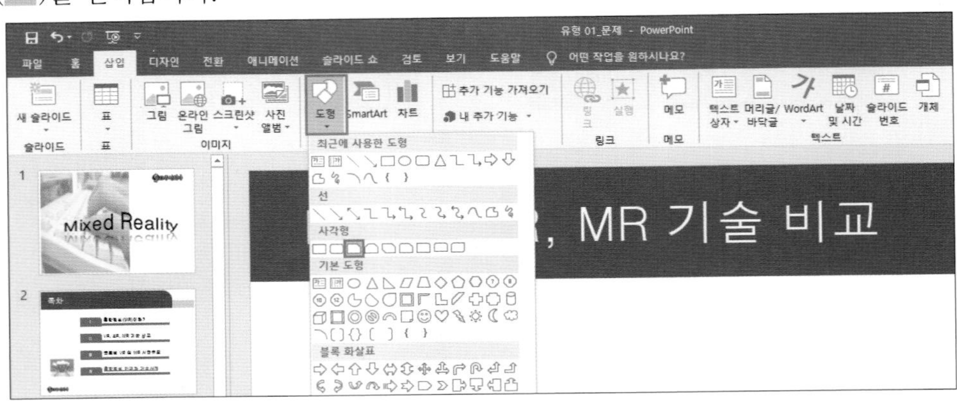

2 마우스 포인터가 '+' 모양으로 변경되면 표 상단에 적당한 크기로 드래그하여 삽입합니다.

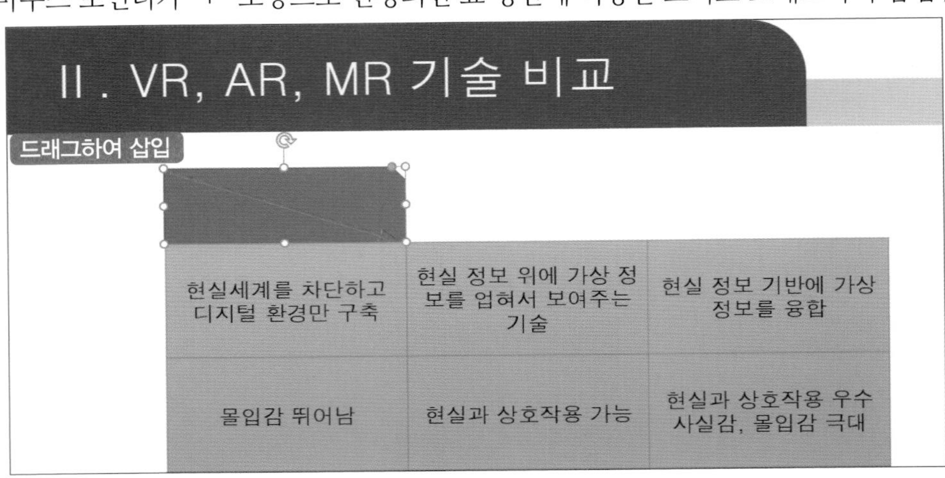

3 [그리기 도구]-[서식] 탭의 [도형 스타일] 그룹에서 도형 채우기(도형 채우기) 단추를 클릭하고, 임의의 색을 선택합니다.

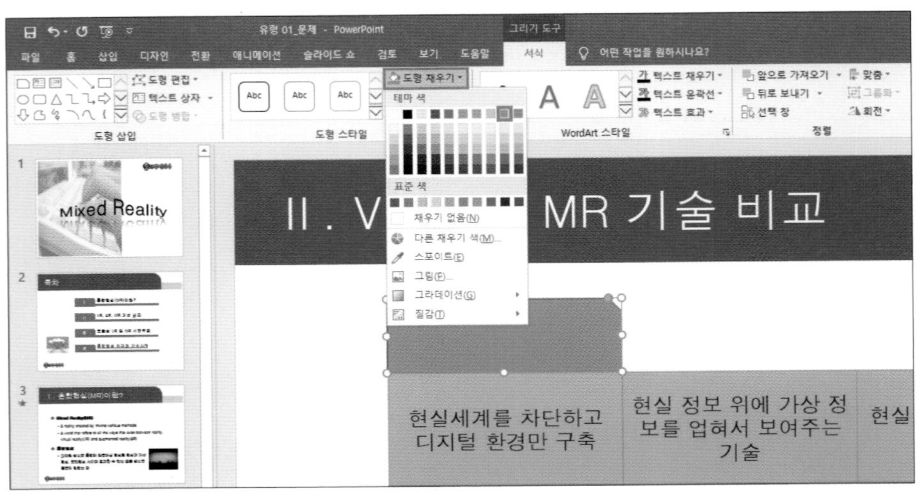

Tip 도형 색상

도형의 채우기 색은 문제지의 지시사항에 없으므로 수험자가 임의의 색을 지정해도 감점되지 않습니다.

4 다시 [삽입] 탭의 [일러스트레이션] 그룹에서 도형(도형) 단추를 클릭하고, 기본 도형의 십자형( )을 선택합니다.

5 마우스 포인터가 '+' 모양으로 변경되면 표 상단에 적당한 크기로 드래그하여 삽입합니다.

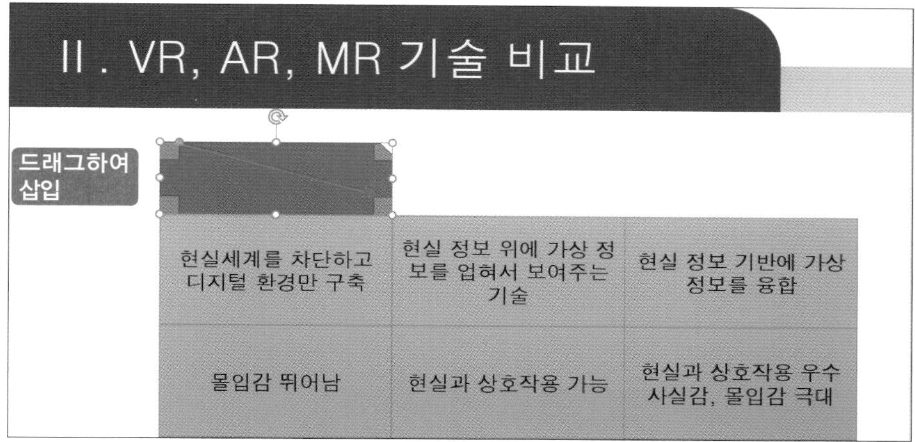

6 [그리기 도구]-[서식] 탭의 [도형 스타일] 그룹에서 도형 채우기(도형 채우기) 단추를 클릭하고, 임의의 색을 선택합니다.

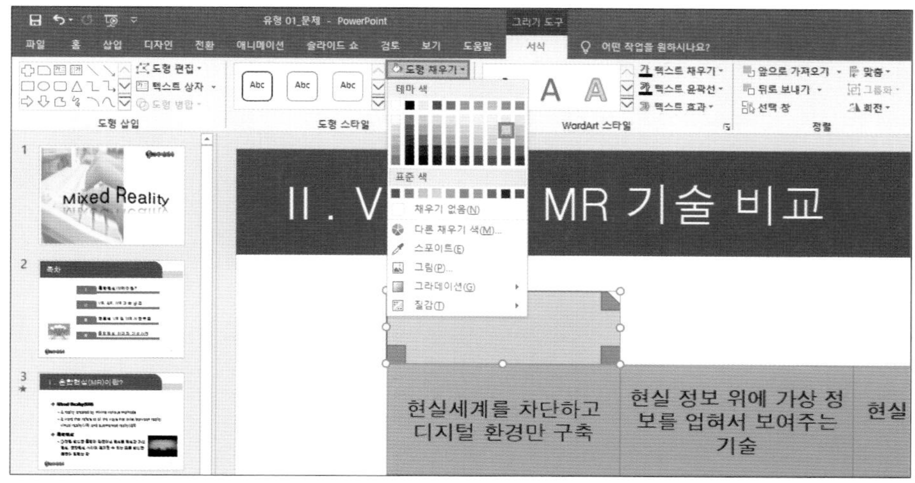

7 십자형에 주어진 내용을 입력한 후 [홈] 탭의 [글꼴] 그룹에서 글꼴은 '돋움', 글꼴 크기는 '18', 글꼴 색은 '검정, 텍스트 1'을 각각 지정합니다.

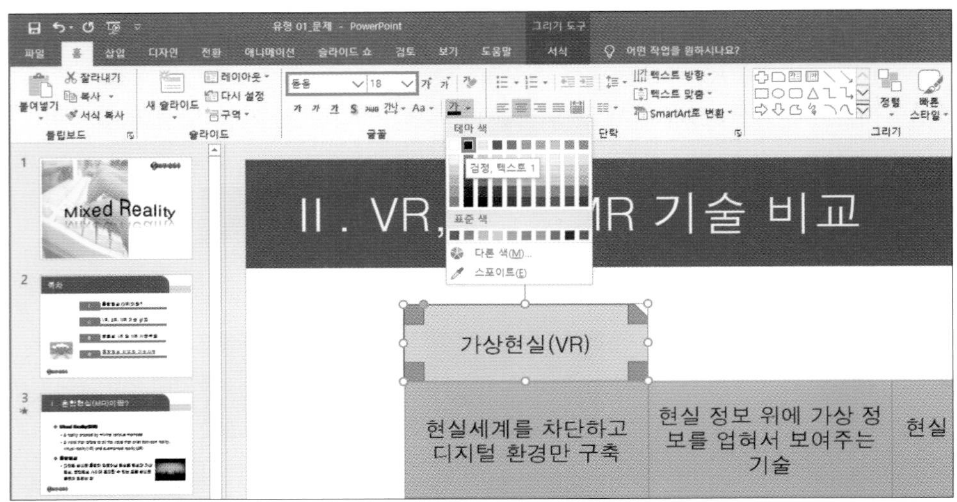

8 두 개의 도형을 모두 선택한 후 Ctrl+Shift를 누른 상태에서 오른쪽으로 드래그하여 2번 복사합니다.

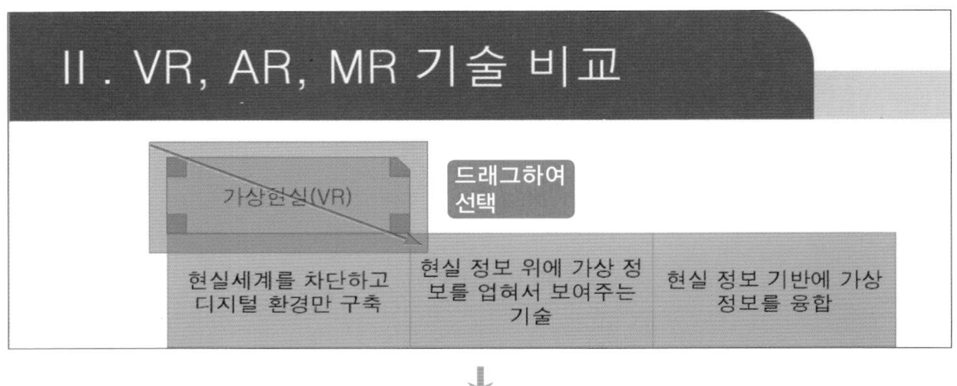

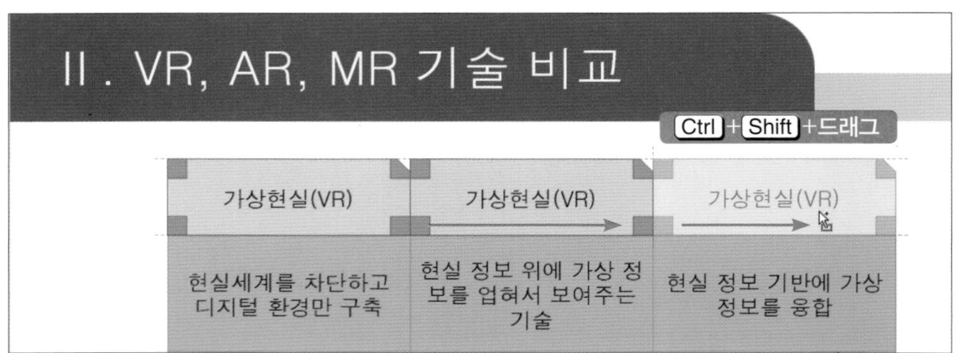

9 2개의 십자형에 있는 내용을 수정하기 위하여 도형 안쪽을 클릭한 후 문제지와 동일하게 주어진 내용으로 각각 수정합니다.

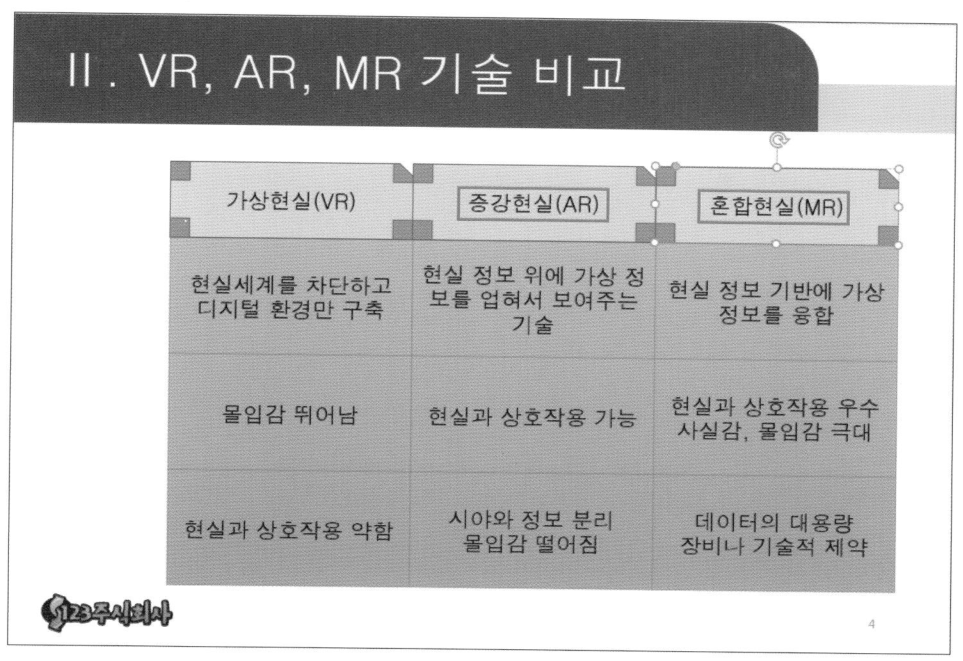

유형 잡기 03 표에 좌측 도형 작성하기

1 [삽입] 탭의 [일러스트레이션] 그룹에서 도형(도형) 단추를 클릭하고, 블록 화살표의 오각형( )을 선택합니다.

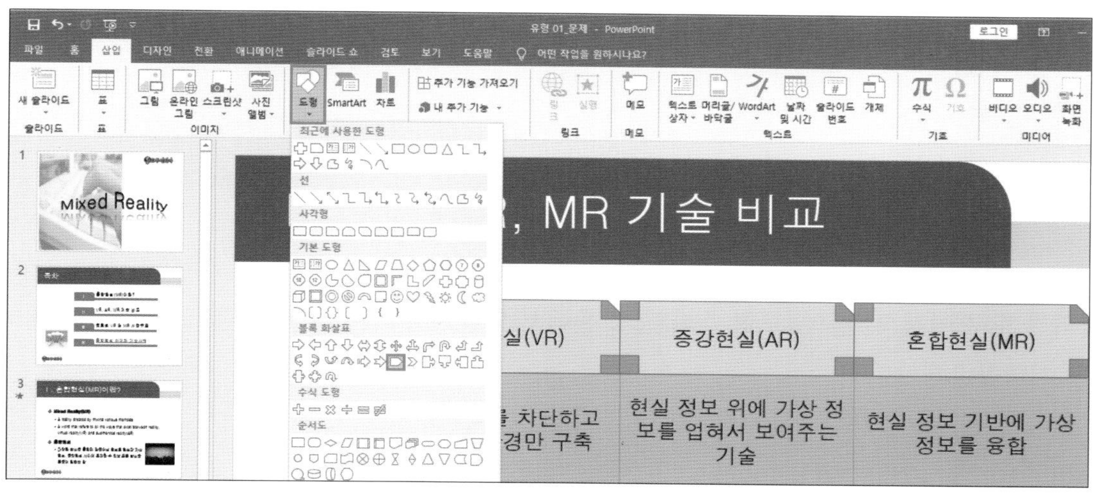

2 마우스 포인터가 '+' 모양으로 변경되면 표 좌측에 적당한 크기로 드래그하여 삽입합니다.

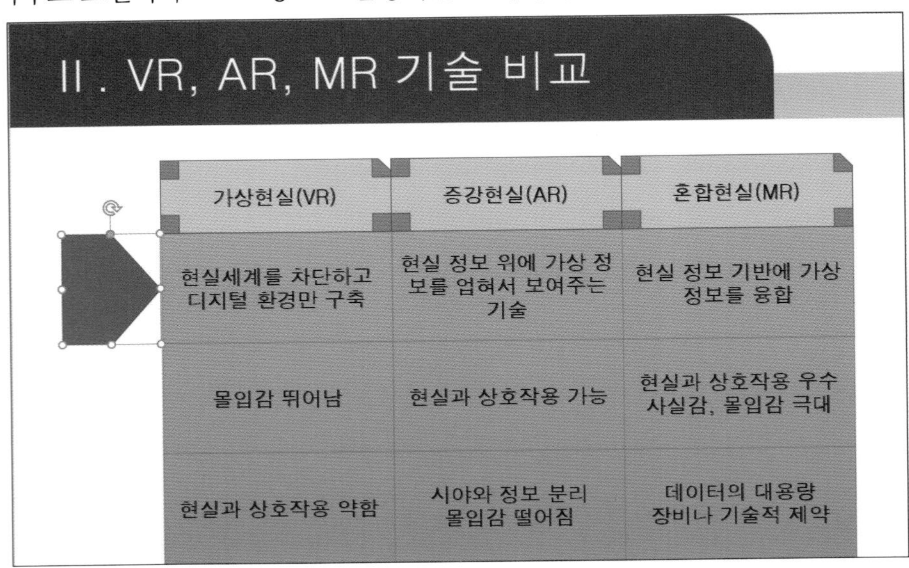

3 도형을 회전시키기 위하여 [그리기 도구]-[서식] 탭의 [정렬] 그룹에서 회전(회전) 단추를 클릭하고, [좌우 대칭]을 선택합니다.

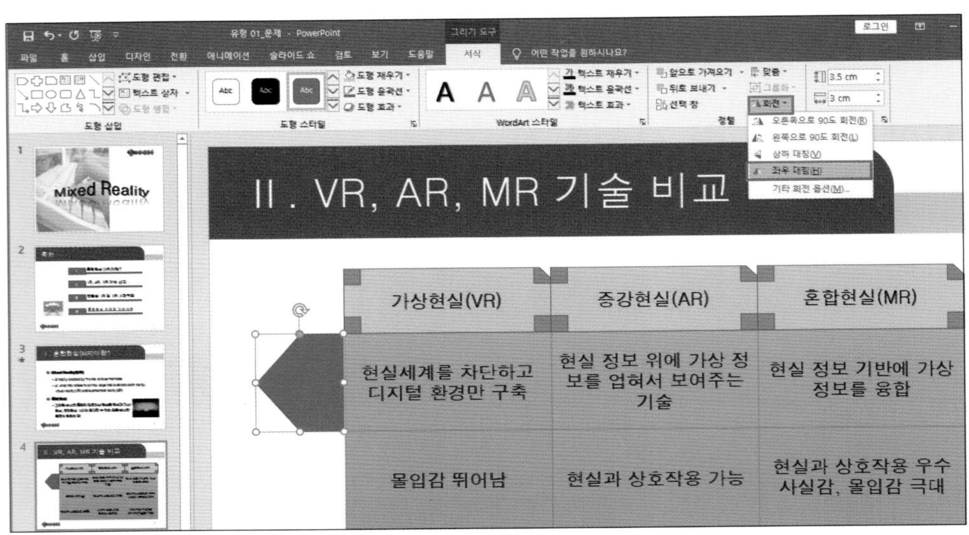

4 [그리기 도구]-[서식] 탭의 [도형 스타일] 그룹에서 도형 채우기(도형 채우기) 단추를 클릭하고, 임의의 색을 선택합니다.

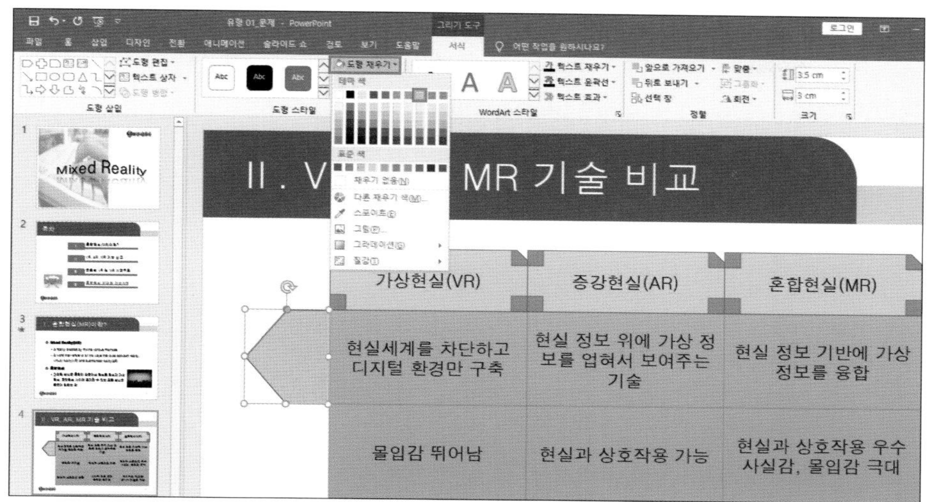

5 다시 한 번 [도형 스타일] 그룹에서 도형 채우기(도형 채우기 ▾) 단추를 클릭하고, [그라데이션]-[밝은 그라데이션]-[선형 아래쪽]을 선택합니다.

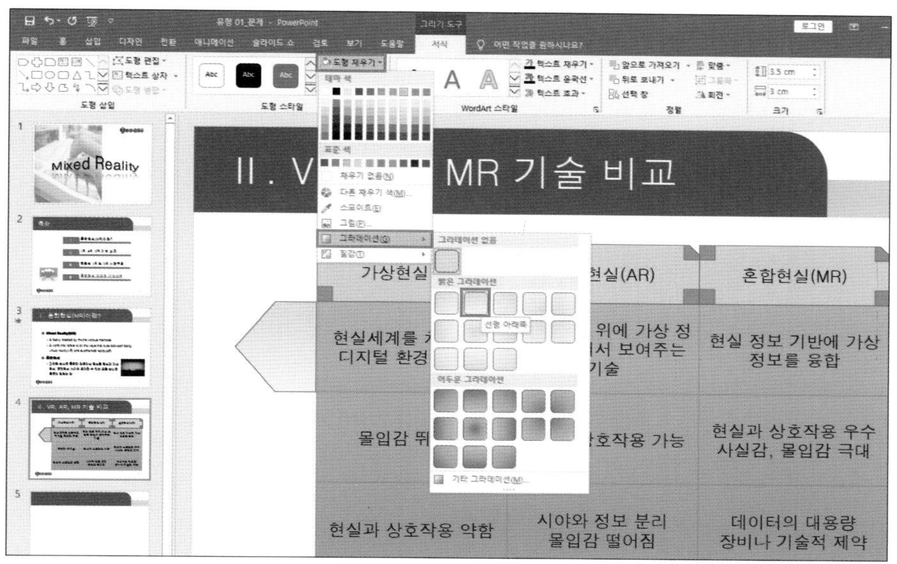

6 오각형에 주어진 내용을 입력한 후 [홈] 탭의 [글꼴] 그룹에서 글꼴은 '돋움', 글꼴 크기는 '18', 글꼴 색은 '검정, 텍스트 1'을 각각 지정합니다.

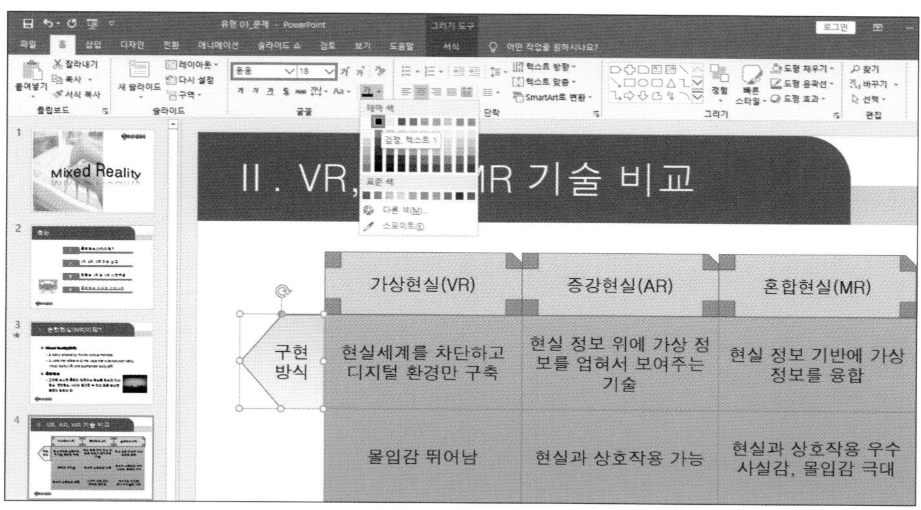

7 계속해서 Ctrl+Shift를 누른 상태에서 오각형을 아래쪽으로 드래그하여 2번 복사합니다.

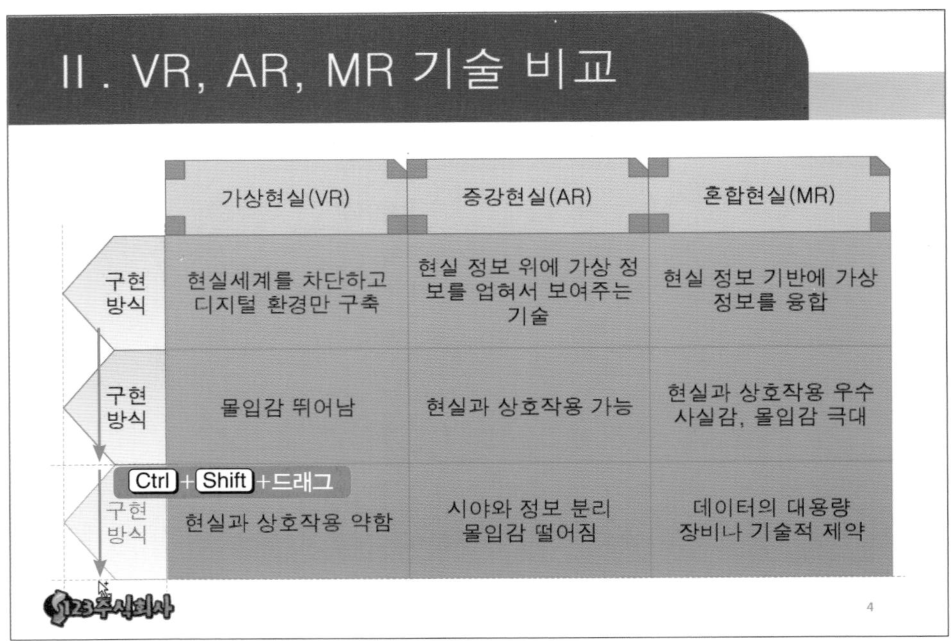

8 2개의 오각형에 있는 내용을 수정하기 위하여 도형 안쪽을 클릭한 후 문제지와 동일하게 주어진 내용으로 각각 수정합니다.

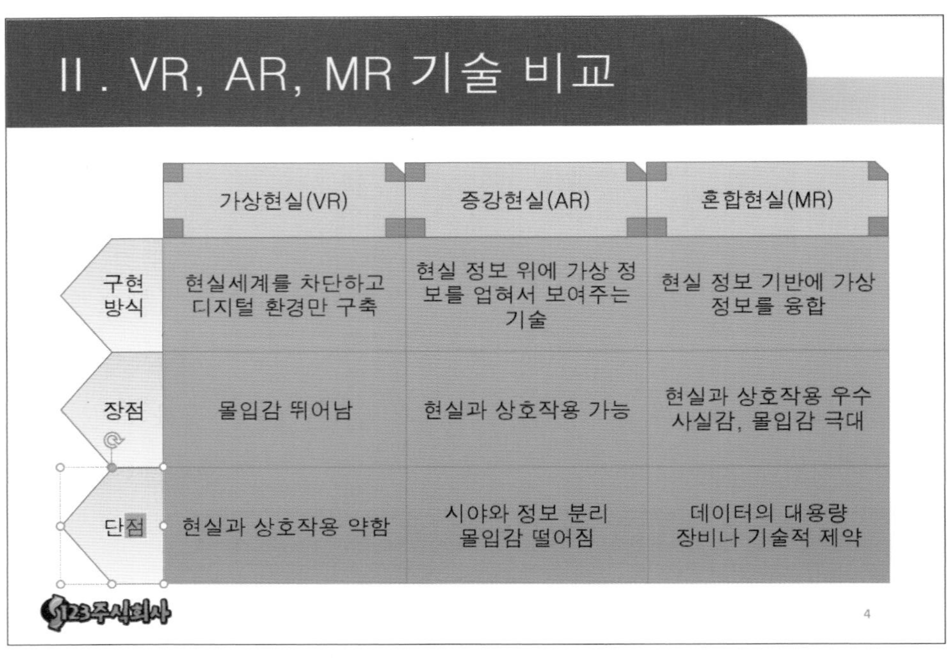

9 모든 작업이 완료되면 빠른 실행 도구 모음에서 저장( ) 단추를 클릭하여 완성 파일을 저장합니다.

출제 유형 문제

• **예제 파일** : 유형 분석 05₩유형 02_문제.pptx / • **완성 파일** : 유형 분석 05₩유형 02_완성.pptx

01 문제지의 지시사항과 세부조건을 참조하여 《출력형태》에 맞게 작업하시오.

(1) 도형과 표 작성 기능을 이용하여 슬라이드를 작성한다(글꼴 : 돋움, 18pt).

세부조건

① 상단 도형 :
2개 도형의 조합으로 작성

② 좌측 도형 :
그라데이션 효과(선형 아래쪽)

③ 표 스타일 :
테마 스타일 1 – 강조 5

블록체인 세미나

	시간	내용	비고
10/30	14:00~15:00	등록 및 네트워킹	
	15:00~17:00	기조연설	박술래 원장
10/31	10:00~11:30	블록체인의 역할과 미래	이동희 교수
	13:00~14:30	산업계의 블록체인	김희라 상무
	14:30~16:00	패널토의	진행 : 정지은 교수
	16:00~17:00	폐회식	

Hint

• [표 삽입] 대화 상자에서 열 개수는 '3', 행 개수는 '6'을 각각 입력합니다.
• [표 도구]-[디자인] 탭의 [표 스타일 옵션] 그룹에서 '머리글 행'과 '줄무늬 행'의 체크 표시를 해제합니다.
• '시간' 열의 세로 경계선을 왼쪽으로 드래그하여 열 너비를 조정합니다.
• 상단 도형에는 [사각형]-[한쪽 모서리가 잘린 사각형]과 [대각선 방향의 모서리가 잘린 사각형]을 각각 삽입한 후 대각선 방향의 모서리가 잘린 사각형은 모양 조절 핸들을 이용하여 모양을 변경하고, [회전]-[좌우 대칭]을 선택합니다.
• 상단에 두 개의 도형을 선택한 후 오른쪽으로 복사하고, 크기 조절 핸들을 이용하여 표 열 너비에 맞게 조절합니다.
• 좌측 도형에는 [기본 도형]-[배지]를 삽입한 후 아래쪽으로 복사한 도형은 크기를 조절합니다.

출제 유형 문제

• **예제 파일** : 유형 분석 05₩유형 03_문제.pptx / • **완성 파일** : 유형 분석 05₩유형 03_완성.pptx

02 문제지의 지시사항과 세부조건을 참조하여 《출력형태》에 맞게 작업하시오.

(1) 도형과 표 작성 기능을 이용하여 슬라이드를 작성한다(글꼴 : 돋움, 18pt).

세부조건

① 상단 도형 :
2개 도형의 조합으로 작성

② 좌측 도형 :
그라데이션 효과(선형 아래쪽)

③ 표 스타일 :
테마 스타일 1 – 강조 4

세계 자기부상열차의 종류

	중국	일본	미국	한국
개발 모델	마그레브	리니모	엠쓰리	에코비
적용 기술	고속형의 열차로 상전도 흡인식으로 개발		영구 자석식 기술을 적용	상전도 흡인식 방식으로 설계
운행	상하이 푸동	나고야	시험노선	인천

①
②
③

ABC주식회사

4

Hint

• [표 삽입] 대화 상자에서 열 개수는 '4', 행 개수는 '3'을 각각 입력합니다.
• [표 도구]-[디자인] 탭의 [표 스타일 옵션] 그룹에서 '머리글 행'과 '줄무늬 행'의 체크 표시를 해제합니다.
• 2행 1열과 2열은 해당 부분을 블록 지정한 후 [표 도구]-[레이아웃] 탭의 [병합] 그룹에서 셀 병합을 합니다.
• 상단 도형에는 [사각형]-[양쪽 모서리가 잘린 사각형]과 [한쪽 모서리가 잘린 사각형]을 각각 삽입한 후 한쪽 모서리가 잘린 사각형은 [회전]-[좌우 대칭]을 선택합니다.
• 상단에 두 개의 도형을 선택한 후 오른쪽으로 3번 복사합니다.
• 좌측 도형에는 [사각형]-[한쪽 모서리가 둥근 사각형]을 삽입한 후 [회전]-[좌우 대칭]을 선택합니다.

출제 유형 문제

• **예제 파일** : 유형 분석 05₩유형 04_문제.pptx / • **완성 파일** : 유형 분석 05₩유형 04_완성.pptx

03 문제지의 지시사항과 세부조건을 참조하여 《출력형태》에 맞게 작업하시오.

(1) 도형과 표 작성 기능을 이용하여 슬라이드를 작성한다(글꼴 : 돋움, 18pt).

세부조건

① 상단 도형 :
2개 도형의 조합으로 작성

② 좌측 도형 :
그라데이션 효과(선형 아래쪽)

③ 표 스타일 :
테마 스타일 1 – 강조 6

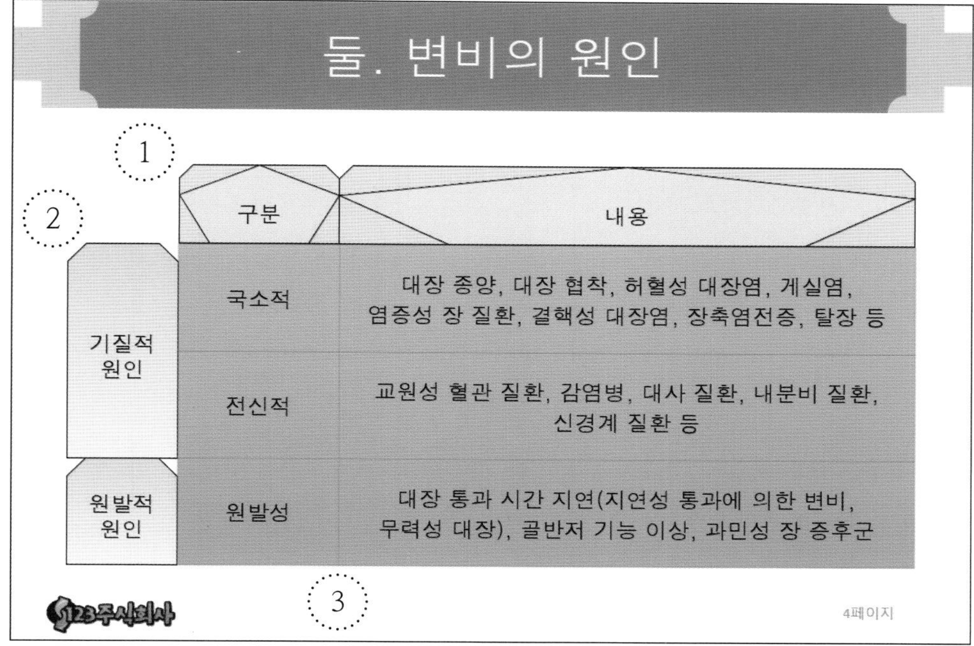

Hint

- [표 삽입] 대화 상자에서 열 개수는 '2', 행 개수는 '3'을 각각 입력합니다.
- [표 도구]-[디자인] 탭의 [표 스타일 옵션] 그룹에서 '머리글 행'과 '줄무늬 행'의 체크 표시를 해제합니다.
- '구분' 열의 세로 경계선을 왼쪽으로 드래그하여 열 너비를 조정합니다.
- 상단 도형에는 [사각형]-[양쪽 모서리가 잘린 사각형]과 [기본 도형]-[정오각형]을 각각 삽입합니다.
- 상단에 두 개의 도형을 선택한 후 오른쪽으로 복사하고, 크기 조절 핸들을 이용하여 표 열 너비에 맞게 조절합니다.
- 좌측 도형에는 [사각형]-[양쪽 모서리가 잘린 사각형]을 삽입한 후 아래쪽으로 복사한 도형은 크기를 조절합니다.

출제 유형 문제

• **예제 파일** : 유형 분석 05₩유형 05_문제.pptx / • **완성 파일** : 유형 분석 05₩유형 05_완성.pptx

04 **문제지의 지시사항과 세부조건을 참조하여 《출력형태》에 맞게 작업하시오.**

(1) 도형과 표 작성 기능을 이용하여 슬라이드를 작성한다(글꼴 : 돋움, 18pt).

세부조건

① 상단 도형 :
2개 도형의 조합으로 작성

② 좌측 도형 :
그라데이션 효과(선형 아래쪽)

③ 표 스타일 :
테마 스타일 1 – 강조 2

ⅱ. 국가별 환경 규제 현황

	규제명	분야	내용
EU	WEEK	전자, 자동차	폐기 전자제품 무료 수거
	REACH	전 산업분야	원료 유해성 평가
미국	HR 1165	전자	원료 유해성 평가
한국	전기전자제품 및 자동차의 자원순환에 관한 법률	전자, 자동차	6대 유해물질 사용금지 (납, 수은, 카드뮴, 크롬, PBB, PBDE)

4

ABC주식회사

Hint

- [표 삽입] 대화 상자에서 열 개수는 '3', 행 개수는 '6'을 각각 입력합니다.
- [표 도구]-[디자인] 탭의 [표 스타일 옵션] 그룹에서 '머리글 행'과 '줄무늬 행'의 체크 표시를 해제합니다.
- '분야' 열의 세로 경계선을 왼쪽/오른쪽으로 각각 드래그하여 열 너비를 조정합니다.
- 3행/4행과 5행/6행의 해당 부분을 각각 블록 지정한 후 [표 도구]-[레이아웃] 탭의 [병합] 그룹에서 셀 병합을 합니다.
- 상단 도형에는 [사각형]-[한쪽 모서리가 둥근 사각형]과 [순서도]-[수동 연산]을 각각 삽입합니다.
- 상단에 두 개의 도형을 선택한 후 오른쪽으로 복사하고, 크기 조절 핸들을 이용하여 표 열 너비에 맞게 조절합니다.
- 좌측 도형에는 [사각형]-[대각선 방향의 모서리가 잘린 사각형]을 삽입한 후 [회전]-[좌우 대칭]을 선택합니다.

출제 유형 문제

• **예제 파일** : 유형 분석 05₩유형 06_문제.pptx / • **완성 파일** : 유형 분석 05₩유형 06_완성.pptx

05 문제지의 지시사항과 세부조건을 참조하여 《출력형태》에 맞게 작업하시오.

(1) 도형과 표 작성 기능을 이용하여 슬라이드를 작성한다(글꼴 : 돋움, 18pt).

세부조건

① 상단 도형 :
2개 도형의 조합으로 작성

② 좌측 도형 :
그라데이션 효과(선형 아래쪽)

③ 표 스타일 :
테마 스타일 1 – 강조 4

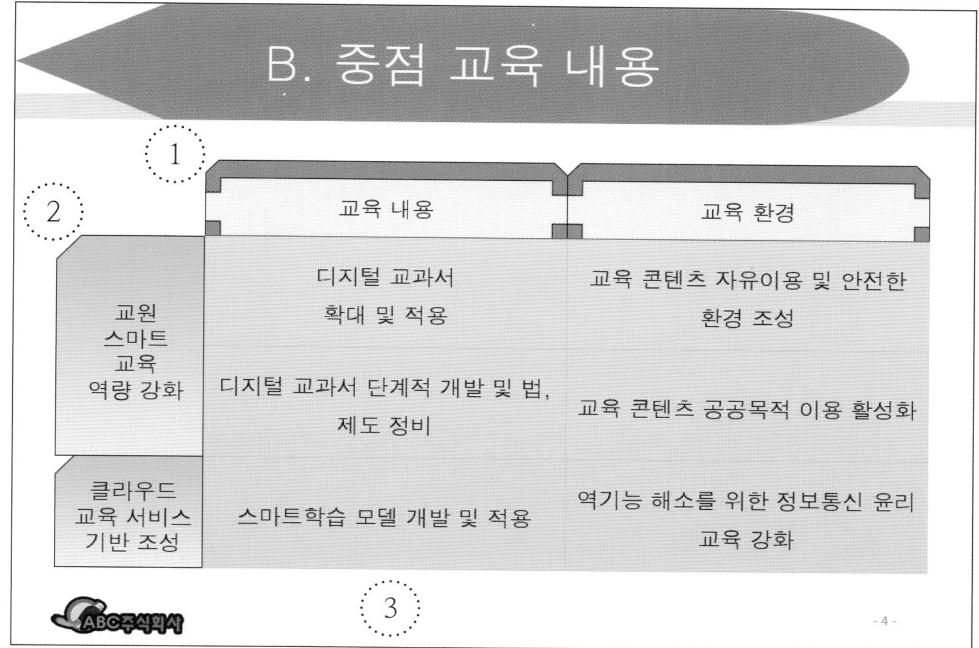

Hint

• [표 삽입] 대화 상자에서 열 개수는 '2', 행 개수는 '3'을 각각 입력합니다.
• [표 도구]-[디자인] 탭의 [표 스타일 옵션] 그룹에서 '머리글 행'과 '줄무늬 행'의 체크 표시를 해제합니다.
• '교육 내용' 열의 세로 경계선을 왼쪽으로 드래그하여 열 너비를 조정합니다.
• 상단 도형에는 [사각형]-[양쪽 모서리가 잘린 사각형]과 [기본 도형]-[십자형]을 각각 삽입합니다.
• 상단에 두 개의 도형을 선택한 후 오른쪽으로 복사하고, 크기 조절 핸들을 이용하여 표 열 너비에 맞게 조절합니다.
• 좌측 도형에는 [사각형]-[한쪽 모서리가 잘린 사각형]을 삽입한 후 한쪽 모서리가 잘린 사각형은 [회전]-[좌우 대칭]을 선택합니다.

출제 유형 문제

• **예제 파일** : 유형 분석 05₩유형 07_문제.pptx / • **완성 파일** : 유형 분석 05₩유형 07_완성.pptx

06 **문제지의 지시사항과 세부조건을 참조하여 《출력형태》에 맞게 작업하시오.**

(1) 도형과 표 작성 기능을 이용하여 슬라이드를 작성한다(글꼴 : 돋움, 18pt).

세부조건

① 상단 도형 :
2개 도형의 조합으로 작성

② 좌측 도형 :
그라데이션 효과(선형 아래쪽)

③ 표 스타일 :
테마 스타일 1 – 강조 6

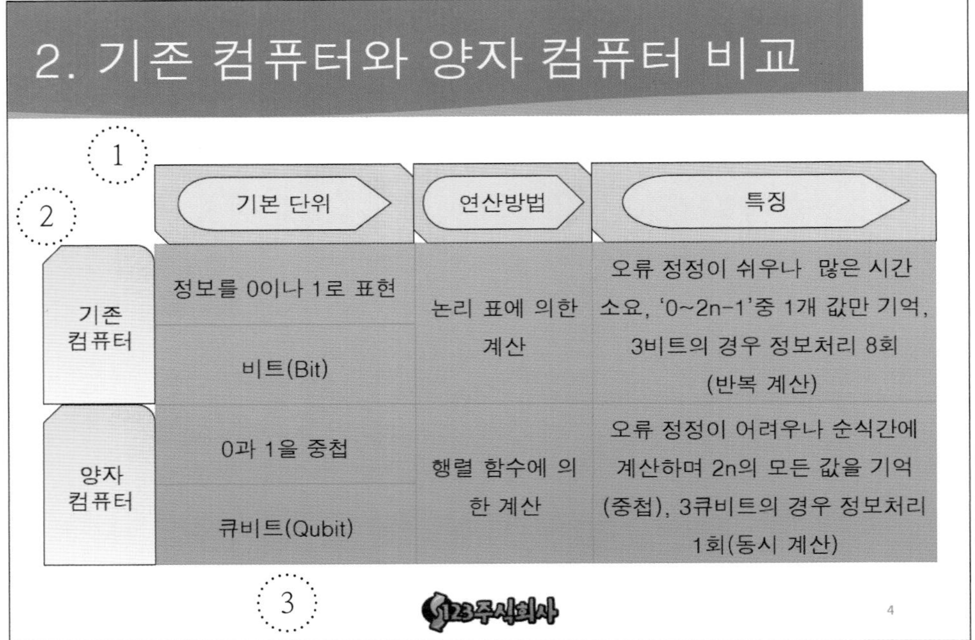

Hint

- [표 삽입] 대화 상자에서 열 개수는 '3', 행 개수는 '4'를 각각 입력합니다.
- [표 도구]-[디자인] 탭의 [표 스타일 옵션] 그룹에서 '머리글 행'과 '줄무늬 행'의 체크 표시를 해제합니다.
- '기본 단위' 열의 세로 경계선을 왼쪽으로 드래그하여 열 너비를 조정합니다.
- 1행2열과 2행2열/1행3열과 2행3열/3행2열과 4행2열/3행3열과 4행3열의 해당 부분을 각각 블록 지정한 후 [표 도구]-[레이아웃] 탭의 [병합] 그룹에서 셀 병합을 합니다.
- 상단 도형에는 [사각형]-[대각선 방향의 모서리가 잘린 사각형]과 [순서도]-[화면표시]를 각각 삽입한 후 [화면표시]는 [회전]-[좌우 대칭]을 선택합니다.
- 상단에 두 개의 도형을 선택한 후 오른쪽으로 복사하고, 크기 조절 핸들을 이용하여 표 열 너비에 맞게 조절합니다.
- 좌측 도형에는 [사각형]-[한쪽 모서리는 잘리고 다른 쪽 모서리는 둥근 사각형]을 삽입한 후 [회전]-[좌우 대칭]을 선택합니다.

[슬라이드 5] 《차트 슬라이드》

슬라이드 5에서는 차트 슬라이드를 작성하는 것으로 차트 삽입 기능을 이용하여 원하는 차트를 순서대로 작성하고, 주어진 조건대로 차트를 편집한 후 차트에 도형을 추가 및 편집하는 방법에 대하여 알아봅니다.

시험 유형 미리보기

• 예제 파일 : 유형 분석 06₩유형 01_문제.pptx / • 완성 파일 : 유형 분석 06₩유형 01_완성.pptx

※ [슬라이드 5] ≪차트 슬라이드≫ **100점**

(1) 차트 작성 기능을 이용하여 슬라이드를 작성한다.

(2) 차트 : 종류(묶은 세로 막대형), 글꼴(돋움, 16pt), 외곽선

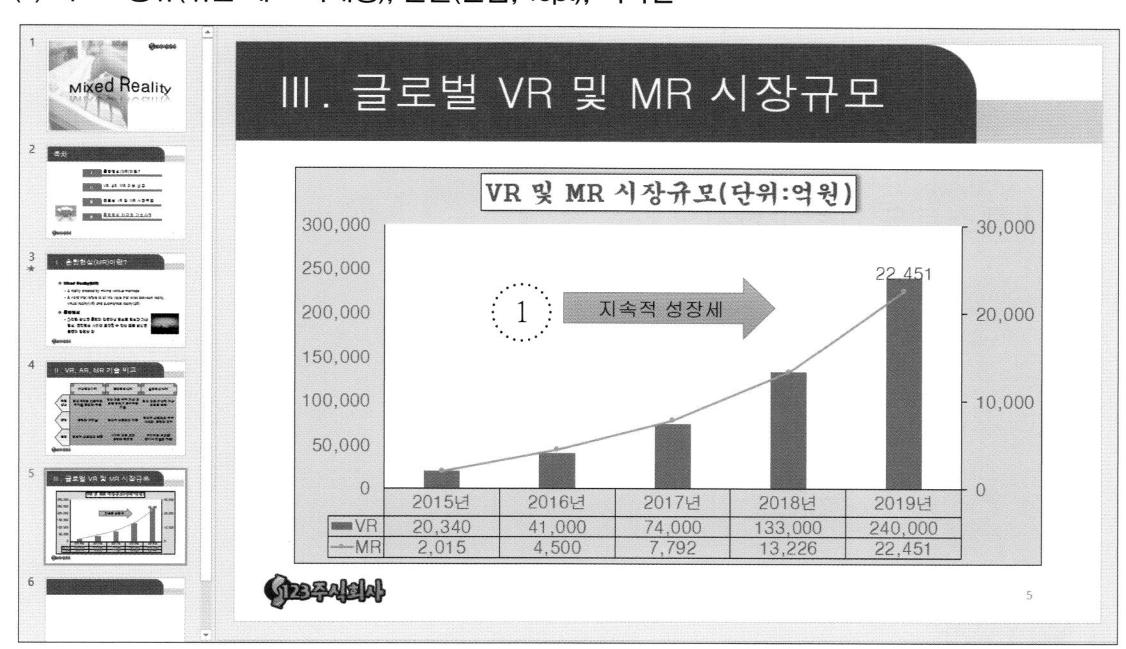

세부조건

※ 차트 설명

- 차트 제목 : 궁서, 24pt, 굵게, 채우기(흰색), 테두리, 그림자(오프셋 오른쪽)
- 차트 영역 : 채우기(노랑) 그림 영역 : 채우기(흰색)
- 데이터 서식 : MR 계열을 표식이 있는 꺾은선형으로 변경 후 보조 축으로 지정
- 값 표시 : 2019년의 MR 계열만

① 도형 삽입
- 스타일 : 미세 효과 – 파랑, 강조 1
- 글꼴 : 굴림, 18pt

유형 잡기 01 차트 작성하기

1 [파일]-[열기]-[찾아보기]를 차례로 선택하고, [열기] 대화 상자에서 '유형 분석 06₩유형 01_문제.pptx'를 불러오기 합니다.

2 '슬라이드 5'를 선택한 후 슬라이드 상단의 '제목을 추가하려면 클릭하십시오.' 부분을 클릭한 후 주어진 제목을 입력합니다.

3 텍스트 개체 상자에서 차트 삽입( ) 아이콘을 클릭합니다.

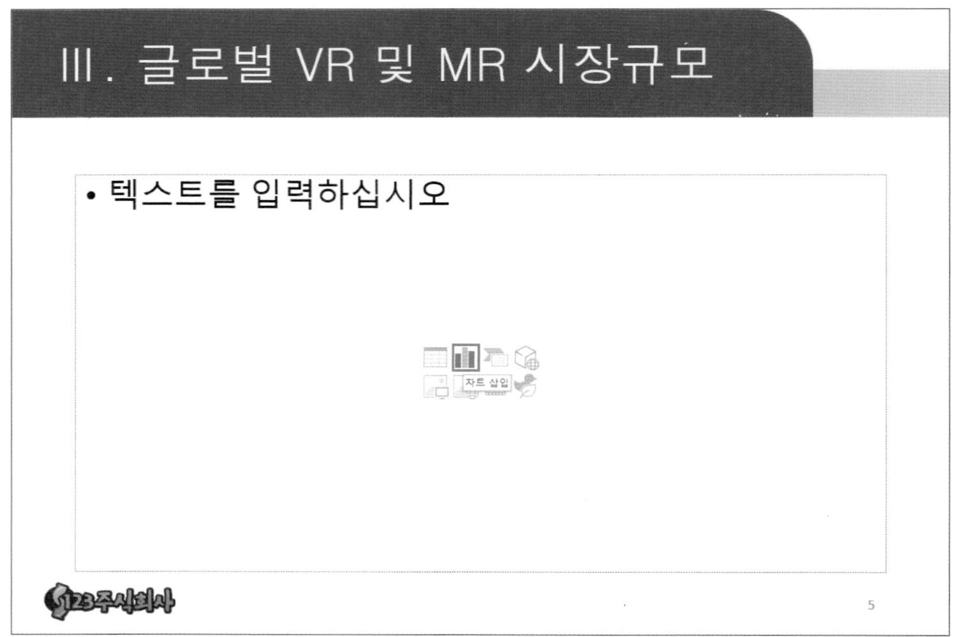

Tip 차트 삽입

[삽입] 탭의 [일러스트레이션] 그룹에서 차트( ) 단추를 클릭해도 차트를 작성할 수 있습니다.

4 [차트 삽입] 대화 상자의 [모든 차트] 탭에서 세로 막대형의 '묶은 세로 막대형'을 선택하고, [확인] 버튼을 클릭합니다.

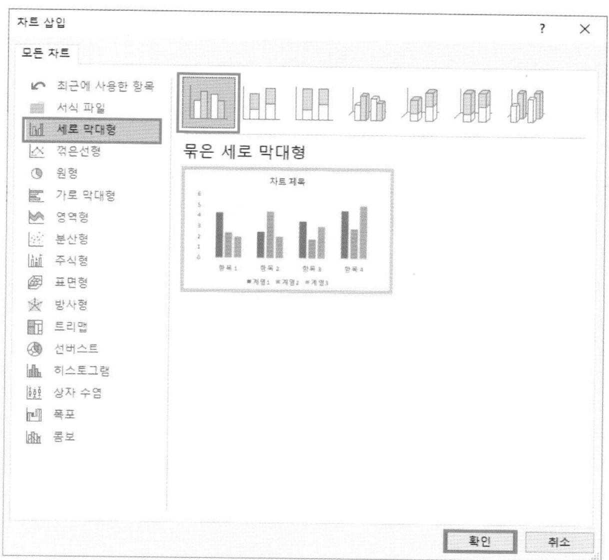

5 Microsoft PowerPoint의 차트 창이 나타나면 먼저 기본 차트와 데이터 내용을 비교하여 입력할 항목과 계열을 구분합니다.

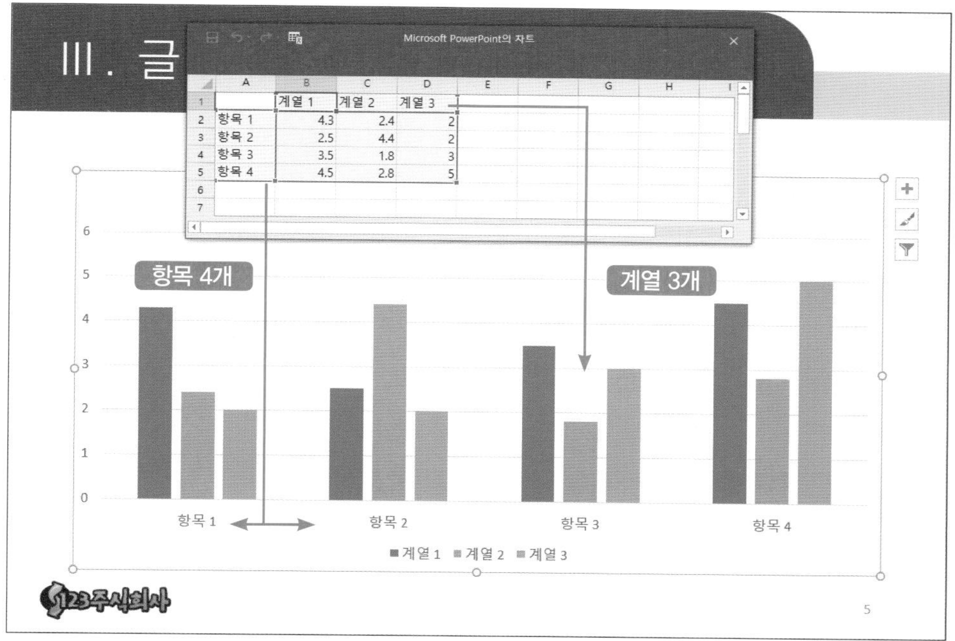

	계열 1	계열 2	계열 3
항목 1	4.3	2.4	2
항목 2	2.5	4.4	2
항목 3	3.5	1.8	3
항목 4	4.5	2.8	5

Tip 차트 데이터

차트를 작성하기 위해서는 문제지에 있는 차트의 데이터 계열을 참조하여 워크시트에 데이터를 입력해야 합니다. 이때, 가로 축과 세로 축을 구분하여 데이터를 입력합니다.

6 차트에서 항목(2015년~2019년)이 5개이므로 워크시트 데이터의 크기 조절 핸들을 아래쪽으로 드래그하여 항목을 추가합니다.

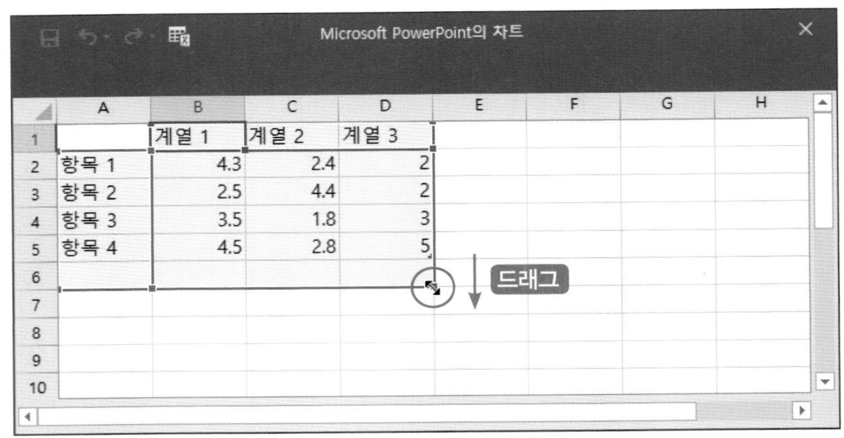

7 차트에서 계열(VR, MR)은 2개이므로 워크시트 데이터의 크기 조절 핸들을 왼쪽으로 드래그하여 계열 하나를 제거합니다.

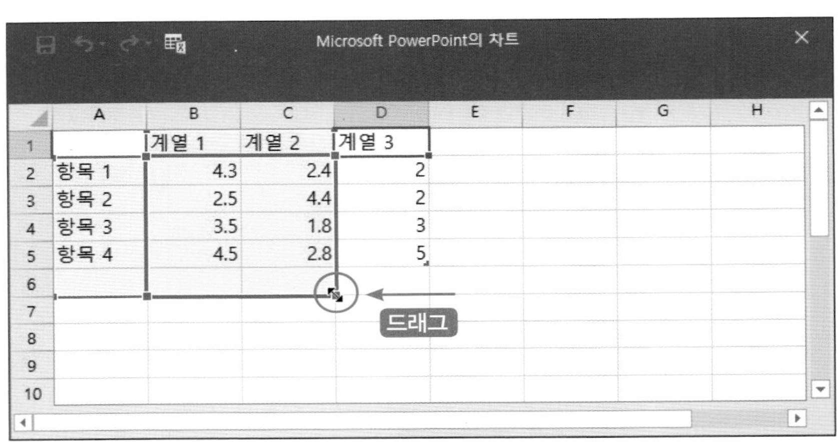

8 문제지의 차트를 보고 다음과 같이 데이터를 입력한 후 워크시트 창 오른쪽 상단에 닫기(×) 단추를 클릭합니다.

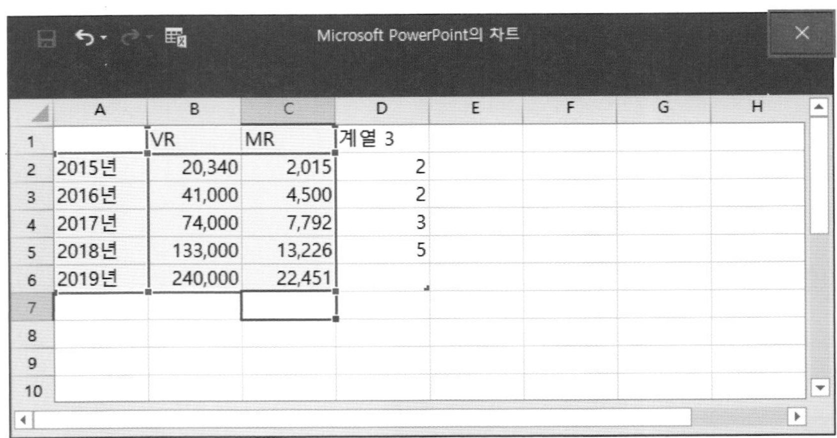

Tip 데이터 삭제

워크시트에서 행이나 열을 삭제할 경우 행/열 머리글에서 마우스 오른쪽 버튼을 클릭하고, [삭제]를 선택해도 됩니다.

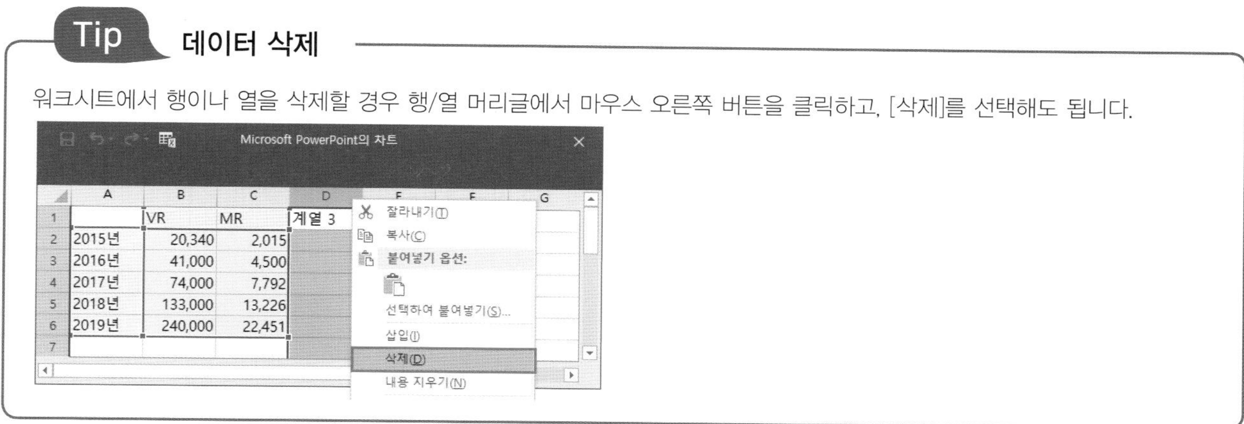

9 슬라이드에 차트가 나타나면 [홈] 탭의 [글꼴] 그룹에서 글꼴은 '돋움', 글꼴 크기는 '16'을 각각 지정합니다.

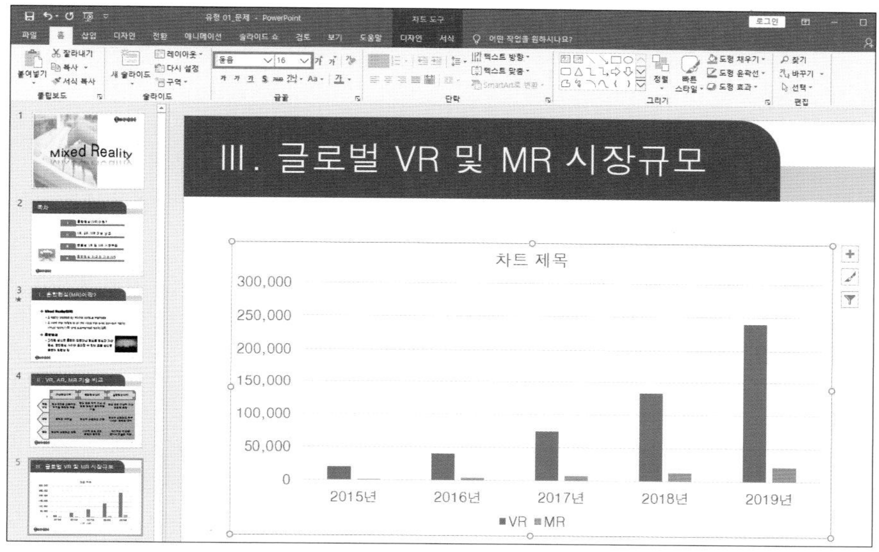

10 계속해서 [차트 도구]-[서식] 탭의 [도형 스타일] 그룹에서 도형 윤곽선(도형 윤곽선) 단추를 클릭하고, '검정, 텍스트 1'을 선택합니다.

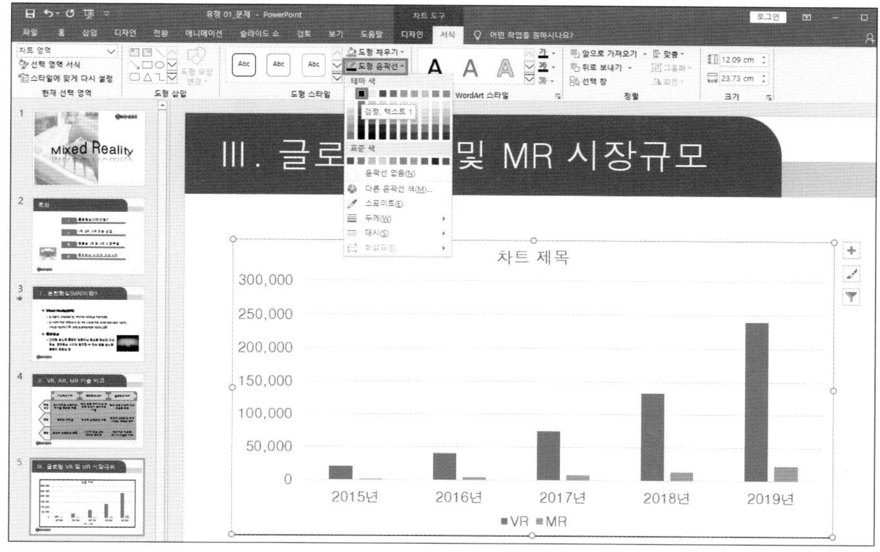

Tip 차트의 구성 요소

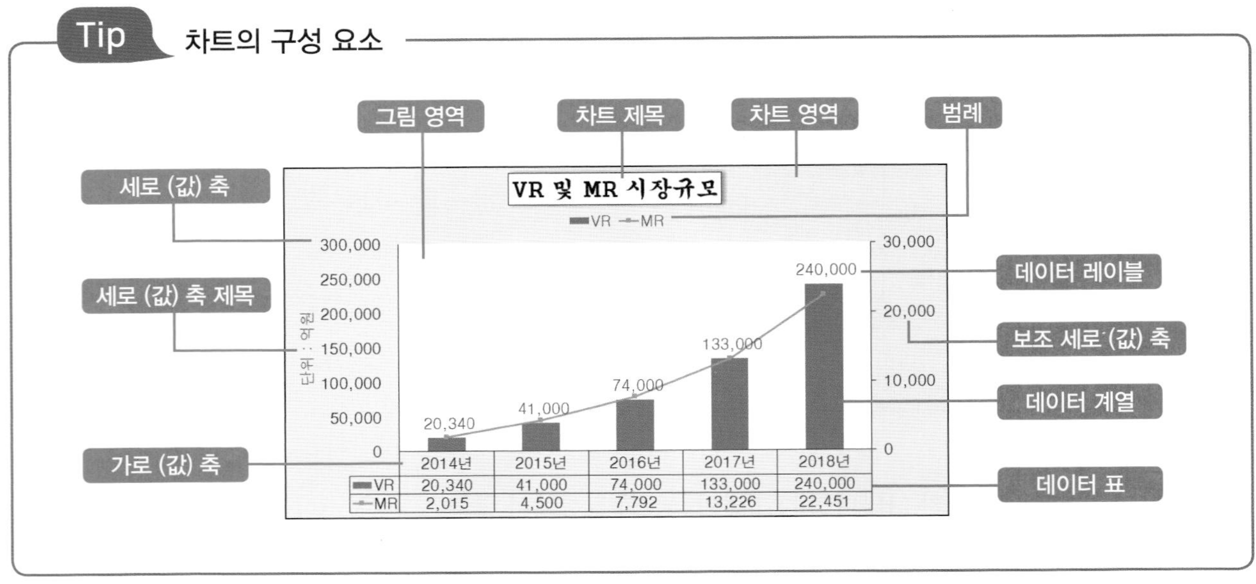

유형 잡기 02 차트 편집하기

1 차트 종류를 변경하기 위하여 'MR' 계열을 선택한 후 [차트 도구]-[디자인] 탭의 [종류] 그룹에서 차트 종류 변경(차트 종류 변경) 단추를 클릭합니다.

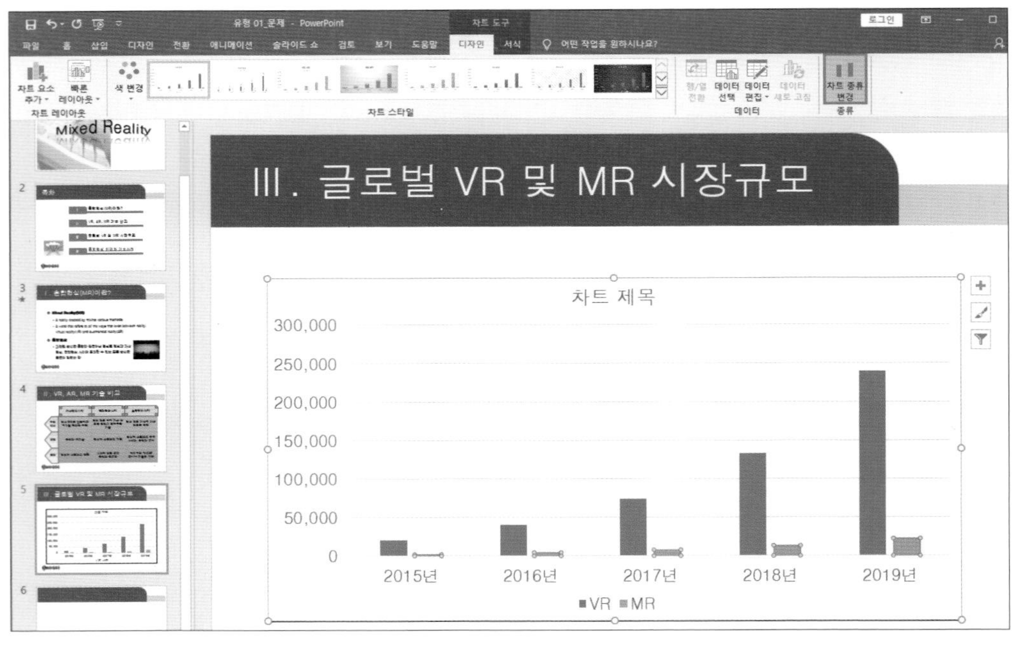

2 [차트 종류 변경] 대화 상자의 [모든 차트] 탭에서 콤보에 있는 'MR' 계열의 목록(⌄) 단추를 클릭하고, 꺾은선형의 '표식이 있는 꺾은선형'을 선택합니다.

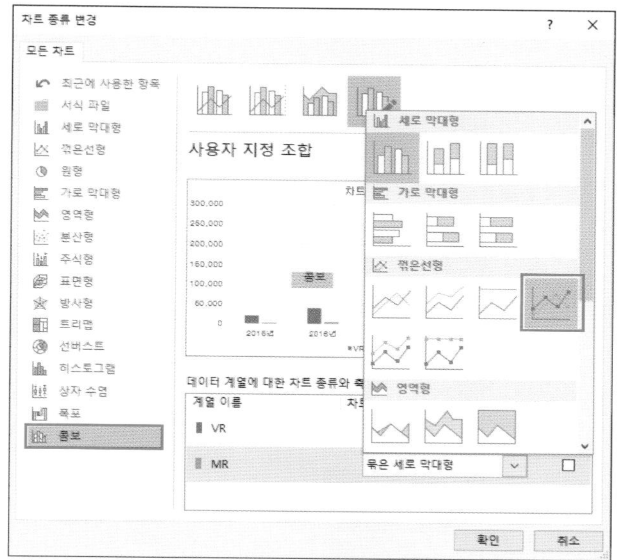

3 계속해서 'MR' 계열에 있는 보조 축을 선택하고, [확인] 버튼을 클릭합니다.

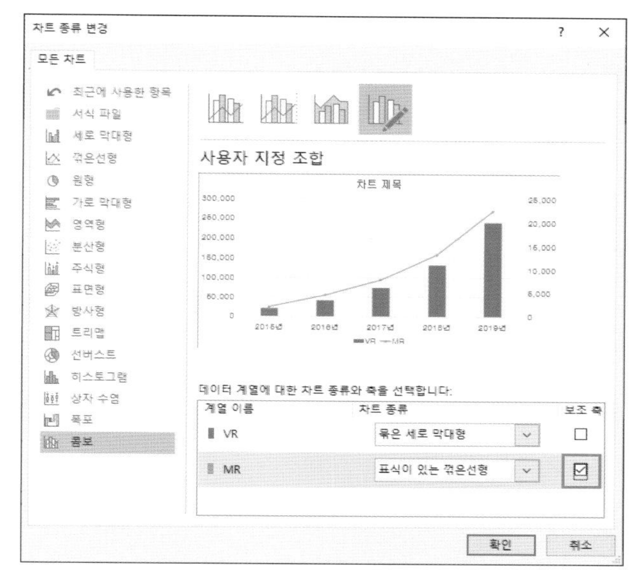

4 차트 제목 안쪽을 클릭한 후 주어진 차트 제목을 입력합니다.

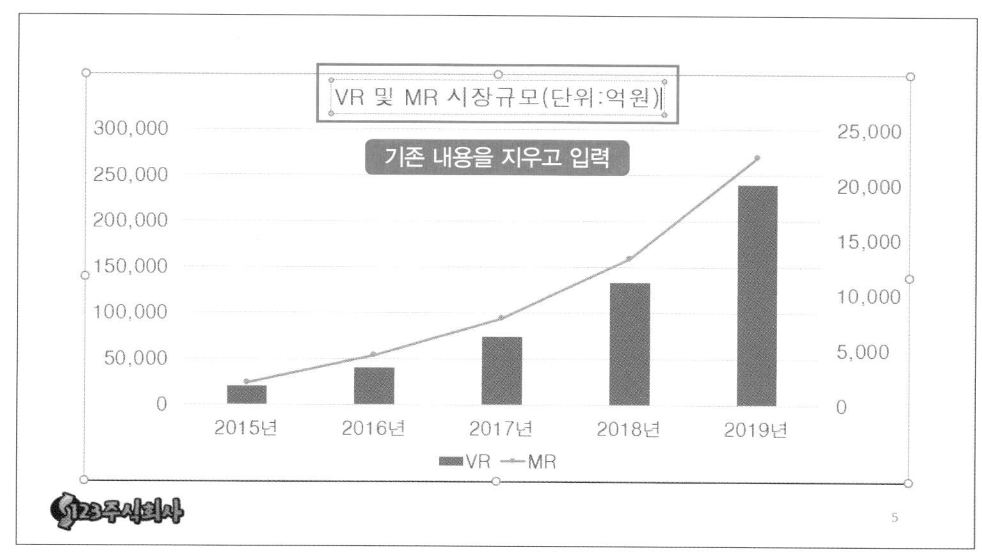

5 차트 제목을 선택한 후 [홈] 탭의 [글꼴] 그룹에서 글꼴은 '궁서', 글꼴 크기는 '24', 글꼴 스타일은 '굵게'를 각각 지정합니다.

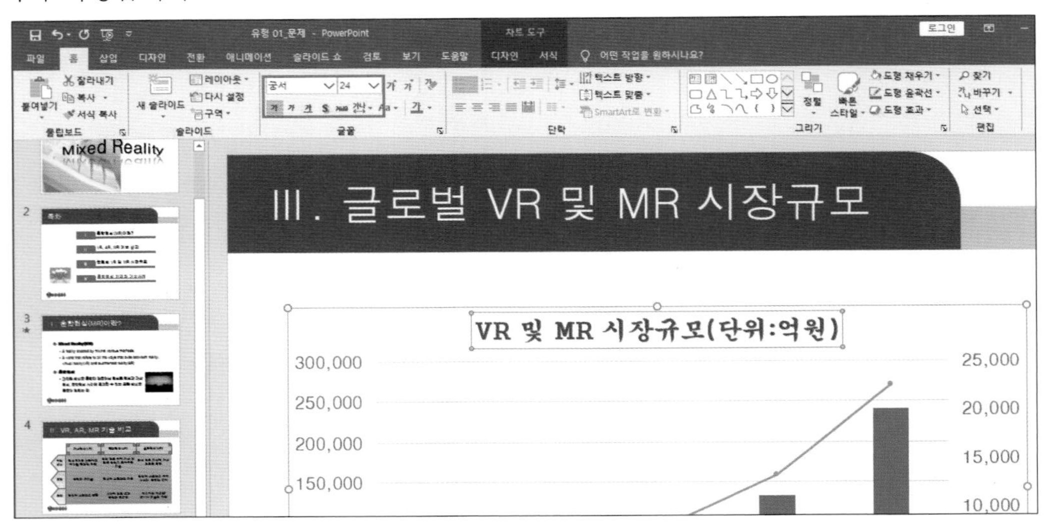

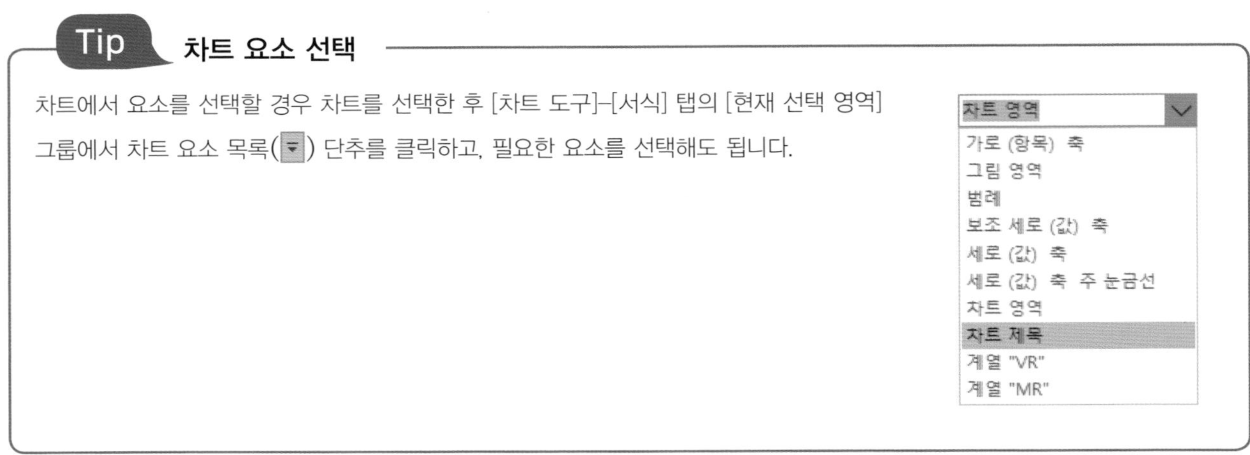

Tip 차트 요소 선택

차트에서 요소를 선택할 경우 차트를 선택한 후 [차트 도구]-[서식] 탭의 [현재 선택 영역] 그룹에서 차트 요소 목록(▾) 단추를 클릭하고, 필요한 요소를 선택해도 됩니다.

6 차트 제목이 선택된 상태에서 [차트 도구]-[서식] 탭의 [도형 스타일] 그룹에서 도형 채우기(도형 채우기 ▾) 단추를 클릭하고, '흰색, 배경 1'을 선택합니다.

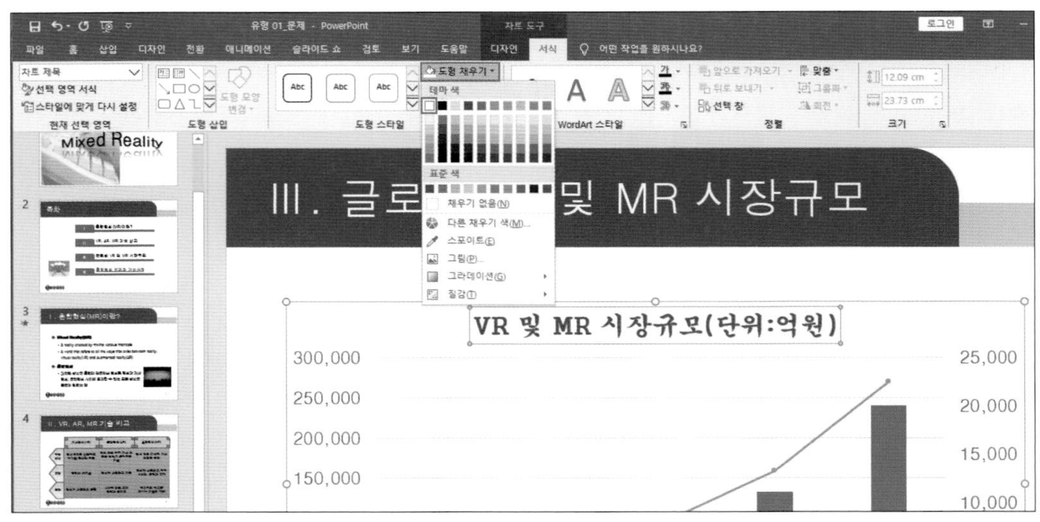

7 계속해서 [도형 스타일] 그룹에서 도형 윤곽선(도형 윤곽선 ▾) 단추를 클릭하고, '검정, 텍스트 1'을 선택합니다.

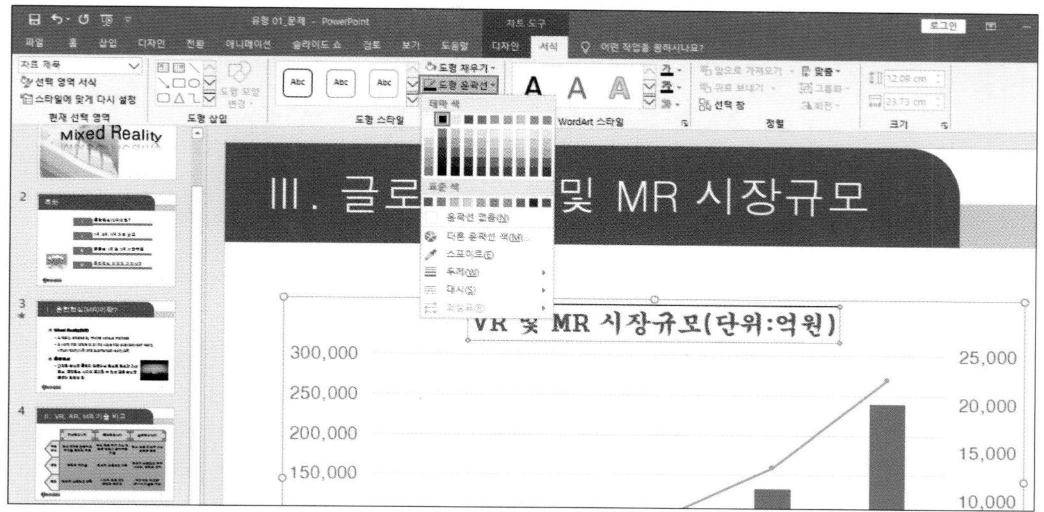

8 계속해서 [도형 스타일] 그룹에서 도형 효과(도형 효과 ▾) 단추를 클릭하고, [그림자]-[바깥쪽]-[오프셋 오른쪽]을 선택합니다.

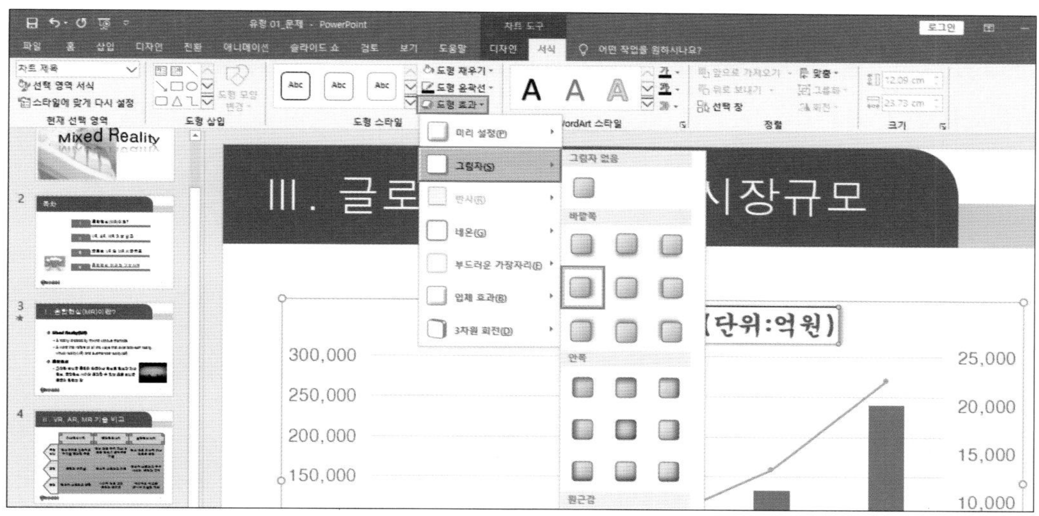

9 차트만을 선택한 후 [차트 도구]-[서식] 탭의 [도형 스타일] 그룹에서 도형 채우기(도형 채우기 ▾) 단추를 클릭하고, '노랑'을 선택합니다.

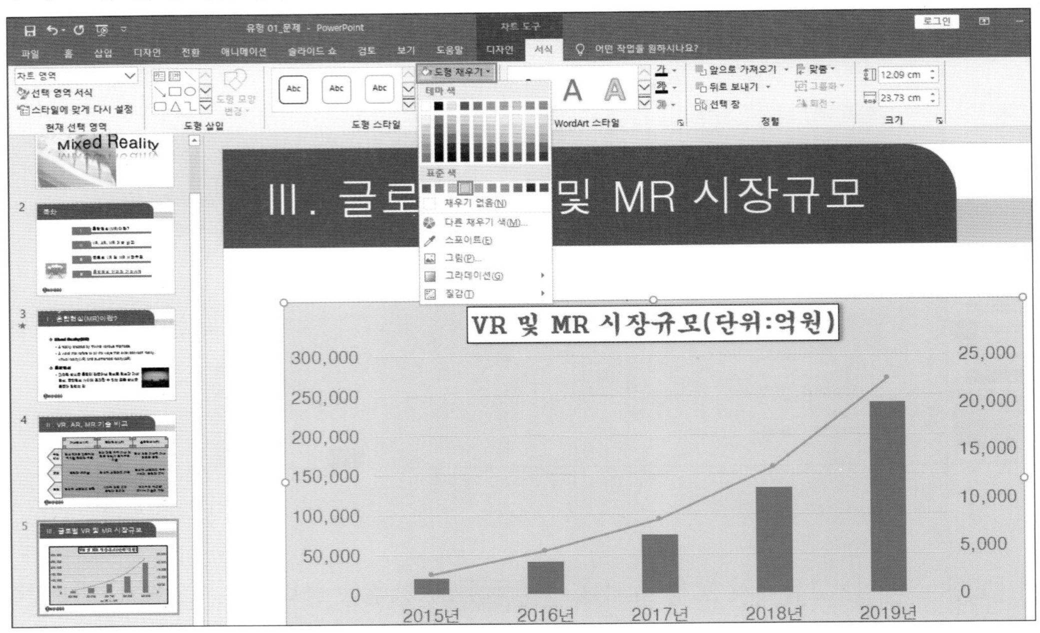

10 이번에는 그림 영역만을 선택한 후 [도형 스타일] 그룹에서 도형 채우기(도형 채우기 ▾) 단추를 클릭하고, '흰색, 배경 1'을 선택합니다.

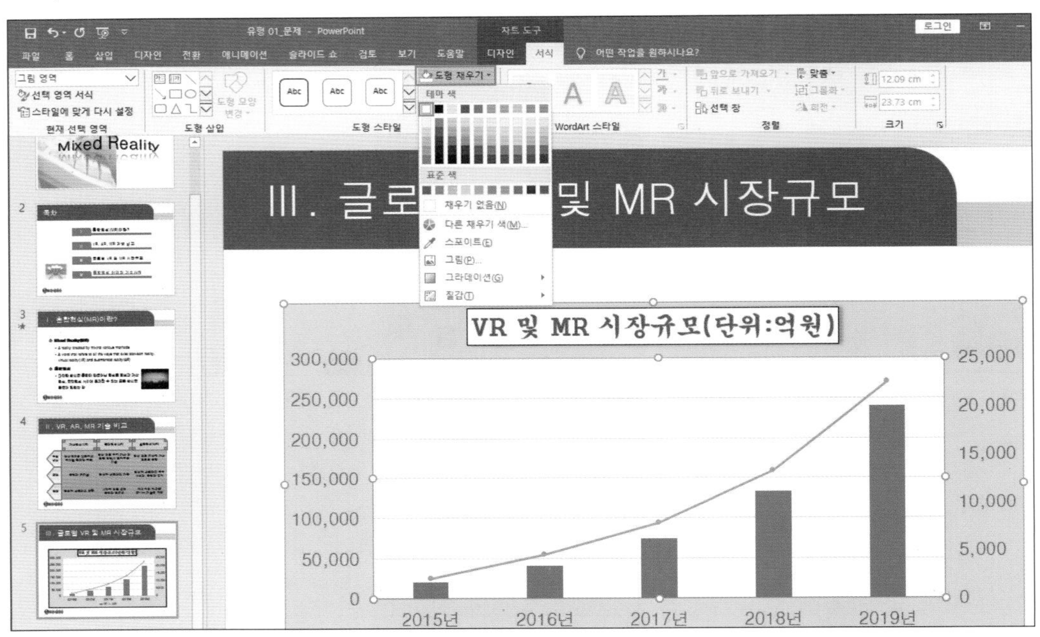

유형 잡기 03 차트 레이아웃과 축 서식 지정하기

1 차트를 선택한 후 [차트 도구]-[디자인] 탭의 [차트 레이아웃] 그룹에서 차트 요소 추가(차트 요소 추가) 단추를 클릭하고, [범례]-[없음]을 선택합니다.

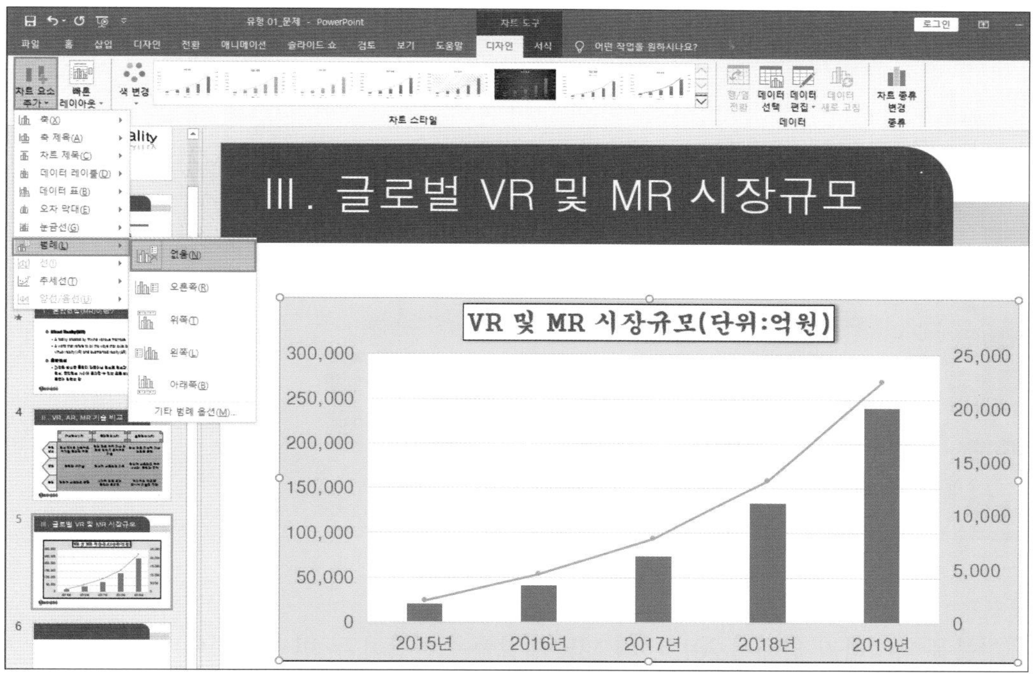

2 [차트 도구]-[디자인] 탭의 [차트 레이아웃] 그룹에서 차트 요소 추가(차트 요소 추가) 단추를 클릭하고, [데이터 표]-[범례 표지 포함]을 선택합니다.

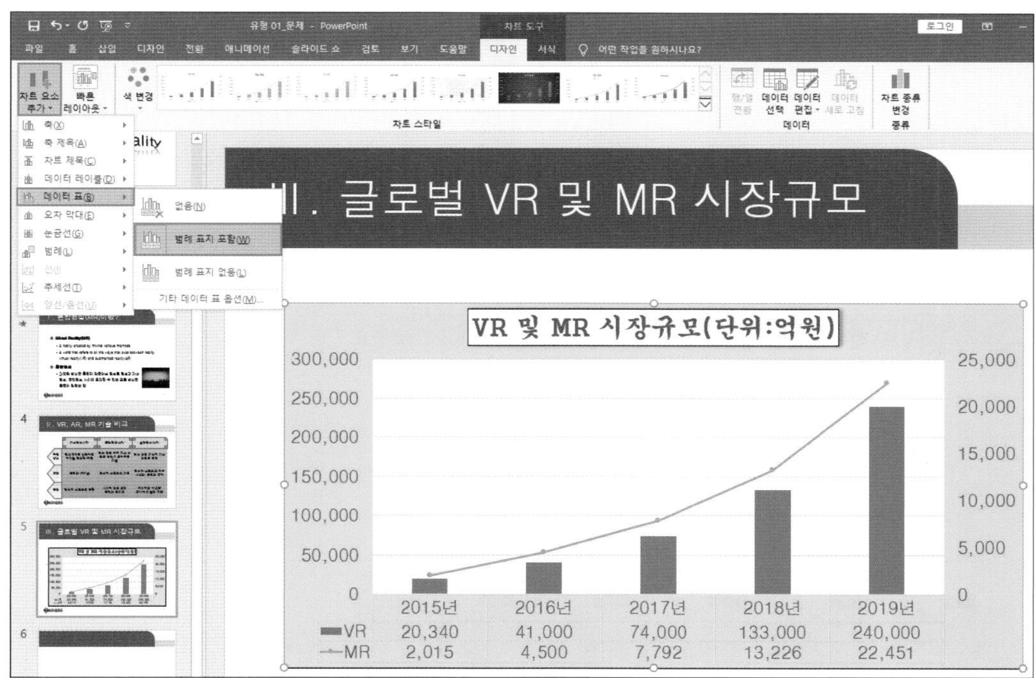

3 [차트 도구]-[디자인] 탭의 [차트 레이아웃] 그룹에서 차트 요소 추가( ) 단추를 클릭하고, [눈금선]-[기본 주 가로]를 선택합니다(가로 선 해제).

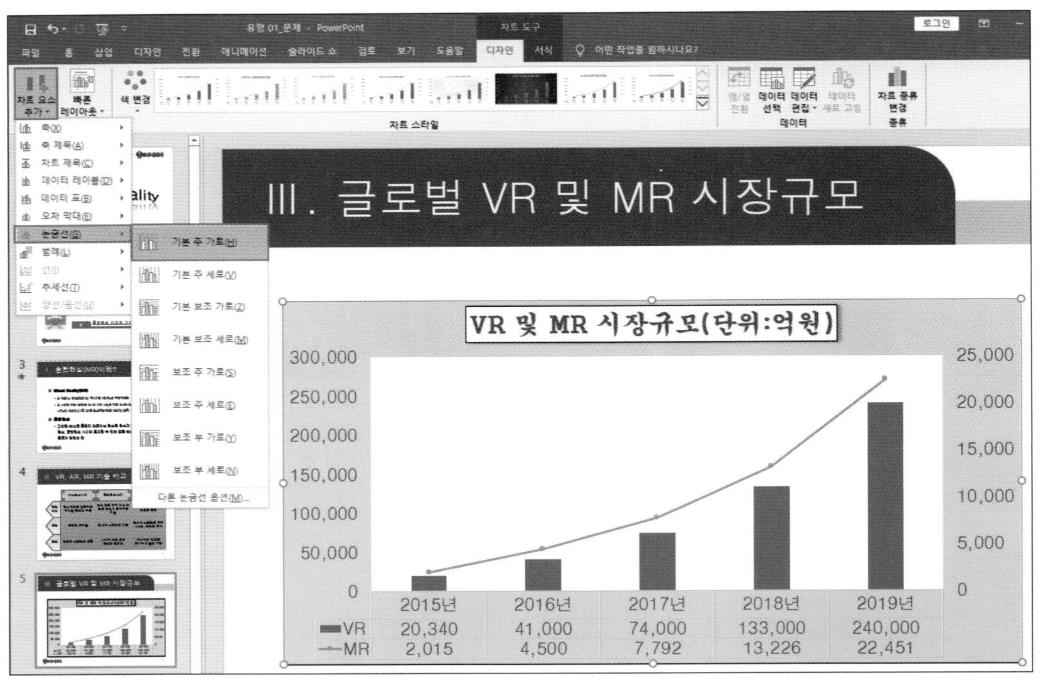

4 데이터 레이블을 지정하기 위해서 2019년의 MR 계열만을 천천히 두 번 클릭합니다(한 번 클릭 시 MR 계열 전체가 선택됨).

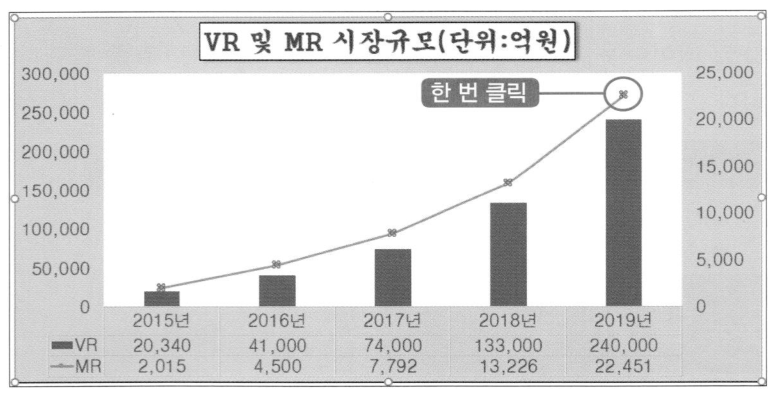

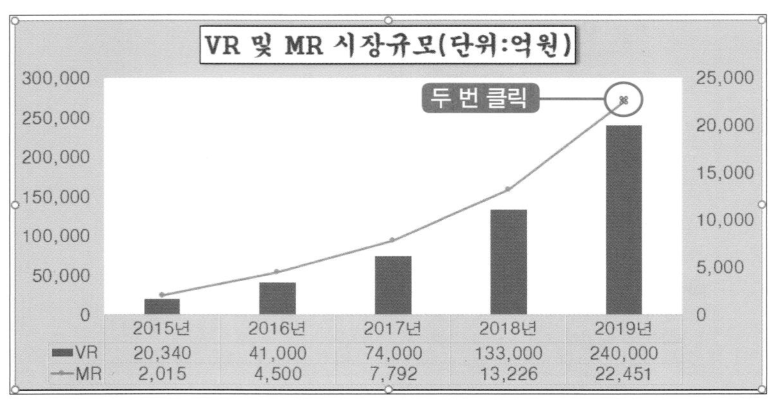

5 [차트 도구]-[디자인] 탭의 [차트 레이아웃] 그룹에서 차트 요소 추가( ) 단추를 클릭하고, [데이터 레이블]-[위쪽]을 선택합니다.

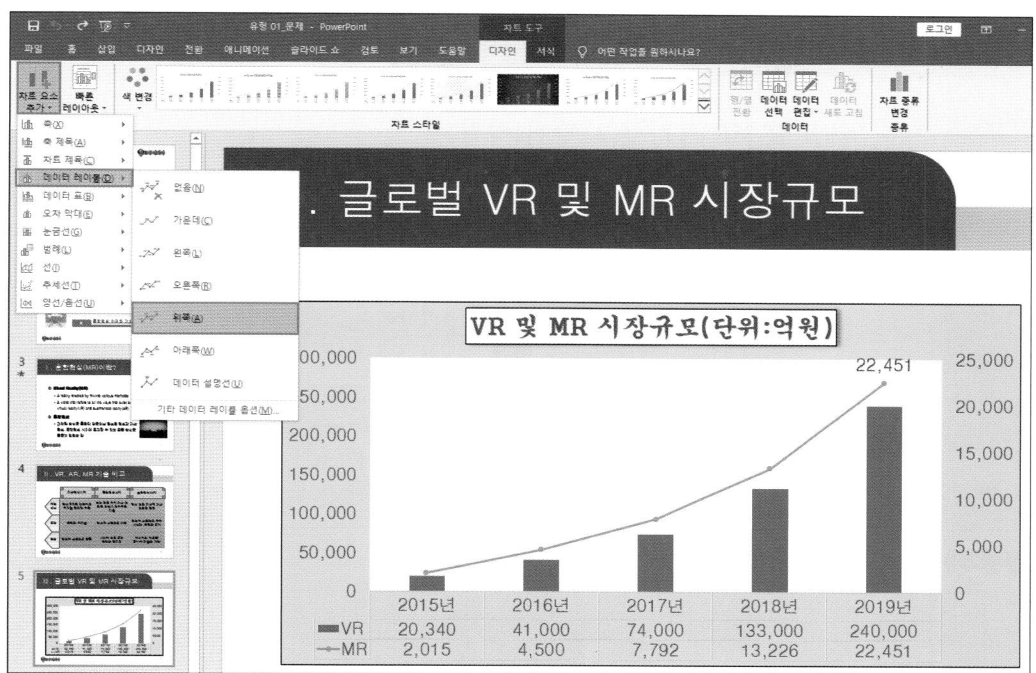

6 차트 레이아웃 작업이 완료되면 차트의 위쪽 크기 조절 핸들을 이용하여 차트 크기를 적당히 조절합니다.

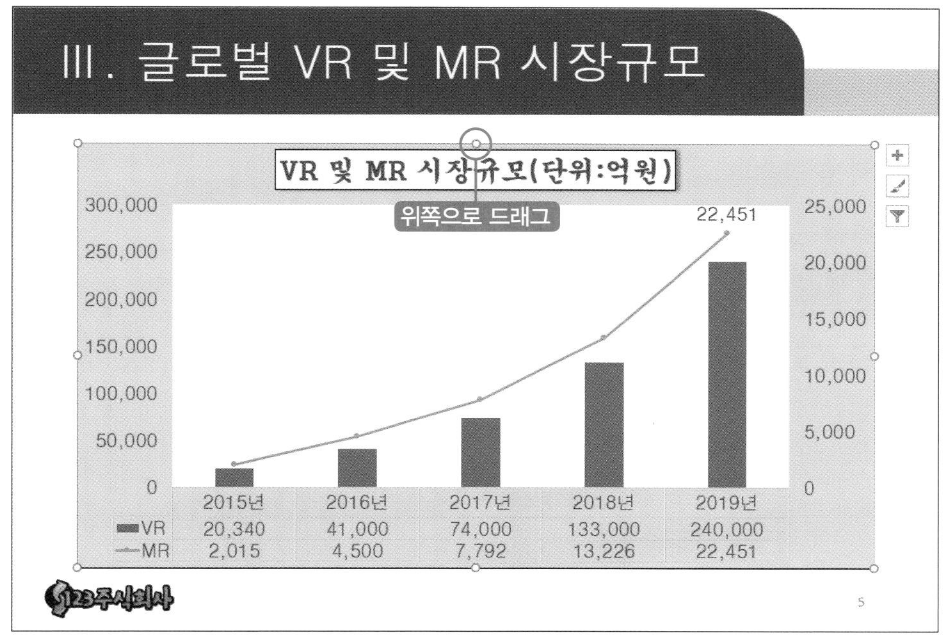

Tip 차트 크기

차트의 크기는 지시사항에 따로 없지만 문제지의 ≪출력형태≫를 보고 적당히 크기를 맞춥니다.

7 차트에서 보조 세로 (값) 축을 클릭한 후 마우스 오른쪽 버튼을 클릭하고, [축 서식]을 선택합니다.

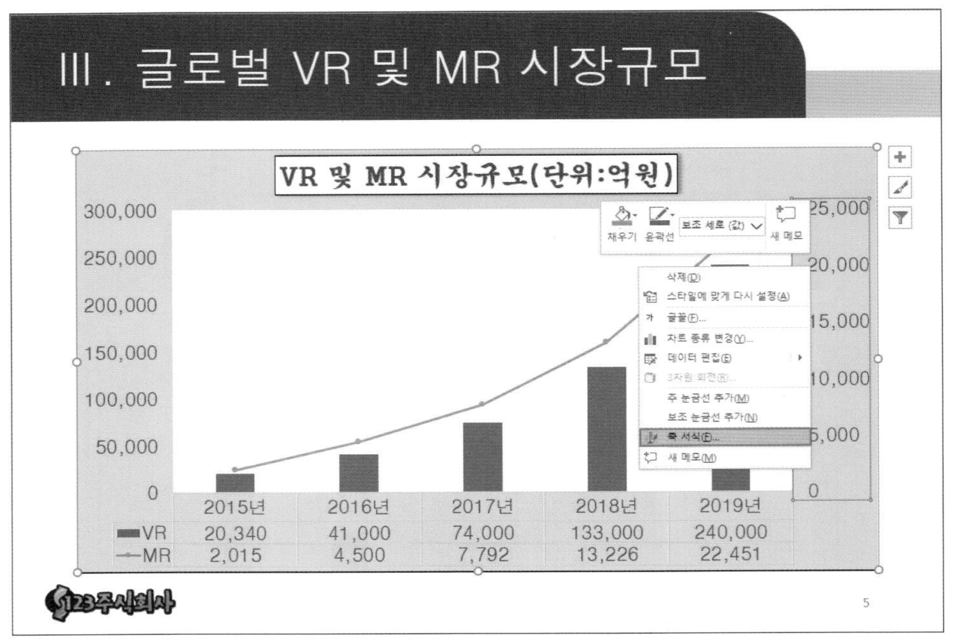

Tip **보조 세로 (값) 축**

차트의 보조 세로 (값) 축은 지시사항에 따로 없지만 문제지의 ≪출력형태≫를 보고 축의 수치값을 정확히 맞춰야 합니다.

8 축 서식 작업창의 축 옵션에서 경계의 최대에는 '30000', 단위의 주에는 '10000'을 각각 입력합니다.

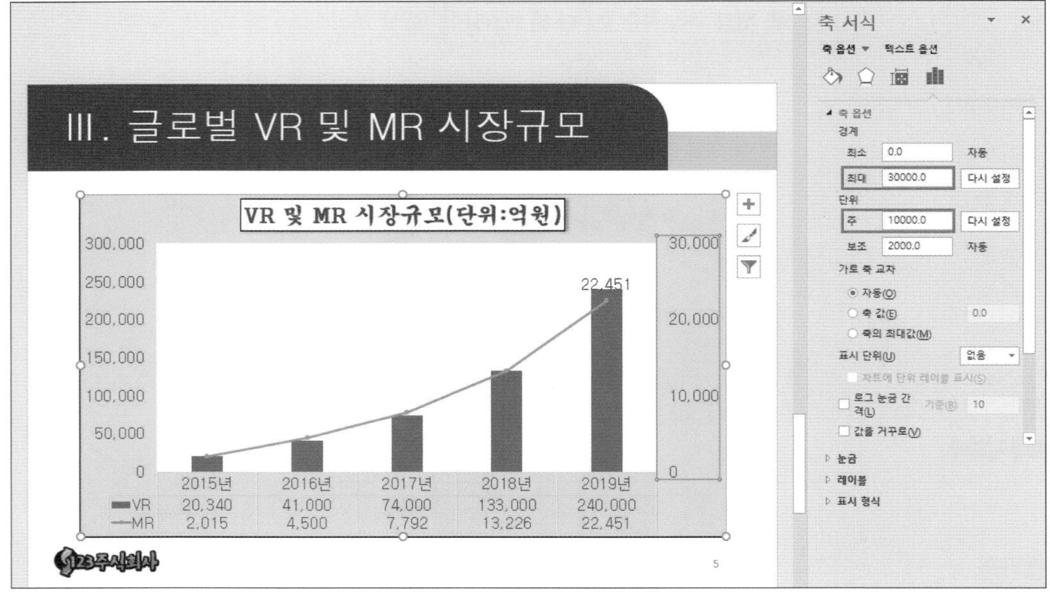

9 계속해서 눈금에서는 주 눈금의 '바깥쪽'을 확인한 후 작업창에서 닫기(×) 단추를 클릭합니다.

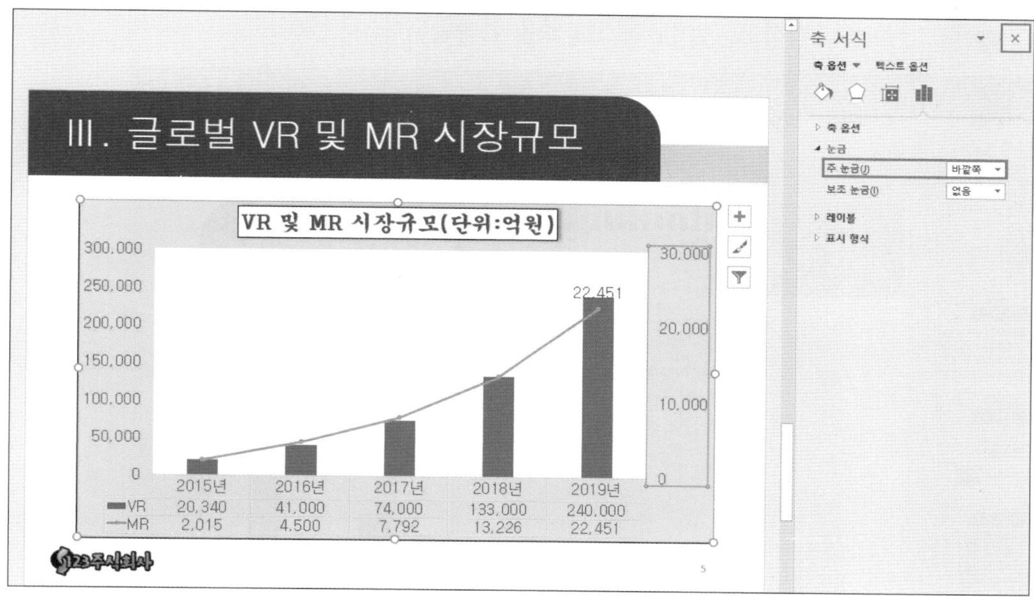

10 차트에서 세로 (값) 축을 클릭한 후 [차트 도구]-[서식] 탭의 [도형 스타일] 그룹에서 도형 윤곽선 (도형 윤곽선) 단추를 클릭하고, '검정, 텍스트 1'을 선택합니다.

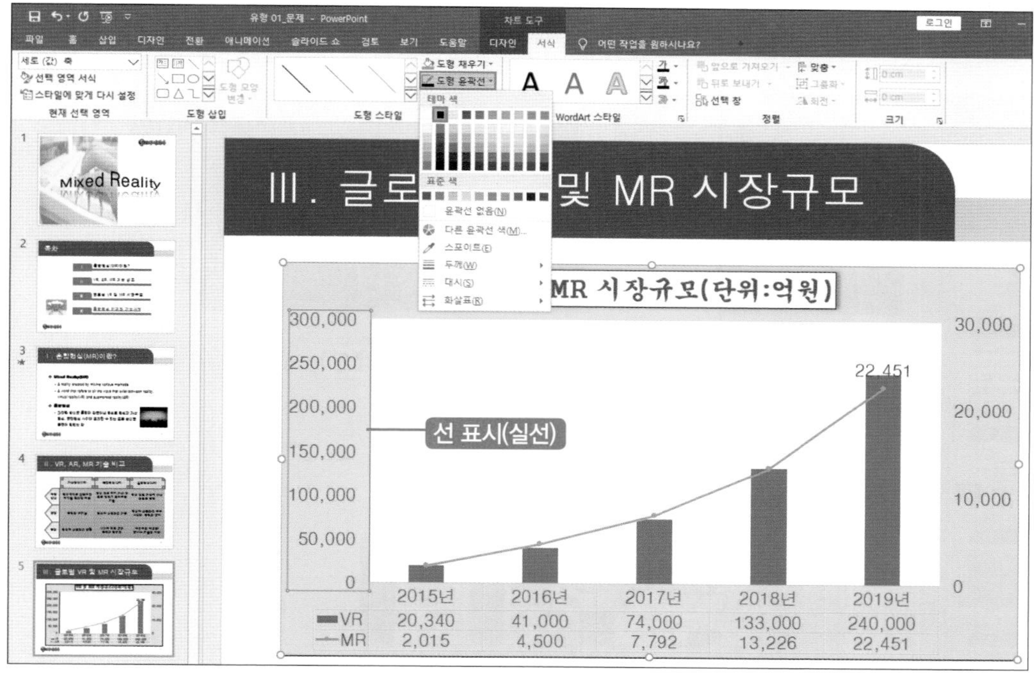

11 차트에서 보조 세로 (값) 축을 클릭한 후 [차트 도구]-[서식] 탭의 [도형 스타일] 그룹에서 도형 윤곽선 (도형 윤곽선 ▾) 단추를 클릭하고, '검정, 텍스트 1'을 선택합니다.

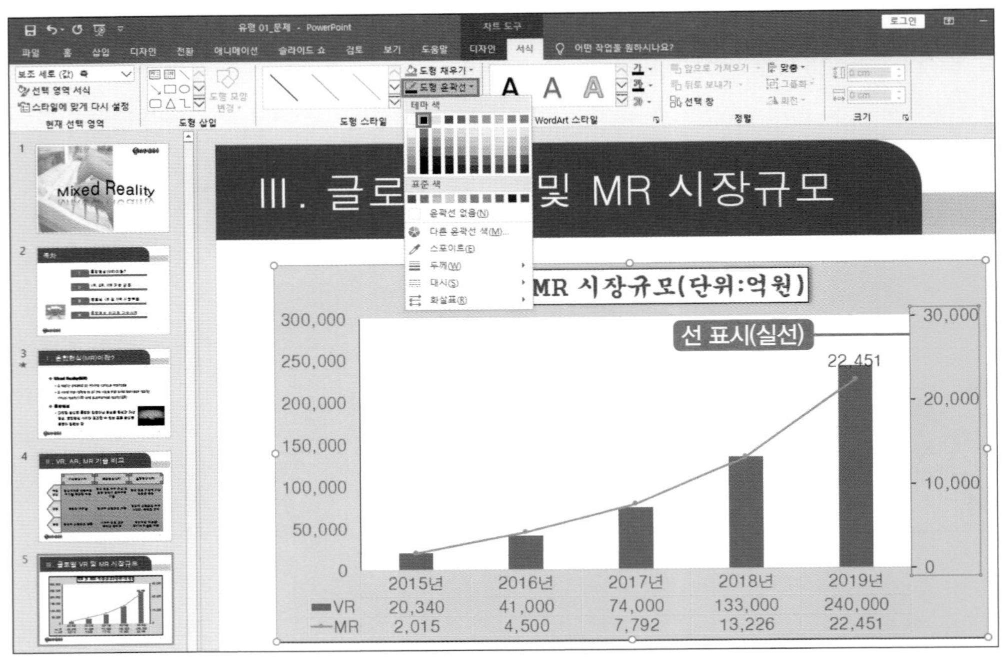

12 차트에서 데이터 표를 클릭한 후 [차트 도구]-[서식] 탭의 [도형 스타일] 그룹에서 도형 윤곽선 (도형 윤곽선 ▾) 단추를 클릭하고, '검정, 텍스트 1'을 선택합니다.

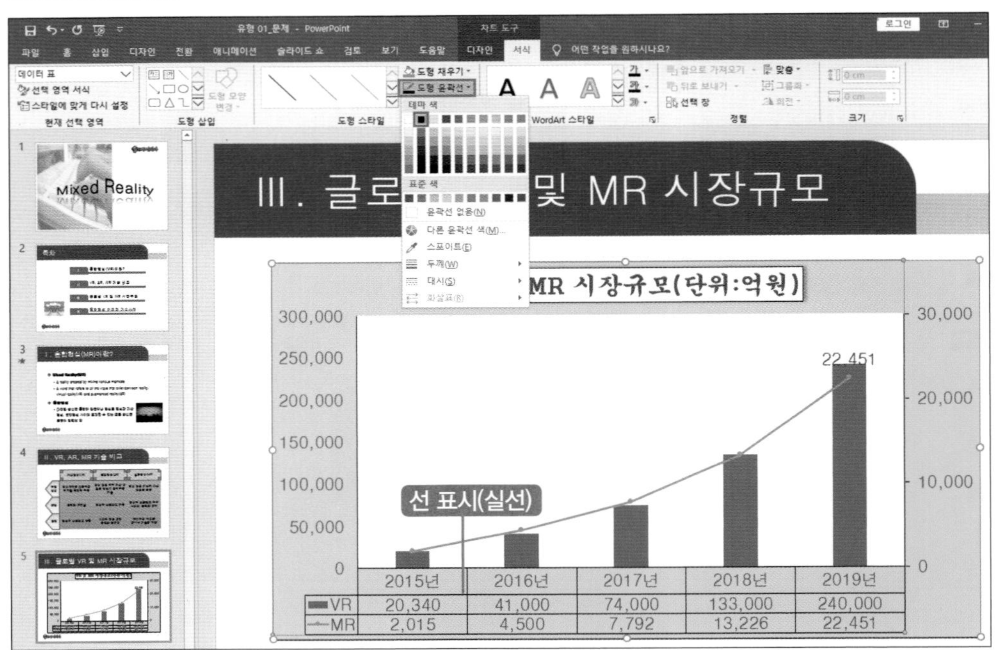

Tip 선 표시(실선)

차트의 구성 요소에 대한 선 표시는 지시사항에 따로 없지만 문제지의 ≪출력형태≫를 보고 해당 차트 요소에 선(실선)을 적용합니다.

유형 잡기 04 차트에 도형 삽입하기

1 [삽입] 탭의 [일러스트레이션] 그룹에서 도형(도형) 단추를 클릭하고, 블록 화살표의 오른쪽 화살표( )를 선택합니다.

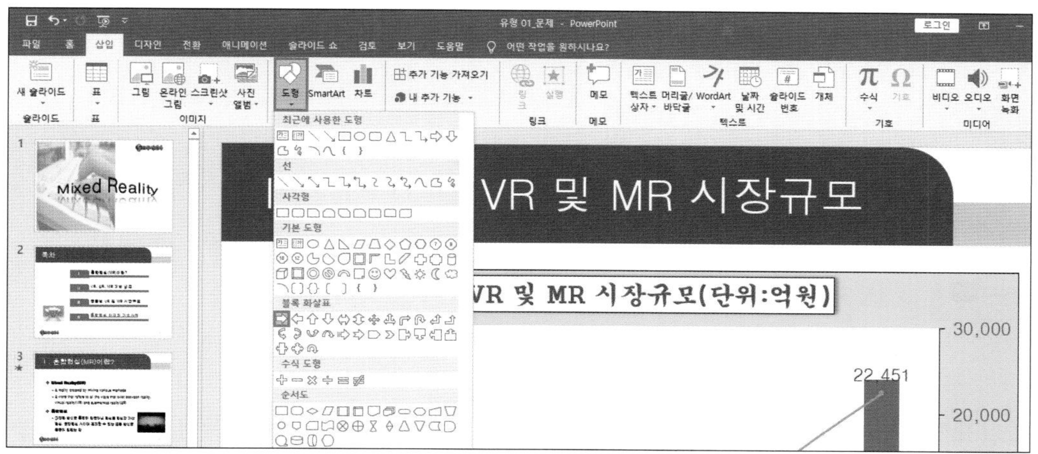

2 마우스 포인터가 '+' 모양으로 변경되면 차트의 그림 영역에 적당한 크기로 드래그하여 삽입합니다.

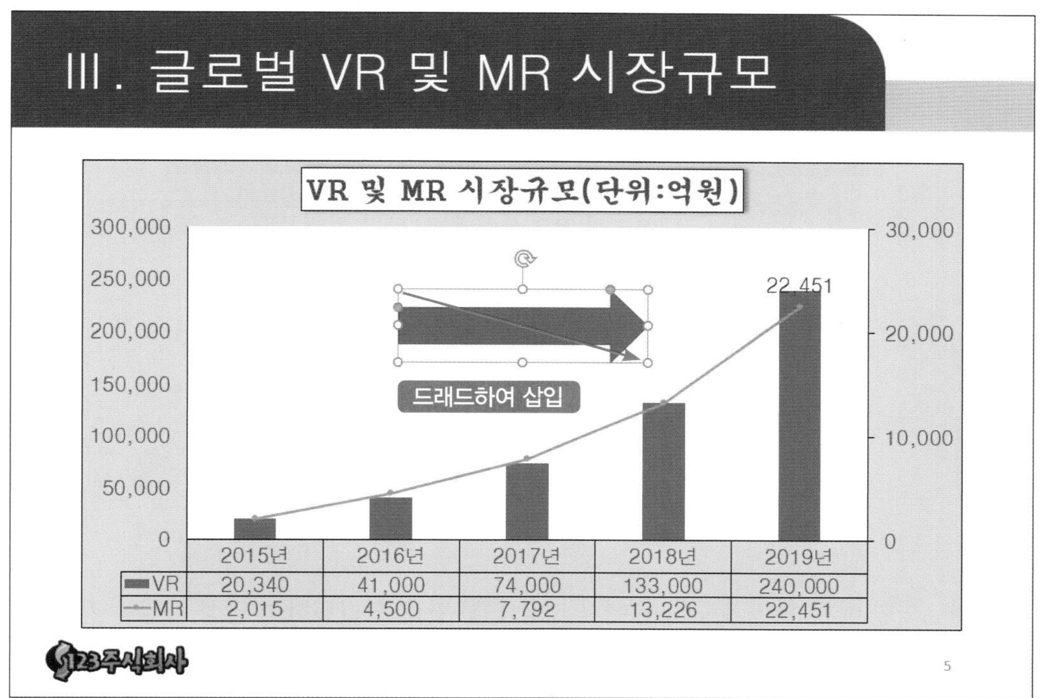

3 [그리기 도구]-[서식] 탭의 [도형 스타일] 그룹에서 자세히(▾) 단추를 클릭하고, '미세 효과 – 파랑, 강조 1'을 선택합니다.

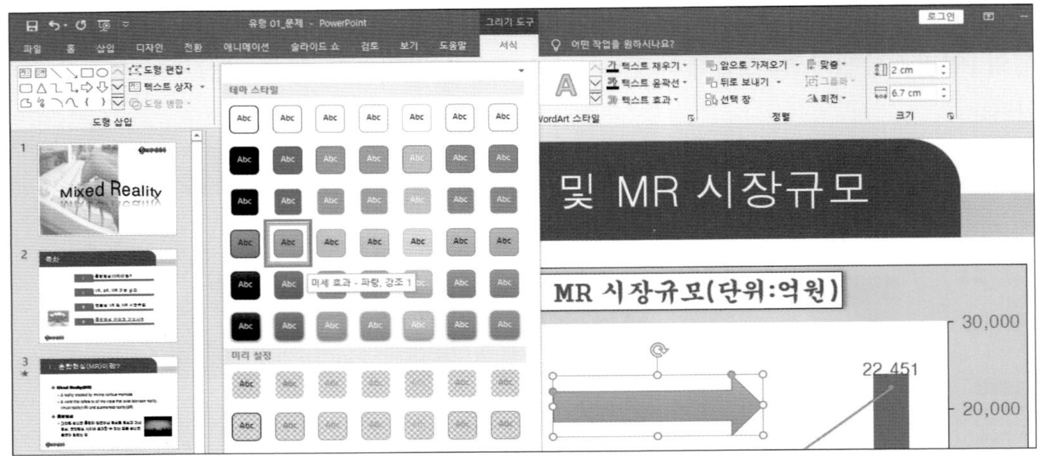

4 오른쪽 화살표에 주어진 내용을 입력한 후 [홈] 탭의 [글꼴] 그룹에서 글꼴은 '굴림', 글꼴 크기는 '18'을 각각 지정합니다.

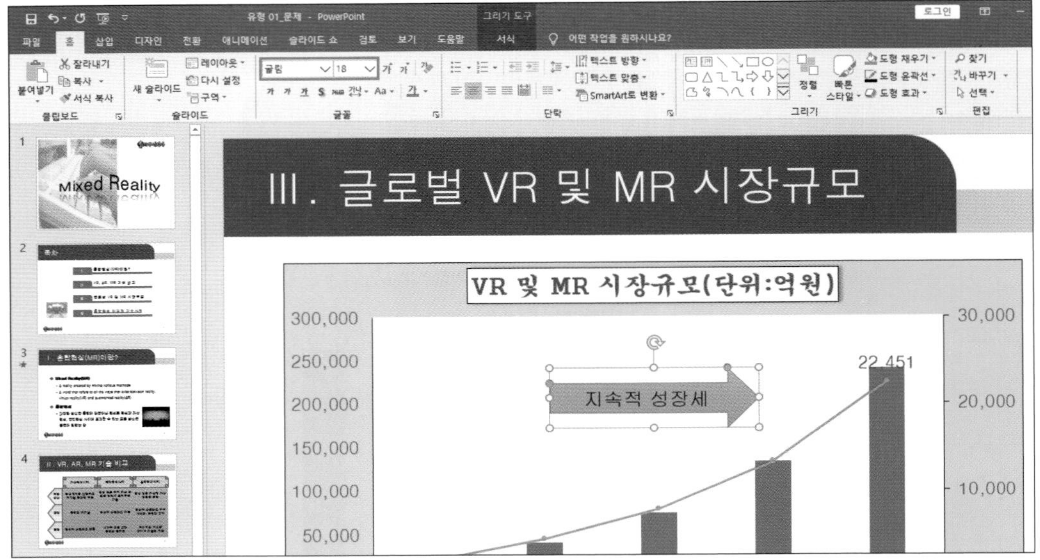

5 모든 작업이 완료되면 빠른 실행 도구 모음에서 저장(🖫) 단추를 클릭하여 완성 파일을 저장합니다.

출제 유형 문제

• **예제 파일** : 유형 분석 06₩유형 02_문제.pptx / • **완성 파일** : 유형 분석 06₩유형 02_완성.pptx

01 문제지의 지시사항과 세부조건을 참조하여 《출력형태》에 맞게 작업하시오.

(1) 차트 작성 기능을 이용하여 슬라이드를 작성한다.

(2) 차트 : 종류(묶은 세로 막대형), 글꼴(돋움, 16pt), 외곽선

세부조건

※ 차트 설명

- 차트 제목 : 돋움, 20pt, 굵게, 채우기(흰색), 테두리, 그림자(오프셋 오른쪽)
- 차트 영역 : 채우기(노랑)
  그림 영역 : 채우기(흰색)
- 데이터 서식 : 구매경험 있음 계열을 표식이 있는 꺾은선형으로 변경 후 보조 축으로 지정
- 값 표시 : 50대의 구매경험 있음 계열만

① 도형 삽입
- 스타일 :
  미세 효과 – 파랑, 강조 1
- 글꼴 : 돋움, 18pt

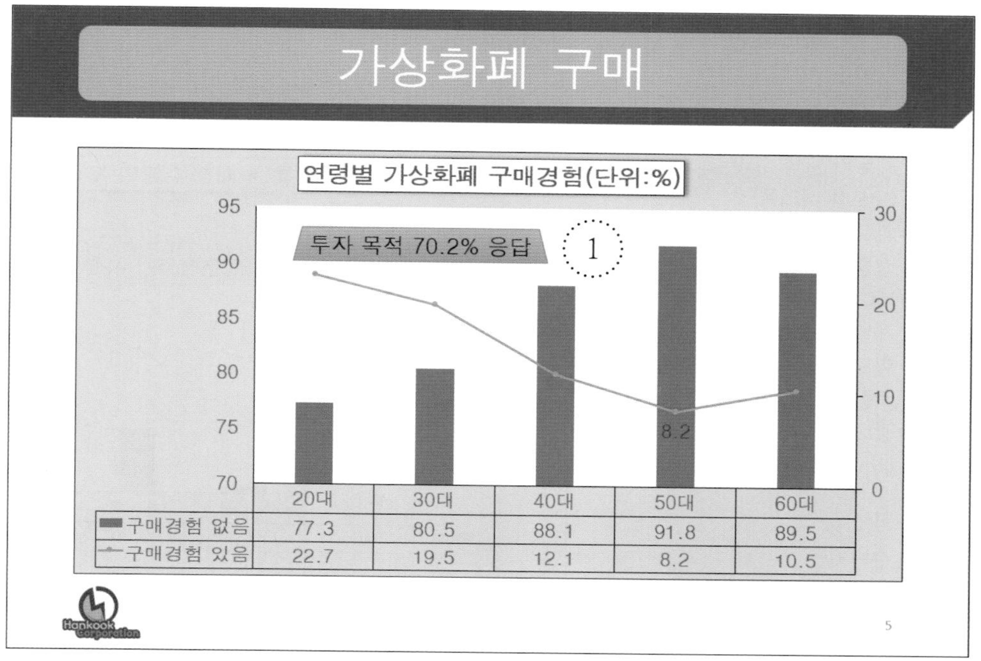

Hint

- Microsoft PowerPoint의 차트 창에서 항목(20대~60대)과 계열(구매경험 없음, 구매경험 있음)을 입력합니다.
- '구매경험 있음' 계열을 선택한 후 [차트 종류 변경] 대화 상자의 콤보에서 해당 계열에만 '표식이 있는 꺾은선형'과 '보조 축'을 선택합니다.
- [차트 도구]-[디자인] 탭의 [차트 레이아웃] 그룹에서 [차트 요소 추가] 단추를 클릭하고, [범례]-[없음]/[데이터 표]-[범례 표지 포함]/[눈금선]-[기본 주 가로]/[데이터 레이블]-[아래쪽]을 각각 선택합니다.
- 보조 세로 (값) 축에서 마우스 오른쪽 버튼을 클릭하고, [축 서식]을 선택한 후 축 서식 작업창의 축 옵션에서 경계의 최대에는 '30', 단위의 주에는 '10'을 각각 입력합니다.
- 세로 (값) 축/보조 세로 (값) 축/데이터 표를 각각 클릭한 후 [차트 도구]-[서식] 탭의 [도형 스타일] 그룹에서 [도형 윤곽선] 단추를 클릭하고, '검정, 텍스트 1'을 선택합니다.
- 기본 도형의 '사다리꼴'을 삽입한 후 [그리기 도구]-[서식] 탭의 [도형 스타일] 그룹에서 [자세히] 단추를 클릭하고, '미세 효과 - 파랑, 강조 1'을 선택합니다.

출제 유형 문제

• **예제 파일** : 유형 분석 06₩유형 03_문제.pptx / • **완성 파일** : 유형 분석 06₩유형 03_완성.pptx

02 **문제지의 지시사항과 세부조건을 참조하여 《출력형태》에 맞게 작업하시오.**

(1) 차트 작성 기능을 이용하여 슬라이드를 작성한다.

(2) 차트 : 종류(묶은 세로 막대형), 글꼴(굴림, 16pt), 외곽선

세부조건

※ 차트 설명
- 차트 제목 : 굴림, 20pt, 굵게, 채우기(흰색), 테두리, 그림자(오프셋 아래쪽)
- 차트 영역 : 채우기(노랑)
  그림 영역 : 채우기(흰색)
- 데이터 서식 : 최대속력(km/h) 계열을 표식이 있는 꺾은선형으로 변경 후 보조 축으로 지정
- 값 표시 : 2019년의 최대속력(km/h) 계열만

① 도형 삽입
- 스타일 :
  미세 효과 – 주황, 강조 2
- 글꼴 : 돋움, 18pt

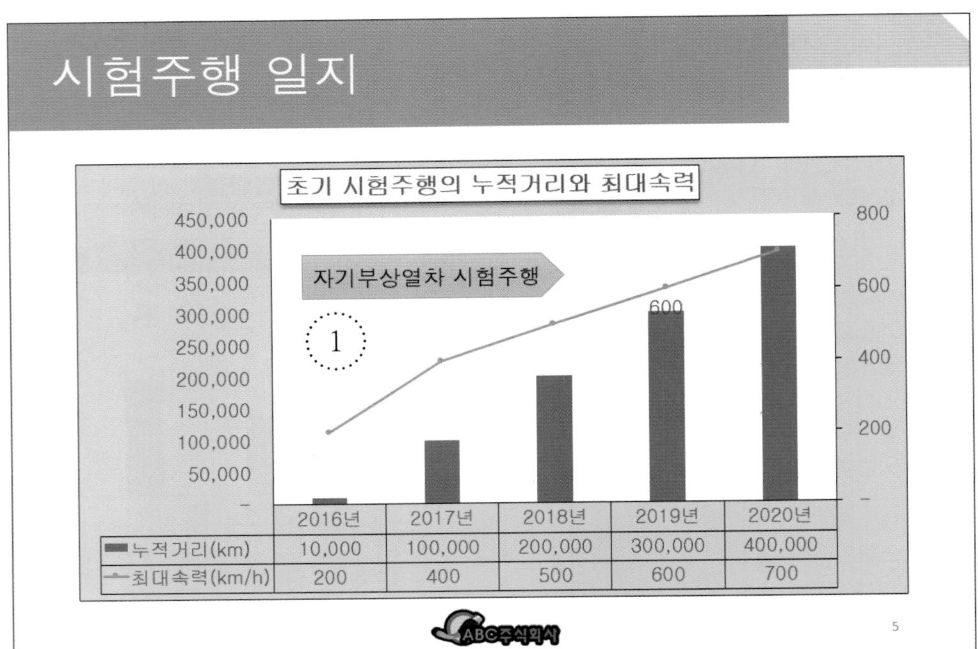

Hint

- Microsoft PowerPoint의 차트 창에서 항목(2016년~2020년)과 계열(누적거리(km), 최대속력(km/h))을 입력합니다.
- [차트 도구]-[서식] 탭의 [현재 선택 영역] 그룹에서 [차트 요소 목록] 단추를 클릭하고, '최대속력(km/h)' 계열을 선택한 후 [차트 종류 변경] 대화 상자의 콤보에서 해당 계열에만 '표식이 있는 꺾은선형'과 '보조 축'을 선택합니다.
- [차트 도구]-[디자인] 탭의 [차트 레이아웃] 그룹에서 [차트 요소 추가] 단추를 클릭하고, [범례]-[없음]/[데이터 표]-[범례 표지 포함]/[눈금선]-[기본 주 가로]/[데이터 레이블]-[아래쪽]을 각각 선택합니다.
- 보조 세로 (값) 축에서 마우스 오른쪽 버튼을 클릭하고, [축 서식]을 선택한 후 축 서식 작업창의 축 옵션에서 경계의 최대에는 '800', 단위의 주에는 '200'을 각각 입력합니다.
- 세로 (값) 축/보조 세로 (값) 축은 축 서식 작업창의 표시 형식에서 범주는 '회계', 기호는 '없음'을 선택합니다.
- 세로 (값) 축/보조 세로 (값) 축/데이터 표를 각각 클릭한 후 [차트 도구]-[서식] 탭의 [도형 스타일] 그룹에서 [도형 윤곽선] 단추를 클릭하고, '검정, 텍스트 1'을 선택합니다.
- 블록 화살표의 '오각형'을 삽입한 후 [그리기 도구]-[서식] 탭의 [도형 스타일] 그룹에서 [자세히] 단추를 클릭하고, '미세 효과 - 주황, 강조 2'를 선택합니다.

출제 유형 문제

• **예제 파일** : 유형 분석 06₩유형 04_문제.pptx / • **완성 파일** : 유형 분석 06₩유형 04_완성.pptx

03 문제지의 지시사항과 세부조건을 참조하여 《출력형태》에 맞게 작업하시오.

(1) 차트 작성 기능을 이용하여 슬라이드를 작성한다.

(2) 차트 : 종류(묶은 세로 막대형), 글꼴(돋움, 16pt), 외곽선

세부조건

※ 차트 설명
- 차트 제목 : 궁서, 20pt, 굵게, 채우기(흰색), 테두리, 그림자(오프셋 대각선 오른쪽 아래)
- 차트 영역 : 채우기(노랑)
  그림 영역 : 채우기(흰색)
- 데이터 서식 : 여자 계열을 표식이 있는 꺾은선형으로 변경 후 보조 축으로 지정
- 값 표시 : 2018년의 여자 계열만

① 도형 삽입
- 스타일 : 미세 효과 – 녹색, 강조 6
- 글꼴 : 돋움, 18pt

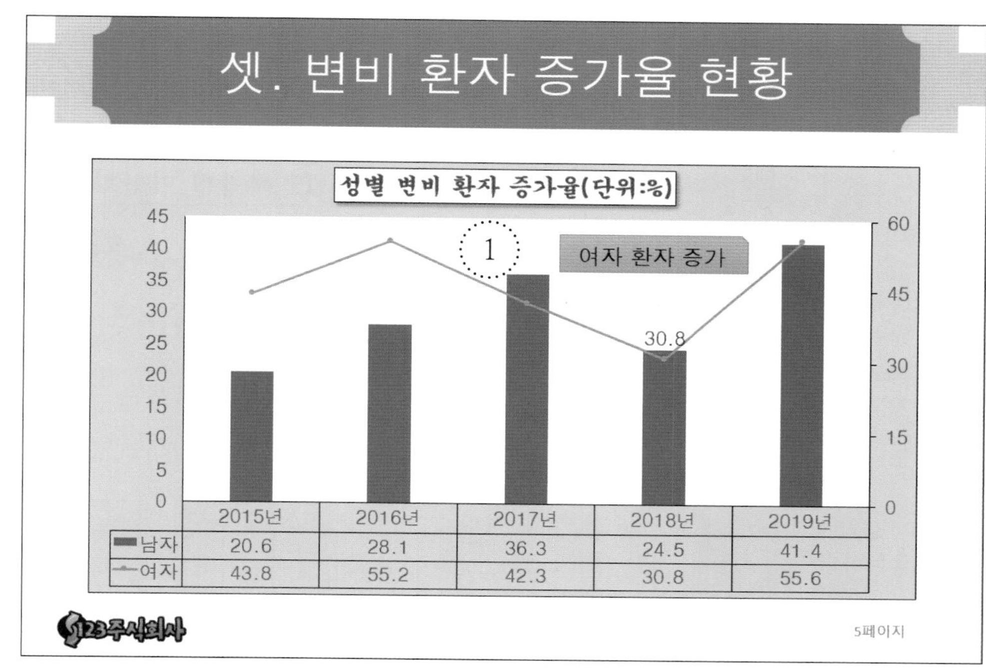

Hint

- Microsoft PowerPoint의 차트 창에서 항목(2015년~2019년)과 계열(남자, 여자)을 입력합니다.
- '여자' 계열을 선택한 후 [차트 종류 변경] 대화 상자의 콤보에서 해당 계열에만 '표식이 있는 꺾은선형'과 '보조 축'을 선택합니다.
- [차트 도구]-[디자인] 탭의 [차트 레이아웃] 그룹에서 [차트 요소 추가] 단추를 클릭하고, [범례]-[없음]/[데이터 표]-[범례 표지 포함]/[눈금선]-[기본 주 가로]/[데이터 레이블]-[위쪽]을 각각 선택합니다.
- 보조 세로 (값) 축에서 마우스 오른쪽 버튼을 클릭하고, [축 서식]을 선택한 후 축 서식 작업창의 축 옵션에서 단위의 주에만 '15'를 입력합니다.
- 세로 (값) 축/보조 세로 (값) 축/데이터 표를 각각 클릭한 후 [차트 도구]-[서식] 탭의 [도형 스타일] 그룹에서 [도형 윤곽선] 단추를 클릭하고, '검정, 텍스트 1'을 선택합니다.
- 사각형의 '한쪽 모서리가 잘린 사각형'을 삽입한 후 [그리기 도구]-[서식] 탭의 [도형 스타일] 그룹에서 [자세히] 단추를 클릭하고, '미세 효과 - 녹색, 강조 6'을 선택합니다.

출제 유형 문제

• **예제 파일** : 유형 분석 06₩유형 05_문제.pptx / • **완성 파일** : 유형 분석 06₩유형 05_완성.pptx

04 문제지의 지시사항과 세부조건을 참조하여 《출력형태》에 맞게 작업하시오.

(1) 차트 작성 기능을 이용하여 슬라이드를 작성한다.

(2) 차트 : 종류(묶은 세로 막대형), 글꼴(돋움, 16pt), 외곽선

세부조건

※ 차트 설명
- 차트 제목 : 궁서, 24pt, 굵게, 채우기(흰색), 테두리, 그림자(오프셋 가운데)
- 차트 영역 : 채우기(노랑)
  그림 영역 : 채우기(흰색)
- 데이터 서식 : 단위당 배출량 계열을 표식이 있는 꺾은선형으로 변경 후 보조 축으로 지정
- 값 표시 : 모니터의 배출비중 계열만

① 도형 삽입
- 스타일 : 미세 효과 – 파랑, 강조 5
- 글꼴 : 돋움, 18pt

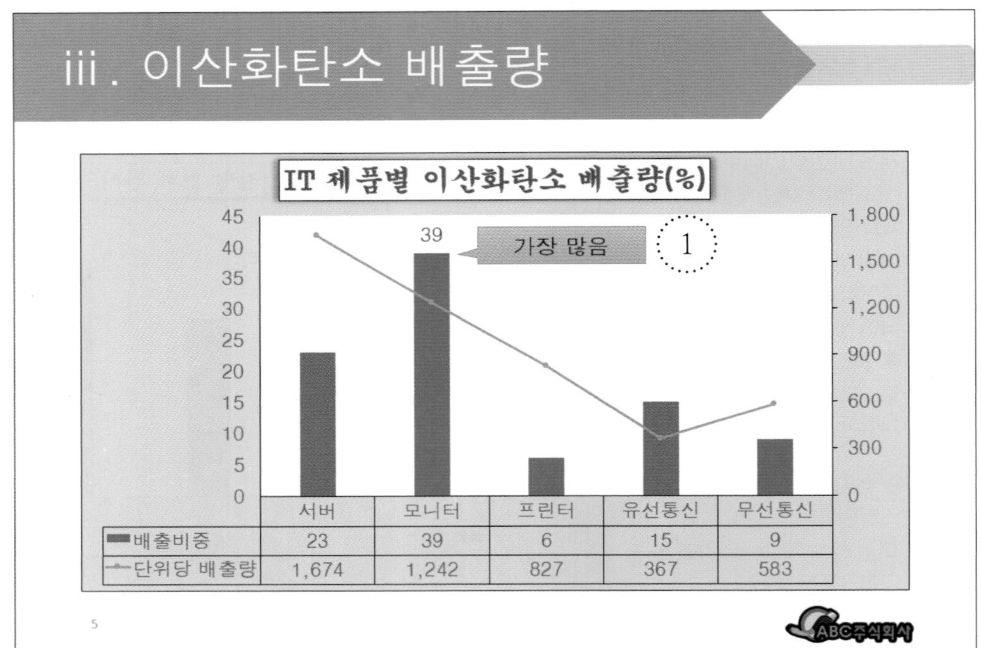

Hint

- Microsoft PowerPoint의 차트 창에서 항목(서버~무선통신)과 계열(배출비중, 단위당 배출량)을 입력합니다.
- '단위당 배출량' 계열을 선택한 후 [차트 종류 변경] 대화 상자의 콤보에서 해당 계열에만 '표식이 있는 꺾은선형'과 '보조 축'을 선택합니다.
- [차트 도구]-[디자인] 탭의 [차트 레이아웃] 그룹에서 [차트 요소 추가] 단추를 클릭하고, [범례]-[없음]/[데이터 표]-[범례 표지 포함]/[눈금선]-[기본 주 가로]/[데이터 레이블]-[바깥쪽 끝에]를 각각 선택합니다.
- 보조 세로 (값) 축에서 마우스 오른쪽 버튼을 클릭하고, [축 서식]을 선택한 후 축 서식 작업창의 축 옵션에서 단위의 주에만 '300'을 입력합니다.
- 세로 (값) 축/보조 세로 (값) 축/데이터 표를 각각 클릭한 후 [차트 도구]-[서식] 탭의 [도형 스타일] 그룹에서 [도형 윤곽선] 단추를 클릭하고, '검정, 텍스트 1'을 선택합니다.
- 설명선의 '사각형 설명선'을 삽입한 후 모양 조절 핸들을 이용하여 모양을 변경합니다.
- [그리기 도구]-[서식] 탭의 [도형 스타일] 그룹에서 [자세히] 단추를 클릭하고, '미세 효과 - 파랑, 강조 5'를 선택합니다.

출제 유형 문제

• **예제 파일** : 유형 분석 06₩유형 06_문제.pptx / • **완성 파일** : 유형 분석 06₩유형 06_완성.pptx

05 문제지의 지시사항과 세부조건을 참조하여 《출력형태》에 맞게 작업하시오.

(1) 차트 작성 기능을 이용하여 슬라이드를 작성한다.

(2) 차트 : 종류(묶은 세로 막대형), 글꼴(돋움, 16pt), 외곽선

세부조건

※ 차트 설명

- 차트 제목 : 돋움, 24pt, 굵게, 채우기(흰색), 테두리, 그림자(오프셋 대각선 왼쪽 위)
- 차트 영역 : 채우기(노랑)
  그림 영역 : 채우기(흰색)
- 데이터 서식 : 2020년 계열을 표식이 있는 꺾은선형으로 변경 후 보조 축으로 지정
- 값 표시 : 서울의 2020년 계열만

① 도형 삽입
- 스타일 : 미세 효과 – 녹색, 강조 6
- 글꼴 : 굴림, 18pt

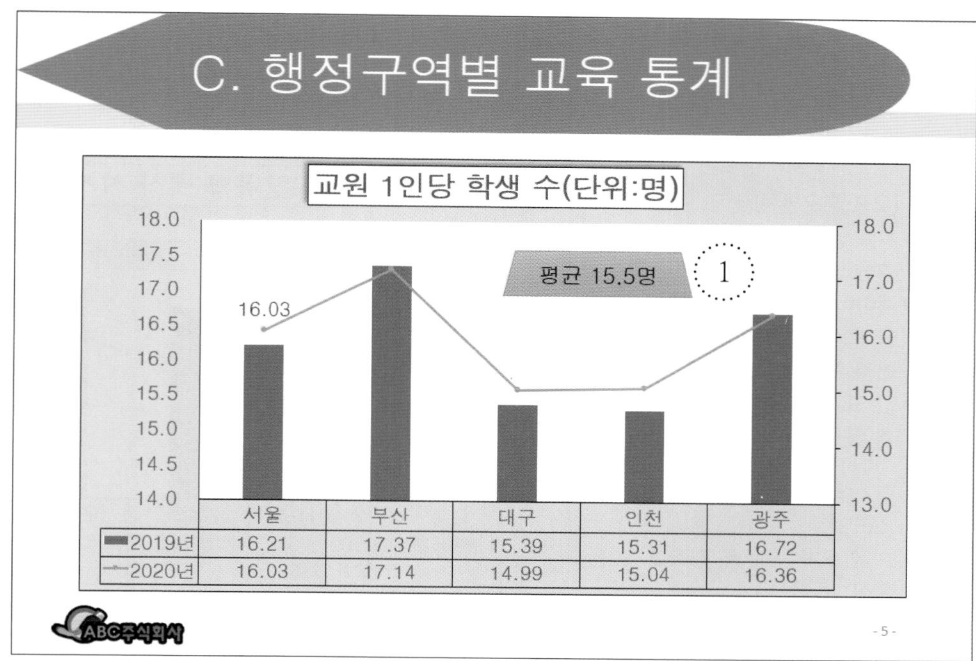

Hint

- Microsoft PowerPoint의 차트 창에서 항목(서울~광주)과 계열(2019년, 2020년)을 입력합니다.
- '2020년' 계열을 선택한 후 [차트 종류 변경] 대화 상자의 콤보에서 해당 계열에만 '표식이 있는 꺾은선형'과 '보조 축'을 선택합니다.
- [차트 도구]-[디자인] 탭의 [차트 레이아웃] 그룹에서 [차트 요소 추가] 단추를 클릭하고, [범례]-[없음]/[데이터 표]-[범례 표지 포함]/[눈금선]-[기본 주 가로]/[데이터 레이블]-[위쪽]을 각각 선택합니다.
- 보조 세로 (값) 축에서 마우스 오른쪽 버튼을 클릭하고, [축 서식]을 선택한 후 축 서식 작업창의 축 옵션에서 경계의 최대에는 '18', 최소에는 '13', 단위의 주에는 '1'을 각각 입력합니다.
- 세로 (값) 축/보조 세로 (값) 축/데이터 표를 각각 클릭한 후 [차트 도구]-[서식] 탭의 [도형 스타일] 그룹에서 [도형 윤곽선] 단추를 클릭하고, '검정, 텍스트 1'을 선택합니다.
- 기본 도형의 '사다리꼴'을 삽입한 후 [그리기 도구]-[서식] 탭의 [도형 스타일] 그룹에서 [자세히] 단추를 클릭하고, '미세 효과 - 녹색, 강조 6'을 선택합니다.

출제 유형 문제

• **예제 파일** : 유형 분석 06₩유형 07_문제.pptx / • **완성 파일** : 유형 분석 06₩유형 07_완성.pptx

06 문제지의 지시사항과 세부조건을 참조하여 《출력형태》에 맞게 작업하시오.

(1) 차트 작성 기능을 이용하여 슬라이드를 작성한다.

(2) 차트 : 종류(묶은 세로 막대형), 글꼴(돋움, 16pt), 외곽선

세부조건

※ 차트 설명

- 차트 제목 : 궁서, 24pt, 굵게, 채우기(흰색), 테두리, 그림자(오프셋 오른쪽)
- 차트 영역 : 채우기(노랑)
  그림 영역 : 채우기(흰색)
- 데이터 서식 : 국내시장 계열을 표식이 있는 꺾은선형으로 변경 후 보조 축으로 지정
- 값 표시 : 2021년의 국내시장 계열만

① 도형 삽입

– 스타일 :
  미세 효과 – 주황, 강조 2

– 글꼴 : 돋움, 18pt

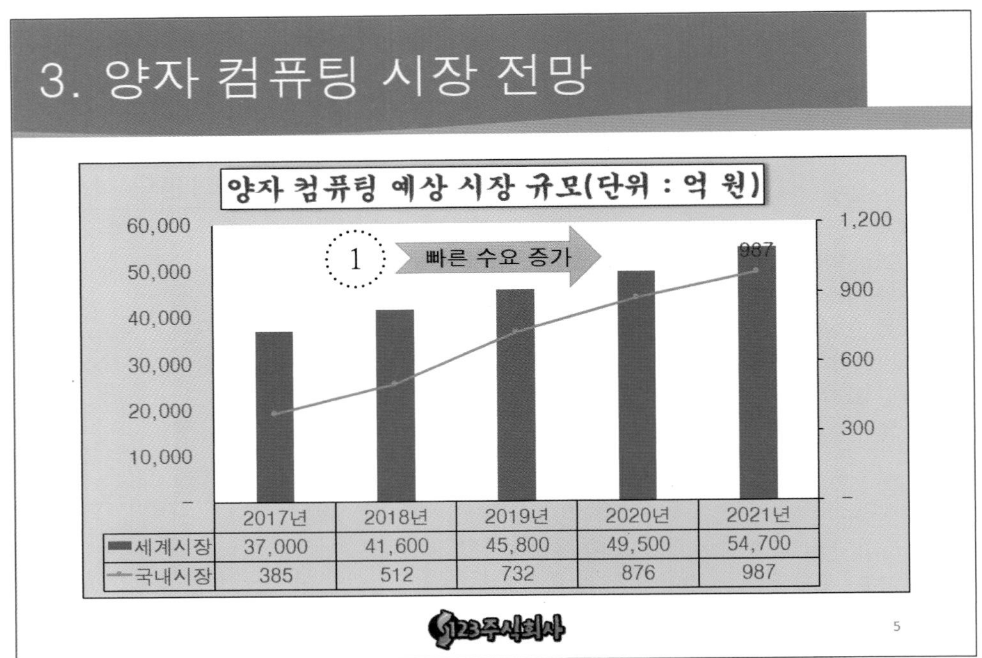

Hint

- Microsoft PowerPoint의 차트 창에서 항목(2017년~2021년)과 계열(세계시장, 국내시장)을 입력합니다.
- '국내시장' 계열을 선택한 후 [차트 종류 변경] 대화 상자의 콤보에서 해당 계열에만 '표식이 있는 꺾은선형'과 '보조 축'을 선택합니다.
- [차트 도구]-[디자인] 탭의 [차트 레이아웃] 그룹에서 [차트 요소 추가] 단추를 클릭하고, [범례]-[없음]/[데이터 표]-[범례 표지 포함]/[눈금선]-[기본 주 가로]/[데이터 레이블]-[위쪽]을 각각 선택합니다.
- 보조 세로 (값) 축에서 마우스 오른쪽 버튼을 클릭하고, [축 서식]을 선택한 후 축 서식 작업창의 축 옵션에서 경계의 최대에는 '1200', 단위의 주에는 '300'을 각각 입력합니다.
- 세로 (값) 축/보조 세로 (값) 축은 축 서식 작업창의 표시 형식에서 범주는 '회계', 기호는 '없음'을 선택합니다.
- 세로 (값) 축/보조 세로 (값) 축/데이터 표를 각각 클릭한 후 [차트 도구]-[서식] 탭의 [도형 스타일] 그룹에서 [도형 윤곽선] 단추를 클릭하고, '검정, 텍스트 1'을 선택합니다.
- 블록 화살표의 '톱니 모양의 오른쪽 화살표'를 삽입한 후 [그리기 도구]-[서식] 탭의 [도형 스타일] 그룹에서 [자세히] 단추를 클릭하고, '미세 효과 - 주황, 강조 2'를 선택합니다.

[슬라이드 6] 《도형 슬라이드》

슬라이드 6에서는 도형 슬라이드를 작성하는 것으로 여러 가지 도형과 스마트아트를 삽입하여 균형있게 배치한 후 도형의 그룹화와 함께 다양한 애니메이션 효과를 지정하는 방법에 대하여 알아봅니다.

시험 유형 미리보기

• 예제 파일 : 유형 분석 07₩유형 01_문제.pptx / • 완성 파일 : 유형 분석 07₩유형 01_완성.pptx

※ [슬라이드 6] ≪도형 슬라이드≫ **100점**

(1) 슬라이드와 같이 도형 및 스마트아트를 배치한다(글꼴 : 굴림, 18pt).

(2) 애니메이션 순서 : ① ⇒ ②

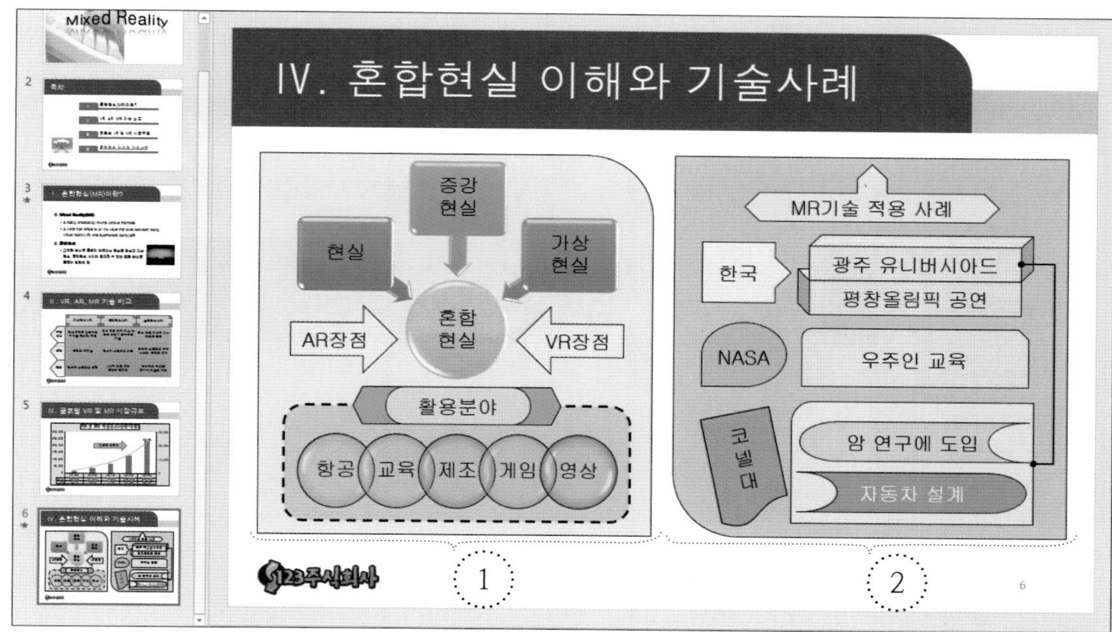

세부조건

① 도형 및 스마트아트 편집
- 스마트아트 디자인 : 3차원 광택 처리, 3차원 만화
- 그룹화 후 애니메이션 효과 : 닦아내기(위에서)

② 도형 편집
- 그룹화 후 애니메이션 효과 : 바운드

유형 잡기 01 기본 도형 작성하기

1 [파일]-[열기]-[찾아보기]를 차례로 선택하고, [열기] 대화 상자에서 '유형 분석 07₩유형 01_문제.pptx'를 불러오기 합니다.

2 '슬라이드 6'을 선택한 후 슬라이드 상단의 '제목을 추가하려면 클릭하십시오.' 부분을 클릭한 후 주어진 제목을 입력합니다.

3 슬라이드에서 텍스트 개체 상자를 Delete로 삭제한 후 [삽입] 탭의 [일러스트레이션] 그룹에서 도형(도형) 단추를 클릭하고, 사각형의 한쪽 모서리가 둥근 사각형(□)을 선택합니다.

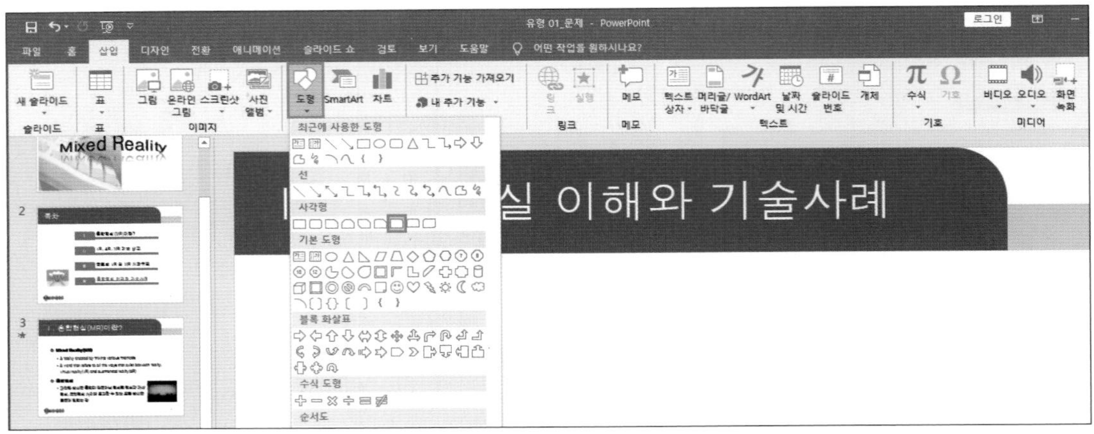

4 마우스 포인터가 '+' 모양으로 변경되면 슬라이드 왼쪽에 적당한 크기로 드래그하여 삽입합니다.

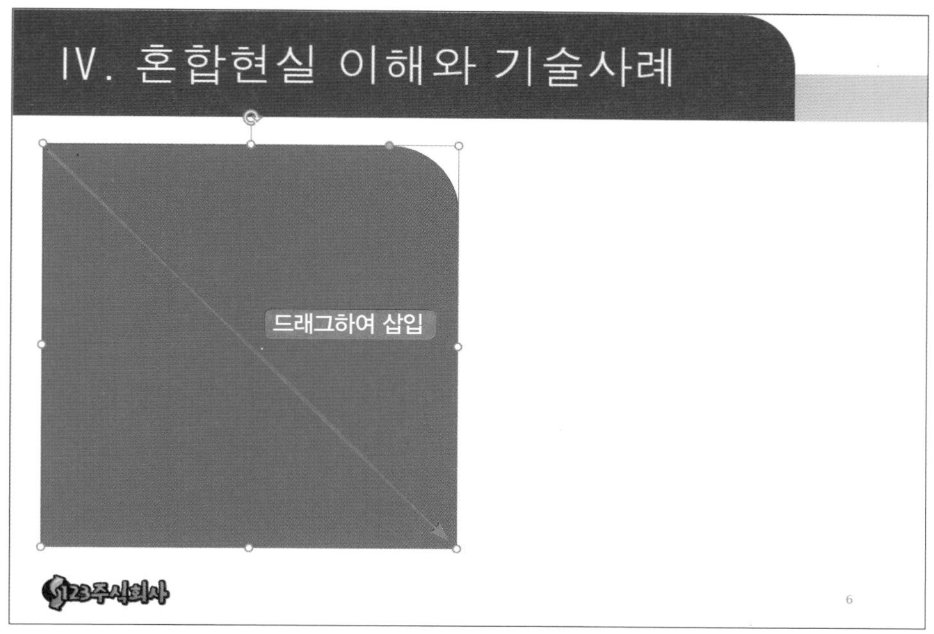

5 [그리기 도구]-[서식] 탭의 [도형 스타일] 그룹에서 도형 채우기(도형 채우기) 단추를 클릭하고, 임의의 색을 선택합니다.

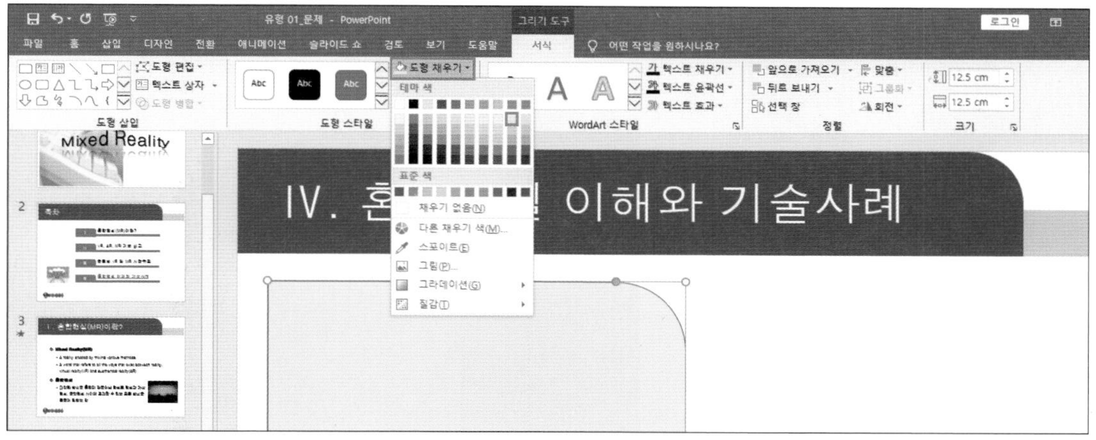

Tip 채우기 색

도형의 채우기 색은 수험자가 임의의 색을 지정해도 감점되지 않습니다.

6 계속해서 Ctrl+Shift를 누른 상태에서 도형을 오른쪽으로 드래그하여 복사합니다.

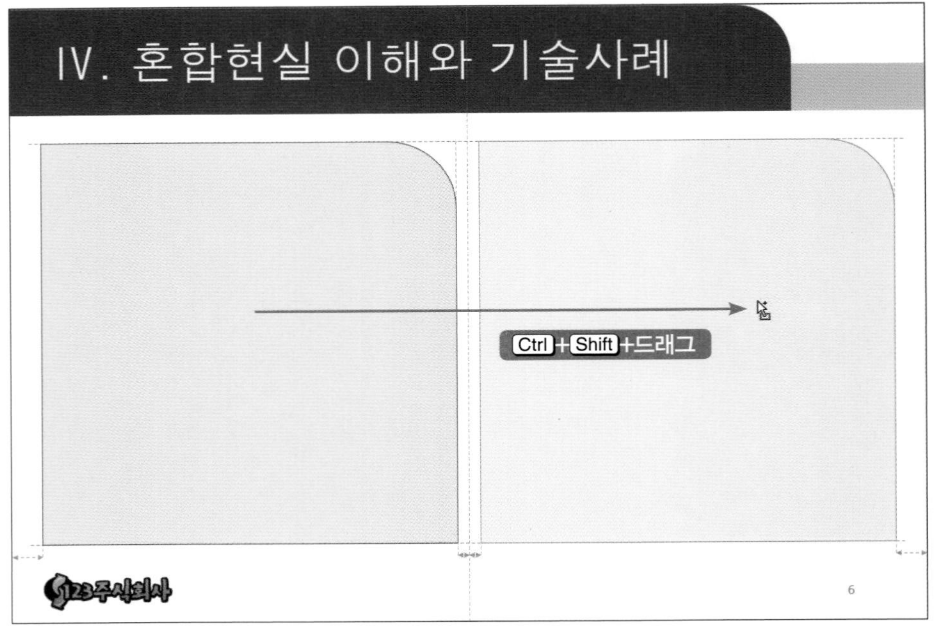

7 도형을 회전시키기 위하여 회전 핸들에 마우스를 위치시킨 후 마우스 포인터가 모양으로 변경되면 도형을 원하는 방향으로 회전시킵니다.

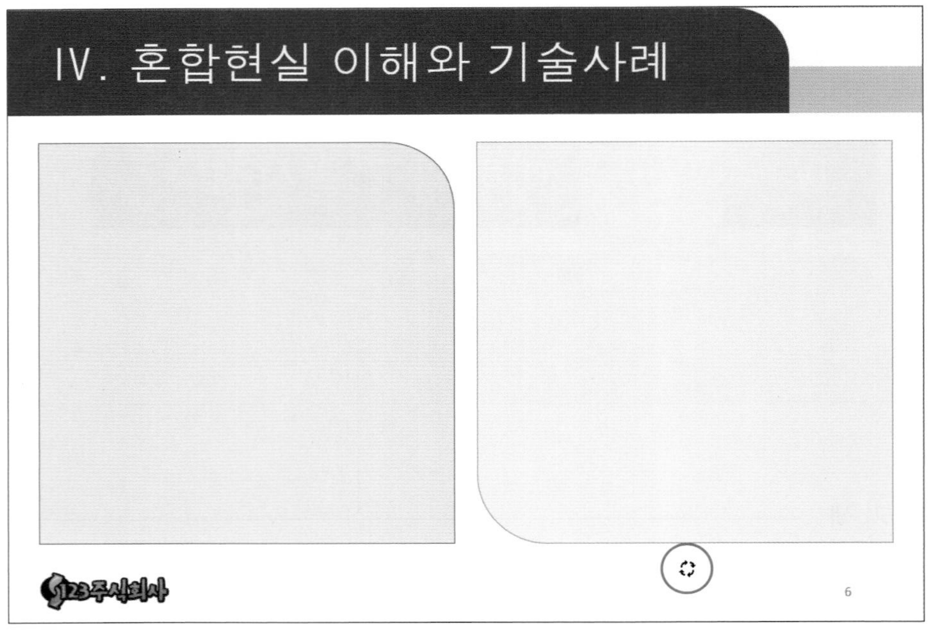

Tip 도형 회전

도형이 선택된 상태에서 회전 핸들에 마우스 포인터를 올려놓으면 모양으로 변경됩니다. 이때, 마우스를 원하는 방향으로 드래그하면 도형의 방향(각도)이 조절됩니다.

유형 잡기 02 세부 도형 작성하기

1 [삽입] 탭의 [일러스트레이션] 그룹에서 도형(도형) 단추를 클릭하고, 사각형의 모서리가 둥근 직사각형( )을 선택합니다.

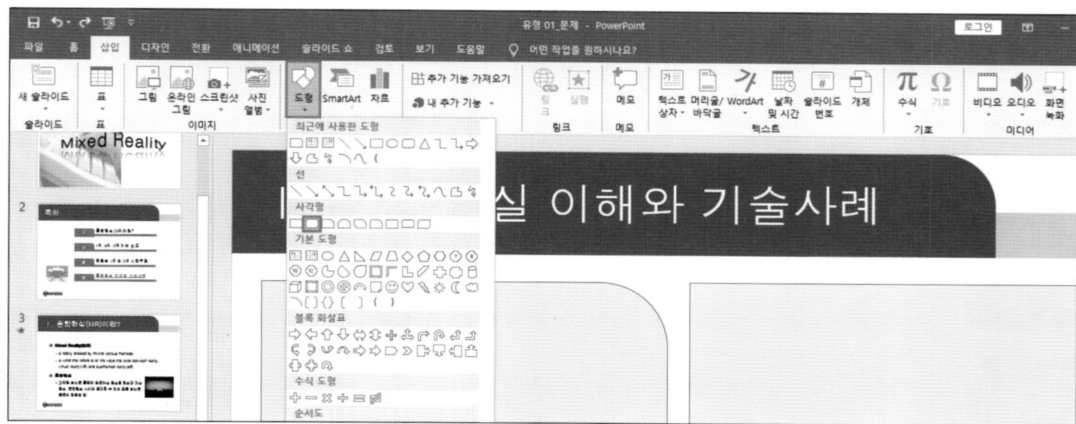

2 마우스 포인터가 '+' 모양으로 변경되면 한쪽 모서리가 둥근 사각형 안쪽에 적당한 크기로 드래그하여 삽입한 후 도형 채우기(도형 채우기) 단추를 클릭하고, 임의의 색을 선택합니다.

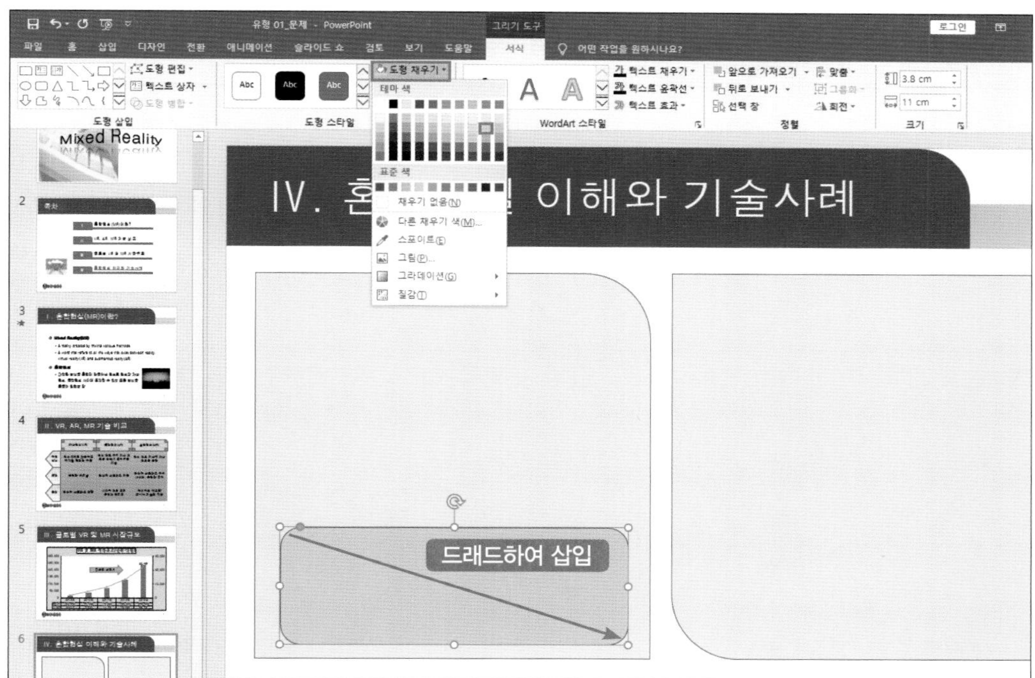

3 [그리기 도구]-[서식] 탭의 [도형 스타일] 그룹에서 도형 윤곽선(도형 윤곽선 ▾)단추를 클릭하고, [두께]-[2$\frac{1}{4}$pt]와 [대시]-[파선]을 각각 선택합니다.

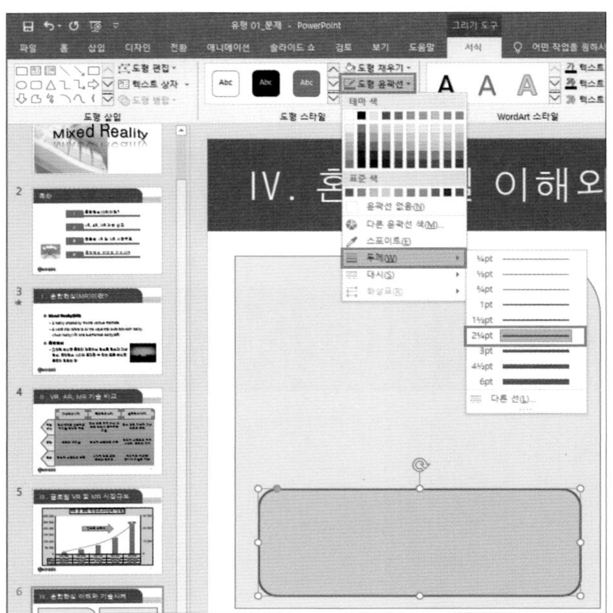

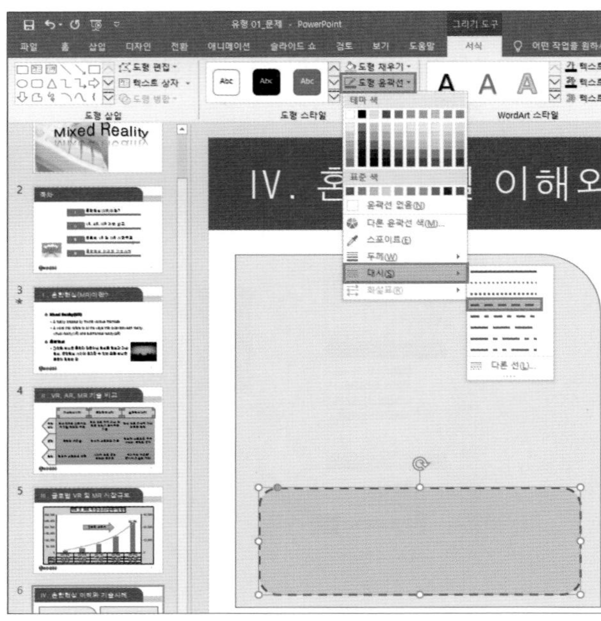

Tip 도형 채우기와 윤곽선

실제 시험장에서 시험지는 흑백으로 제공되기 때문에 도형의 색상은 사실상 채점 기준에 포함되지는 않습니다. 다만, 시험지에서 정확하게 구분되는 것은 반드시 적용해야 하며, 도형의 색상과 윤곽선 그리고 두께 등은 임의로 지정하면 됩니다.

4 [삽입] 탭의 [일러스트레이션] 그룹에서 도형(도형) 단추를 클릭하고, 기본 도형의 육각형(⬡)과 사각형의 모서리가 둥근 직사각형(▢)을 각각 삽입한 후 임의의 색을 지정하고, 모서리가 둥근 직사각형은 모양을 조정합니다.

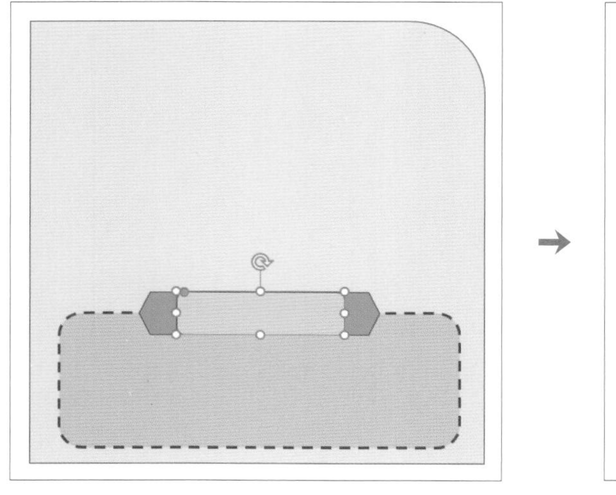

→

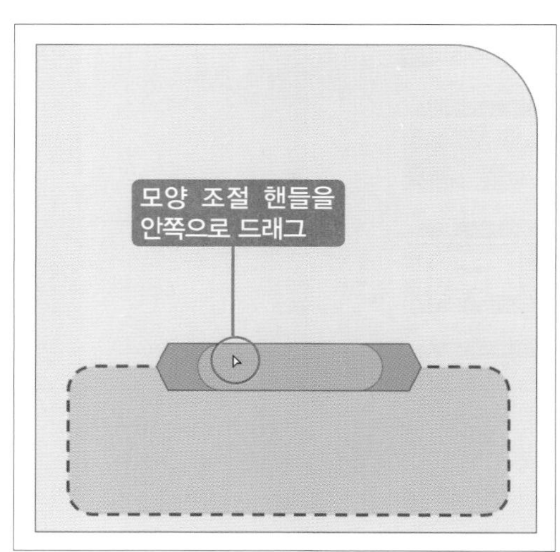

5 [삽입] 탭의 [일러스트레이션] 그룹에서 도형(도형) 단추를 클릭하고, 블록 화살표의 오른쪽 화살표(⇨)와 왼쪽 화살표(⇦)를 각각 삽입한 후 임의의 색을 지정하고, 도형마다 주어진 내용을 입력합니다.

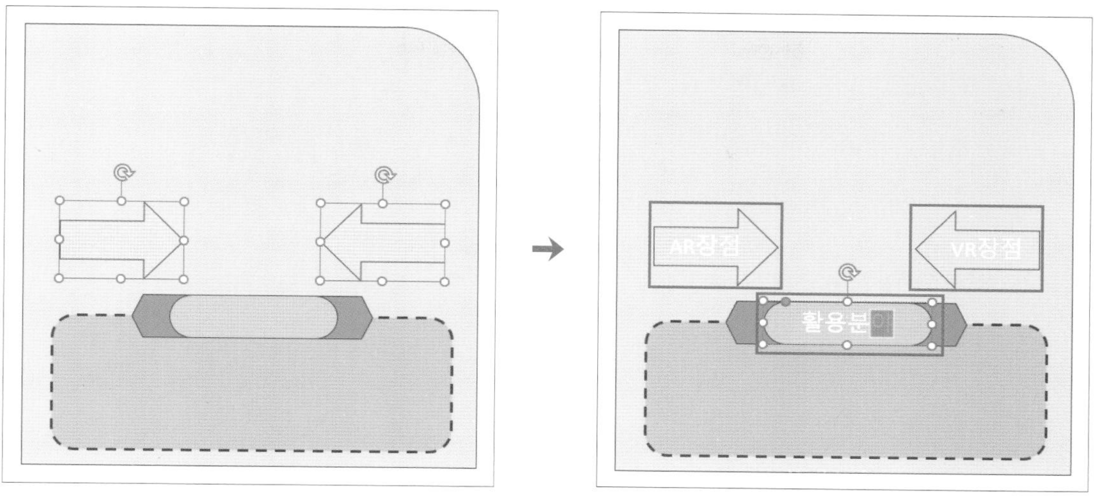

Tip 오른쪽/왼쪽 화살표

오른쪽 화살표를 삽입한 후 화살표를 오른쪽으로 복사하여 회전시킬 경우 글자를 입력하면 거꾸로 입력되므로 오른쪽 화살표를 좌우 대칭하거나 왼쪽 화살표를 삽입합니다.

6 내용이 입력된 도형들을 Ctrl을 이용하여 선택한 후 [홈] 탭의 [글꼴] 그룹에서 글꼴은 '굴림', 글꼴 크기는 '18', 글꼴 색은 '검정, 텍스트 1'을 각각 선택합니다.

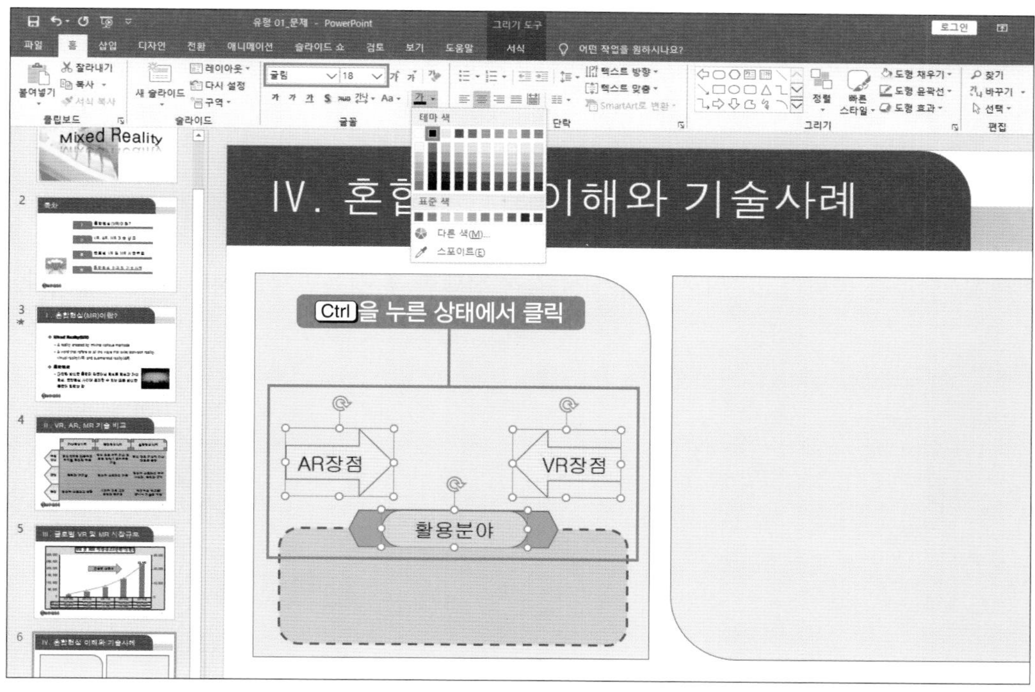

7 [삽입] 탭의 [일러스트레이션] 그룹에서 도형(도형) 단추를 클릭하고, 블록 화살표의 왼쪽/오른쪽/위쪽 화살표( )를 삽입한 후 임의의 색을 지정하고, 모양을 조정합니다.

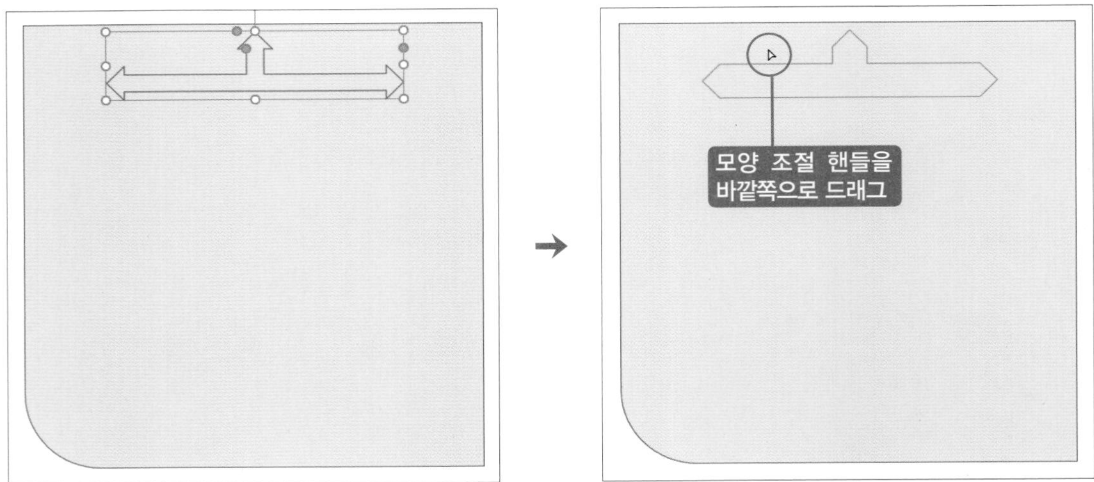

8 [삽입] 탭의 [일러스트레이션] 그룹에서 도형(도형) 단추를 클릭하고, 기본 도형의 정육면체( )를 삽입한 후 임의의 색을 지정하고, 아래쪽으로 복사합니다.

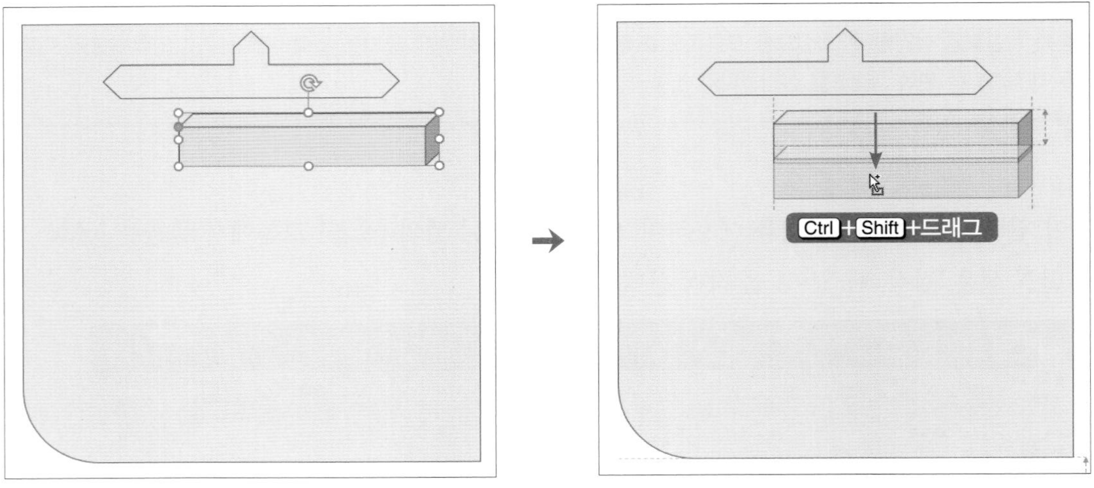

9 [그리기 도구]-[서식] 탭의 [정렬] 그룹에서 회전(회전) 단추를 클릭하고, [좌우 대칭]과 뒤로 보내기(뒤로 보내기) 단추를 클릭하고, [뒤로 보내기]를 각각 선택한 후 정육면체를 정확히 배치합니다.

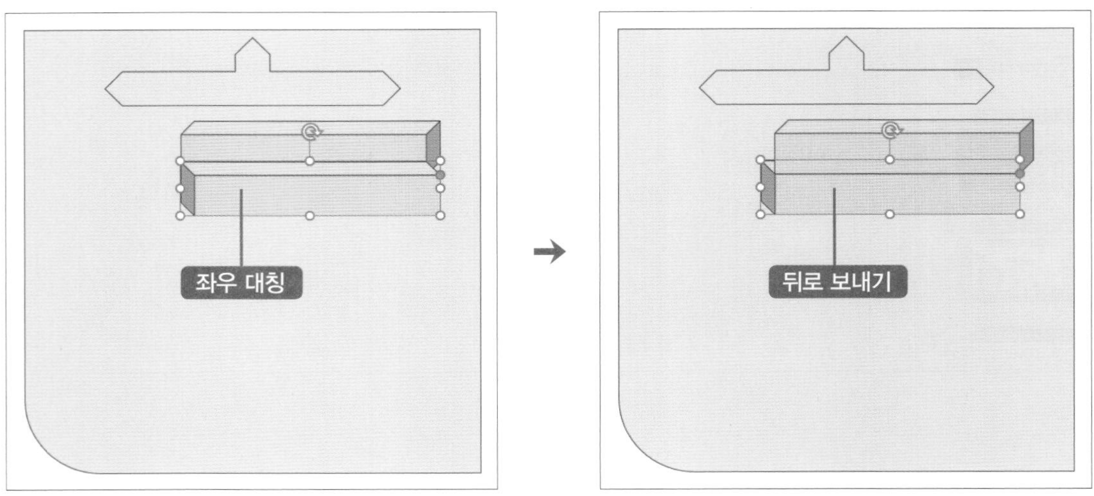

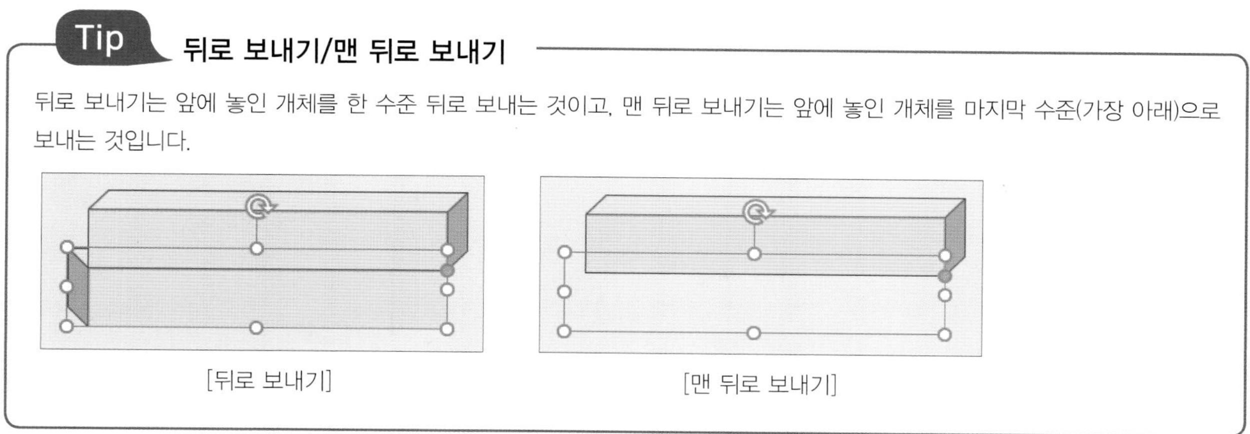

Tip 뒤로 보내기/맨 뒤로 보내기

뒤로 보내기는 앞에 놓인 개체를 한 수준 뒤로 보내는 것이고, 맨 뒤로 보내기는 앞에 놓인 개체를 마지막 수준(가장 아래)으로 보내는 것입니다.

[뒤로 보내기] [맨 뒤로 보내기]

10 [삽입] 탭의 [일러스트레이션] 그룹에서 도형( ) 단추를 클릭하고, 사각형의 한쪽 모서리는 잘리고 다른 쪽 모서리는 둥근 사각형( )과 한쪽 모서리가 둥근 사각형( )을 각각 삽입한 후 임의의 색을 지정하고, 한쪽 모서리가 둥근 사각형은 좌우 대칭합니다.

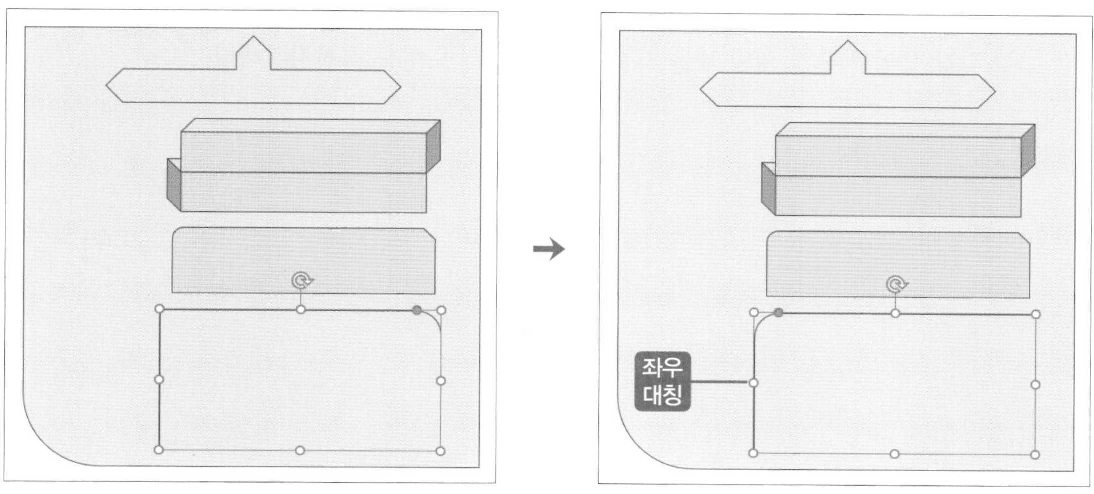

11 [삽입] 탭의 [일러스트레이션] 그룹에서 도형( ) 단추를 클릭하고, 순서도의 저장 데이터( )를 삽입한 후 아래쪽으로 복사하여 좌우 대칭하고, 임의의 색을 각각 지정합니다.

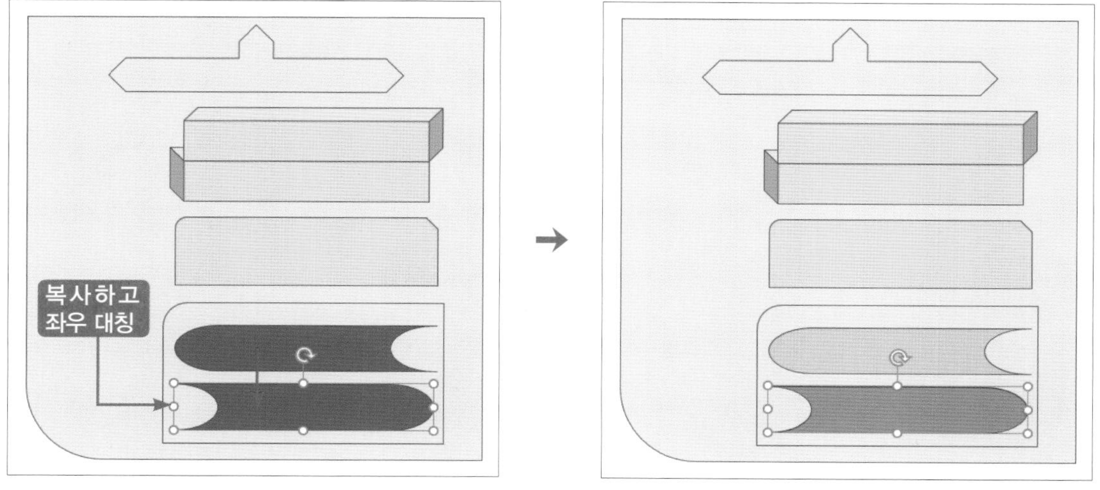

12 [삽입] 탭의 [일러스트레이션] 그룹에서 도형(도형) 단추를 클릭하고, 블록 화살표의 오른쪽 화살표 설명선( )을 삽입한 후 임의의 색을 지정하고, 모양을 조정합니다.

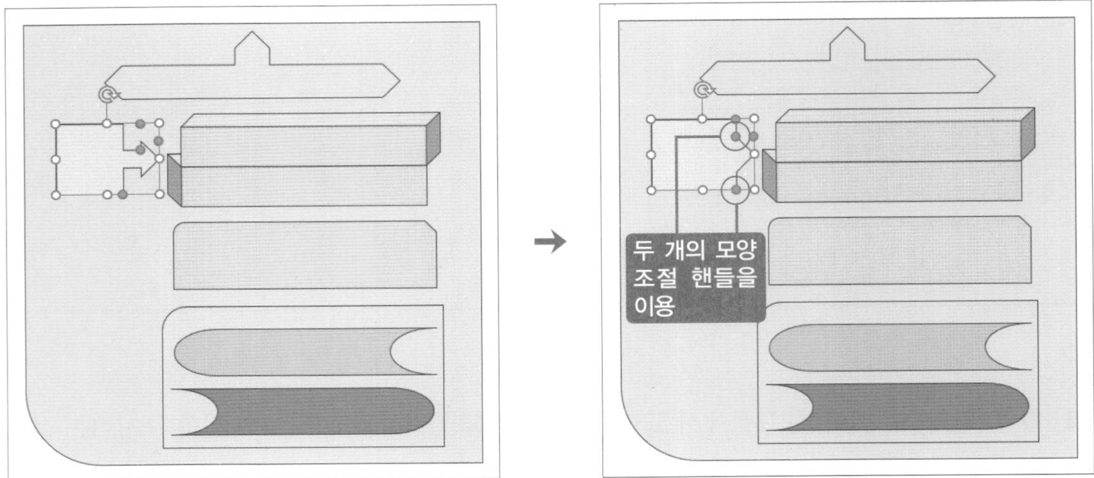

13 [삽입] 탭의 [일러스트레이션] 그룹에서 도형(도형) 단추를 클릭하고, 기본 도형의 눈물 방울( )과 순서도의 문서( )를 각각 삽입한 후 임의의 색을 지정하고, 두 개의 도형을 회전시킵니다.

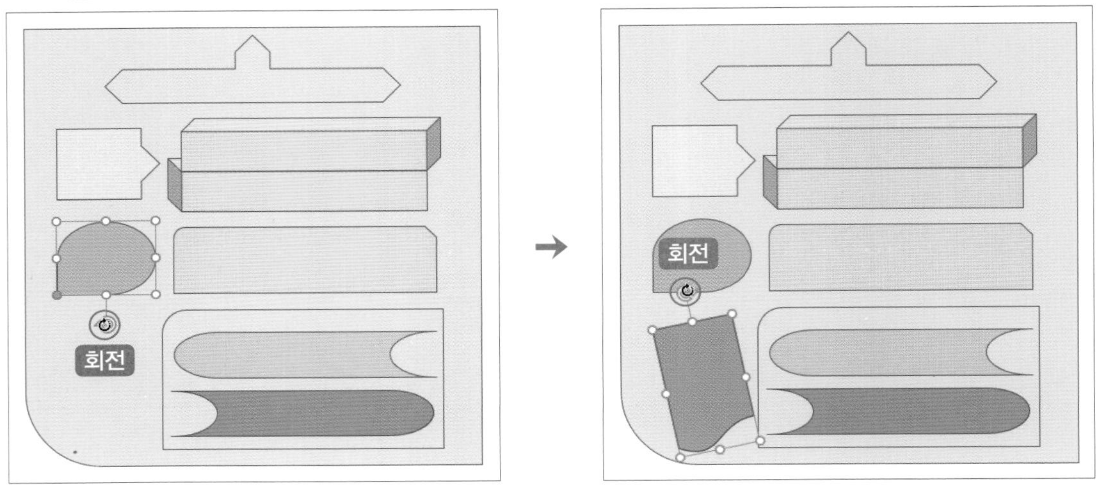

14 도형마다 주어진 내용을 입력하되 회전시킨 눈물 방울 도형에는 가로 텍스트 상자( )를 이용하여 따로 내용을 입력합니다.

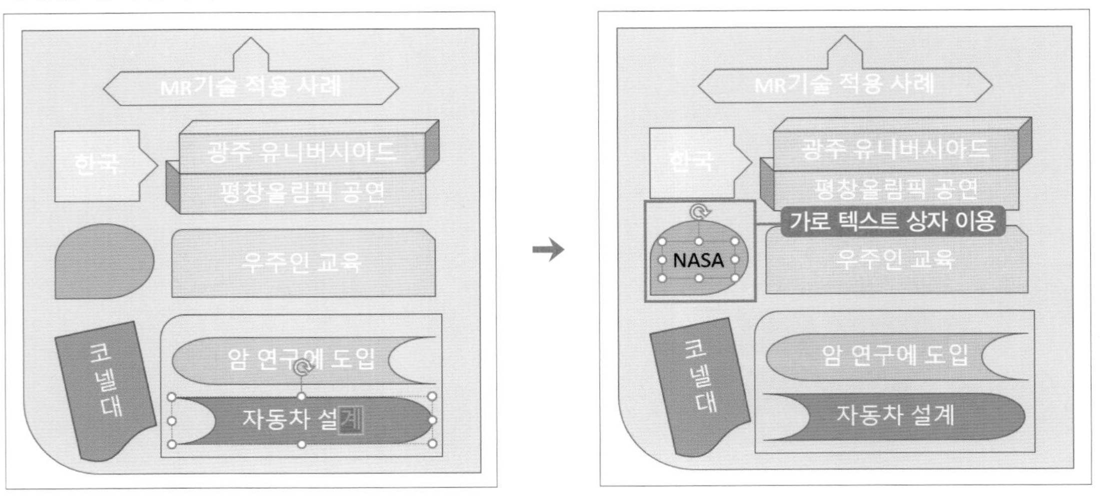

15 도형과 텍스트 상자를 Ctrl을 이용하여 선택한 후 [홈] 탭의 [글꼴] 그룹에서 글꼴은 '굴림', 글꼴 크기는 '18', 글꼴 색은 '검정, 텍스트 1'을 각각 선택합니다.

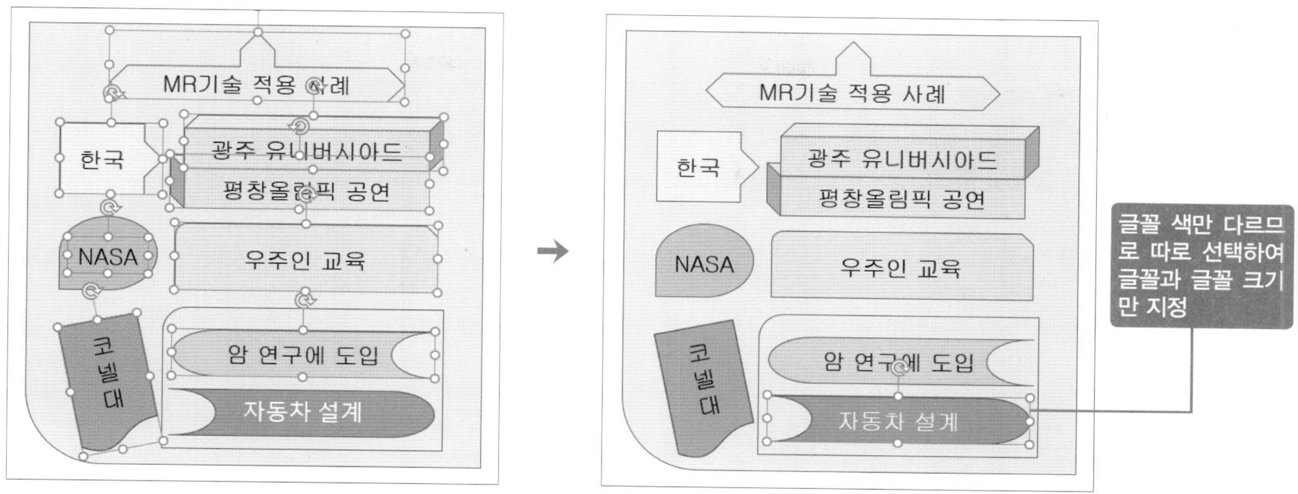

16 [삽입] 탭의 [일러스트레이션] 그룹에서 도형(도형) 단추를 클릭하고, 선의 꺾인 연결선(ㄱ)을 삽입한 후 [그리기 도구]-[서식] 탭의 [도형 스타일] 그룹에서 도형 윤곽선(도형 윤곽선) 단추를 클릭하고, [두께]-[1½pt]와 [화살표]-[화살표 스타일 11]을 각각 선택합니다.

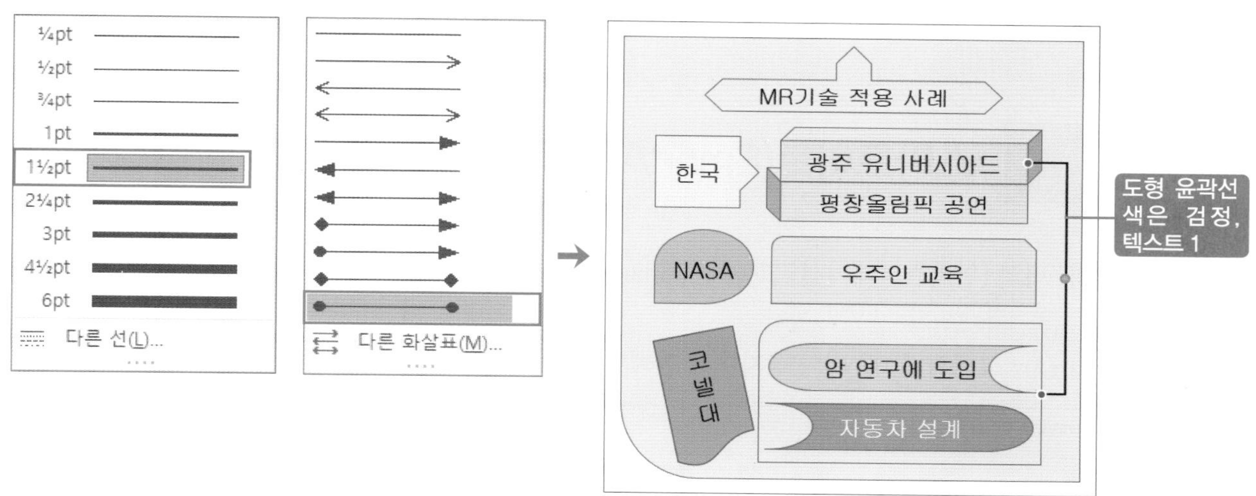

17 오른쪽 배경 도형의 색상을 변경한 후 텍스트 상자와 꺾인 연결선을 제외한 모든 도형을 선택하고, [그리기 도구]-[서식] 탭의 [도형 스타일] 그룹에서 도형 윤곽선(도형 윤곽선) 단추를 클릭하고, '검정, 텍스트 1'을 선택합니다.

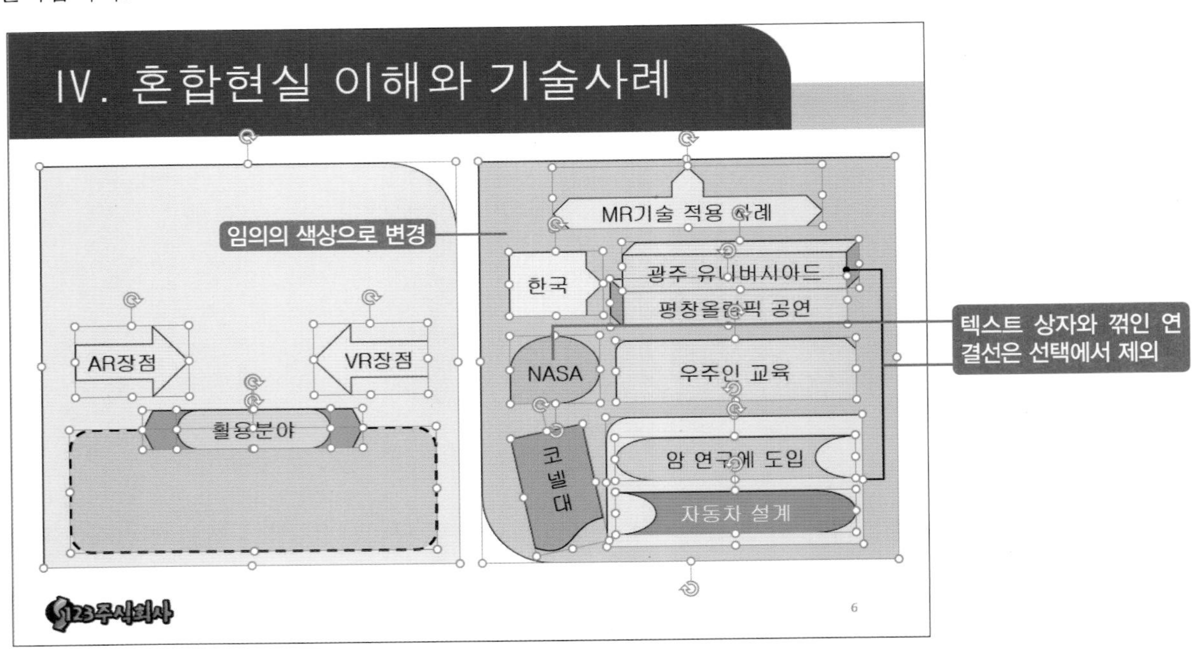

유형 잡기 03 스마트아트(SmartArt) 작성하기

1 [삽입] 탭의 [일러스트레이션] 그룹에서 SmartArt(SmartArt) 단추를 클릭합니다.

2 [SmartArt 그래픽 선택] 대화 상자에서 관계형의 '수렴 방사형'을 선택하고, [확인] 버튼을 클릭합니다.

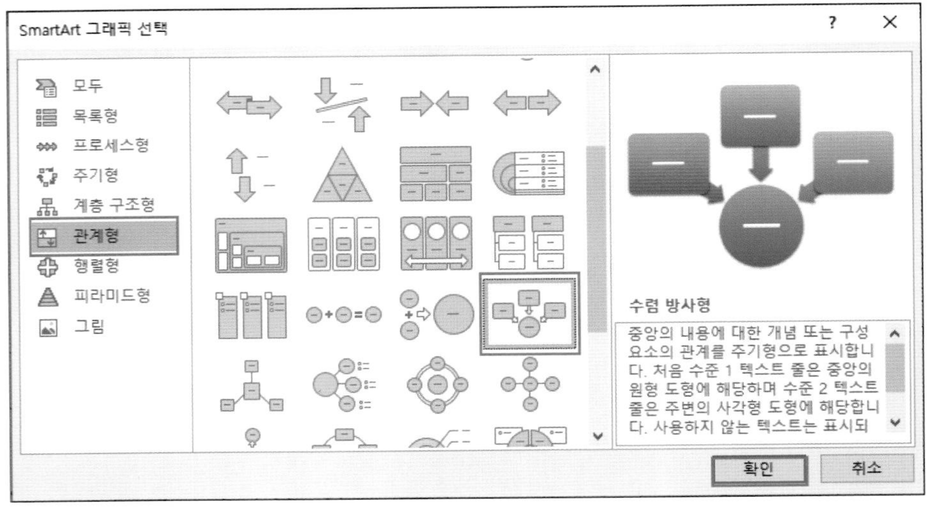

3 슬라이드에 수렴 방사형이 삽입되면 주어진 내용을 입력한 후 크기와 위치를 적당히 조절합니다(텍스트 내용은 입력 후 Shift+Enter).

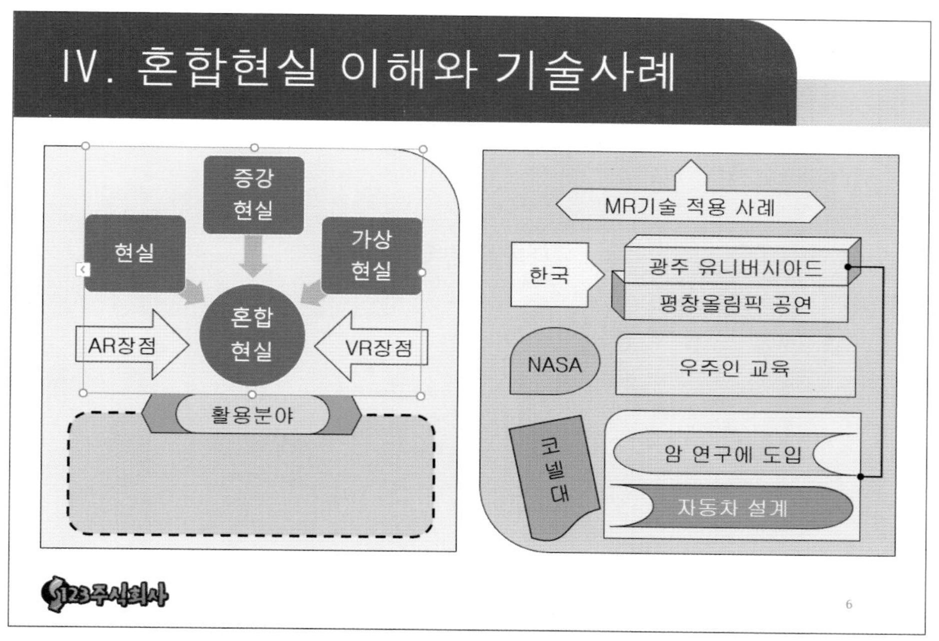

Tip 텍스트 창

- 단계별로 나누어진 상태에서 SmartArt 그래픽의 내용을 빠르게 입력하고, 구성을 간편하게 할 수 있습니다.
- [SmartArt 도구]–[디자인] 탭의 [그래픽 만들기] 그룹에서 텍스트 창 (텍스트 창) 단추를 클릭하면 텍스트 창이 나타나며, 여기에서 텍스트 내용을 입력해도 됩니다.
- 해당 SmartArt 그래픽을 선택한 후 크기 조절 핸들 왼쪽에서 < 부분을 클릭해도 텍스트 창이 나타납니다.

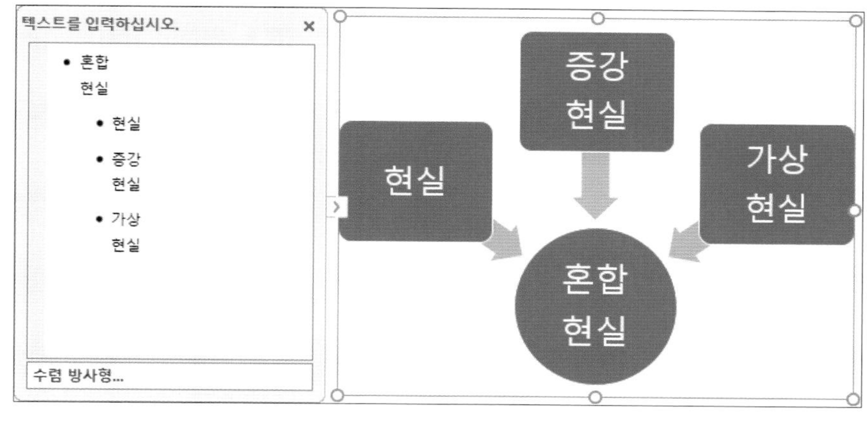

4 [SmartArt 도구]-[디자인] 탭의 [SmartArt 스타일] 그룹에서 색 변경( ) 단추를 클릭하고, '색상형 범위 - 강조색 5 또는 6'을 선택합니다.

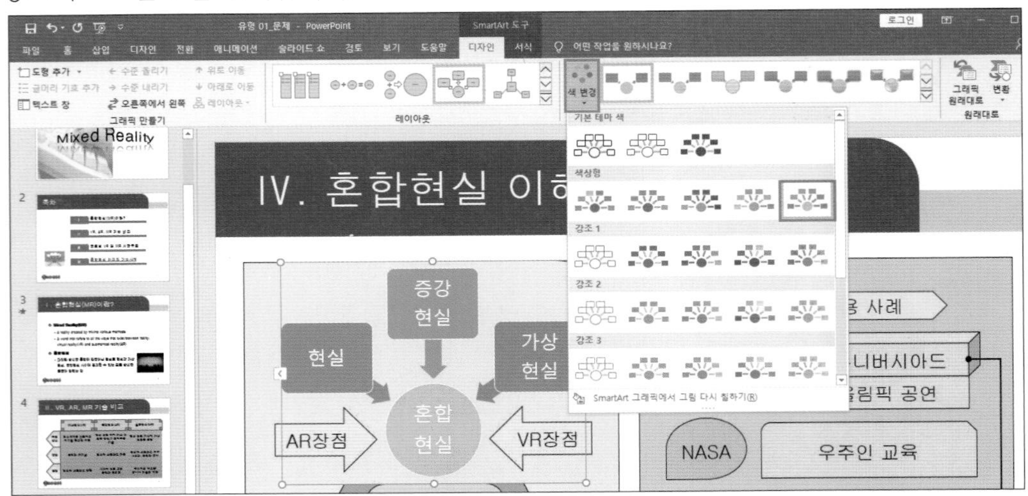

5 이번에는 [SmartArt 스타일] 그룹에서 자세히( ) 단추를 클릭하고, 3차원의 '광택 처리'를 선택합니다.

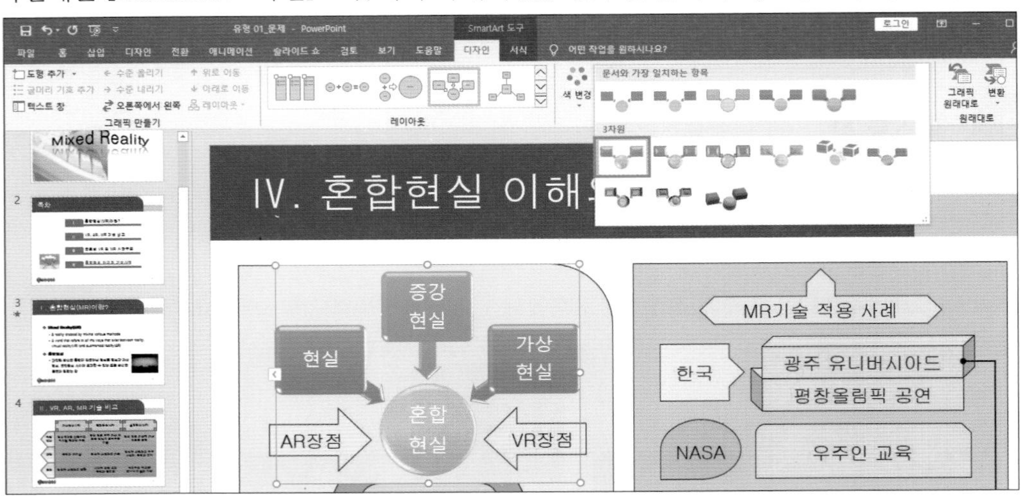

6 수렴 방사형이 선택된 상태에서 [홈] 탭의 [글꼴] 그룹에서 글꼴은 '굴림', 글꼴 크기는 '18', 글꼴 색은 '검정, 텍스트 1'을 각각 선택합니다.

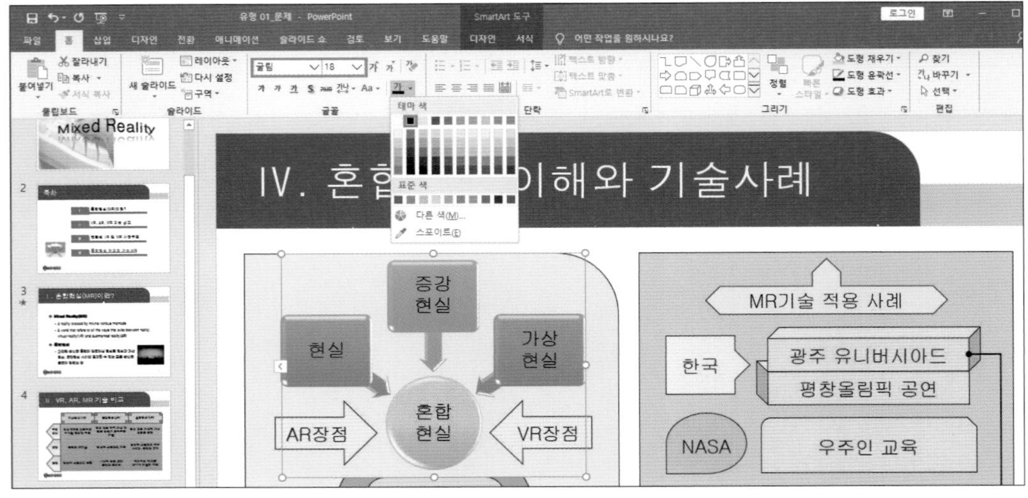

7 다시 [삽입] 탭의 [일러스트레이션] 그룹에서 SmartArt(SmartArt) 단추를 클릭합니다.

8 [SmartArt 그래픽 선택] 대화 상자에서 관계형의 '선형 벤형'을 선택하고, [확인] 버튼을 클릭합니다.

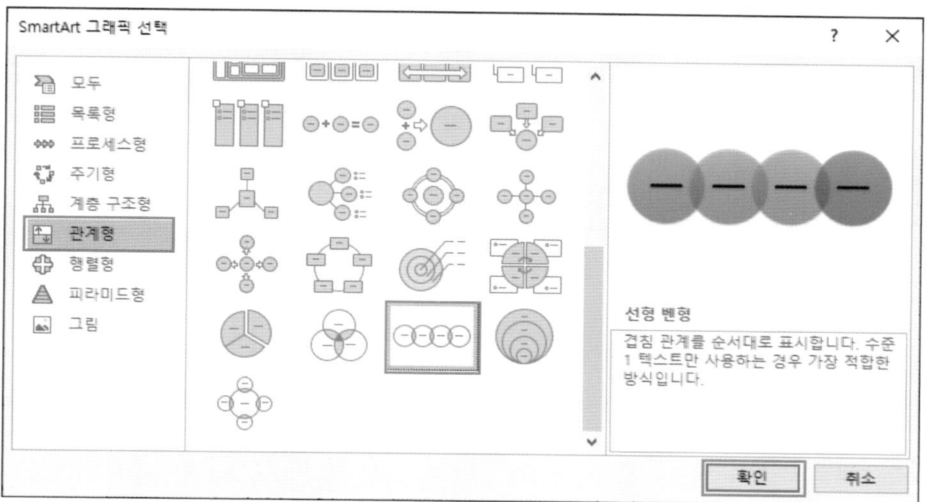

9 슬라이드에 선형 벤형이 삽입되면 [SmartArt 도구]-[디자인] 탭의 [그래픽 만들기] 그룹에서 도형 추가 (도형 추가) 단추를 클릭하고, [뒤에 도형 추가]를 선택합니다.

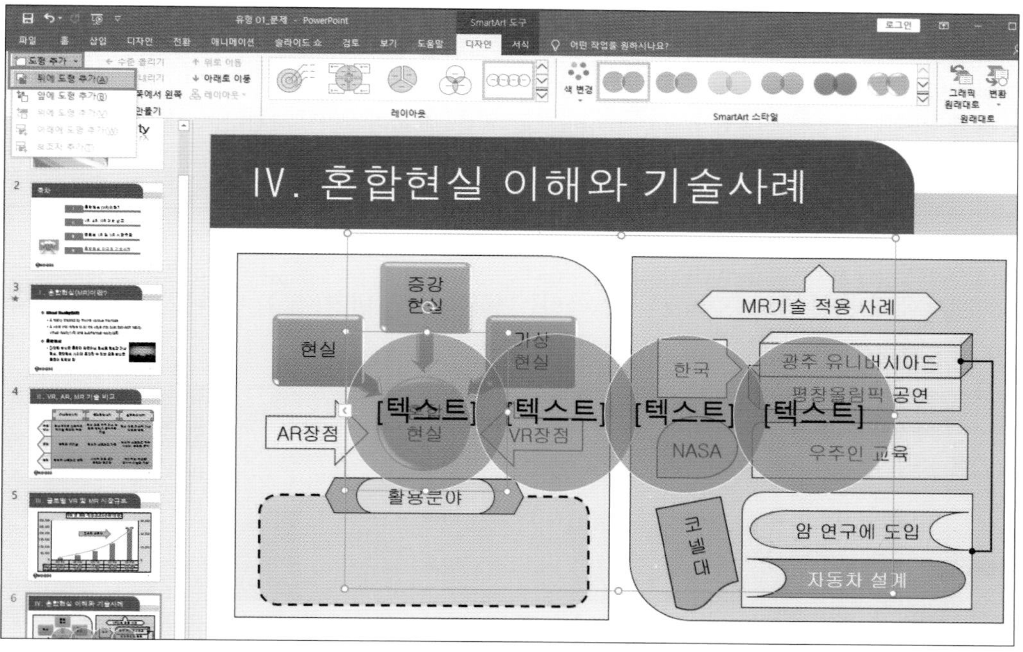

10 선형 벤형에 도형이 추가되면 주어진 내용을 입력한 후 크기와 위치를 적당히 조절합니다.

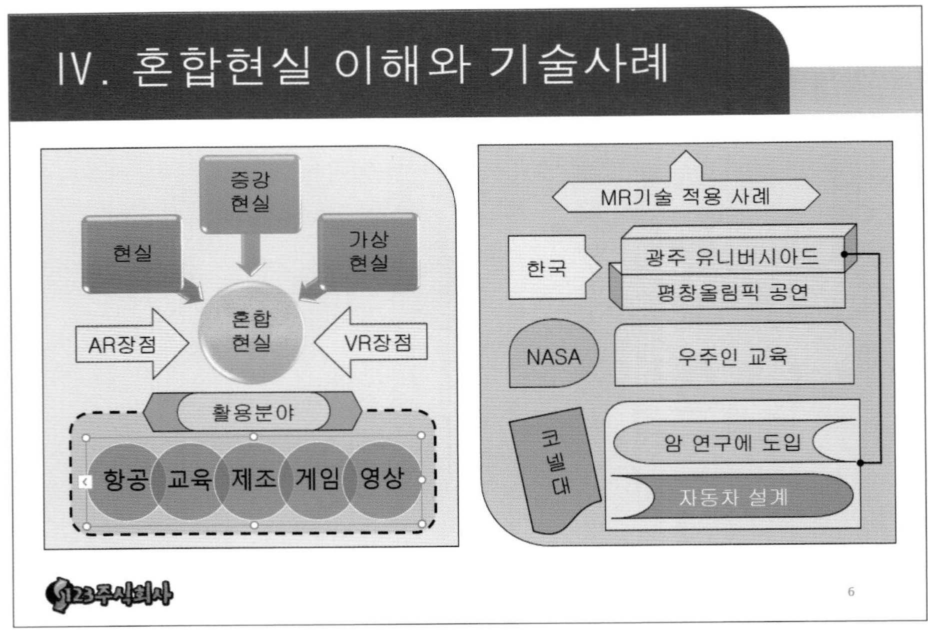

Tip 도형 추가

- SmartArt 그래픽에 도형을 추가하는 기능으로 도형을 추가할 위치에서 가장 가까이 있는 도형을 선택합니다.
- 뒤에/앞에 도형 추가 : 선택한 도형 뒤에/앞에 같은 수준의 도형을 삽입합니다.
- 위에/아래에 도형 추가 : 선택한 도형보다 한 수준 위에/아래에 도형을 삽입합니다.
- 보조자 추가 : 선택한 도형에 보조자 도형을 추가합니다(조직도 레이아웃에만 사용할 수 있으며, 계층 구조형 등의 레이아웃에는 사용할 수 없음).

뒤에 도형 추가(A)
앞에 도형 추가(B)
위에 도형 추가(V)
아래에 도형 추가(W)
보조자 추가(T)

11 [SmartArt 도구]-[디자인] 탭의 [SmartArt 스타일] 그룹에서 색 변경(색 변경) 단추를 클릭하고, '색상형 범위 - 강조색 4 또는 5'를 선택합니다.

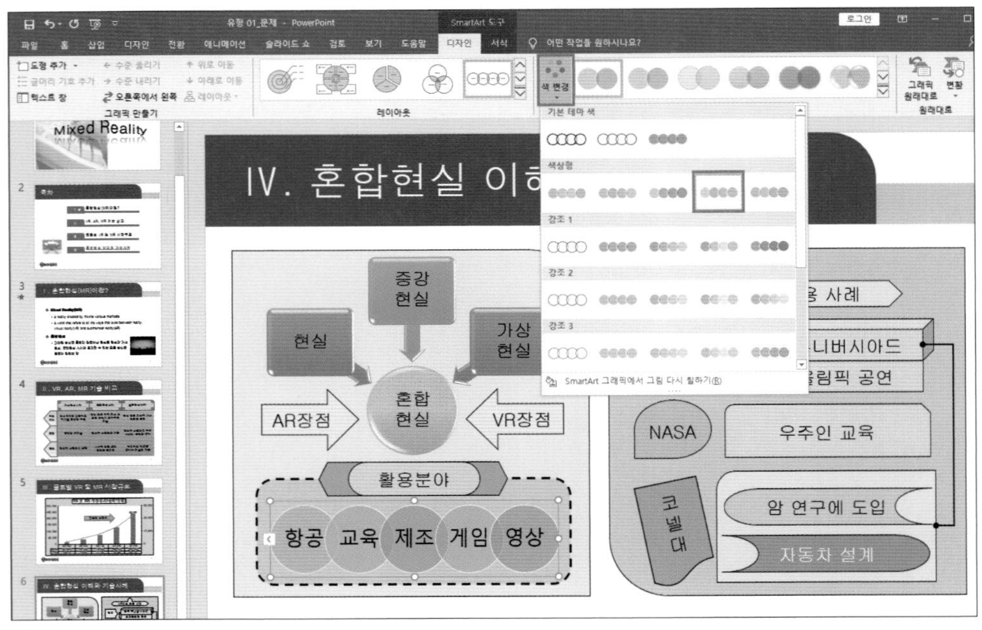

12 이번에는 [SmartArt 스타일] 그룹에서 자세히(▾) 단추를 클릭하고, 3차원의 '만화'를 선택합니다.

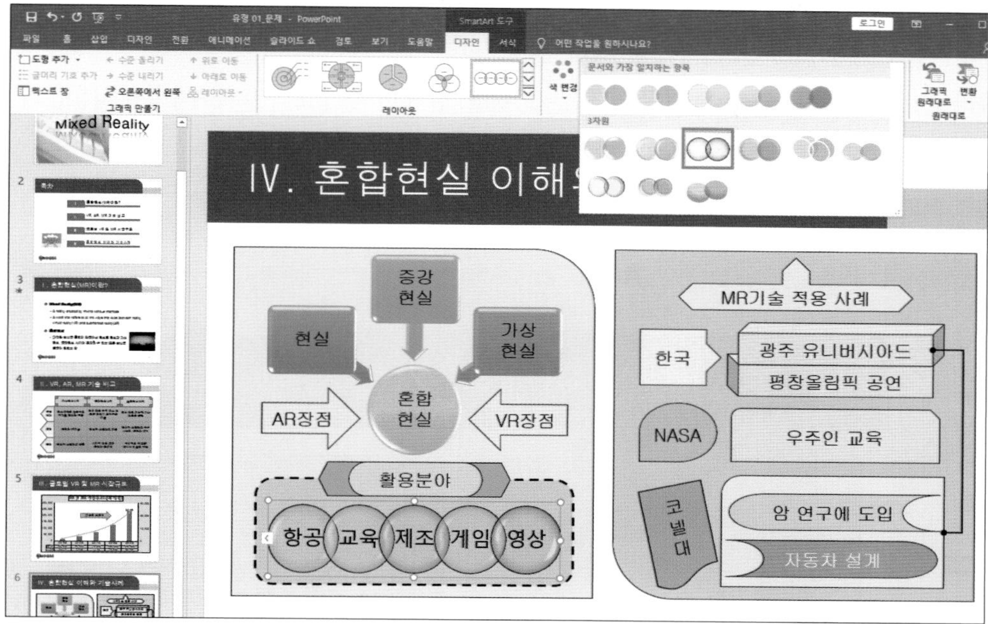

13 선형 벤형이 선택된 상태에서 [홈] 탭의 [글꼴] 그룹에서 글꼴은 '굴림', 글꼴 크기는 '18', 글꼴 색은 '검정, 텍스트 1'을 각각 선택합니다.

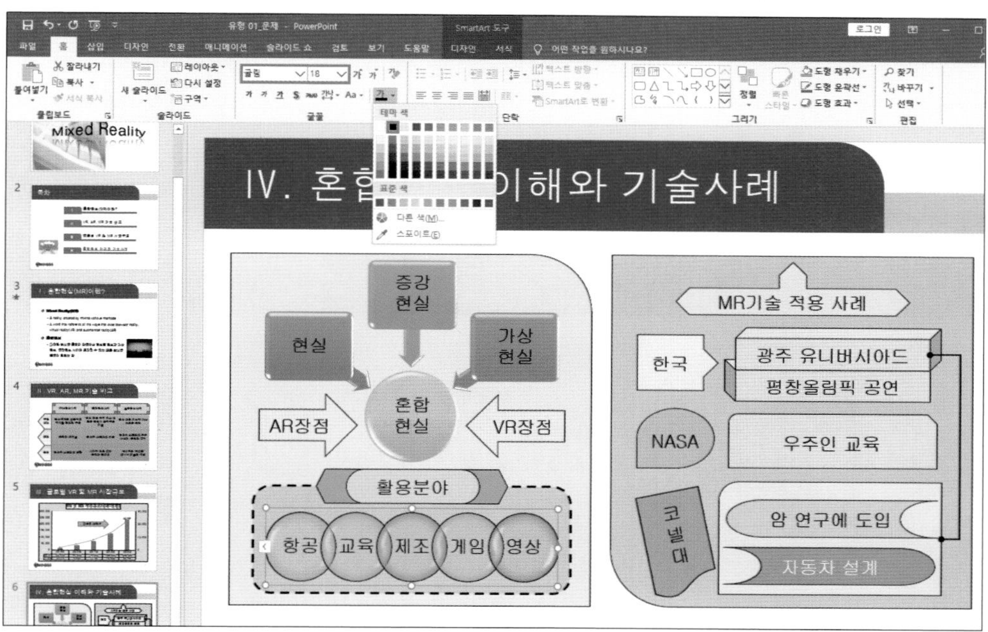

유형 잡기 04 애니메이션 설정하기

1 도형들을 하나로 그룹화하기 위하여 왼쪽의 모든 도형을 선택한 후 [그리기 도구]-[서식] 탭의 [정렬] 그룹에서 그룹화(그룹화) 단추를 클릭하고, [그룹]을 선택합니다.

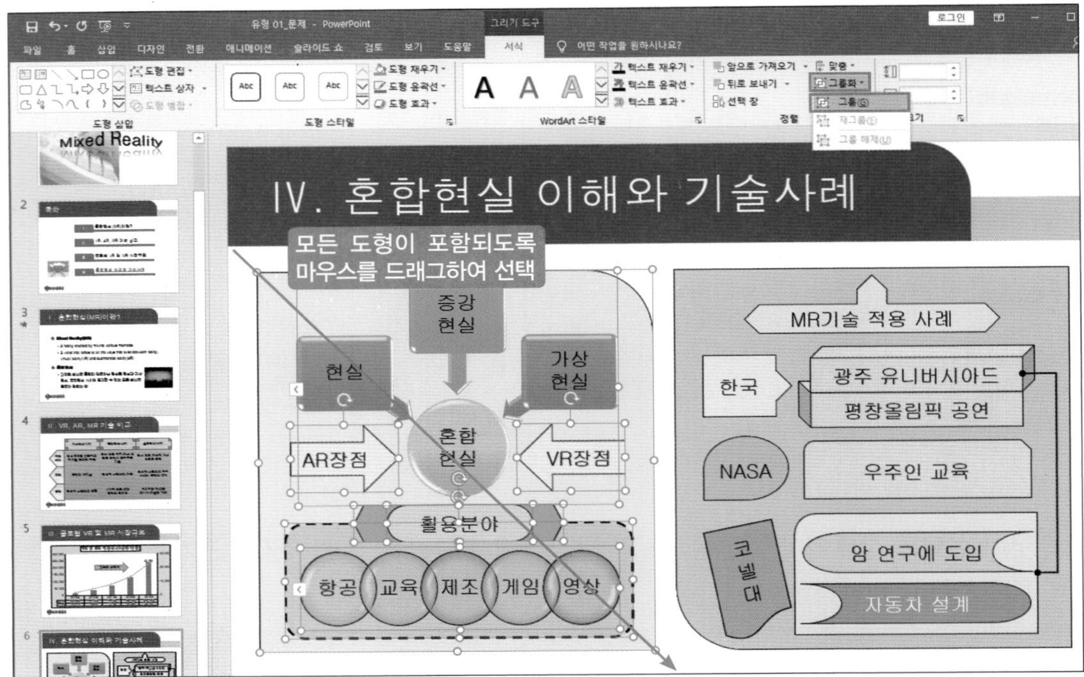

2 동일한 방법으로 오른쪽에 있는 모든 도형들도 하나로 그룹화합니다.

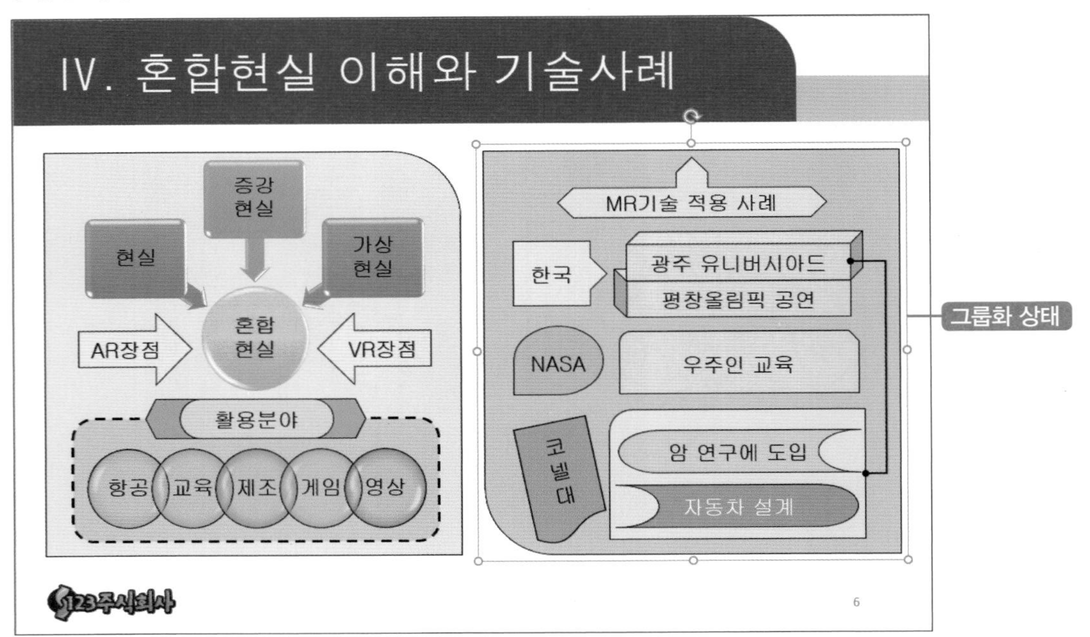

3 왼쪽의 도형 그룹을 선택한 후 [애니메이션] 탭의 [애니메이션] 그룹에서 자세히(▼) 단추를 클릭하고, [나타내기]-[닦아내기]를 선택합니다.

4 계속해서 [애니메이션] 탭의 [애니메이션] 그룹에서 효과 옵션(효과 옵션) 단추를 클릭하고, [위에서]를 선택합니다.

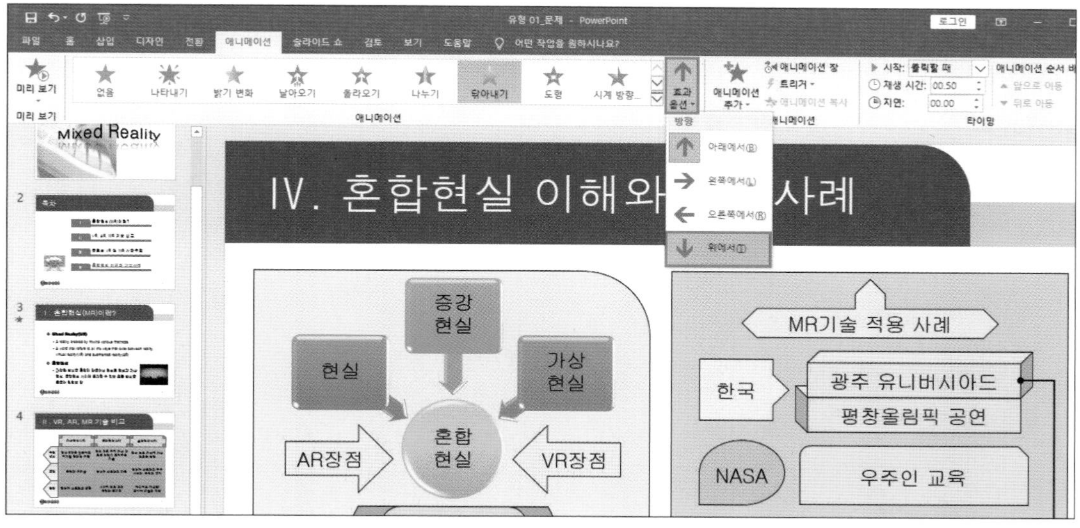

5 오른쪽의 도형 그룹을 선택한 후 [애니메이션] 탭의 [애니메이션] 그룹에서 자세히( ) 단추를 클릭하고, [나타내기]-[바운드]를 선택합니다.

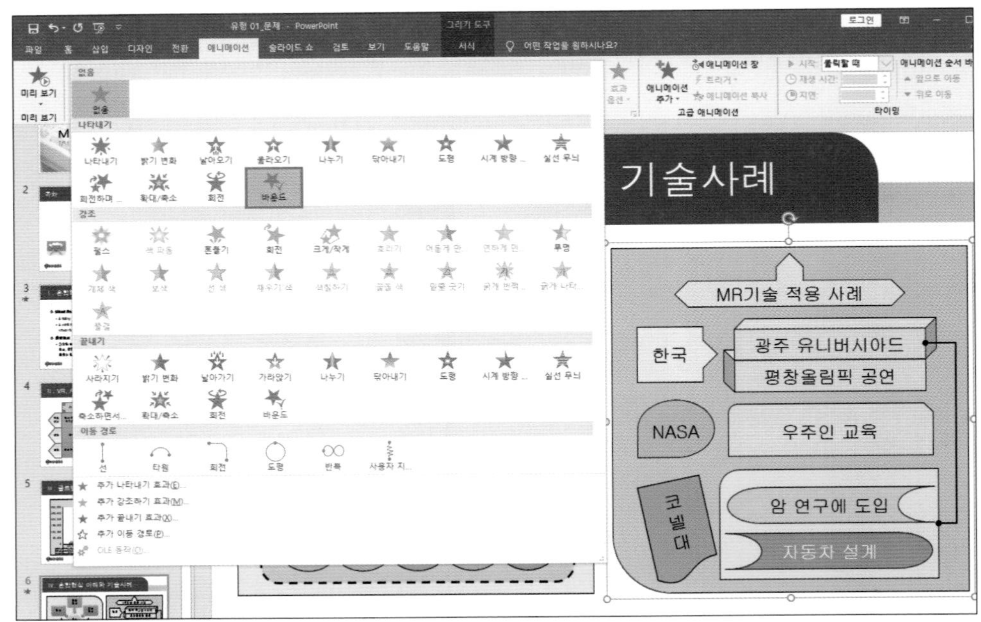

Tip 애니메이션 숫자 태그

- 슬라이드에 여러 애니메이션이 설정된 경우 각 개체의 왼쪽 부분에 숫자 태그(1 , 2 ...)가 표시되어 애니메이션이 실행되는 순서를 나타냅니다.
- 해당 숫자 태그를 클릭하면 지정된 애니메이션을 수정할 수 있습니다.

6 설정한 애니메이션 효과를 확인하려면 [애니메이션] 탭의 [미리 보기] 그룹에서 미리 보기( ) 단추를 클릭합니다.

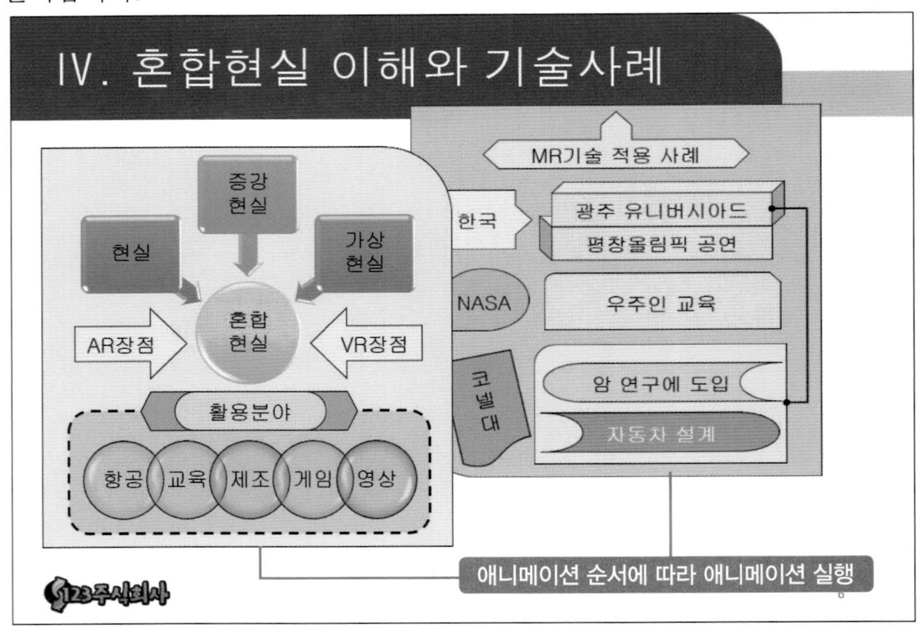

7 모든 작업이 완료되면 빠른 실행 도구 모음에서 저장( ) 단추를 클릭하여 완성 파일을 저장합니다.

출제 유형 문제

• **예제 파일** : 유형 분석 07₩유형 02_문제.pptx / • **완성 파일** : 유형 분석 07₩유형 02_완성.pptx

01 문제지의 지시사항과 세부조건을 참조하여 《출력형태》에 맞게 작업하시오.

(1) 슬라이드와 같이 도형 및 스마트아트를 배치한다(글꼴 : 굴림, 18pt).

(2) 애니메이션 순서 : ① ⇒ ②

세부조건

① 도형 편집
- 그룹화 후 애니메이션 효과 : 닦아내기(위에서)

② 도형 및 스마트아트 편집
- 스마트아트 디자인 : 3차원 광택 처리, 강한 효과
- 그룹화 후 애니메이션 효과 : 시계 방향 회전

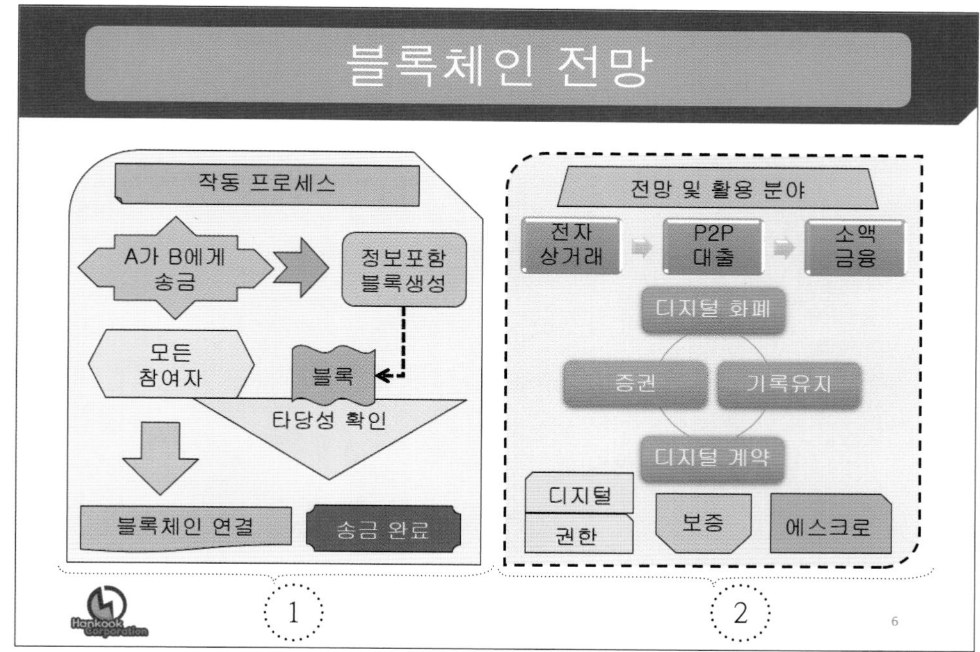

Hint

• [기본 도형]-[모서리가 접힌 도형]은 좌우 대칭합니다.
• [블록 화살표]-[왼쪽/오른쪽/위쪽/아래쪽 설명선]은 모양 조절 핸들을 이용하여 모양을 조정합니다.
• [선]-[꺾인 화살표 연결선]은 [두께]-[3pt]/[대시]-[사각 점선]/[화살표]-[화살표 스타일 2]를 선택합니다.
• [사각형]-[대각선 방향의 모서리가 둥근 사각형]은 [두께]-[2¼pt]/[대시]-[파선]을 선택합니다.
• [사각형]-[한쪽 모서리가 잘린 사각형]은 복사한 후 위쪽 도형은 좌우 대칭합니다.
• [사각형]-[양쪽 모서리가 잘린 사각형]은 모양 조절 핸들을 이용하여 모양을 조정한 후 상하 대칭합니다(내용 입력은 가로 텍스트 상자를 이용).
• 첫 번째 SmartArt 그래픽은 [프로세스형]-[기본 프로세스형]을 선택하고, [색 변경]-[색 채우기 - 강조 3]을 지정합니다.
• 두 번째 SmartArt 그래픽은 [주기형]-[무지향 주기형]을 선택하고, [색 변경]-[색 채우기 - 강조 2]를 지정합니다.
• 무지향 주기형에서는 임의의 도형을 하나 삭제하고, 나머지 4개 도형의 가로 크기를 조정합니다.

출제 유형 문제

• **예제 파일** : 유형 분석 07₩유형 03_문제.pptx / • **완성 파일** : 유형 분석 07₩유형 03_완성.pptx

02 문제지의 지시사항과 세부조건을 참조하여 《출력형태》에 맞게 작업하시오.

(1) 슬라이드와 같이 도형 및 스마트아트를 배치한다(글꼴 : 굴림, 18pt).

(2) 애니메이션 순서 : ① ⇒ ②

세부조건

① 도형 편집
- 그룹화 후 애니메이션 효과 : 날아오기(위에서)

② 도형 및 스마트아트 편집
- 스마트아트 디자인 : 3차원 광택 처리, 3차원 경사
- 그룹화 후 애니메이션 효과 : 밝기 변화

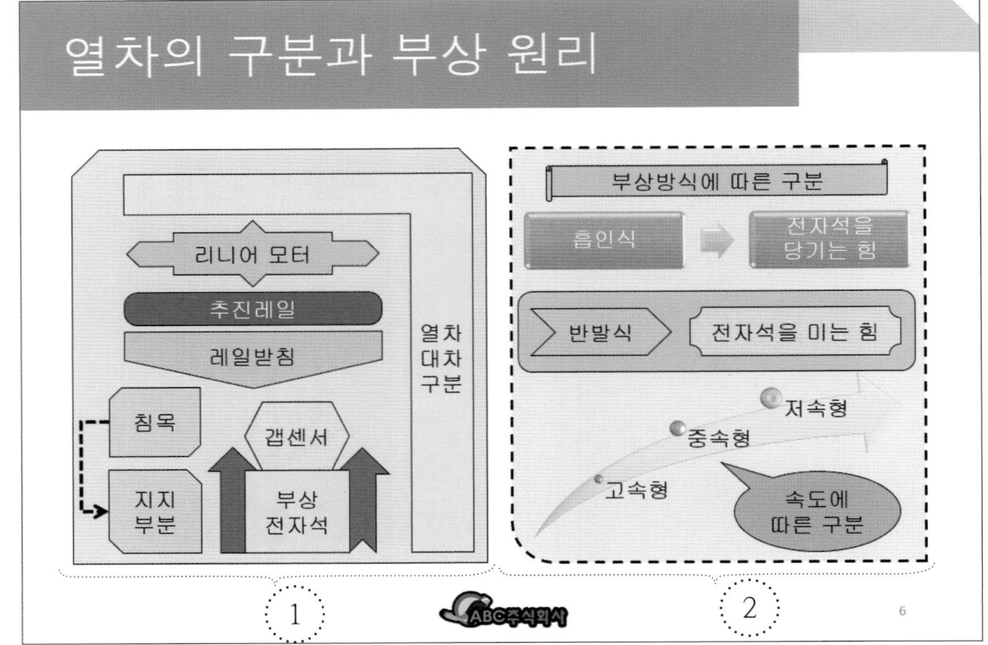

Hint

- [사각형]-[양쪽 모서리가 잘린 사각형]은 모양 조절 핸들을 이용하여 모양을 조정합니다.
- [기본 도형]-[L 도형]은 두 군데 모양을 조정한 후 회전합니다(내용 입력은 가로 텍스트 상자를 이용).
- [블록 화살표]-[왼쪽/오른쪽/위쪽/아래쪽 설명선]은 모양 조절 핸들을 이용하여 모양을 조정합니다.
- [사각형]-[모서리가 둥근 직사각형]은 모양 조절 핸들을 이용하여 모양을 조정합니다.
- [블록 화살표]-[오각형]은 도형을 회전시킨 후 크기 조절 핸들을 이용하여 크기를 조정합니다(내용 입력은 가로 텍스트 상자를 이용).
- [사각형]-[대각선 방향의 모서리가 잘린 사각형]은 복사한 후 위쪽 도형은 좌우 대칭합니다.
- [블록 화살표]-[톱니 모양의 오른쪽 화살표]는 회전시켜서 배치합니다.
- [선]-[꺾인 화살표 연결선]은 [두께]-[3pt]/[대시]-[사각 점선]/[화살표]-[화살표 스타일 2]를 선택합니다.
- [사각형]-[한쪽 모서리가 둥근 사각형]은 상하 대칭/좌우 대칭한 후 [두께]-[2¼pt]/[대시]-[파선]을 선택합니다.
- [설명선]-[타원형 설명선]은 모양 조절 핸들을 이용하여 모양을 조정합니다.
- 첫 번째 SmartArt 그래픽은 [프로세스형]-[기본 프로세스형]을 선택하고, [색 변경]-[색 채우기 - 강조 2]를 지정한 후 임의의 도형을 하나 삭제합니다.
- 두 번째 SmartArt 그래픽은 [프로세스형]-[상향 화살표형]을 선택하고, [색 변경]-[색상형 - 강조색]을 지정합니다.

출제 유형 문제

• **예제 파일** : 유형 분석 07₩유형 04_문제.pptx / • **완성 파일** : 유형 분석 07₩유형 04_완성.pptx

03 문제지의 지시사항과 세부조건을 참조하여《출력형태》에 맞게 작업하시오.

(1) 슬라이드와 같이 도형 및 스마트아트를 배치한다(글꼴 : 굴림, 18pt).

(2) 애니메이션 순서 : ① ⇒ ②

세부조건

① 도형 및 스마트아트 편집
- 스마트아트 디자인 : 3차원 광택 처리, 강한 효과
- 그룹화 후 애니메이션 효과 : 실선 무늬(세로)

② 도형 편집
- 그룹화 후 애니메이션 효과 : 바운드

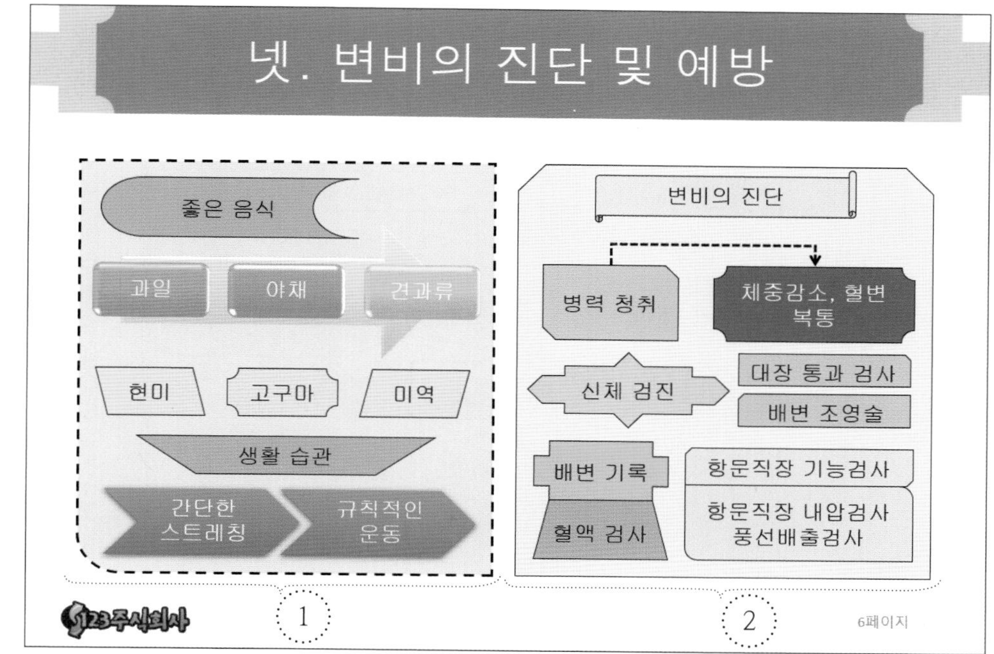

Hint

- [사각형]-[한쪽 모서리가 둥근 사각형]은 상하 대칭/좌우 대칭한 후 [두께]-[2¼pt]/[대시]-[파선]을 선택합니다.
- [기본 도형]-[평행 사변형]은 복사한 후 왼쪽 도형은 좌우 대칭합니다.
- 첫 번째 SmartArt 그래픽은 [프로세스형]-[연속 블록 프로세스형]을 선택하고, [색 변경]-[색상형 - 강조색]을 지정합니다.
- 두 번째 SmartArt 그래픽은 [프로세스형]-[기본 갈매기형 수장 프로세스형]을 선택하고, [색 변경]-[색상형 범위 - 강조색 5 또는 6]을 지정한 후 임의의 도형을 하나 삭제합니다.
- [별 및 현수막]-[가로로 말린 두루마리 모양]은 상하 대칭과 좌우 대칭합니다(내용 입력은 가로 텍스트 상자를 이용).
- [선]-[꺾인 화살표 연결선]은 [두께]-[2¼pt]/[대시]-[사각 점선]/[화살표]-[화살표 스타일 2]를 선택합니다.
- [블록 화살표]-[왼쪽/오른쪽/위쪽/아래쪽 설명선]은 모양 조절 핸들을 이용하여 모양을 조정합니다.
- [사각형]-[한쪽 모서리가 잘린 사각형]은 복사한 후 아래쪽 도형은 좌우 대칭합니다.
- [사각형]-[대각선 방향의 모서리가 잘린 사각형]/[대각선 방향의 모서리가 둥근 사각형]은 좌우 대칭합니다.

출제 유형 문제

• **예제 파일** : 유형 분석 07₩유형 05_문제.pptx / • **완성 파일** : 유형 분석 07₩유형 05_완성.pptx

04 **문제지의 지시사항과 세부조건을 참조하여 《출력형태》에 맞게 작업하시오.**

(1) 슬라이드와 같이 도형 및 스마트아트를 배치한다(글꼴 : 굴림, 18pt).

(2) 애니메이션 순서 : ① ⇒ ②

세부조건

① 도형 편집
- 그룹화 후 애니메이션 효과 : 올라오기(떠오르며 내려가기)

② 도형 및 스마트아트 편집
- 스마트아트 디자인 : 3차원 경사, 3차원 만화
- 그룹화 후 애니메이션 효과 : 회전

Hint

- [사각형]-[한쪽 모서리가 잘린 사각형]은 상하 대칭과 좌우 대칭합니다.
- [블록 화살표]-[오른쪽 화살표 설명선]은 모양 조절 핸들을 이용하여 모양을 조정합니다.
- [블록 화살표]-[오각형]과 [순서도]-[순차적 액세스 저장소]는 각각 좌우 대칭합니다.
- [기본 도형]-[육각형]은 회전 핸들을 이용하여 왼쪽으로 회전시킵니다.
- [사각형]-[양쪽 모서리가 잘린 사각형]은 상하 대칭한 후 모양 조절 핸들을 이용하여 모양을 조절합니다(내용 입력은 가로 텍스트 상자를 이용).
- [선]-[꺾인 연결선]은 [두께]-[2¼pt]/[화살표]-[화살표 스타일 11]을 선택합니다.
- [별 및 현수막]-[물결]은 복사한 후 왼쪽 도형은 좌우 대칭하고, [기본 도형]-[정육면체]는 좌우 대칭합니다.
- [사각형]-[모서리가 둥근 직사각형]은 [두께]-[2¼pt]/[대시]-[파선]을 선택합니다.
- [블록 화살표]-[왼쪽/오른쪽/위쪽 화살표]는 모양 조절 핸들을 이용하여 모양을 조정합니다.
- [순서도]-[저장 데이터]는 복사한 후 오른쪽 도형은 좌우 대칭합니다.
- [블록 화살표]-[원형 화살표]는 모양 조절 핸들을 이용하여 모양을 조정한 후 회전시킵니다.
- 첫 번째 SmartArt 그래픽은 [프로세스형]-[분기 화살표형]을 선택하고, [색 변경]-[색상형 범위 - 강조색 2 또는 3]을 지정한 후 도형을 추가합니다.
- 두 번째 SmartArt 그래픽은 [관계형]-[평형 화살표형]을 선택하고, [색 변경]-[색상형 - 강조색]을 지정합니다.

출제 유형 문제

• **예제 파일** : 유형 분석 07₩유형 06_문제.pptx / • **완성 파일** : 유형 분석 07₩유형 06_완성.pptx

05 문제지의 지시사항과 세부조건을 참조하여 《출력형태》에 맞게 작업하시오.

(1) 슬라이드와 같이 도형 및 스마트아트를 배치한다(글꼴 : 굴림, 18pt).

(2) 애니메이션 순서 : ① ⇒ ②

세부조건

① 도형 및 스마트아트 편집
- 스마트아트 디자인 : 3차원 벽돌, 3차원 만화
- 그룹화 후 애니메이션 효과 : 바운드

② 도형 편집
- 그룹화 후 애니메이션 효과 : 나누기(세로 바깥쪽으로)

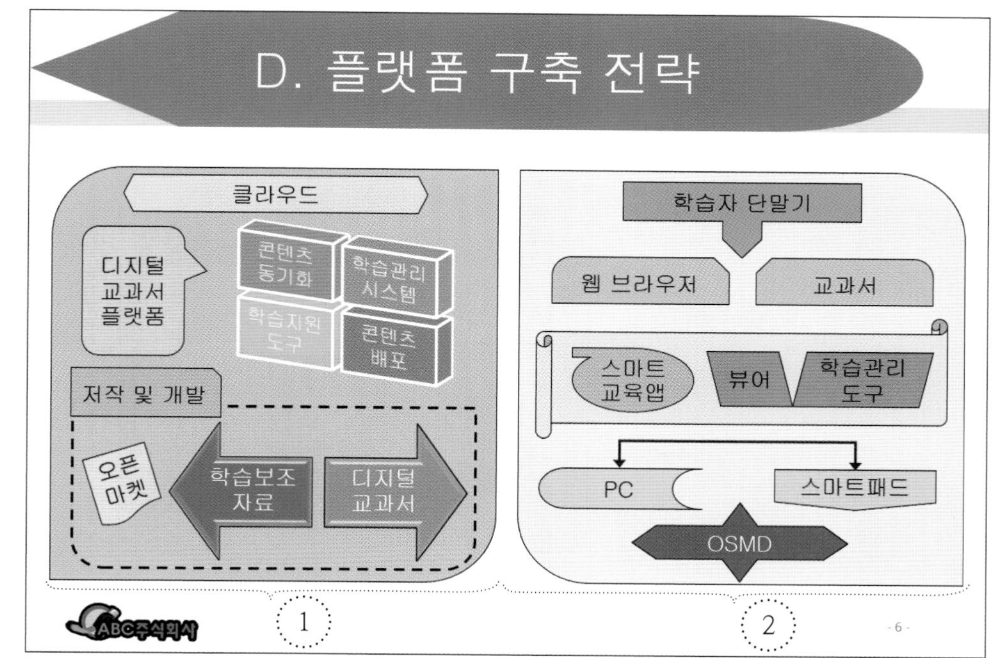

Hint

- [사각형]-[대각선 방향의 모서리가 둥근 사각형]은 복사한 후 오른쪽 도형은 상하 대칭합니다.
- [설명선]-[모서리가 둥근 사각형 설명선]은 모양 조절 핸들을 이용하여 모양을 조정합니다.
- 첫 번째 SmartArt 그래픽은 [목록형]-[기본 블록 목록형]을 선택하고, [색 변경]-[색상형 - 강조색]을 지정한 후 임의의 도형을 하나 삭제합니다.
- [사각형]-[양쪽 모서리가 둥근 사각형]은 [두께]-[2¼pt]/[대시]-[파선]을 선택하고, 좌우 대칭합니다.
- [순서도]-[문서]는 회전 핸들을 이용하여 왼쪽으로 회전시킵니다.
- 두 번째 SmartArt 그래픽은 [관계형]-[분기 화살표형]을 선택하고, [색 변경]-[강조 1 - 투명 그라데이션 범위 - 강조 1]을 지정합니다.
- [블록 화살표]-[오른쪽 화살표 설명선]은 모양 조절 핸들을 이용하여 모양을 조정합니다.
- [사각형]-[한쪽 모서리는 잘리고 다른 쪽 모서리는 둥근 사각형]은 복사한 후 오른쪽 도형은 좌우 대칭합니다.
- [순서도]-[순차적 액세스 저장소]는 상하 대칭/좌우 대칭합니다.
- [순서도]-[데이터]는 복사한 후 왼쪽 도형은 좌우 대칭합니다.
- [블록 화살표]-[오각형]은 모양 조절 핸들을 이용하여 모양을 조정합니다.
- [선]-[꺾인 화살표 연결선]은 [두께]-[2¼pt]/[대시]-[실선]/[화살표]-[화살표 스타일 7]을 선택합니다.
- [블록 화살표]-[왼쪽/오른쪽/위쪽/아래쪽 설명선]은 모양 조절 핸들을 이용하여 모양을 조정합니다.

출제 유형 문제

• **예제 파일** : 유형 분석 07₩유형 07_문제.pptx / • **완성 파일** : 유형 분석 07₩유형 07_완성.pptx

06 문제지의 지시사항과 세부조건을 참조하여 《출력형태》에 맞게 작업하시오.

(1) 슬라이드와 같이 도형 및 스마트아트를 배치한다(글꼴 : 굴림, 18pt).

(2) 애니메이션 순서 : ① ⇒ ②

세부조건

① 도형 및 스마트아트 편집
- 스마트아트 디자인 : 3차원 경사, 3차원 만화
- 그룹화 후 애니메이션 효과 : 나누기(세로 바깥쪽으로)

② 도형 편집
- 그룹화 후 애니메이션 효과 : 시계 방향 회전

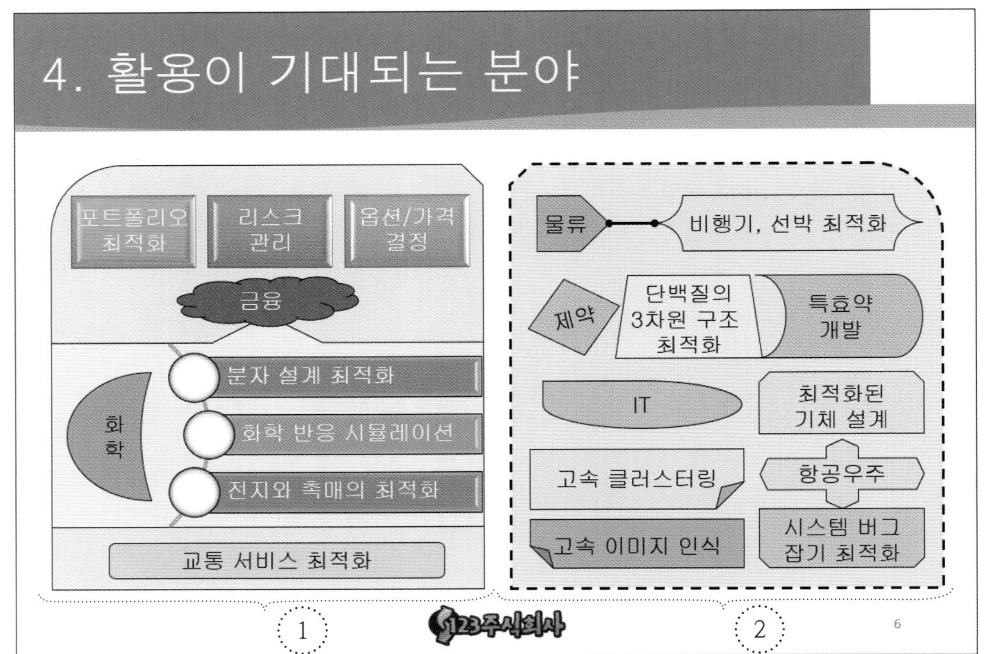

Hint

- [사각형]-[한쪽 모서리는 잘리고 다른 쪽 모서리는 둥근 사각형]은 복사한 후 오른쪽 도형은 좌우 대칭한 후 [두께]-[2¼pt]/[대시]-[파선]을 선택합니다.
- 첫 번째 SmartArt 그래픽은 [목록형]-[기본 블록 목록형]을 선택하고, [색 변경]-[색상형 범위 - 강조색 2 또는 3]을 지정한 후 임의의 도형을 삭제합니다.
- [블록 화살표]-[오른쪽 화살표 설명선]은 모양 조절 핸들을 이용하여 모양을 조정합니다.
- 두 번째 SmartArt 그래픽은 [목록형]-[세로 곡선 목록형]을 선택하고, [색 변경]-[색상형 범위 - 강조색 5 또는 6]을 지정합니다.
- [기본 도형]-[배지]는 모양 조절 핸들을 이용하여 모양을 조정합니다.
- [기본 도형]-[다이아몬드]는 회전 핸들을 이용하여 왼쪽으로 회전시킵니다.
- [순서도]-[저장 데이터]는 좌우 대칭합니다.
- [기본 도형]-[눈물 방울]은 좌우 대칭합니다.
- [기본 도형]-[모서리가 접힌 도형]은 복사한 후 아래쪽 도형은 좌우 대칭합니다.
- [블록 화살표]-[왼쪽/오른쪽/위쪽/아래쪽 설명선]은 모양 조절 핸들을 이용하여 모양을 조정합니다.
- [사각형]-[양쪽 모서리가 잘린 사각형]은 상하 대칭합니다.

PART 02

Information Technology Qualification

실전모의고사

제 01 회 실전모의고사 (MS 오피스)

과목	코드	문제유형	시험시간	수험번호	성명
한글파워포인트	1142	A	60분		

수험자 유의사항

- 수험자는 문제지를 받는 즉시 문제지와 **수험표상의 시험과목(프로그램)이 동일한지 반드시 확인**하여야 합니다.
- 파일명은 본인의 "수험번호-성명"으로 입력하여 답안폴더(내 PC₩문서₩ITQ)에 하나의 파일로 저장해야 하며, 답안문서 파일명이 "수험번호-성명"과 일치하지 않거나, 답안파일을 전송하지 않아 미제출로 처리될 경우 실격 처리합니다(예:12345678-홍길동.pptx).
- 답안 작성을 마치면 파일을 저장하고, '답안 전송' 버튼을 선택하여 감독위원 PC로 답안을 전송하십시오. 수험생 정보와 저장한 파일명이 다를 경우 전송되지 않으므로 주의하시기 바랍니다.
- 답안 작성 중에도 **주기적으로 저장하고, '답안 전송'**하여야 문제 발생을 줄일 수 있습니다. 작업한 내용을 저장하지 않고 전송할 경우 이전에 저장된 내용이 전송되오니 이점 유의하시기 바랍니다.
- 답안문서는 지정된 경로 외의 다른 보조기억장치에 저장하는 경우, 지정된 시험 시간 외에 작성된 파일을 활용할 경우, 기타 통신수단(이메일, 메신저, 네트워크 등)을 이용하여 타인에게 전달 또는 외부 반출하는 경우는 부정 처리합니다.
- 시험 중 부주의 또는 고의로 시스템을 파손한 경우는 수험자가 변상해야 하며, 〈수험자 유의사항〉에 기재된 방법대로 이행하지 않아 생기는 불이익은 수험생 당사자의 책임임을 알려 드립니다.
- 문제의 조건은 MS오피스 2016 버전으로 설정되어 있으니 유의하시기 바랍니다.
- 시험을 완료한 수험자는 답안파일이 전송되었는지 확인한 후 감독위원의 지시에 따라 문제지를 제출하고 퇴실합니다.

답안 작성요령

- 온라인 답안 작성 절차
  수험자 등록 ➡ 시험 시작 ➡ 답안파일 저장 ➡ 답안 전송 ➡ 시험 종료
- 슬라이드의 크기는 A4 Paper로 설정하여 작성합니다.
- 슬라이드의 총 개수는 6개로 구성되어 있으며 슬라이드 1부터 순서대로 작업하고 반드시 문제와 세부 조건대로 합니다.
- 별도의 지시사항이 없는 경우 출력형태를 참조하여 글꼴색은 검정 또는 흰색으로 작성하고, 기타사항은 전체적인 균형을 고려하여 작성합니다.
- 슬라이드 도형 및 개체에 출력형태와 다른 스타일(그림자, 외곽선 등)을 적용했을 경우 감점 처리됩니다.
- 슬라이드 번호를 작성합니다(슬라이드 1에는 생략).
- 2~6번 슬라이드 제목 도형과 하단 로고는 슬라이드 마스터를 이용하여 출력형태와 동일하게 작성합니다(슬라이드 1에는 생략).
- 문제와 세부조건, 세부조건 번호 ◌ (점선원)는 입력하지 않습니다.
- 각 개체의 위치는 오른쪽의 슬라이드와 동일하게 구성합니다.
- 그림 삽입 문제의 경우 반드시 「내 PC₩문서₩ITQ₩Picture」 폴더에서 정확한 파일을 선택하여 삽입하십시오.
- 각 슬라이드를 각각의 파일로 작업해서 저장할 경우 실격 처리됩니다.

전체구성 (60점)

(1) 슬라이드 크기 및 순서 : 크기를 A4 용지로 설정하고 슬라이드 순서에 맞게 작성한다.

(2) 슬라이드 마스터 : 2~6 슬라이드의 제목, 하단 로고, 슬라이드 번호는 슬라이드 마스터를 이용하여 작성한다.

- 제목 글꼴(돋움, 40pt, 흰색), 가운데 맞춤, 도형(선 없음)
- 하단 로고(「내 PC₩문서₩ITQ₩Picture₩로고3.jpg」 배경(연보라) 투명색으로 설정)

슬라이드 1 ≪표지 디자인≫ (40점)

(1) 표지 디자인 : 도형, 워드아트 및 그림을 이용하여 작성한다.

세부조건

① 도형 편집
- 도형에 그림 채우기 : 「내 PC₩문서₩ITQ₩Picture₩그림1.jpg」, 투명도 50%
- 도형 효과 : 부드러운 가장자리 5 포인트

② 워드아트 삽입
- 변환 : 삼각형
- 글꼴 : 돋움, 굵게
- 텍스트 반사 : 근접 반사, 4pt 오프셋

③ 그림 삽입
- 「내 PC₩문서₩ITQ₩Picture₩로고3.jpg」
- 배경(연보라) 투명색으로 설정

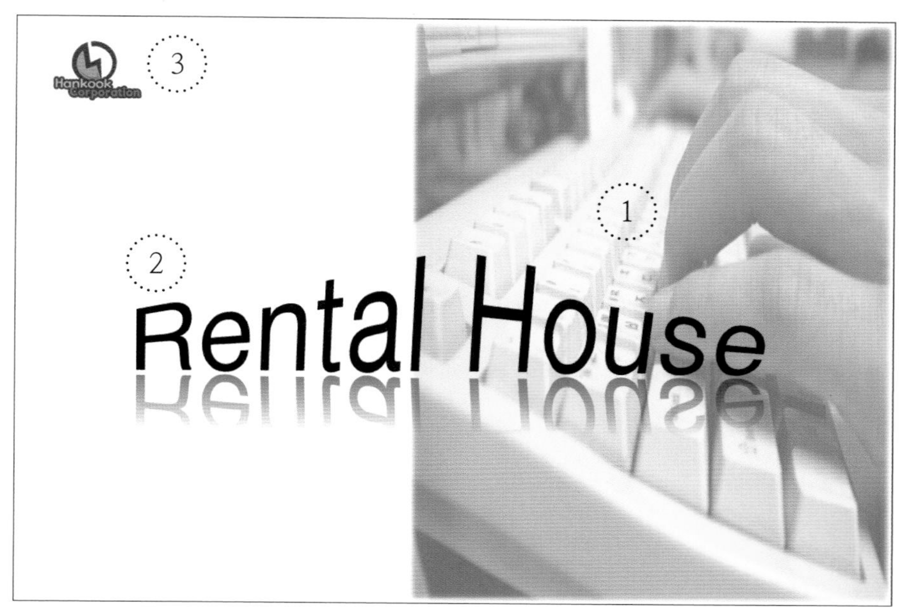

슬라이드 2 ≪목차 슬라이드≫ (60점)

(1) 출력형태와 같이 도형을 이용하여 목차를 작성한다(글꼴 : 굴림, 24pt).

(2) 도형 : 선 없음

세부조건

① 텍스트에 하이퍼링크 적용
→ '슬라이드 3'

② 그림 삽입
- 「내 PC₩문서₩ITQ₩Picture₩그림4.jpg」
- 자르기 기능 이용

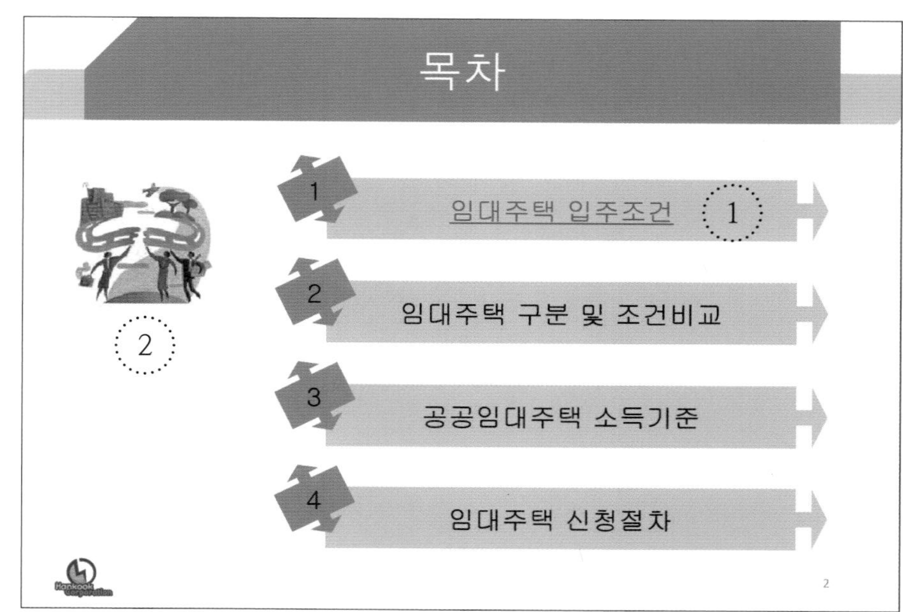

슬라이드 3 ≪텍스트/동영상 슬라이드≫ (60점)

(1) 텍스트 작성 : 글머리 기호 사용(✔, ❖)

✔문단(굴림, 24pt, 굵게, 줄 간격 : 1.5줄), ❖문단(굴림, 20pt, 줄 간격 : 1.5줄)

세부조건

① 동영상 삽입 :
- 「내 PC₩문서₩ITQ₩Picture₩동영상.wmv」
- 자동 실행, 반복 재생 설정

1. 임대주택 입주조건

✓ Rental housing classification

❖Housing supplied for the purpose of conversion to apartments after rental or rental, divided into private rental housing according to the Special Act on Public Rental Housing and Private Rental Housing

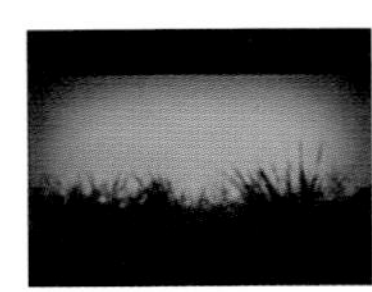

1

✓ 입주조건

❖임대주택 건설 최초공고일 1년 전부터 입주 시까지 무주택자

❖임대주택 건설지역의 거주자로 전용면적 15평 이하인 경우 월평균 소득이 전년도의 도시근로자 평균소득 이하

3

슬라이드 4 ≪표 슬라이드≫ (80점)

(1) 도형과 표 작성 기능을 이용하여 슬라이드를 작성한다(글꼴 : 돋움, 18pt).

세부조건

① 상단 도형 :
2개 도형의 조합으로 작성

② 좌측 도형 :
그라데이션 효과(선형 아래쪽)

③ 표 스타일 :
테마 스타일 1 – 강조 6

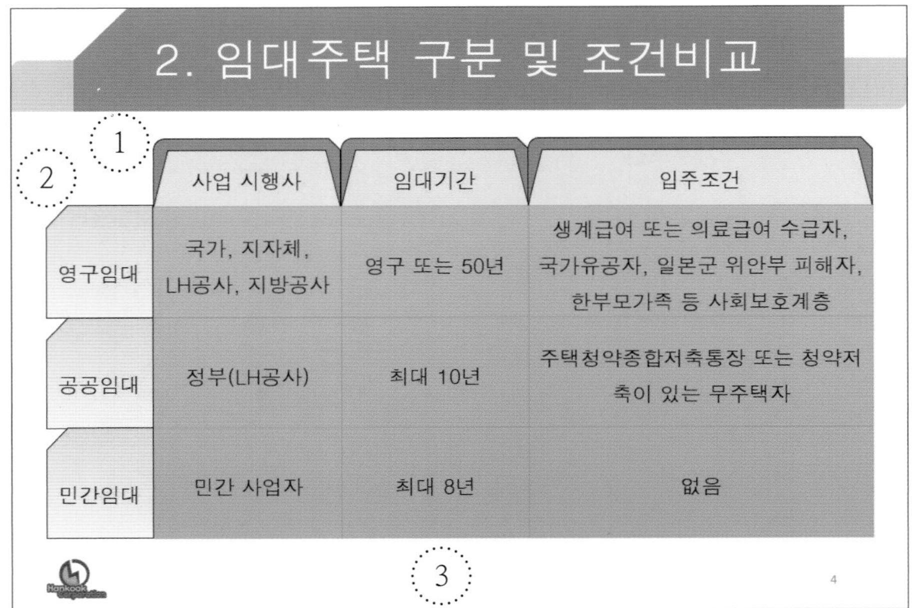

	사업 시행사	임대기간	입주조건
영구임대	국가, 지자체, LH공사, 지방공사	영구 또는 50년	생계급여 또는 의료급여 수급자, 국가유공자, 일본군 위안부 피해자, 한부모가족 등 사회보호계층
공공임대	정부(LH공사)	최대 10년	주택청약종합저축통장 또는 청약저축이 있는 무주택자
민간임대	민간 사업자	최대 8년	없음

슬라이드 5 ≪차트 슬라이드≫ (100점)

(1) 차트 작성 기능을 이용하여 슬라이드를 작성한다.

(2) 차트 : 종류(묶은 세로 막대형), 글꼴(굴림, 16pt), 외곽선

세부조건

※ 차트 설명

- 차트 제목 : 굴림, 24pt, 굵게, 채우기(흰색), 테두리, 그림자(오프셋 대각선 왼쪽 위)
- 차트 영역 : 채우기(노랑)
  그림 영역 : 채우기(흰색)
- 데이터 서식 : 노부모, 다자녀 계열을 표식이 있는 꺾은선형으로 변경 후 보조 축으로 지정
- 값 표시 : 노부모, 다자녀 계열만

① 도형 삽입
 – 스타일 :
 미세 효과 – 파랑, 강조 1
 – 글꼴 : 돋움, 18pt

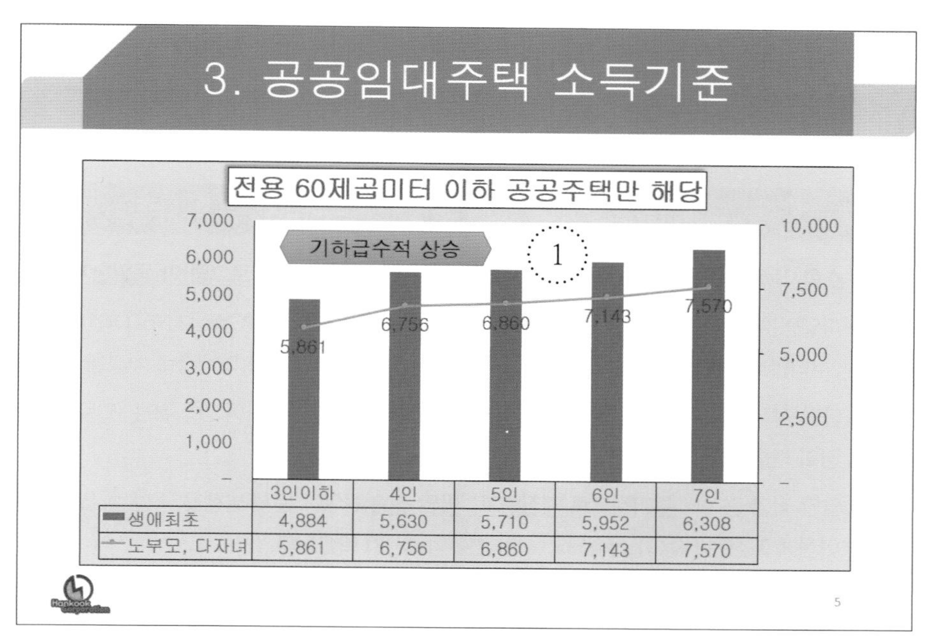

슬라이드 6 ≪도형 슬라이드≫ (100점)

(1) 슬라이드와 같이 도형 및 스마트아트를 배치한다(글꼴 : 굴림, 18pt).

(2) 애니메이션 순서 : ① ⇒ ②

세부조건

① 도형 편집
 – 그룹화 후 애니메이션 효과 :
 나누기(세로 바깥쪽으로)

② 도형 및 스마트아트 편집
 – 스마트아트 디자인 :
 3차원 만화, 3차원 경사
 – 그룹화 후 애니메이션 효과 :
 밝기 변화

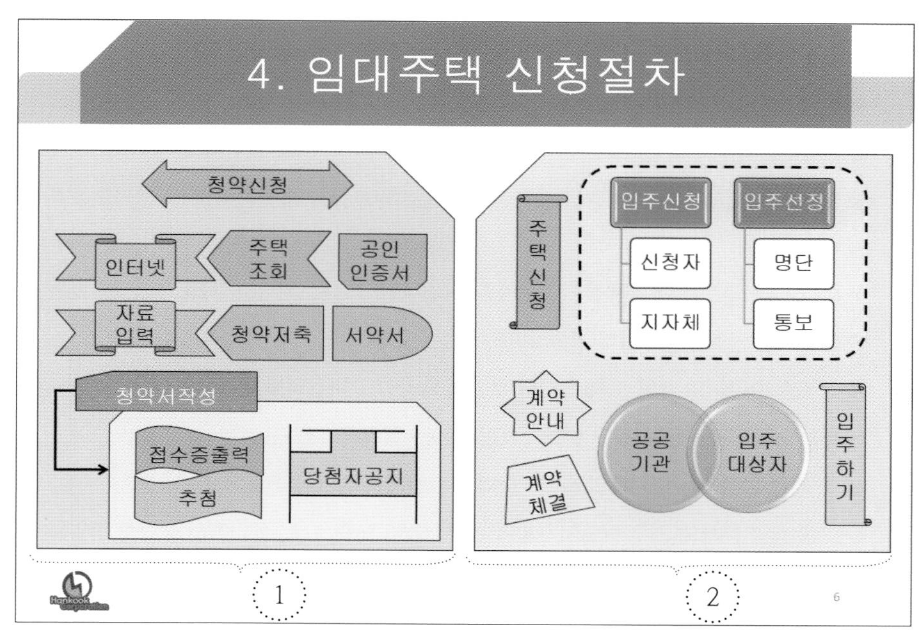

제 02 회 실전모의고사 (MS 오피스)

과목	코드	문제유형	시험시간	수험번호	성명
한글파워포인트	1142	B	60분		

수험자 유의사항

- 수험자는 문제지를 받는 즉시 문제지와 **수험표상의 시험과목(프로그램)이 동일한지 반드시 확인**하여야 합니다.
- 파일명은 본인의 "수험번호-성명"으로 입력하여 답안폴더(내 PC₩문서₩ITQ)에 하나의 파일로 저장해야 하며, 답안문서 파일명이 "수험번호-성명"과 일치하지 않거나, 답안파일을 전송하지 않아 미제출로 처리될 경우 실격 처리합니다(예:12345678-홍길동.pptx).
- 답안 작성을 마치면 파일을 저장하고, '답안 전송' 버튼을 선택하여 감독위원 PC로 답안을 전송하십시오. 수험생 정보와 저장한 파일명이 다를 경우 전송되지 않으므로 주의하시기 바랍니다.
- 답안 작성 중에도 **주기적으로 저장하고, '답안 전송'**하여야 문제 발생을 줄일 수 있습니다. 작업한 내용을 저장하지 않고 전송할 경우 이전에 저장된 내용이 전송되오니 이점 유의하시기 바랍니다.
- 답안문서는 지정된 경로 외의 다른 보조기억장치에 저장하는 경우, 지정된 시험 시간 외에 작성된 파일을 활용할 경우, 기타 통신수단(이메일, 메신저, 네트워크 등)을 이용하여 타인에게 전달 또는 외부 반출하는 경우는 부정 처리합니다.
- 시험 중 부주의 또는 고의로 시스템을 파손한 경우는 수험자가 변상해야 하며, 〈수험자 유의사항〉에 기재된 방법대로 이행하지 않아 생기는 불이익은 수험생 당사자의 책임임을 알려 드립니다.
- 문제의 조건은 MS오피스 2016 버전으로 설정되어 있으니 유의하시기 바랍니다.
- 시험을 완료한 수험자는 답안파일이 전송되었는지 확인한 후 감독위원의 지시에 따라 문제지를 제출하고 퇴실합니다.

답안 작성요령

- 온라인 답안 작성 절차
  수험자 등록 ➡ 시험 시작 ➡ 답안파일 저장 ➡ 답안 전송 ➡ 시험 종료
- 슬라이드의 크기는 A4 Paper로 설정하여 작성합니다.
- 슬라이드의 총 개수는 6개로 구성되어 있으며 슬라이드 1부터 순서대로 작업하고 반드시 문제와 세부 조건대로 합니다.
- 별도의 지시사항이 없는 경우 출력형태를 참조하여 글꼴색은 검정 또는 흰색으로 작성하고, 기타사항은 전체적인 균형을 고려하여 작성합니다.
- 슬라이드 도형 및 개체에 출력형태와 다른 스타일(그림자, 외곽선 등)을 적용했을 경우 감점 처리됩니다.
- 슬라이드 번호를 작성합니다(슬라이드 1에는 생략).
- 2~6번 슬라이드 제목 도형과 하단 로고는 슬라이드 마스터를 이용하여 출력형태와 동일하게 작성합니다(슬라이드 1에는 생략).
- 문제와 세부조건, 세부조건 번호 ◌ (점선원)는 입력하지 않습니다.
- 각 개체의 위치는 오른쪽의 슬라이드와 동일하게 구성합니다.
- 그림 삽입 문제의 경우 반드시 「내 PC₩문서₩ITQ₩Picture」 폴더에서 정확한 파일을 선택하여 삽입하십시오.
- 각 슬라이드를 각각의 파일로 작업해서 저장할 경우 실격 처리됩니다.

전체구성 (60점)

(1) 슬라이드 크기 및 순서 : 크기를 A4 용지로 설정하고 슬라이드 순서에 맞게 작성한다.

(2) 슬라이드 마스터 : 2~6 슬라이드의 제목, 하단 로고, 슬라이드 번호는 슬라이드 마스터를 이용하여 작성한다.

- 제목 글꼴(돋움, 40pt, 흰색), 왼쪽 맞춤, 도형(선 없음)
- 하단 로고(「내 PC₩문서₩ITQ₩Picture₩로고2.jpg」배경(회색) 투명색으로 설정)

슬라이드 1 ≪표지 디자인≫ (40점)

(1) 표지 디자인 : 도형, 워드아트 및 그림을 이용하여 작성한다.

세부조건

① 도형 편집
- 도형에 그림 채우기 : 「내 PC₩문서₩ITQ₩Picture₩그림2.jpg」, 투명도 50%
- 도형 효과 : 부드러운 가장자리 5 포인트

② 워드아트 삽입
- 변환 : 갈매기형 수장
- 글꼴 : 돋움, 굵게
- 텍스트 반사 : 근접 반사, 8pt 오프셋

③ 그림 삽입
- 「내 PC₩문서₩ITQ₩Picture₩로고2.jpg」
- 배경(회색) 투명색으로 설정

슬라이드 2 ≪목차 슬라이드≫ (60점)

(1) 출력형태와 같이 도형을 이용하여 목차를 작성한다(글꼴 : 굴림, 24pt).

(2) 도형 : 선 없음

세부조건

① 텍스트에 하이퍼링크 적용
→ '슬라이드 5'

② 그림 삽입
- 「내 PC₩문서₩ITQ₩Picture₩그림5.jpg」
- 자르기 기능 이용

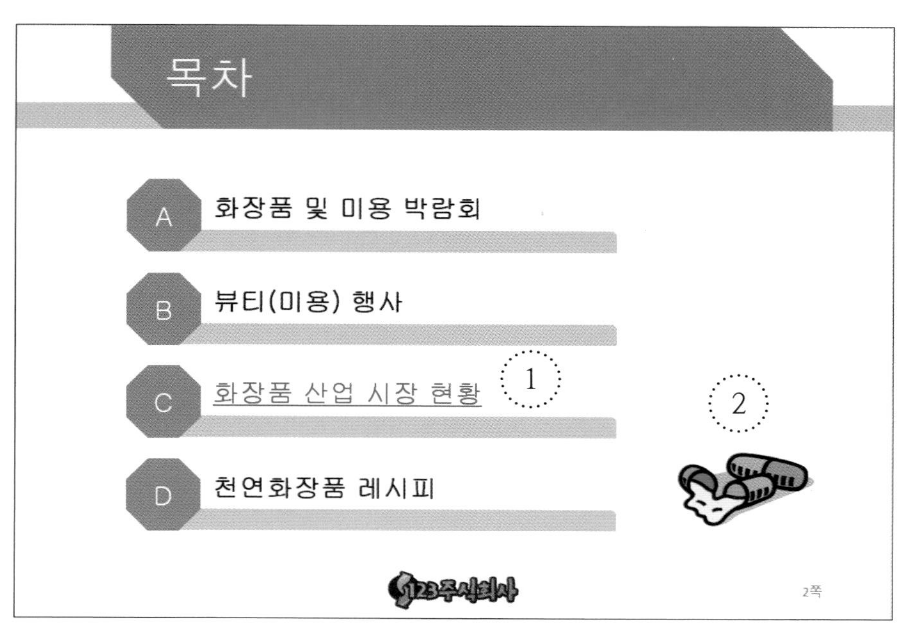

슬라이드 3 ≪텍스트/동영상 슬라이드≫ (60점)

(1) 텍스트 작성 : 글머리 기호 사용(◆, ✓)

◆문단(굴림, 24pt, 굵게, 줄 간격 : 1.5줄), ✓문단(굴림, 20pt, 줄 간격 : 1.5줄)

세부조건

① 동영상 삽입 :
- 「내 PC₩문서₩ITQ₩Picture₩동영상.wmv」
- 자동 실행, 반복 재생 설정

A. 화장품 및 미용 박람회

- ◆ **General Information**
  - ✓General beauty expo is embracing professionalism and publicity
  - ✓Trend expo is presenting a variety of beauty markets in consideration of age, gender and generation beyond women-focused industry

1

- ◆ **박람회 소개**
  - ✓전문성과 대중성을 모두 갖춘 화장품과 미용 산업 분야의 대표 전문 박람회로 출품업체와 참가자를 모두 만족시키며 출품업체의 니즈에 부합하는 타깃 바이어 모집

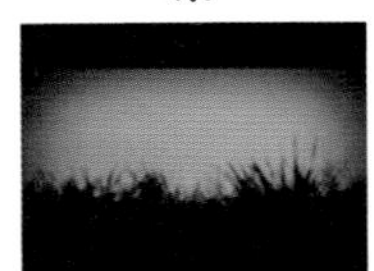

123주식회사

3쪽

슬라이드 4 ≪표 슬라이드≫ (80점)

(1) 도형과 표 작성 기능을 이용하여 슬라이드를 작성한다(글꼴 : 돋움, 18pt).

세부조건

① 상단 도형 :
2개 도형의 조합으로 작성

② 좌측 도형 :
그라데이션 효과(선형 아래쪽)

③ 표 스타일 :
테마 스타일 1 – 강조 2

	시간	내용	장소
4. 18(토)	10:00~12:00	트렌드 컬렉션 어워드	전시장 내 제2행사장
	13:00~15:00	전통머리 전시회 및 세미나	전시장 내 제1행사장
	15:00~17:00	국제 미용 대회	전시장 내 제2행사장
4. 19(일)	09:00~12:00	네일 페스티벌	3층 E홀 전관
	13:00~17:00	메이크업 및 헤어쇼	전시장 내 제1행사장

슬라이드 5 ≪차트 슬라이드≫ (100점)

(1) 차트 작성 기능을 이용하여 슬라이드를 작성한다.

(2) 차트 : 종류(묶은 세로 막대형), 글꼴(돋움, 16pt), 외곽선

세부조건

※ 차트 설명

- 차트 제목 : 돋움, 24pt, 굵게, 채우기(흰색), 테두리, 그림자(오프셋 위쪽)
- 차트 영역 : 채우기(노랑)
  그림 영역 : 채우기(흰색)
- 데이터 서식 : 수입 계열을 표식이 있는 꺾은선형으로 변경 후 보조 축으로 지정
- 값 표시 : 2016년의 수출 계열만

① 도형 삽입
- 스타일 :
  미세 효과 – 파랑, 강조 5
- 글꼴 : 돋움, 18pt

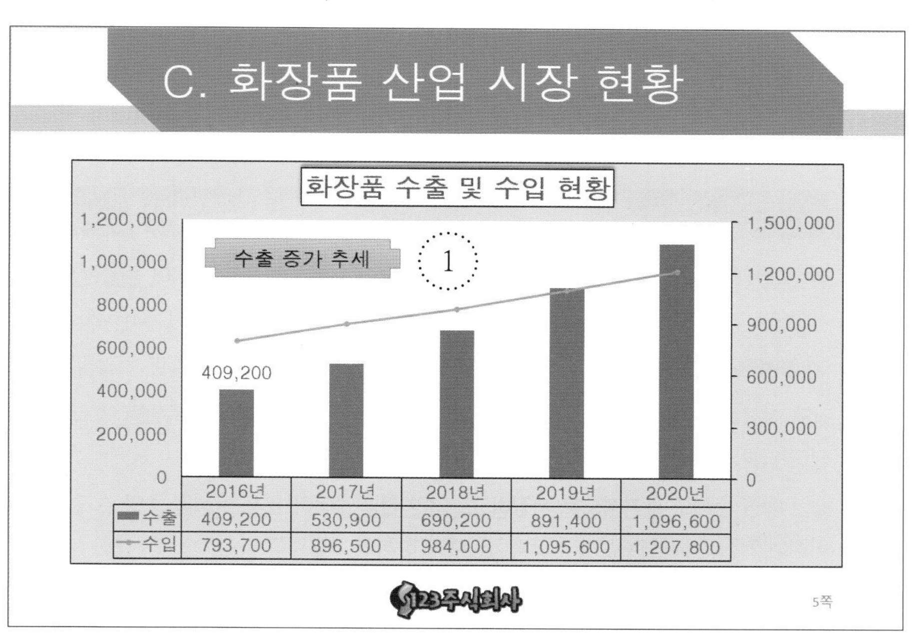

슬라이드 6 ≪도형 슬라이드≫ (100점)

(1) 슬라이드와 같이 도형 및 스마트아트를 배치한다(글꼴 : 굴림, 18pt).

(2) 애니메이션 순서 : ① ⇒ ②

세부조건

① 도형 및 스마트아트 편집
- 스마트아트 디자인 :
  강한 효과, 3차원 만화
- 그룹화 후 애니메이션 효과 :
  실선 무늬(세로)

② 도형 편집
- 그룹화 후 애니메이션 효과 :
  시계 방향 회전

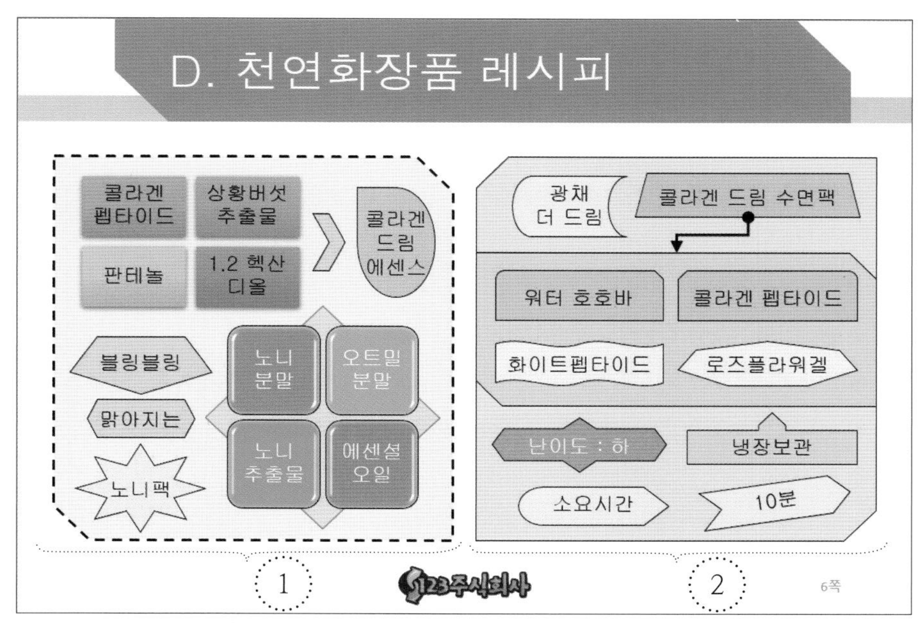

제 03 회 실전모의고사 (MS 오피스)

과목	코드	문제유형	시험시간	수험번호	성명
한글파워포인트	1142	C	60분		

수험자 유의사항

- 수험자는 문제지를 받는 즉시 문제지와 **수험표상의 시험과목(프로그램)이 동일한지 반드시 확인**하여야 합니다.
- 파일명은 본인의 "수험번호-성명"으로 입력하여 답안폴더(내 PC₩문서₩ITQ)에 하나의 파일로 저장해야 하며, 답안문서 파일명이 "수험번호-성명"과 일치하지 않거나, 답안파일을 전송하지 않아 미제출로 처리될 경우 실격 처리합니다(예:12345678-홍길동.pptx).
- 답안 작성을 마치면 파일을 저장하고, '답안 전송' 버튼을 선택하여 감독위원 PC로 답안을 전송하십시오. 수험생 정보와 저장한 파일명이 다를 경우 전송되지 않으므로 주의하시기 바랍니다.
- 답안 작성 중에도 **주기적으로 저장하고, '답안 전송'**하여야 문제 발생을 줄일 수 있습니다. 작업한 내용을 저장하지 않고 전송할 경우 이전에 저장된 내용이 전송되오니 이점 유의하시기 바랍니다.
- 답안문서는 지정된 경로 외의 다른 보조기억장치에 저장하는 경우, 지정된 시험 시간 외에 작성된 파일을 활용할 경우, 기타 통신수단(이메일, 메신저, 네트워크 등)을 이용하여 타인에게 전달 또는 외부 반출하는 경우는 부정 처리합니다.
- 시험 중 부주의 또는 고의로 시스템을 파손한 경우는 수험자가 변상해야 하며, 〈수험자 유의사항〉에 기재된 방법대로 이행하지 않아 생기는 불이익은 수험생 당사자의 책임임을 알려 드립니다.
- 문제의 조건은 MS오피스 2016 버전으로 설정되어 있으니 유의하시기 바랍니다.
- 시험을 완료한 수험자는 답안파일이 전송되었는지 확인한 후 감독위원의 지시에 따라 문제지를 제출하고 퇴실합니다.

답안 작성요령

- 온라인 답안 작성 절차
  수험자 등록 ➡ 시험 시작 ➡ 답안파일 저장 ➡ 답안 전송 ➡ 시험 종료
- 슬라이드의 크기는 A4 Paper로 설정하여 작성합니다.
- 슬라이드의 총 개수는 6개로 구성되어 있으며 슬라이드 1부터 순서대로 작업하고 반드시 문제와 세부 조건대로 합니다.
- 별도의 지시사항이 없는 경우 출력형태를 참조하여 글꼴색은 검정 또는 흰색으로 작성하고, 기타사항은 전체적인 균형을 고려하여 작성합니다.
- 슬라이드 도형 및 개체에 출력형태와 다른 스타일(그림자, 외곽선 등)을 적용했을 경우 감점 처리됩니다.
- 슬라이드 번호를 작성합니다(슬라이드 1에는 생략).
- 2~6번 슬라이드 제목 도형과 하단 로고는 슬라이드 마스터를 이용하여 출력형태와 동일하게 작성합니다(슬라이드 1에는 생략).
- 문제와 세부조건, 세부조건 번호 ◌ (점선원)는 입력하지 않습니다.
- 각 개체의 위치는 오른쪽의 슬라이드와 동일하게 구성합니다.
- 그림 삽입 문제의 경우 반드시 「내 PC₩문서₩ITQ₩Picture」 폴더에서 정확한 파일을 선택하여 삽입하십시오.
- 각 슬라이드를 각각의 파일로 작업해서 저장할 경우 실격 처리됩니다.

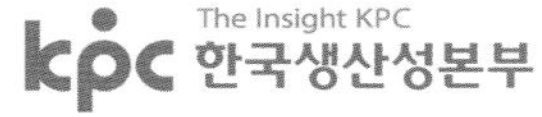

전체구성 (60점)

(1) 슬라이드 크기 및 순서 : 크기를 A4 용지로 설정하고 슬라이드 순서에 맞게 작성한다.

(2) 슬라이드 마스터 : 2~6 슬라이드의 제목, 하단 로고, 슬라이드 번호는 슬라이드 마스터를 이용하여 작성한다.

- 제목 글꼴(돋움, 40pt, 흰색), 가운데 맞춤, 도형(선 없음)
- 하단 로고(「내 PC₩문서₩ITQ₩Picture₩로고1.jpg」배경(회색) 투명색으로 설정)

슬라이드 1 ≪표지 디자인≫ (40점)

(1) 표지 디자인 : 도형, 워드아트 및 그림을 이용하여 작성한다.

세부조건

① 도형 편집
- 도형에 그림 채우기 : 「내 PC₩문서₩ITQ₩Picture₩그림3.jpg」, 투명도 50%
- 도형 효과 : 부드러운 가장자리 5 포인트

② 워드아트 삽입
- 변환 : 위쪽 수축
- 글꼴 : 돋움, 굵게
- 텍스트 반사 : 1/2 반사, 터치

③ 그림 삽입
- 「내 PC₩문서₩ITQ₩Picture₩로고1.jpg」
- 배경(회색) 투명색으로 설정

슬라이드 2 ≪목차 슬라이드≫ (60점)

(1) 출력형태와 같이 도형을 이용하여 목차를 작성한다(글꼴 : 돋움, 24pt).

(2) 도형 : 선 없음

세부조건

① 텍스트에 하이퍼링크 적용 → '슬라이드 6'

② 그림 삽입
- 「내 PC₩문서₩ITQ₩Picture₩그림4.jpg」
- 자르기 기능 이용

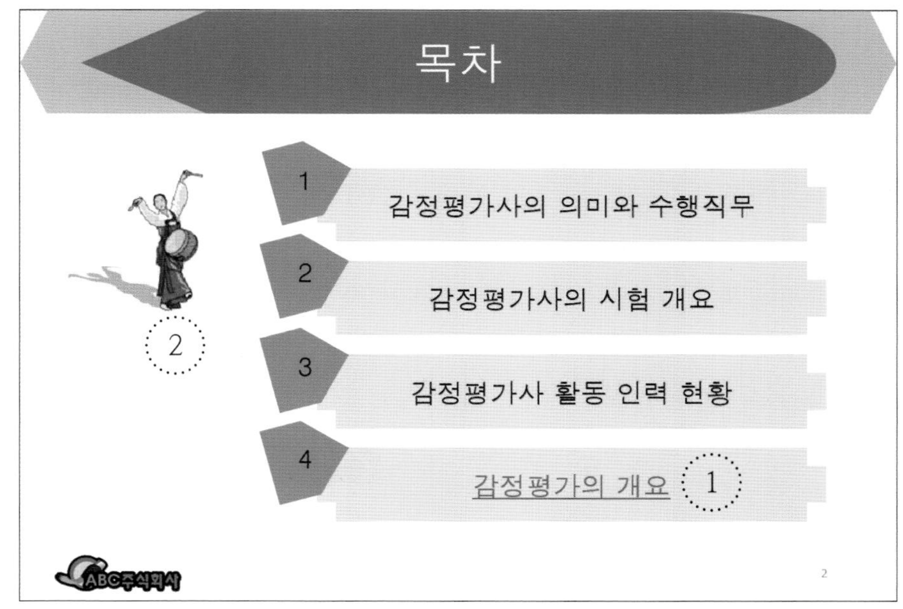

슬라이드 3 ≪텍스트/동영상 슬라이드≫ (60점)

(1) 텍스트 작성 : 글머리 기호 사용(➢, ■)

➢문단(굴림, 24pt, 굵게, 줄 간격 : 1.5줄), ■문단(굴림, 20pt, 줄 간격 : 1.5줄)

세부조건

① 동영상 삽입 :
- 「내 PC₩문서₩ITQ₩Picture₩동영상.wmv」
- 자동 실행, 반복 재생 설정

감정평가사의 의미와 수행직무

➢ Real estate appraisal

- ■ Real estate appraisal, property valuation or land valuation is the practice of developing an opinion of the value of real property, usually its Market Value

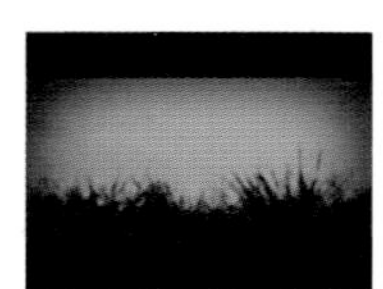

1

➢ 감정평가사의 수행직무

- ■ 정부에서 매년 고시하는 공시지가와 관련된 표준지의 조사평가
- ■ 금융기관, 보험회사, 신탁회사의 의뢰와 관련된 토지 및 동산에 대한 평가, 기업체 등의 의뢰와 관련된 자산의 재평가

3

슬라이드 4 ≪표 슬라이드≫ (80점)

(1) 도형과 표 작성 기능을 이용하여 슬라이드를 작성한다(글꼴 : 돋움, 18pt).

세부조건

① 상단 도형 :
2개 도형의 조합으로 작성

② 좌측 도형 :
그라데이션 효과(선형 아래쪽)

③ 표 스타일 :
테마 스타일 1 – 강조 5

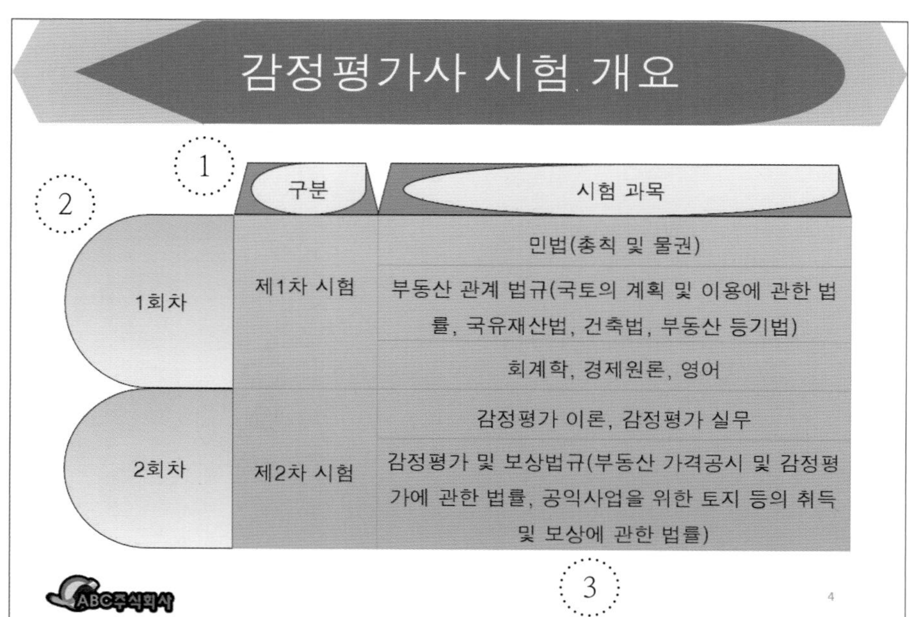

구분	시험 과목
제1차 시험	민법(총칙 및 물권)
	부동산 관계 법규(국토의 계획 및 이용에 관한 법률, 국유재산법, 건축법, 부동산 등기법)
	회계학, 경제원론, 영어
제2차 시험	감정평가 이론, 감정평가 실무
	감정평가 및 보상법규(부동산 가격공시 및 감정평가에 관한 법률, 공익사업을 위한 토지 등의 취득 및 보상에 관한 법률)

슬라이드 5 ≪차트 슬라이드≫ (100점)

(1) 차트 작성 기능을 이용하여 슬라이드를 작성한다.

(2) 차트 : 종류(묶은 세로 막대형), 글꼴(돋움, 16pt), 외곽선

세부조건

※ 차트 설명

- 차트 제목 : 궁서, 24pt, 굵게, 채우기(흰색), 테두리, 그림자(오프셋 대각선 오른쪽 아래)
- 차트 영역 : 채우기(노랑)
  그림 영역 : 채우기(흰색)
- 데이터 서식 : 미국 계열을 표식이 있는 꺾은선형으로 변경 후 보조 축으로 지정
- 값 표시 : 2020년의 미국 계열만

① 도형 삽입
- 스타일 :
  미세 효과 – 녹색, 강조 6
- 글꼴 : 돋움, 18pt

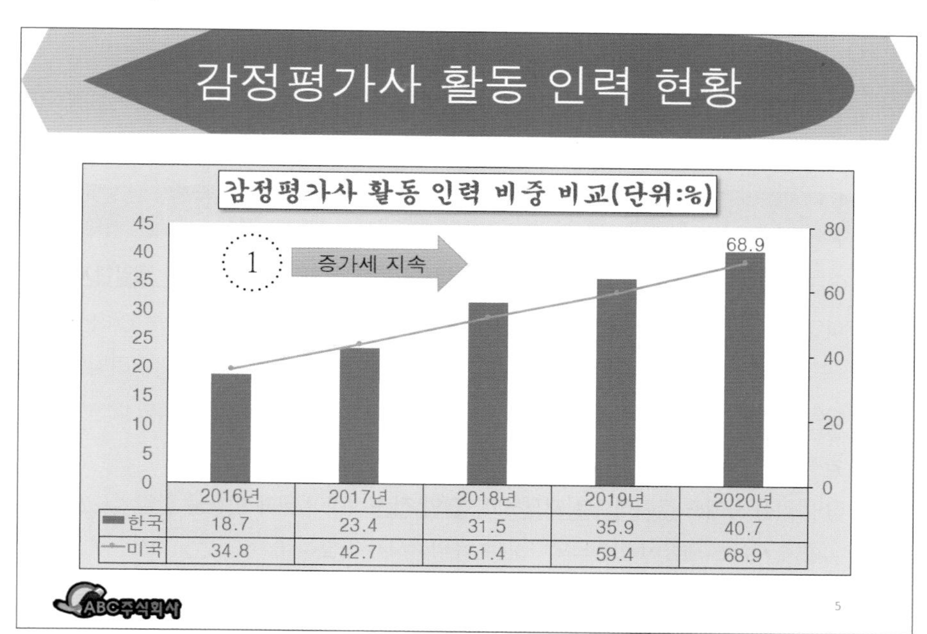

슬라이드 6 ≪도형 슬라이드≫ (100점)

(1) 슬라이드와 같이 도형 및 스마트아트를 배치한다(글꼴 : 굴림, 18pt).

(2) 애니메이션 순서 : ① ⇒ ②

세부조건

① 도형 편집
- 그룹화 후 애니메이션 효과 :
  올라오기(떠오르며 내려가기)

② 도형 및 스마트아트 편집
- 스마트아트 디자인 :
  3차원 만화, 3차원 경사
- 그룹화 후 애니메이션 효과 :
  나타내기

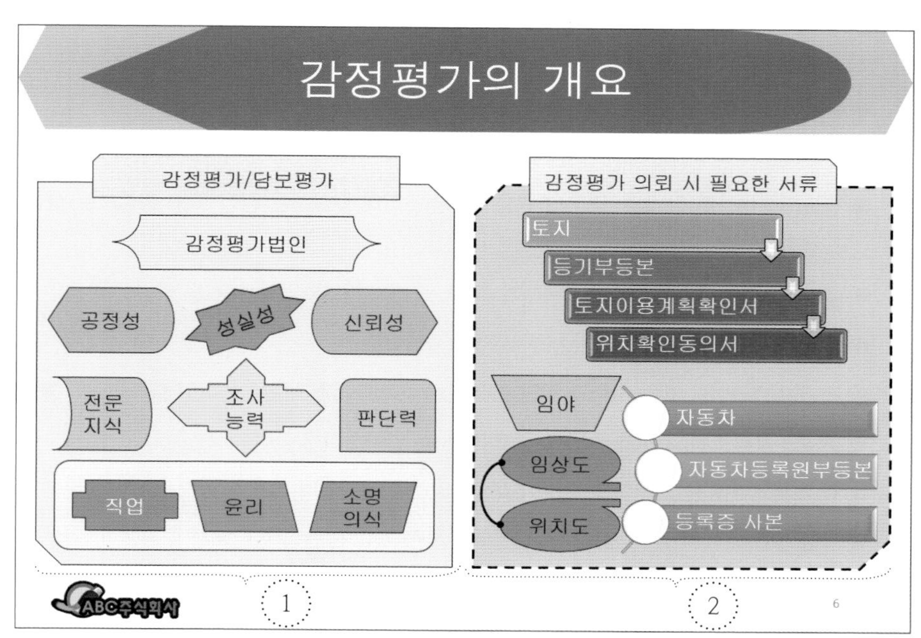

제 04 회 실전모의고사 (MS 오피스)

과목	코드	문제유형	시험시간	수험번호	성명
한글파워포인트	1142	D	60분		

수험자 유의사항

- 수험자는 문제지를 받는 즉시 문제지와 **수험표상의 시험과목(프로그램)이 동일한지 반드시 확인**하여야 합니다.
- 파일명은 본인의 "수험번호-성명"으로 입력하여 답안폴더(내 PC₩문서₩ITQ)에 하나의 파일로 저장해야 하며, 답안문서 파일명이 "수험번호-성명"과 일치하지 않거나, 답안파일을 전송하지 않아 미제출로 처리될 경우 실격 처리합니다(예:12345678-홍길동.pptx).
- 답안 작성을 마치면 파일을 저장하고, '답안 전송' 버튼을 선택하여 감독위원 PC로 답안을 전송하십시오. 수험생 정보와 저장한 파일명이 다를 경우 전송되지 않으므로 주의하시기 바랍니다.
- 답안 작성 중에도 **주기적으로 저장하고, '답안 전송'**하여야 문제 발생을 줄일 수 있습니다. 작업한 내용을 저장하지 않고 전송할 경우 이전에 저장된 내용이 전송되오니 이점 유의하시기 바랍니다.
- 답안문서는 지정된 경로 외의 다른 보조기억장치에 저장하는 경우, 지정된 시험 시간 외에 작성된 파일을 활용할 경우, 기타 통신수단(이메일, 메신저, 네트워크 등)을 이용하여 타인에게 전달 또는 외부 반출하는 경우는 부정 처리합니다.
- 시험 중 부주의 또는 고의로 시스템을 파손한 경우는 수험자가 변상해야 하며, 〈수험자 유의사항〉에 기재된 방법대로 이행하지 않아 생기는 불이익은 수험생 당사자의 책임임을 알려 드립니다.
- 문제의 조건은 MS오피스 2016 버전으로 설정되어 있으니 유의하시기 바랍니다.
- 시험을 완료한 수험자는 답안파일이 전송되었는지 확인한 후 감독위원의 지시에 따라 문제지를 제출하고 퇴실합니다.

답안 작성요령

- 온라인 답안 작성 절차
  수험자 등록 ➡ 시험 시작 ➡ 답안파일 저장 ➡ 답안 전송 ➡ 시험 종료
- 슬라이드의 크기는 A4 Paper로 설정하여 작성합니다.
- 슬라이드의 총 개수는 6개로 구성되어 있으며 슬라이드 1부터 순서대로 작업하고 반드시 문제와 세부 조건대로 합니다.
- 별도의 지시사항이 없는 경우 출력형태를 참조하여 글꼴색은 검정 또는 흰색으로 작성하고, 기타사항은 전체적인 균형을 고려하여 작성합니다.
- 슬라이드 도형 및 개체에 출력형태와 다른 스타일(그림자, 외곽선 등)을 적용했을 경우 감점 처리됩니다.
- 슬라이드 번호를 작성합니다(슬라이드 1에는 생략).
- 2~6번 슬라이드 제목 도형과 하단 로고는 슬라이드 마스터를 이용하여 출력형태와 동일하게 작성합니다(슬라이드 1에는 생략).
- 문제와 세부조건, 세부조건 번호 ◌ (점선원)는 입력하지 않습니다.
- 각 개체의 위치는 오른쪽의 슬라이드와 동일하게 구성합니다.
- 그림 삽입 문제의 경우 반드시「내 PC₩문서₩ITQ₩Picture」폴더에서 정확한 파일을 선택하여 삽입하십시오.
- 각 슬라이드를 각각의 파일로 작업해서 저장할 경우 실격 처리됩니다.

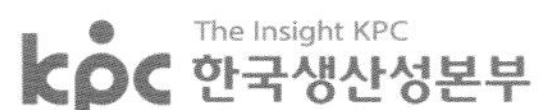

전체구성 (60점)

(1) 슬라이드 크기 및 순서 : 크기를 A4 용지로 설정하고 슬라이드 순서에 맞게 작성한다.

(2) 슬라이드 마스터 : 2~6 슬라이드의 제목, 하단 로고, 슬라이드 번호는 슬라이드 마스터를 이용하여 작성한다.

- 제목 글꼴(맑은 고딕, 40pt, 흰색), 왼쪽 맞춤, 도형(선 없음)
- 하단 로고(「내 PC₩문서₩ITQ₩Picture₩로고3.jpg」배경(연보라) 투명색으로 설정)

슬라이드 1 ≪표지 디자인≫ (40점)

(1) 표지 디자인 : 도형, 워드아트 및 그림을 이용하여 작성한다.

세부조건

① 도형 편집
- 도형에 그림 채우기 : 「내 PC₩문서₩ITQ₩Picture₩그림1.jpg」, 투명도 50%
- 도형 효과 : 부드러운 가장자리 5 포인트

② 워드아트 삽입
- 변환 : 원통 위
- 글꼴 : 돋움, 굵게
- 텍스트 반사 : 근접 반사, 터치

③ 그림 삽입
- 「내 PC₩문서₩ITQ₩Picture₩로고3.jpg」
- 배경(연보라) 투명색으로 설정

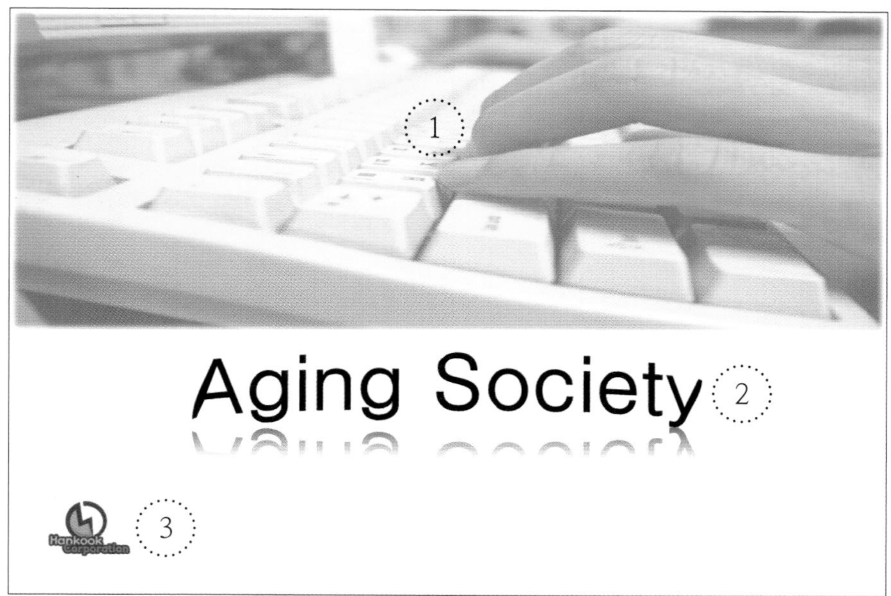

슬라이드 2 ≪목차 슬라이드≫ (60점)

(1) 출력형태와 같이 도형을 이용하여 목차를 작성한다(글꼴 : 굴림, 24pt).

(2) 도형 : 선 없음

세부조건

① 텍스트에 하이퍼링크 적용 → '슬라이드 5'

② 그림 삽입
- 「내 PC₩문서₩ITQ₩Picture₩그림5.jpg」
- 자르기 기능 이용

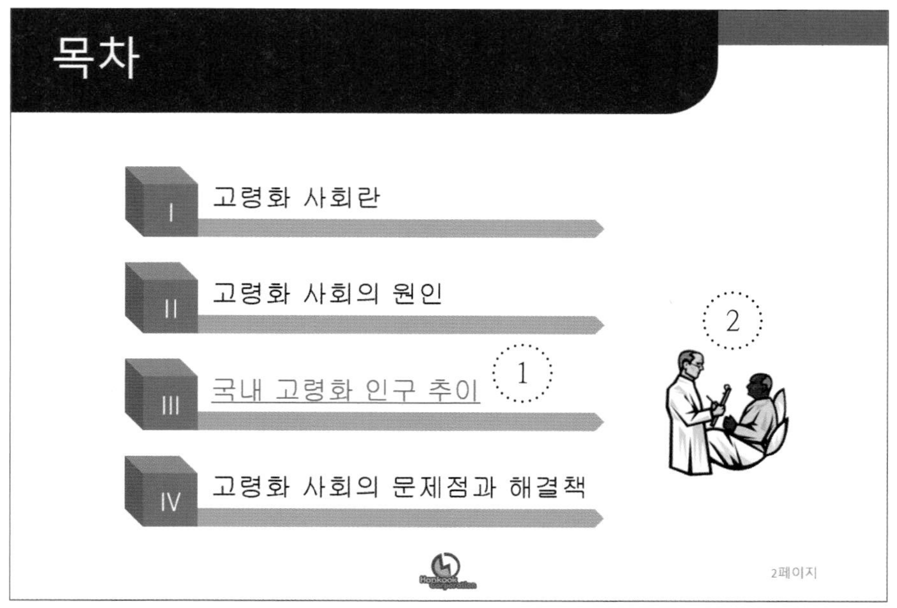

슬라이드 3 ≪텍스트/동영상 슬라이드≫ (60점)

(1) 텍스트 작성 : 글머리 기호 사용(➢, ■)

➢문단(굴림, 24pt, 굵게, 줄 간격 : 1.5줄), ■문단(굴림, 20pt, 줄 간격 : 1.5줄)

세부조건

① 동영상 삽입 :
- 「내 PC₩문서₩ITQ₩Picture₩동영상.wmv」
- 자동 실행, 반복 재생 설정

고령화 사회란

- ➢ Aging society
  - ▪ The proportion of the elderly population is significantly higher compared to other societies
  - ▪ As the average life expectancy increases, it progresses into an aging society

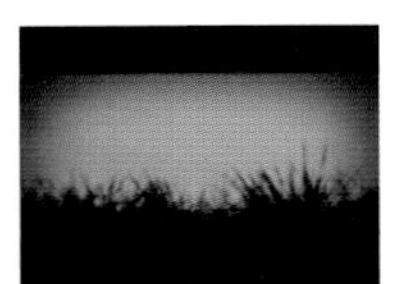

- ➢ 고령화 사회
  - ▪ 다른 사회와 비교할 때 노령인구의 비율이 현저히 높아가는 사회로 대한민국을 포함한 일부 국가에서는 의학의 발달, 생활수준과 환경의 개선으로 평균수명이 높아지면서 고령화 사회로 진행

3페이지

슬라이드 4 ≪표 슬라이드≫ (80점)

(1) 도형과 표 작성 기능을 이용하여 슬라이드를 작성한다(글꼴 : 돋움, 18pt).

세부조건

① 상단 도형 :
2개 도형의 조합으로 작성

② 좌측 도형 :
그라데이션 효과(선형 아래쪽)

③ 표 스타일 :
테마 스타일 1 – 강조 1

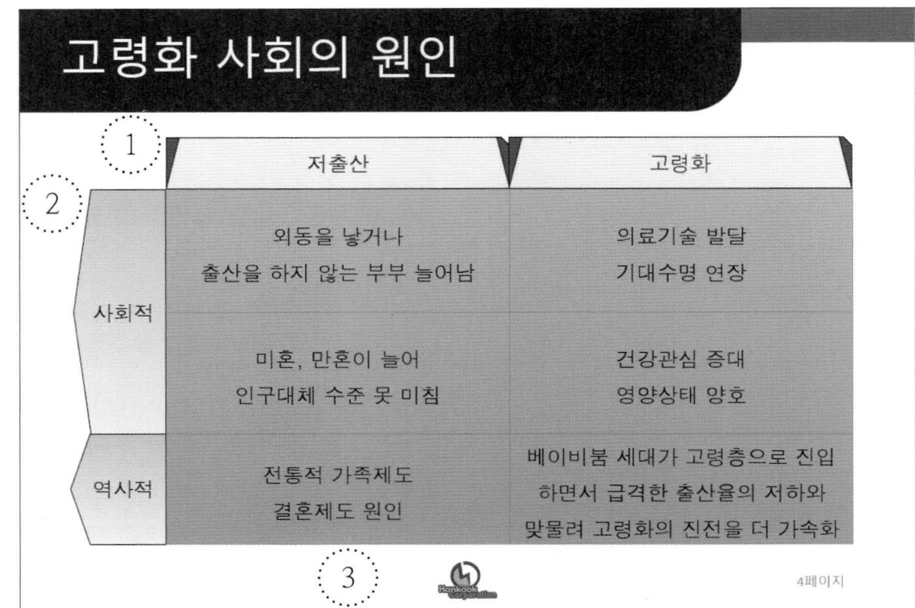

슬라이드 5 ≪차트 슬라이드≫ (100점)

(1) 차트 작성 기능을 이용하여 슬라이드를 작성한다.

(2) 차트 : 종류(묶은 세로 막대형), 글꼴(돋움, 16pt), 외곽선

세부조건

※ 차트 설명
- 차트 제목 : 궁서, 24pt, 굵게, 채우기(흰색), 테두리, 그림자(오프셋 대각선 왼쪽 아래)
- 차트 영역 : 채우기(노랑)
  그림 영역 : 채우기(흰색)
- 데이터 서식 : 전체 인구 중 비율 계열을 표식이 있는 꺾은선형으로 변경 후 보조 축으로 지정
- 값 표시 : 2020년의 전체 인구 중 비율 계열만

① 도형 삽입
- 스타일 :
  미세 효과 – 주황, 강조 2
- 글꼴 : 굴림, 18pt

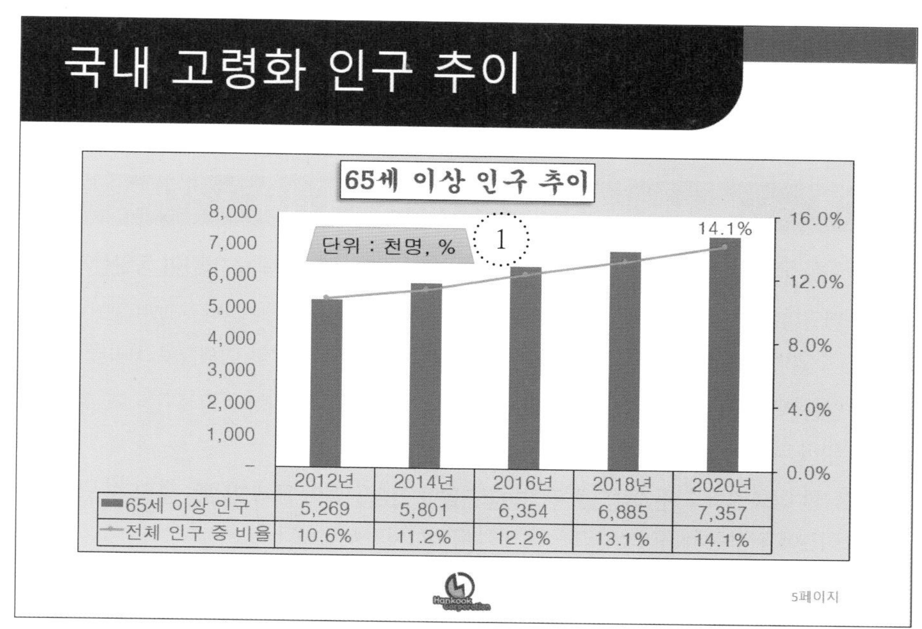

슬라이드 6 ≪도형 슬라이드≫ (100점)

(1) 슬라이드와 같이 도형 및 스마트아트를 배치한다(글꼴 : 굴림, 18pt).

(2) 애니메이션 순서 : ① ⇒ ②

세부조건

① 도형 및 스마트아트 편집
- 스마트아트 디자인 :
  3차원 만화, 3차원 광택 처리
- 그룹화 후 애니메이션 효과 :
  밝기 변화

② 도형 편집
- 그룹화 후 애니메이션 효과 :
  실선 무늬(세로)

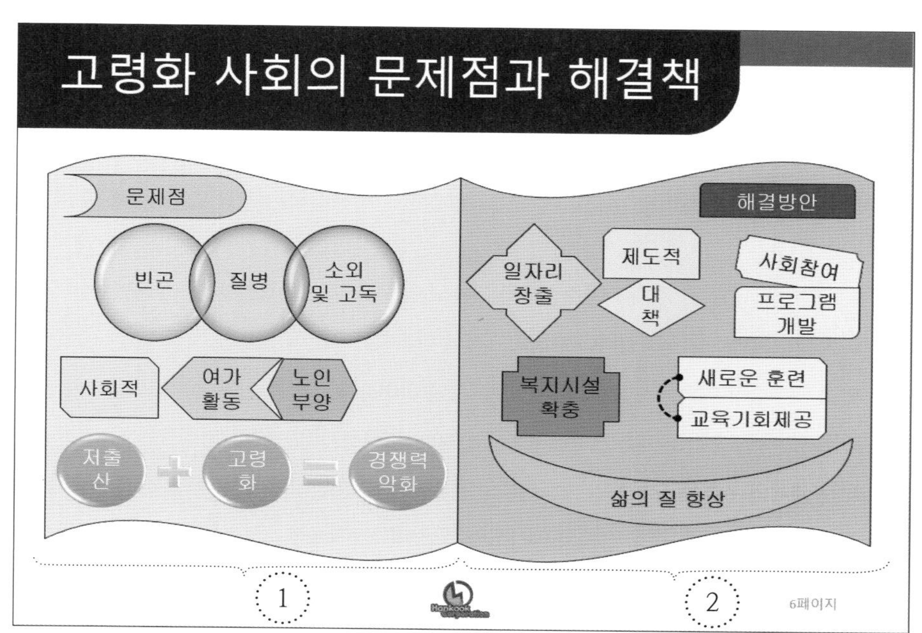

제 05 회 실전모의고사 (MS 오피스)

과목	코드	문제유형	시험시간	수험번호	성명
한글파워포인트	1142	E	60분		

수험자 유의사항

- 수험자는 문제지를 받는 즉시 문제지와 **수험표상의 시험과목(프로그램)이 동일한지 반드시 확인**하여야 합니다.
- 파일명은 본인의 "수험번호-성명"으로 입력하여 답안폴더(내 PC₩문서₩ITQ)에 하나의 파일로 저장해야 하며, 답안문서 파일명이 "수험번호-성명"과 일치하지 않거나, 답안파일을 전송하지 않아 미제출로 처리될 경우 실격 처리합니다(예:12345678-홍길동.pptx).
- 답안 작성을 마치면 파일을 저장하고, '답안 전송' 버튼을 선택하여 감독위원 PC로 답안을 전송하십시오. 수험생 정보와 저장한 파일명이 다를 경우 전송되지 않으므로 주의하시기 바랍니다.
- 답안 작성 중에도 **주기적으로 저장하고, '답안 전송'**하여야 문제 발생을 줄일 수 있습니다. 작업한 내용을 저장하지 않고 전송할 경우 이전에 저장된 내용이 전송되오니 이점 유의하시기 바랍니다.
- 답안문서는 지정된 경로 외의 다른 보조기억장치에 저장하는 경우, 지정된 시험 시간 외에 작성된 파일을 활용할 경우, 기타 통신수단(이메일, 메신저, 네트워크 등)을 이용하여 타인에게 전달 또는 외부 반출하는 경우는 부정 처리합니다.
- 시험 중 부주의 또는 고의로 시스템을 파손한 경우는 수험자가 변상해야 하며, 〈수험자 유의사항〉에 기재된 방법대로 이행하지 않아 생기는 불이익은 수험생 당사자의 책임임을 알려 드립니다.
- 문제의 조건은 MS오피스 2016 버전으로 설정되어 있으니 유의하시기 바랍니다.
- 시험을 완료한 수험자는 답안파일이 전송되었는지 확인한 후 감독위원의 지시에 따라 문제지를 제출하고 퇴실합니다.

답안 작성요령

- 온라인 답안 작성 절차
  수험자 등록 ➡ 시험 시작 ➡ 답안파일 저장 ➡ 답안 전송 ➡ 시험 종료
- 슬라이드의 크기는 A4 Paper로 설정하여 작성합니다.
- 슬라이드의 총 개수는 6개로 구성되어 있으며 슬라이드 1부터 순서대로 작업하고 반드시 문제와 세부 조건대로 합니다.
- 별도의 지시사항이 없는 경우 출력형태를 참조하여 글꼴색은 검정 또는 흰색으로 작성하고, 기타사항은 전체적인 균형을 고려하여 작성합니다.
- 슬라이드 도형 및 개체에 출력형태와 다른 스타일(그림자, 외곽선 등)을 적용했을 경우 감점 처리됩니다.
- 슬라이드 번호를 작성합니다(슬라이드 1에는 생략).
- 2~6번 슬라이드 제목 도형과 하단 로고는 슬라이드 마스터를 이용하여 출력형태와 동일하게 작성합니다(슬라이드 1에는 생략).
- 문제와 세부조건, 세부조건 번호 ◌ (점선원)는 입력하지 않습니다.
- 각 개체의 위치는 오른쪽의 슬라이드와 동일하게 구성합니다.
- 그림 삽입 문제의 경우 반드시 「내 PC₩문서₩ITQ₩Picture」 폴더에서 정확한 파일을 선택하여 삽입하십시오.
- 각 슬라이드를 각각의 파일로 작업해서 저장할 경우 실격 처리됩니다.

전체구성 (60점)

(1) 슬라이드 크기 및 순서 : 크기를 A4 용지로 설정하고 슬라이드 순서에 맞게 작성한다.

(2) 슬라이드 마스터 : 2~6 슬라이드의 제목, 하단 로고, 슬라이드 번호는 슬라이드 마스터를 이용하여 작성한다.

- 제목 글꼴(돋움, 40pt, 흰색), 가운데 맞춤, 도형(선 없음)
- 하단 로고(「내 PC₩문서₩ITQ₩Picture₩로고1.jpg」 배경(회색) 투명색으로 설정)

슬라이드 1 ≪표지 디자인≫ (40점)

(1) 표지 디자인 : 도형, 워드아트 및 그림을 이용하여 작성한다.

세부조건

① 도형 편집
- 도형에 그림 채우기 : 「내 PC₩문서₩ITQ₩Picture₩그림2.jpg」, 투명도 50%
- 도형 효과 : 부드러운 가장자리 5 포인트

② 워드아트 삽입
- 변환 : 위로 계단식
- 글꼴 : 굴림, 굵게
- 텍스트 반사 : 1/2 반사, 4 pt 오프셋

③ 그림 삽입
- 「내 PC₩문서₩ITQ₩Picture₩로고1.jpg」
- 배경(회색) 투명색으로 설정

슬라이드 2 ≪목차 슬라이드≫ (60점)

(1) 출력형태와 같이 도형을 이용하여 목차를 작성한다(글꼴 : 돋움, 24pt).

(2) 도형 : 선 없음

세부조건

① 텍스트에 하이퍼링크 적용 → '슬라이드 4'

② 그림 삽입
- 「내 PC₩문서₩ITQ₩Picture₩그림4.jpg」
- 자르기 기능 이용

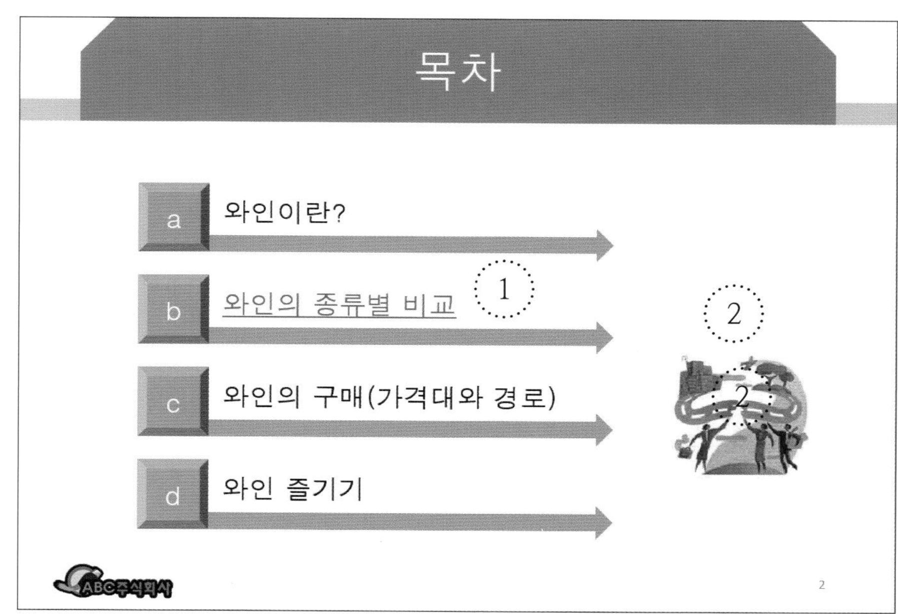

슬라이드 3 ≪텍스트/동영상 슬라이드≫ (60점)

(1) 텍스트 작성 : 글머리 기호 사용(●, ➢)

●문단(굴림, 24pt, 굵게, 줄 간격 : 1.5줄), ➢문단(굴림, 20pt, 줄 간격 : 1.5줄)

세부조건

① 동영상 삽입 :
- 「내 PC₩문서₩ITQ₩Picture₩동영상.wmv」
- 자동 실행, 반복 재생 설정

a. 와인이란?

● Wine

➢Wine is an alcoholic drink made from fermented grapes

➢Different varieties of grapes and strains of yeasts produce different styles of wine

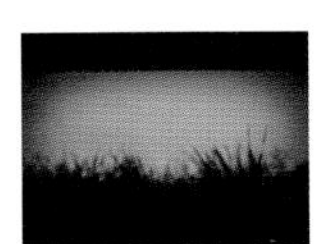

1

● 와인이란?

➢와인의 어원은 '술'이란 뜻의 라틴어 '비눔(Vinum)'에서 유래하였으며 포도과즙을 발효시켜 만든 포도주로 포도의 종류에 따라 주조방법이 다양함

3

슬라이드 4 ≪표 슬라이드≫ (80점)

(1) 도형과 표 작성 기능을 이용하여 슬라이드를 작성한다(글꼴 : 굴림, 18pt).

세부조건

① 상단 도형 :
2개 도형의 조합으로 작성

② 좌측 도형 :
그라데이션 효과(선형 아래쪽)

③ 표 스타일 :
테마 스타일 1 – 강조 6

b. 와인의 종류별 비교

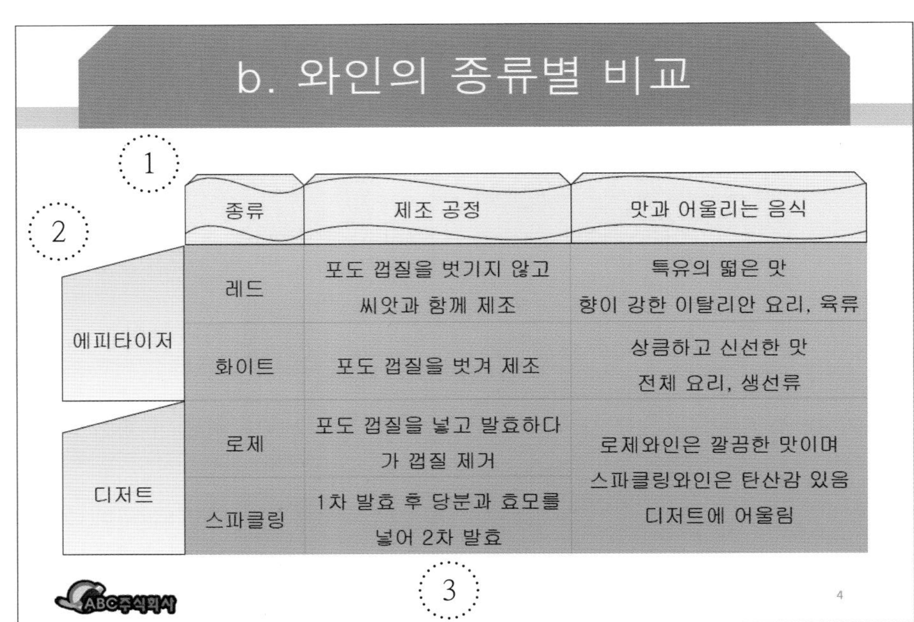

1

2

	종류	제조 공정	맛과 어울리는 음식
에피타이저	레드	포도 껍질을 벗기지 않고 씨앗과 함께 제조	특유의 떫은 맛 향이 강한 이탈리안 요리, 육류
	화이트	포도 껍질을 벗겨 제조	상큼하고 신선한 맛 전체 요리, 생선류
디저트	로제	포도 껍질을 넣고 발효하다가 껍질 제거	로제와인은 깔끔한 맛이며 스파클링와인은 탄산감 있음 디저트에 어울림
	스파클링	1차 발효 후 당분과 효모를 넣어 2차 발효	

3

ABC주식회사

4

슬라이드 5 ≪차트 슬라이드≫ (100점)

(1) 차트 작성 기능을 이용하여 슬라이드를 작성한다.

(2) 차트 : 종류(묶은 세로 막대형), 글꼴(돋움, 16pt), 외곽선

세부조건

※ 차트 설명

- 차트 제목 : 돋움, 24pt, 굵게, 채우기(흰색), 테두리, 그림자(오프셋 왼쪽)
- 차트 영역 : 채우기(노랑)
  그림 영역 : 채우기(흰색)
- 데이터 서식 : 구입경로 계열을 표식이 있는 꺾은선형으로 변경 후 보조 축으로 지정
- 값 표시 : 5만 이하(M)의 선호가격대 계열만

① 도형 삽입
- 스타일 : 미세 효과 – 녹색, 강조 6
- 글꼴 : 굴림, 18pt

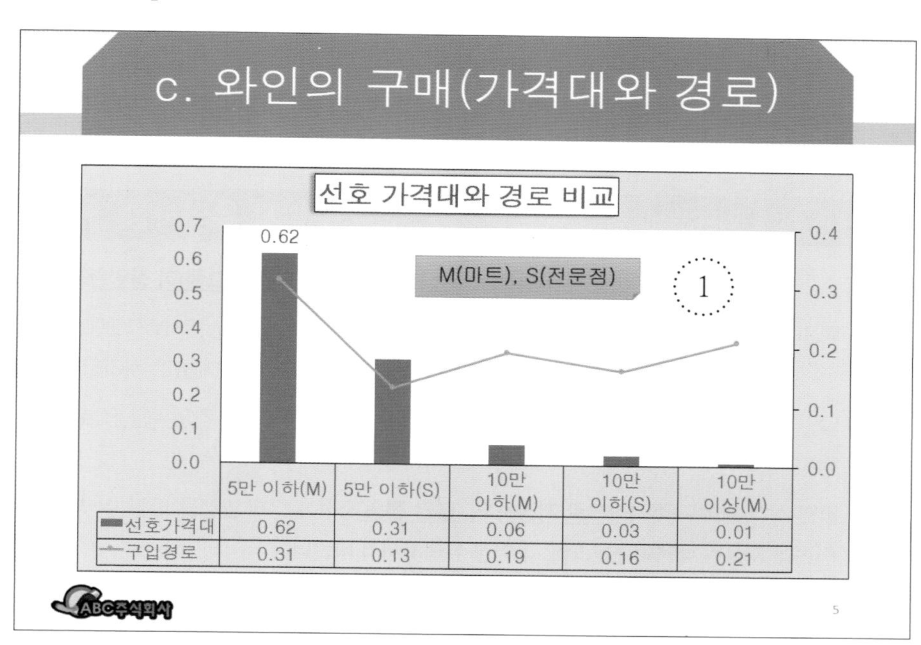

슬라이드 6 ≪도형 슬라이드≫ (100점)

(1) 슬라이드와 같이 도형 및 스마트아트를 배치한다(글꼴 : 굴림, 18pt).

(2) 애니메이션 순서 : ① ⇒ ②

세부조건

① 도형 및 스마트아트 편집
- 스마트아트 디자인 : 3차원 만화, 3차원 광택 처리
- 그룹화 후 애니메이션 효과 : 나누기(가로 바깥쪽으로)

② 도형 편집
- 그룹화 후 애니메이션 효과 : 바운드

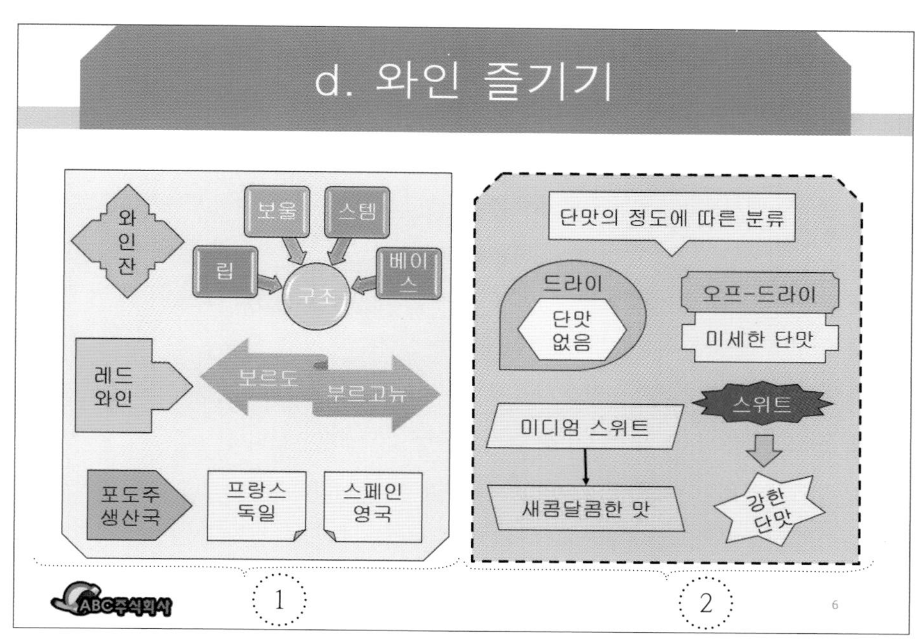

제 06 회 실전모의고사 (MS 오피스)

과목	코드	문제유형	시험시간	수험번호	성명
한글파워포인트	1142	A	60분		

수험자 유의사항

- 수험자는 문제지를 받는 즉시 문제지와 **수험표상의 시험과목(프로그램)이 동일한지 반드시 확인**하여야 합니다.
- 파일명은 본인의 "수험번호-성명"으로 입력하여 답안폴더(내 PC₩문서₩ITQ)에 하나의 파일로 저장해야 하며, 답안문서 파일명이 "수험번호-성명"과 일치하지 않거나, 답안파일을 전송하지 않아 미제출로 처리될 경우 실격 처리합니다(예:12345678-홍길동.pptx).
- 답안 작성을 마치면 파일을 저장하고, '답안 전송' 버튼을 선택하여 감독위원 PC로 답안을 전송하십시오. 수험생 정보와 저장한 파일명이 다를 경우 전송되지 않으므로 주의하시기 바랍니다.
- 답안 작성 중에도 **주기적으로 저장하고, '답안 전송'**하여야 문제 발생을 줄일 수 있습니다. 작업한 내용을 저장하지 않고 전송할 경우 이전에 저장된 내용이 전송되오니 이점 유의하시기 바랍니다.
- 답안문서는 지정된 경로 외의 다른 보조기억장치에 저장하는 경우, 지정된 시험 시간 외에 작성된 파일을 활용할 경우, 기타 통신수단(이메일, 메신저, 네트워크 등)을 이용하여 타인에게 전달 또는 외부 반출하는 경우는 부정 처리합니다.
- 시험 중 부주의 또는 고의로 시스템을 파손한 경우는 수험자가 변상해야 하며, 〈수험자 유의사항〉에 기재된 방법대로 이행하지 않아 생기는 불이익은 수험생 당사자의 책임임을 알려 드립니다.
- 문제의 조건은 MS오피스 2016 버전으로 설정되어 있으니 유의하시기 바랍니다.
- 시험을 완료한 수험자는 답안파일이 전송되었는지 확인한 후 감독위원의 지시에 따라 문제지를 제출하고 퇴실합니다.

답안 작성요령

- 온라인 답안 작성 절차
  수험자 등록 ➡ 시험 시작 ➡ 답안파일 저장 ➡ 답안 전송 ➡ 시험 종료
- 슬라이드의 크기는 A4 Paper로 설정하여 작성합니다.
- 슬라이드의 총 개수는 6개로 구성되어 있으며 슬라이드 1부터 순서대로 작업하고 반드시 문제와 세부 조건대로 합니다.
- 별도의 지시사항이 없는 경우 출력형태를 참조하여 글꼴색은 검정 또는 흰색으로 작성하고, 기타사항은 전체적인 균형을 고려하여 작성합니다.
- 슬라이드 도형 및 개체에 출력형태와 다른 스타일(그림자, 외곽선 등)을 적용했을 경우 감점 처리됩니다.
- 슬라이드 번호를 작성합니다(슬라이드 1에는 생략).
- 2~6번 슬라이드 제목 도형과 하단 로고는 슬라이드 마스터를 이용하여 출력형태와 동일하게 작성합니다(슬라이드 1에는 생략).
- 문제와 세부조건, 세부조건 번호 ◌ (점선원)는 입력하지 않습니다.
- 각 개체의 위치는 오른쪽의 슬라이드와 동일하게 구성합니다.
- 그림 삽입 문제의 경우 반드시 「내 PC₩문서₩ITQ₩Picture」 폴더에서 정확한 파일을 선택하여 삽입하십시오.
- 각 슬라이드를 각각의 파일로 작업해서 저장할 경우 실격 처리됩니다.

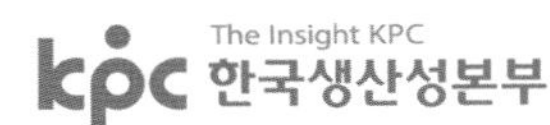

전체구성 (60점)

(1) 슬라이드 크기 및 순서 : 크기를 A4 용지로 설정하고 슬라이드 순서에 맞게 작성한다.

(2) 슬라이드 마스터 : 2~6 슬라이드의 제목, 하단 로고, 슬라이드 번호는 슬라이드 마스터를 이용하여 작성한다.

- 제목 글꼴(돋움, 40pt, 흰색), 왼쪽 맞춤, 도형(선 없음)
- 하단 로고(「내 PC₩문서₩ITQ₩Picture₩로고2.jpg」 배경(회색) 투명색으로 설정)

슬라이드 1 ≪표지 디자인≫ (40점)

(1) 표지 디자인 : 도형, 워드아트 및 그림을 이용하여 작성한다.

세부조건

① 도형 편집
- 도형에 그림 채우기 : 「내 PC₩문서₩ITQ₩Picture₩그림3.jpg」, 투명도 50%
- 도형 효과 : 부드러운 가장자리 5 포인트

② 워드아트 삽입
- 변환 : 역삼각형
- 글꼴 : 돋움, 굵게
- 텍스트 반사 : 1/2 반사, 터치

③ 그림 삽입
- 「내 PC₩문서₩ITQ₩Picture₩로고2.jpg」
- 배경(회색) 투명색으로 설정

슬라이드 2 ≪목차 슬라이드≫ (60점)

(1) 출력형태와 같이 도형을 이용하여 목차를 작성한다(글꼴 : 굴림, 24pt).

(2) 도형 : 선 없음

세부조건

① 텍스트에 하이퍼링크 적용 → '슬라이드 5'

② 그림 삽입
- 「내 PC₩문서₩ITQ₩Picture₩그림5.jpg」
- 자르기 기능 이용

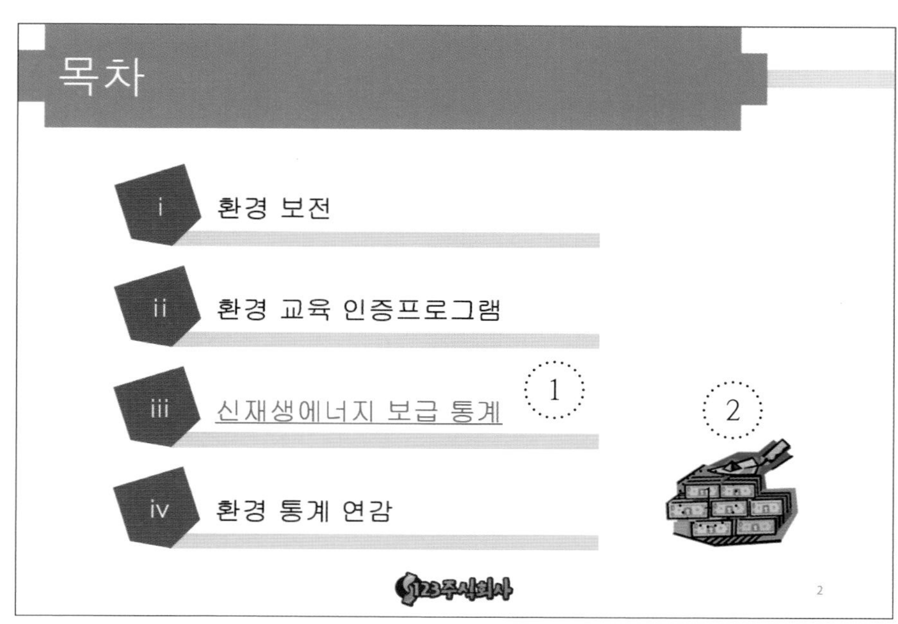

슬라이드 3 ≪텍스트/동영상 슬라이드≫ (60점)

(1) 텍스트 작성 : 글머리 기호 사용(➢, ✓)

➢문단(굴림, 24pt, 굵게, 줄 간격 : 1.5줄), ✓문단(굴림, 20pt, 줄 간격 : 1.5줄)

세부조건

① 동영상 삽입 :
- 「내 PC₩문서₩ITQ₩Picture₩동영상.wmv」
- 자동 실행, 반복 재생 설정

ⅰ. 환경 보전

➢ Global Efforts

✓UNEP 8th special session of the governing council in korea/global ministerial meeting

✓Environmental cooperation in northeast asia

✓Tripartite Environment Ministers' Meeting (TEMM)

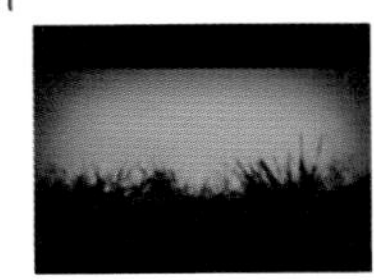

1

➢ 환경 보전의 의미

✓인간이 안전하고 건강하며 미적, 문화적으로 쾌적한 생활을 영위할 수 있도록 환경 조건을 좋은 상태로 지키고 유지하며 대기, 수질 등의 환경을 오염으로부터 보호하는 것

3

슬라이드 4 ≪표 슬라이드≫ (80점)

(1) 도형과 표 작성 기능을 이용하여 슬라이드를 작성한다(글꼴 : 돋움, 18pt).

세부조건

① 상단 도형 :
2개 도형의 조합으로 작성

② 좌측 도형 :
그라데이션 효과(선형 아래쪽)

③ 표 스타일 :
테마 스타일 1 – 강조 4

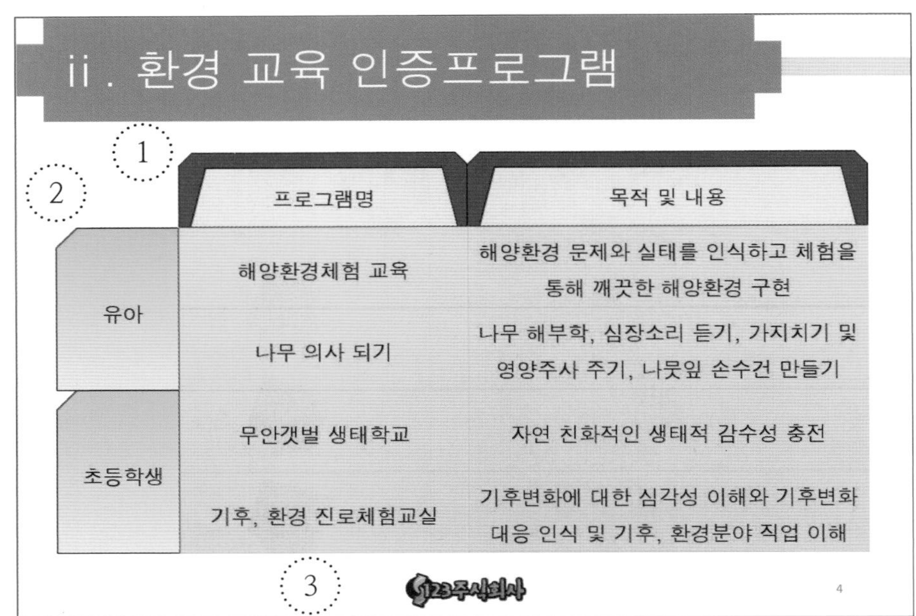

ⅱ. 환경 교육 인증프로그램

	프로그램명	목적 및 내용
유아	해양환경체험 교육	해양환경 문제와 실태를 인식하고 체험을 통해 깨끗한 해양환경 구현
	나무 의사 되기	나무 해부학, 심장소리 듣기, 가지치기 및 영양주사 주기, 나뭇잎 손수건 만들기
초등학생	무안갯벌 생태학교	자연 친화적인 생태적 감수성 충전
	기후, 환경 진로체험교실	기후변화에 대한 심각성 이해와 기후변화 대응 인식 및 기후, 환경분야 직업 이해

슬라이드 5 ≪차트 슬라이드≫ (100점)

(1) 차트 작성 기능을 이용하여 슬라이드를 작성한다.

(2) 차트 : 종류(묶은 세로 막대형), 글꼴(돋움, 16pt), 외곽선

세부조건

※ 차트 설명

- 차트 제목 : 궁서, 24pt, 굵게, 채우기(흰색), 테두리, 그림자(오프셋 오른쪽)
- 차트 영역 : 채우기(노랑)
  그림 영역 : 채우기(흰색)
- 데이터 서식 : 발전량(GWh) 계열을 표식이 있는 꺾은선형으로 변경 후 보조 축으로 지정
- 값 표시 : IGCC의 발전량(GWh) 계열만

① 도형 삽입
- 스타일 :
  미세 효과 – 주황, 강조 2
- 글꼴 : 굴림, 18pt

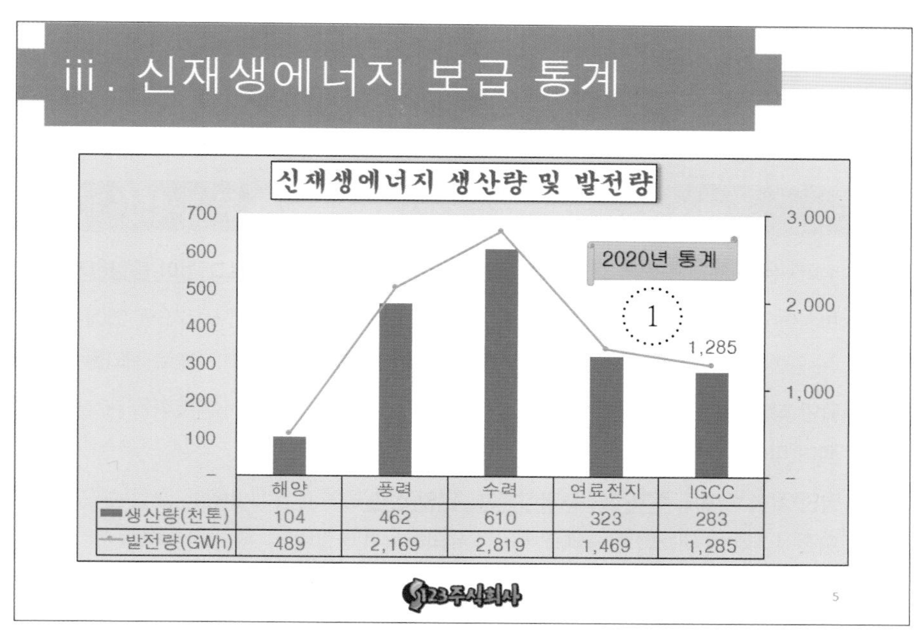

슬라이드 6 ≪도형 슬라이드≫ (100점)

(1) 슬라이드와 같이 도형 및 스마트아트를 배치한다(글꼴 : 굴림, 18pt).

(2) 애니메이션 순서 : ① ⇒ ②

세부조건

① 도형 및 스마트아트 편집
- 스마트아트 디자인 :
  3차원 광택 처리, 3차원 경사
- 그룹화 후 애니메이션 효과 :
  밝기 변화

② 도형 편집
- 그룹화 후 애니메이션 효과 :
  날아오기(오른쪽에서)

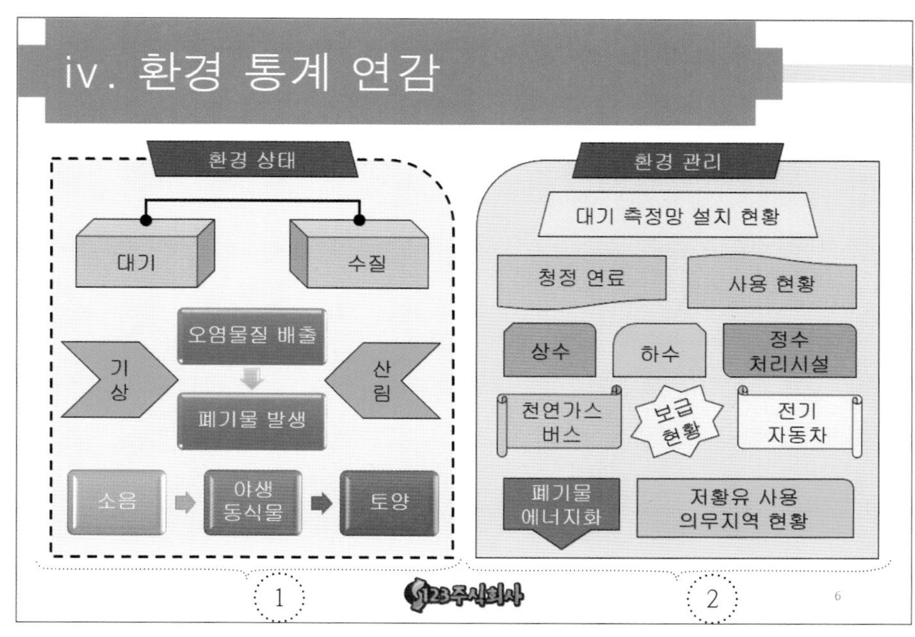

제 07 회 실전모의고사 (MS 오피스)

과목	코드	문제유형	시험시간	수험번호	성명
한글파워포인트	1142	B	60분		

수험자 유의사항

- 수험자는 문제지를 받는 즉시 문제지와 **수험표상의 시험과목(프로그램)이 동일한지 반드시 확인**하여야 합니다.
- 파일명은 본인의 "수험번호-성명"으로 입력하여 답안폴더(내 PC₩문서₩ITQ)에 하나의 파일로 저장해야 하며, 답안문서 파일명이 "수험번호-성명"과 일치하지 않거나, 답안파일을 전송하지 않아 미제출로 처리될 경우 실격 처리합니다(예:12345678-홍길동.pptx).
- 답안 작성을 마치면 파일을 저장하고, '답안 전송' 버튼을 선택하여 감독위원 PC로 답안을 전송하십시오. 수험생 정보와 저장한 파일명이 다를 경우 전송되지 않으므로 주의하시기 바랍니다.
- 답안 작성 중에도 **주기적으로 저장하고, '답안 전송'**하여야 문제 발생을 줄일 수 있습니다. 작업한 내용을 저장하지 않고 전송할 경우 이전에 저장된 내용이 전송되오니 이점 유의하시기 바랍니다.
- 답안문서는 지정된 경로 외의 다른 보조기억장치에 저장하는 경우, 지정된 시험 시간 외에 작성된 파일을 활용할 경우, 기타 통신수단(이메일, 메신저, 네트워크 등)을 이용하여 타인에게 전달 또는 외부 반출하는 경우는 부정 처리합니다.
- 시험 중 부주의 또는 고의로 시스템을 파손한 경우는 수험자가 변상해야 하며, 〈수험자 유의사항〉에 기재된 방법대로 이행하지 않아 생기는 불이익은 수험생 당사자의 책임임을 알려 드립니다.
- 문제의 조건은 MS오피스 2016 버전으로 설정되어 있으니 유의하시기 바랍니다.
- 시험을 완료한 수험자는 답안파일이 전송되었는지 확인한 후 감독위원의 지시에 따라 문제지를 제출하고 퇴실합니다.

답안 작성요령

- 온라인 답안 작성 절차
  수험자 등록 ➡ 시험 시작 ➡ 답안파일 저장 ➡ 답안 전송 ➡ 시험 종료
- 슬라이드의 크기는 A4 Paper로 설정하여 작성합니다.
- 슬라이드의 총 개수는 6개로 구성되어 있으며 슬라이드 1부터 순서대로 작업하고 반드시 문제와 세부 조건대로 합니다.
- 별도의 지시사항이 없는 경우 출력형태를 참조하여 글꼴색은 검정 또는 흰색으로 작성하고, 기타사항은 전체적인 균형을 고려하여 작성합니다.
- 슬라이드 도형 및 개체에 출력형태와 다른 스타일(그림자, 외곽선 등)을 적용했을 경우 감점 처리됩니다.
- 슬라이드 번호를 작성합니다(슬라이드 1에는 생략).
- 2~6번 슬라이드 제목 도형과 하단 로고는 슬라이드 마스터를 이용하여 출력형태와 동일하게 작성합니다(슬라이드 1에는 생략).
- 문제와 세부조건, 세부조건 번호 ◌ (점선원)는 입력하지 않습니다.
- 각 개체의 위치는 오른쪽의 슬라이드와 동일하게 구성합니다.
- 그림 삽입 문제의 경우 반드시 「내 PC₩문서₩ITQ₩Picture」 폴더에서 정확한 파일을 선택하여 삽입하십시오.
- 각 슬라이드를 각각의 파일로 작업해서 저장할 경우 실격 처리됩니다.

전체구성 (60점)

(1) 슬라이드 크기 및 순서 : 크기를 A4 용지로 설정하고 슬라이드 순서에 맞게 작성한다.

(2) 슬라이드 마스터 : 2~6 슬라이드의 제목, 하단 로고, 슬라이드 번호는 슬라이드 마스터를 이용하여 작성한다.

- 제목 글꼴(돋움, 40pt, 흰색), 왼쪽 맞춤, 도형(선 없음)
- 하단 로고(「내 PC₩문서₩ITQ₩Picture₩로고3.jpg」 배경(연보라) 투명색으로 설정)

슬라이드 1 ≪표지 디자인≫ (40점)

(1) 표지 디자인 : 도형, 워드아트 및 그림을 이용하여 작성한다.

세부조건

① 도형 편집
- 도형에 그림 채우기 : 「내 PC₩문서₩ITQ₩Picture₩그림1.jpg」, 투명도 50%
- 도형 효과 : 부드러운 가장자리 5 포인트

② 워드아트 삽입
- 변환 : 물결 1
- 글꼴 : 돋움, 굵게
- 텍스트 반사 : 전체 반사, 터치

③ 그림 삽입
- 「내 PC₩문서₩ITQ₩Picture₩로고3.jpg」
- 배경(연보라) 투명색으로 설정

슬라이드 2 ≪목차 슬라이드≫ (60점)

(1) 출력형태와 같이 도형을 이용하여 목차를 작성한다(글꼴 : 굴림, 24pt).

(2) 도형 : 선 없음

세부조건

① 텍스트에 하이퍼링크 적용 → '슬라이드 4'

② 그림 삽입
- 「내 PC₩문서₩ITQ₩Picture₩그림4.jpg」
- 자르기 기능 이용

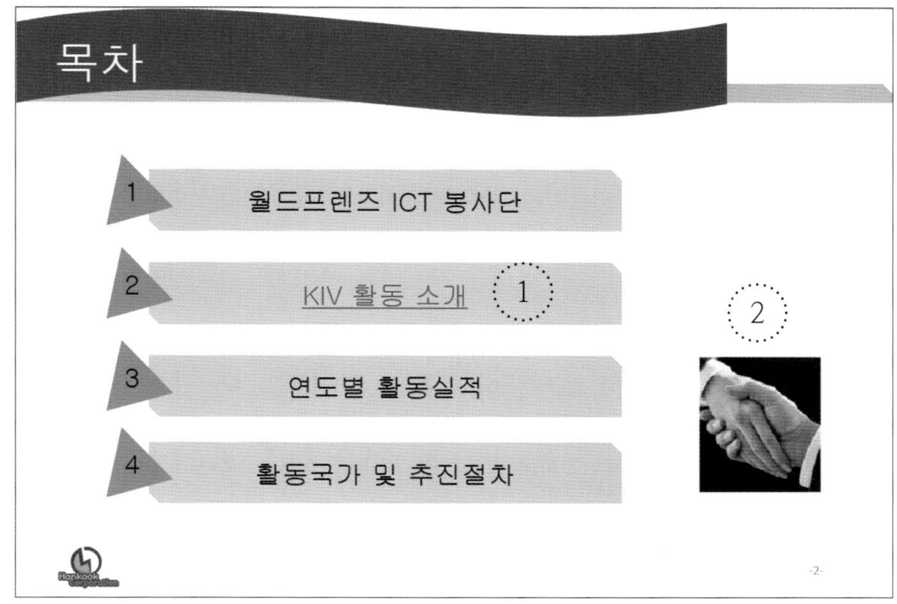

슬라이드 3 ≪텍스트/동영상 슬라이드≫ (60점)

(1) 텍스트 작성 : 글머리 기호 사용(❖, ■)

❖문단(굴림, 24pt, 굵게, 줄 간격 : 1.5줄), ■문단(굴림, 20pt, 줄 간격 : 1.5줄)

세부조건

① 동영상 삽입 :
- 「내 PC₩문서₩ITQ₩Picture₩동영상.wmv」
- 자동 실행, 반복 재생 설정

1. 월드프렌즈 ICT 봉사단

1

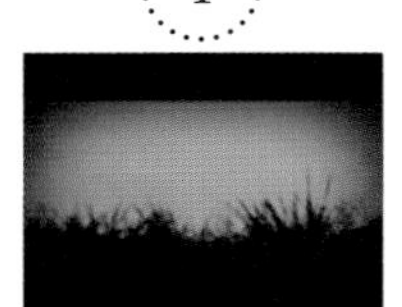

❖ **Korea IT Volunteer Program**

- KIV Program is one of the overseas volunteer programs focusing on global digital inclusion under the Korean government's 'World Friends Korea' brand

❖ **월드프렌즈 ICT 봉사단 개요**

- 글로벌 감각을 지닌 청년 ICT인재 육성
- ICT인재를 해외에 파견하여 국가간 정보격차 해소에 기여하며 더불어 사는 평등한 정보사회를 지향하는 대한민국의 실천적 노력

-3-

슬라이드 4 ≪표 슬라이드≫ (80점)

(1) 도형과 표 작성 기능을 이용하여 슬라이드를 작성한다(글꼴 : 돋움, 18pt).

세부조건

① 상단 도형 :
2개 도형의 조합으로 작성

② 좌측 도형 :
그라데이션 효과(선형 아래쪽)

③ 표 스타일 :
테마 스타일 1 – 강조 1

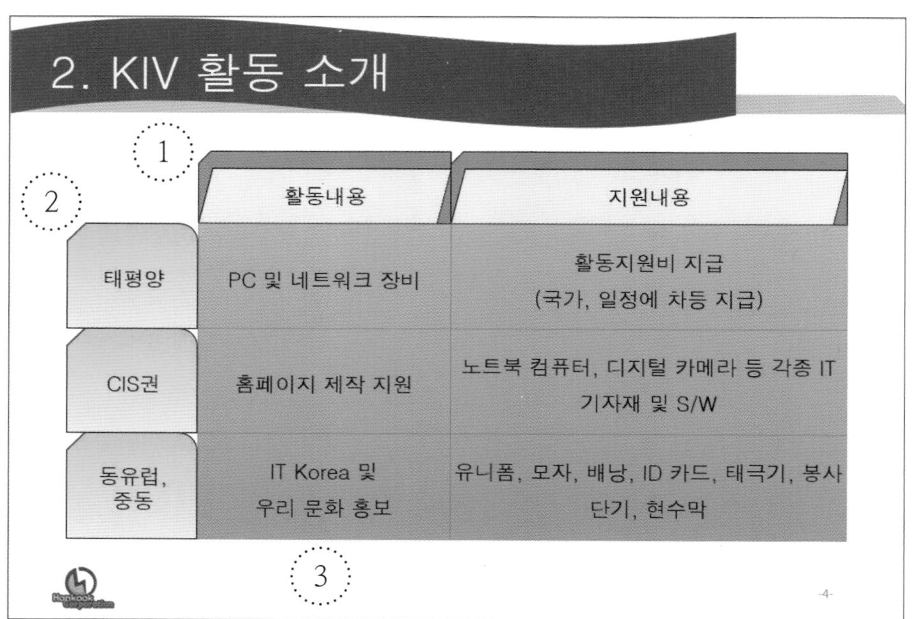

	활동내용	지원내용
태평양	PC 및 네트워크 장비	활동지원비 지급 (국가, 일정에 차등 지급)
CIS권	홈페이지 제작 지원	노트북 컴퓨터, 디지털 카메라 등 각종 IT 기자재 및 S/W
동유럽, 중동	IT Korea 및 우리 문화 홍보	유니폼, 모자, 배낭, ID 카드, 태극기, 봉사단기, 현수막

슬라이드 5 ≪차트 슬라이드≫ (100점)

(1) 차트 작성 기능을 이용하여 슬라이드를 작성한다.

(2) 차트 : 종류(묶은 세로 막대형), 글꼴(돋움, 16pt), 외곽선

세부조건

※ 차트 설명

- 차트 제목 : 돋움, 24pt, 굵게, 채우기(흰색), 테두리, 그림자(오프셋 위쪽)
- 차트 영역 : 채우기(노랑)
  그림 영역 : 채우기(흰색)
- 데이터 서식 : 파견국가(개국) 계열을 표식이 있는 꺾은선형으로 변경 후 보조 축으로 지정
- 값 표시 : 2017년의 파견인원(명) 계열만

① 도형 삽입
- 스타일 : 미세 효과 – 파랑, 강조 1
- 글꼴 : 굴림, 18pt

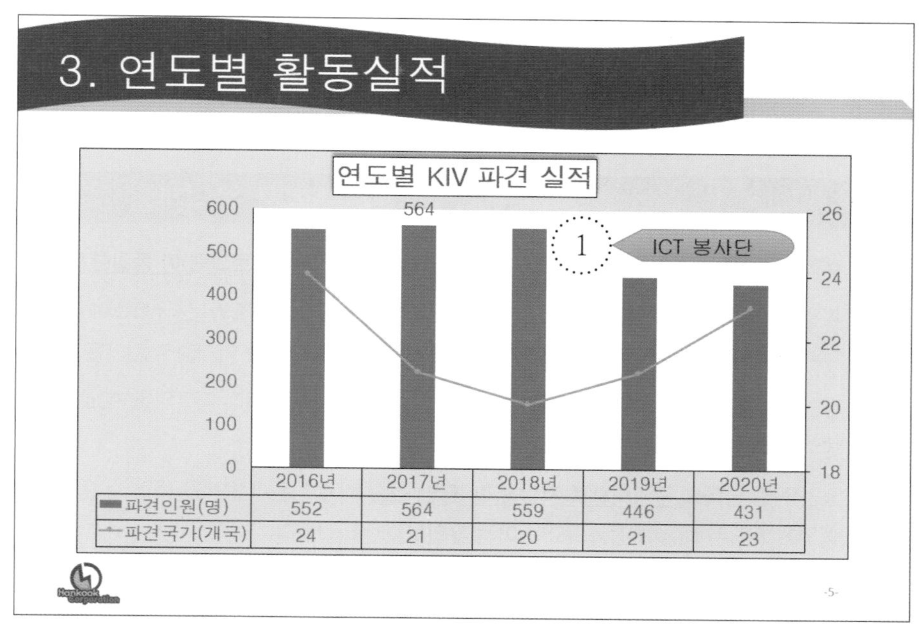

슬라이드 6 ≪도형 슬라이드≫ (100점)

(1) 슬라이드와 같이 도형 및 스마트아트를 배치한다(글꼴 : 굴림, 18pt).

(2) 애니메이션 순서 : ① ⇒ ②

세부조건

① 도형 및 스마트아트 편집
- 스마트아트 디자인 : 3차원 벽돌, 3차원 만화
- 그룹화 후 애니메이션 효과 : 회전

② 도형 편집
- 그룹화 후 애니메이션 효과 : 나누기(세로 바깥쪽으로)

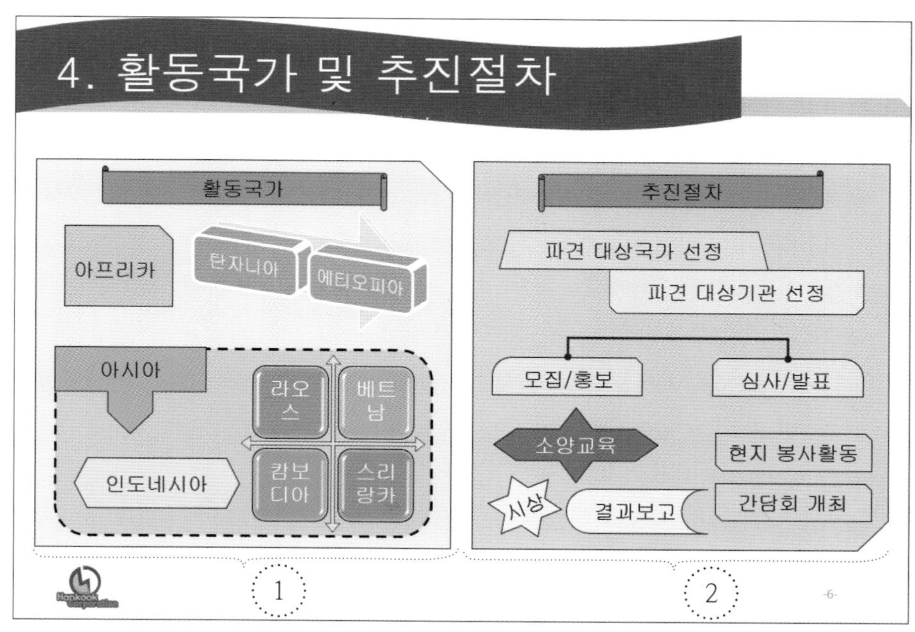

제 08 회 실전모의고사 (MS 오피스)

과목	코드	문제유형	시험시간	수험번호	성명
한글파워포인트	1142	C	60분		

수험자 유의사항

- 수험자는 문제지를 받는 즉시 문제지와 **수험표상의 시험과목(프로그램)이 동일한지 반드시 확인**하여야 합니다.
- 파일명은 본인의 "수험번호-성명"으로 입력하여 답안폴더(내 PC₩문서₩ITQ)에 하나의 파일로 저장해야 하며, 답안문서 파일명이 "수험번호-성명"과 일치하지 않거나, 답안파일을 전송하지 않아 미제출로 처리될 경우 실격 처리합니다(예:12345678-홍길동.pptx).
- 답안 작성을 마치면 파일을 저장하고, '답안 전송' 버튼을 선택하여 감독위원 PC로 답안을 전송하십시오. 수험생 정보와 저장한 파일명이 다를 경우 전송되지 않으므로 주의하시기 바랍니다.
- 답안 작성 중에도 **주기적으로 저장하고, '답안 전송'**하여야 문제 발생을 줄일 수 있습니다. 작업한 내용을 저장하지 않고 전송할 경우 이전에 저장된 내용이 전송되오니 이점 유의하시기 바랍니다.
- 답안문서는 지정된 경로 외의 다른 보조기억장치에 저장하는 경우, 지정된 시험 시간 외에 작성된 파일을 활용할 경우, 기타 통신수단(이메일, 메신저, 네트워크 등)을 이용하여 타인에게 전달 또는 외부 반출하는 경우는 부정 처리합니다.
- 시험 중 부주의 또는 고의로 시스템을 파손한 경우는 수험자가 변상해야 하며, 〈수험자 유의사항〉에 기재된 방법대로 이행하지 않아 생기는 불이익은 수험생 당사자의 책임임을 알려 드립니다.
- 문제의 조건은 MS오피스 2016 버전으로 설정되어 있으니 유의하시기 바랍니다.
- 시험을 완료한 수험자는 답안파일이 전송되었는지 확인한 후 감독위원의 지시에 따라 문제지를 제출하고 퇴실합니다.

답안 작성요령

- 온라인 답안 작성 절차
  수험자 등록 ➡ 시험 시작 ➡ 답안파일 저장 ➡ 답안 전송 ➡ 시험 종료
- 슬라이드의 크기는 A4 Paper로 설정하여 작성합니다.
- 슬라이드의 총 개수는 6개로 구성되어 있으며 슬라이드 1부터 순서대로 작업하고 반드시 문제와 세부 조건대로 합니다.
- 별도의 지시사항이 없는 경우 출력형태를 참조하여 글꼴색은 검정 또는 흰색으로 작성하고, 기타사항은 전체적인 균형을 고려하여 작성합니다.
- 슬라이드 도형 및 개체에 출력형태와 다른 스타일(그림자, 외곽선 등)을 적용했을 경우 감점 처리됩니다.
- 슬라이드 번호를 작성합니다(슬라이드 1에는 생략).
- 2~6번 슬라이드 제목 도형과 하단 로고는 슬라이드 마스터를 이용하여 출력형태와 동일하게 작성합니다(슬라이드 1에는 생략).
- 문제와 세부조건, 세부조건 번호 ◌ (점선원)는 입력하지 않습니다.
- 각 개체의 위치는 오른쪽의 슬라이드와 동일하게 구성합니다.
- 그림 삽입 문제의 경우 반드시 「내 PC₩문서₩ITQ₩Picture」 폴더에서 정확한 파일을 선택하여 삽입하십시오.
- 각 슬라이드를 각각의 파일로 작업해서 저장할 경우 실격 처리됩니다.

전체구성 (60점)

(1) 슬라이드 크기 및 순서 : 크기를 A4 용지로 설정하고 슬라이드 순서에 맞게 작성한다.

(2) 슬라이드 마스터 : 2~6 슬라이드의 제목, 하단 로고, 슬라이드 번호는 슬라이드 마스터를 이용하여 작성한다.

- 제목 글꼴(돋움, 40pt, 흰색), 가운데 맞춤, 도형(선 없음)
- 하단 로고(「내 PC₩문서₩ITQ₩Picture₩로고1.jpg」 배경(회색) 투명색으로 설정)

슬라이드 1 ≪표지 디자인≫ (40점)

(1) 표지 디자인 : 도형, 워드아트 및 그림을 이용하여 작성한다.

세부조건

① 도형 편집
- 도형에 그림 채우기 : 「내 PC₩문서₩ITQ₩Picture₩그림2.jpg」, 투명도 50%
- 도형 효과 : 부드러운 가장자리 5 포인트

② 워드아트 삽입
- 변환 : 아래쪽 수축
- 글꼴 : 궁서, 굵게
- 텍스트 반사 : 1/2 반사, 4 pt 오프셋

③ 그림 삽입
- 「내 PC₩문서₩ITQ₩Picture₩로고1.jpg」
- 배경(회색) 투명색으로 설정

슬라이드 2 ≪목차 슬라이드≫ (60점)

(1) 출력형태와 같이 도형을 이용하여 목차를 작성한다(글꼴 : 돋움, 24pt).

(2) 도형 : 선 없음

세부조건

① 텍스트에 하이퍼링크 적용 → '슬라이드 6'

② 그림 삽입
- 「내 PC₩문서₩ITQ₩Picture₩그림4.jpg」
- 자르기 기능 이용

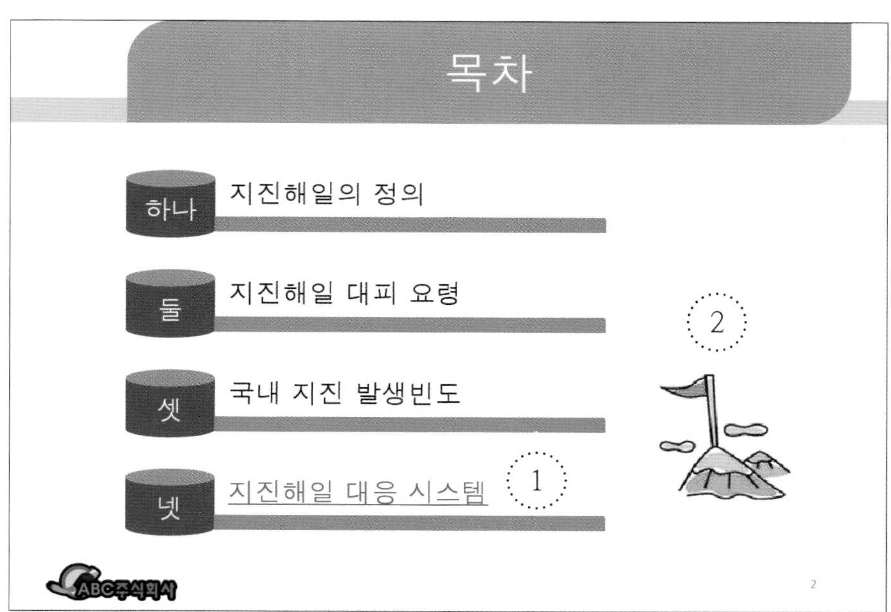

슬라이드 3 ≪텍스트/동영상 슬라이드≫ (60점)

(1) 텍스트 작성 : 글머리 기호 사용(❖, ●)

❖문단(굴림, 24pt, 굵게, 줄 간격 : 1.5줄), ●문단(굴림, 20pt, 줄 간격 : 1.5줄)

세부조건

① 동영상 삽입 :
- 「내 PC₩문서₩ITQ₩Picture₩동영상.wmv」
- 자동 실행, 반복 재생 설정

하나. 지진해일의 정의

❖ Risk of Tsunamis

● A kind of long wave occurred in ocean

● It has super mighty power than the same kind of flowing and ebbing tide or storm surge

❖ 지진해일의 정의

● 지진, 해저 화산폭발 등으로 바다에서 발생하는 파장이 긴 파도로 지진에 의해 바다 밑바닥이 솟아오르거나 가라앉으면 바로 위의 바닷물이 갑자기 상승 또는 하강하면서 해안가에 피해를 일으킴

1

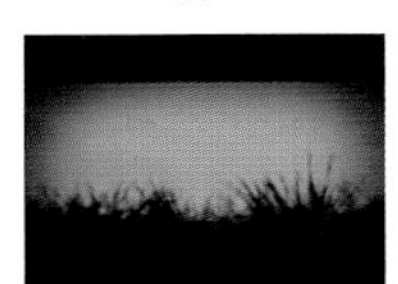

3

슬라이드 4 ≪표 슬라이드≫ (80점)

(1) 도형과 표 작성 기능을 이용하여 슬라이드를 작성한다(글꼴 : 돋움, 18pt).

세부조건

① 상단 도형 :
2개 도형의 조합으로 작성

② 좌측 도형 :
그라데이션 효과(선형 아래쪽)

③ 표 스타일 :
테마 스타일 1 – 강조 2

둘. 지진해일 대피 요령

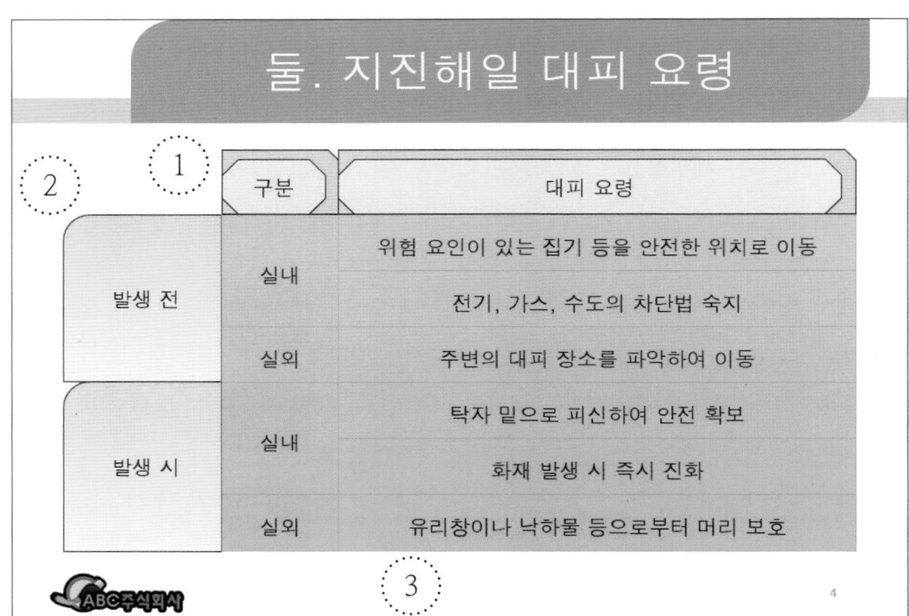

	구분	대피 요령
발생 전	실내	위험 요인이 있는 집기 등을 안전한 위치로 이동
		전기, 가스, 수도의 차단법 숙지
	실외	주변의 대피 장소를 파악하여 이동
발생 시	실내	탁자 밑으로 피신하여 안전 확보
		화재 발생 시 즉시 진화
	실외	유리창이나 낙하물 등으로부터 머리 보호

슬라이드 5 ≪차트 슬라이드≫ (100점)

(1) 차트 작성 기능을 이용하여 슬라이드를 작성한다.

(2) 차트 : 종류(묶은 세로 막대형), 글꼴(돋움, 16pt), 외곽선

세부조건

※ 차트 설명
- 차트 제목 : 궁서, 24pt, 굵게, 채우기(흰색), 테두리, 그림자(오프셋 대각선 오른쪽 아래)
- 차트 영역 : 채우기(노랑)
  그림 영역 : 채우기(흰색)
- 데이터 서식 : 유감횟수 계열을 표식이 있는 꺾은선형으로 변경 후 보조 축으로 지정
- 값 표시 : 2020년의 유감횟수 계열만

① 도형 삽입
- 스타일 :
  미세 효과 - 파랑, 강조 1
- 글꼴 : 돋움, 18pt

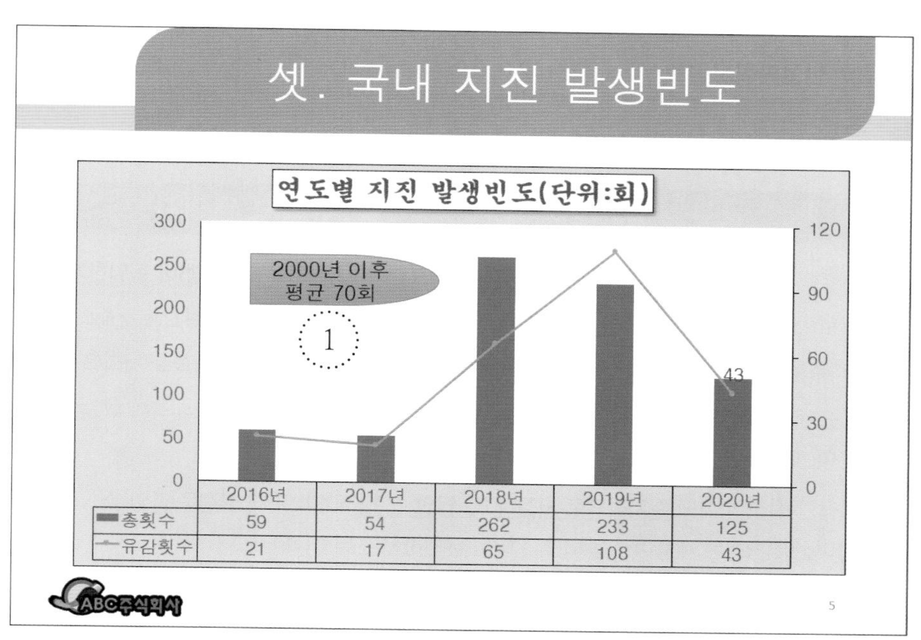

슬라이드 6 ≪도형 슬라이드≫ (100점)

(1) 슬라이드와 같이 도형 및 스마트아트를 배치한다(글꼴 : 굴림, 18pt).

(2) 애니메이션 순서 : ① ⇒ ②

세부조건

① 도형 및 스마트아트 편집
- 스마트아트 디자인 :
  3차원 만화, 3차원 경사
- 그룹화 후 애니메이션 효과 :
  바운드

② 도형 편집
- 그룹화 후 애니메이션 효과 :
  날아오기(오른쪽 위에서)

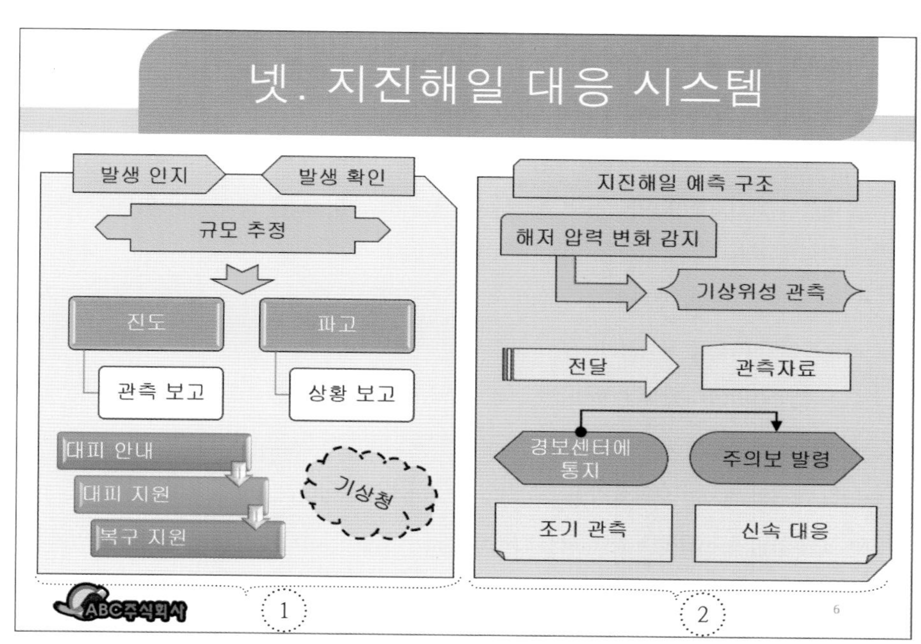

제 09 회 실전모의고사 (MS 오피스)

과목	코드	문제유형	시험시간	수험번호	성명
한글파워포인트	1142	D	60분		

수험자 유의사항

- 수험자는 문제지를 받는 즉시 문제지와 **수험표상의 시험과목(프로그램)이 동일한지 반드시 확인**하여야 합니다.
- 파일명은 본인의 "수험번호-성명"으로 입력하여 답안폴더(내 PC₩문서₩ITQ)에 하나의 파일로 저장해야 하며, 답안문서 파일명이 "수험번호-성명"과 일치하지 않거나, 답안파일을 전송하지 않아 미제출로 처리될 경우 실격 처리합니다(예:12345678-홍길동.pptx).
- 답안 작성을 마치면 파일을 저장하고, '답안 전송' 버튼을 선택하여 감독위원 PC로 답안을 전송하십시오. 수험생 정보와 저장한 파일명이 다를 경우 전송되지 않으므로 주의하시기 바랍니다.
- 답안 작성 중에도 **주기적으로 저장하고, '답안 전송'**하여야 문제 발생을 줄일 수 있습니다. 작업한 내용을 저장하지 않고 전송할 경우 이전에 저장된 내용이 전송되오니 이점 유의하시기 바랍니다.
- 답안문서는 지정된 경로 외의 다른 보조기억장치에 저장하는 경우, 지정된 시험 시간 외에 작성된 파일을 활용할 경우, 기타 통신수단(이메일, 메신저, 네트워크 등)을 이용하여 타인에게 전달 또는 외부 반출하는 경우는 부정 처리합니다.
- 시험 중 부주의 또는 고의로 시스템을 파손한 경우는 수험자가 변상해야 하며, 〈수험자 유의사항〉에 기재된 방법대로 이행하지 않아 생기는 불이익은 수험생 당사자의 책임임을 알려 드립니다.
- 문제의 조건은 MS오피스 2016 버전으로 설정되어 있으니 유의하시기 바랍니다.
- 시험을 완료한 수험자는 답안파일이 전송되었는지 확인한 후 감독위원의 지시에 따라 문제지를 제출하고 퇴실합니다.

답안 작성요령

- 온라인 답안 작성 절차
  수험자 등록 ➡ 시험 시작 ➡ 답안파일 저장 ➡ 답안 전송 ➡ 시험 종료
- 슬라이드의 크기는 A4 Paper로 설정하여 작성합니다.
- 슬라이드의 총 개수는 6개로 구성되어 있으며 슬라이드 1부터 순서대로 작업하고 반드시 문제와 세부 조건대로 합니다.
- 별도의 지시사항이 없는 경우 출력형태를 참조하여 글꼴색은 검정 또는 흰색으로 작성하고, 기타사항은 전체적인 균형을 고려하여 작성합니다.
- 슬라이드 도형 및 개체에 출력형태와 다른 스타일(그림자, 외곽선 등)을 적용했을 경우 감점 처리됩니다.
- 슬라이드 번호를 작성합니다(슬라이드 1에는 생략).
- 2~6번 슬라이드 제목 도형과 하단 로고는 슬라이드 마스터를 이용하여 출력형태와 동일하게 작성합니다(슬라이드 1에는 생략).
- 문제와 세부조건, 세부조건 번호 ◌ (점선원)는 입력하지 않습니다.
- 각 개체의 위치는 오른쪽의 슬라이드와 동일하게 구성합니다.
- 그림 삽입 문제의 경우 반드시 「내 PC₩문서₩ITQ₩Picture」 폴더에서 정확한 파일을 선택하여 삽입하십시오.
- 각 슬라이드를 각각의 파일로 작업해서 저장할 경우 실격 처리됩니다.

전체구성 (60점)

(1) 슬라이드 크기 및 순서 : 크기를 A4 용지로 설정하고 슬라이드 순서에 맞게 작성한다.

(2) 슬라이드 마스터 : 2~6 슬라이드의 제목, 하단 로고, 슬라이드 번호는 슬라이드 마스터를 이용하여 작성한다.

- 제목 글꼴(돋움, 40pt, 흰색), 왼쪽 맞춤, 도형(선 없음)
- 하단 로고(「내 PC₩문서₩ITQ₩Picture₩로고2.jpg」 배경(회색) 투명색으로 설정)

슬라이드 1 ≪표지 디자인≫ (40점)

(1) 표지 디자인 : 도형, 워드아트 및 그림을 이용하여 작성한다.

세부조건

① 도형 편집
- 도형에 그림 채우기 : 「내 PC₩문서₩ITQ₩Picture₩그림3.jpg」, 투명도 50%
- 도형 효과 : 부드러운 가장자리 5 포인트

② 워드아트 삽입
- 변환 : 오른쪽 줄이기
- 글꼴 : 돋움, 굵게
- 텍스트 반사 : 전체 반사, 8 pt 오프셋

③ 그림 삽입
- 「내 PC₩문서₩ITQ₩Picture₩로고2.jpg」
- 배경(회색) 투명색으로 설정

슬라이드 2 ≪목차 슬라이드≫ (60점)

(1) 출력형태와 같이 도형을 이용하여 목차를 작성한다(글꼴 : 굴림, 24pt).

(2) 도형 : 선 없음

세부조건

① 텍스트에 하이퍼링크 적용 → '슬라이드 3'

② 그림 삽입
- 「내 PC₩문서₩ITQ₩Picture₩그림4.jpg」
- 자르기 기능 이용

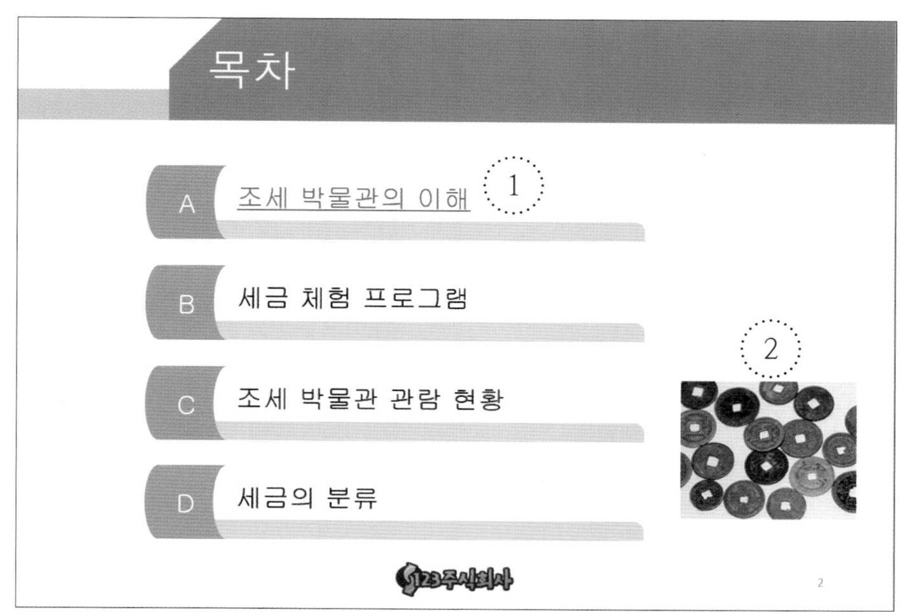

슬라이드 3 ≪텍스트/동영상 슬라이드≫ (60점)

(1) 텍스트 작성 : 글머리 기호 사용(✔, ❖)

✔문단(굴림, 24pt, 굵게, 줄 간격 : 1.5줄), ❖문단(굴림, 20pt, 줄 간격 : 1.5줄)

세부조건

① 동영상 삽입 :
- 「내 PC₩문서₩ITQ₩Picture₩동영상.wmv」
- 자동 실행, 반복 재생 설정

A. 조세 박물관의 이해

✓ Tax Museum

❖The Tax Museum organizes and displays the contents of the tax system and materials related to historical events of each period from the period of the Three States to the present age

1

✓ 설립 취지

❖세금의 역사, 우수한 조세 제도, 국세 행정의 발전과정 소개

❖세금의 중요성과 국세 행정에 대한 이해

❖우리나라의 역사와 민족의 우수성에 대한 자긍심 고취

3

슬라이드 4 ≪표 슬라이드≫ (80점)

(1) 도형과 표 작성 기능을 이용하여 슬라이드를 작성한다(글꼴 : 돋움, 18pt).

세부조건

① 상단 도형 : 2개 도형의 조합으로 작성

② 좌측 도형 : 그라데이션 효과(선형 아래쪽)

③ 표 스타일 : 테마 스타일 1 – 강조 6

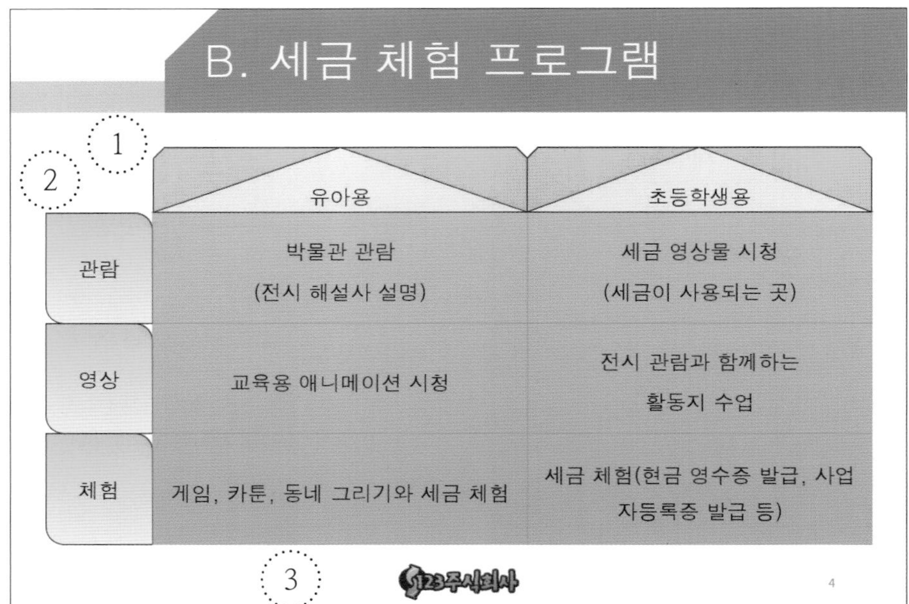

	유아용	초등학생용
관람	박물관 관람 (전시 해설사 설명)	세금 영상물 시청 (세금이 사용되는 곳)
영상	교육용 애니메이션 시청	전시 관람과 함께하는 활동지 수업
체험	게임, 카툰, 동네 그리기와 세금 체험	세금 체험(현금 영수증 발급, 사업자등록증 발급 등)

슬라이드 5 ≪차트 슬라이드≫ (100점)

(1) 차트 작성 기능을 이용하여 슬라이드를 작성한다.

(2) 차트 : 종류(묶은 세로 막대형), 글꼴(굴림, 16pt), 외곽선

세부조건

※ 차트 설명

- 차트 제목 : 굴림, 24pt, 굵게, 채우기(흰색), 테두리, 그림자(오프셋 대각선 오른쪽 위)
- 차트 영역 : 채우기(노랑)
  그림 영역 : 채우기(흰색)
- 데이터 서식 : 청소년 계열을 표식이 있는 꺾은선형으로 변경 후 보조 축으로 지정
- 값 표시 : 청소년 계열만

① 도형 삽입
- 스타일 :
  미세 효과 – 녹색, 강조 6
- 글꼴 : 돋움, 18pt

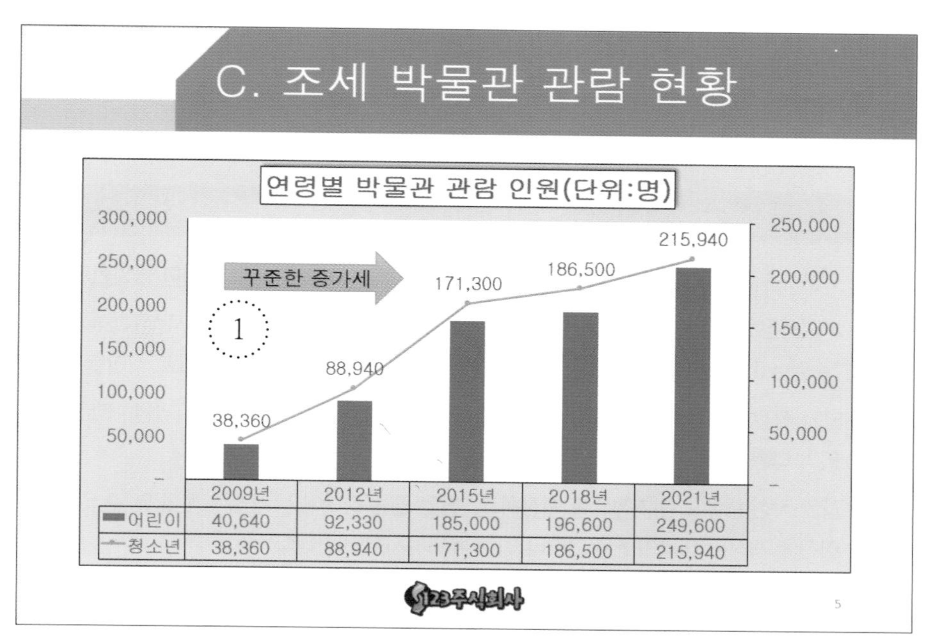

슬라이드 6 ≪도형 슬라이드≫ (100점)

(1) 슬라이드와 같이 도형 및 스마트아트를 배치한다(글꼴 : 굴림, 18pt).

(2) 애니메이션 순서 : ① ⇒ ②

세부조건

① 도형 편집
- 그룹화 후 애니메이션 효과 : 나누기(세로 바깥쪽으로)

② 도형 및 스마트아트 편집
- 스마트아트 디자인 : 3차원 경사, 3차원 광택 처리
- 그룹화 후 애니메이션 효과 : 밝기 변화

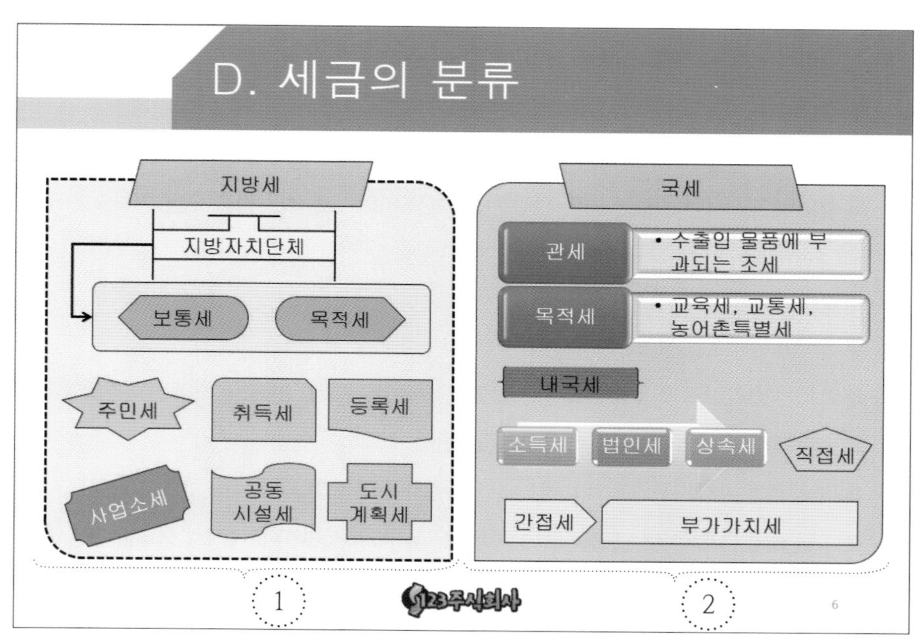

제 10 회 실전모의고사 (MS 오피스)

과목	코드	문제유형	시험시간	수험번호	성명
한글파워포인트	1142	E	60분		

수험자 유의사항

- 수험자는 문제지를 받는 즉시 문제지와 **수험표상의 시험과목(프로그램)이 동일한지 반드시 확인**하여야 합니다.
- 파일명은 본인의 "수험번호-성명"으로 입력하여 답안폴더(내 PC₩문서₩ITQ)에 하나의 파일로 저장해야 하며, 답안문서 파일명이 "수험번호-성명"과 일치하지 않거나, 답안파일을 전송하지 않아 미제출로 처리될 경우 실격 처리합니다(예:12345678-홍길동.pptx).
- 답안 작성을 마치면 파일을 저장하고, '답안 전송' 버튼을 선택하여 감독위원 PC로 답안을 전송하십시오. 수험생 정보와 저장한 파일명이 다를 경우 전송되지 않으므로 주의하시기 바랍니다.
- 답안 작성 중에도 **주기적으로 저장하고, '답안 전송'**하여야 문제 발생을 줄일 수 있습니다. 작업한 내용을 저장하지 않고 전송할 경우 이전에 저장된 내용이 전송되오니 이점 유의하시기 바랍니다.
- 답안문서는 지정된 경로 외의 다른 보조기억장치에 저장하는 경우, 지정된 시험 시간 외에 작성된 파일을 활용할 경우, 기타 통신수단(이메일, 메신저, 네트워크 등)을 이용하여 타인에게 전달 또는 외부 반출하는 경우는 부정 처리합니다.
- 시험 중 부주의 또는 고의로 시스템을 파손한 경우는 수험자가 변상해야 하며, 〈수험자 유의사항〉에 기재된 방법대로 이행하지 않아 생기는 불이익은 수험생 당사자의 책임임을 알려 드립니다.
- 문제의 조건은 MS오피스 2016 버전으로 설정되어 있으니 유의하시기 바랍니다.
- 시험을 완료한 수험자는 답안파일이 전송되었는지 확인한 후 감독위원의 지시에 따라 문제지를 제출하고 퇴실합니다.

답안 작성요령

- 온라인 답안 작성 절차
  수험자 등록 ➡ 시험 시작 ➡ 답안파일 저장 ➡ 답안 전송 ➡ 시험 종료
- 슬라이드의 크기는 A4 Paper로 설정하여 작성합니다.
- 슬라이드의 총 개수는 6개로 구성되어 있으며 슬라이드 1부터 순서대로 작업하고 반드시 문제와 세부 조건대로 합니다.
- 별도의 지시사항이 없는 경우 출력형태를 참조하여 글꼴색은 검정 또는 흰색으로 작성하고, 기타사항은 전체적인 균형을 고려하여 작성합니다.
- 슬라이드 도형 및 개체에 출력형태와 다른 스타일(그림자, 외곽선 등)을 적용했을 경우 감점 처리됩니다.
- 슬라이드 번호를 작성합니다(슬라이드 1에는 생략).
- 2~6번 슬라이드 제목 도형과 하단 로고는 슬라이드 마스터를 이용하여 출력형태와 동일하게 작성합니다(슬라이드 1에는 생략).
- 문제와 세부조건, 세부조건 번호 ◌ (점선원)는 입력하지 않습니다.
- 각 개체의 위치는 오른쪽의 슬라이드와 동일하게 구성합니다.
- 그림 삽입 문제의 경우 반드시 「내 PC₩문서₩ITQ₩Picture」 폴더에서 정확한 파일을 선택하여 삽입하십시오.
- 각 슬라이드를 각각의 파일로 작업해서 저장할 경우 실격 처리됩니다.

전체구성 (60점)

(1) 슬라이드 크기 및 순서 : 크기를 A4 용지로 설정하고 슬라이드 순서에 맞게 작성한다.

(2) 슬라이드 마스터 : 2~6 슬라이드의 제목, 하단 로고, 슬라이드 번호는 슬라이드 마스터를 이용하여 작성한다.

- 제목 글꼴(궁서, 40pt, 흰색), 가운데 맞춤, 도형(선 없음)
- 하단 로고(「내 PC₩문서₩ITQ₩Picture₩로고3.jpg」 배경(연보라) 투명색으로 설정)

슬라이드 1 ≪표지 디자인≫ (40점)

(1) 표지 디자인 : 도형, 워드아트 및 그림을 이용하여 작성한다.

세부조건

① 도형 편집
- 도형에 그림 채우기 : 「내 PC₩문서₩ITQ₩Picture₩그림1.jpg」, 투명도 50%
- 도형 효과 : 부드러운 가장자리 5 포인트

② 워드아트 삽입
- 변환 : 수축
- 글꼴 : 돋움, 굵게
- 텍스트 반사 : 근접 반사, 4 pt 오프셋

③ 그림 삽입
- 「내 PC₩문서₩ITQ₩Picture₩로고3.jpg」
- 배경(연보라) 투명색으로 설정

슬라이드 2 ≪목차 슬라이드≫ (60점)

(1) 출력형태와 같이 도형을 이용하여 목차를 작성한다(글꼴 : 굴림, 24pt).

(2) 도형 : 선 없음

세부조건

① 텍스트에 하이퍼링크 적용 → '슬라이드 5'

② 그림 삽입
- 「내 PC₩문서₩ITQ₩Picture₩그림5.jpg」
- 자르기 기능 이용

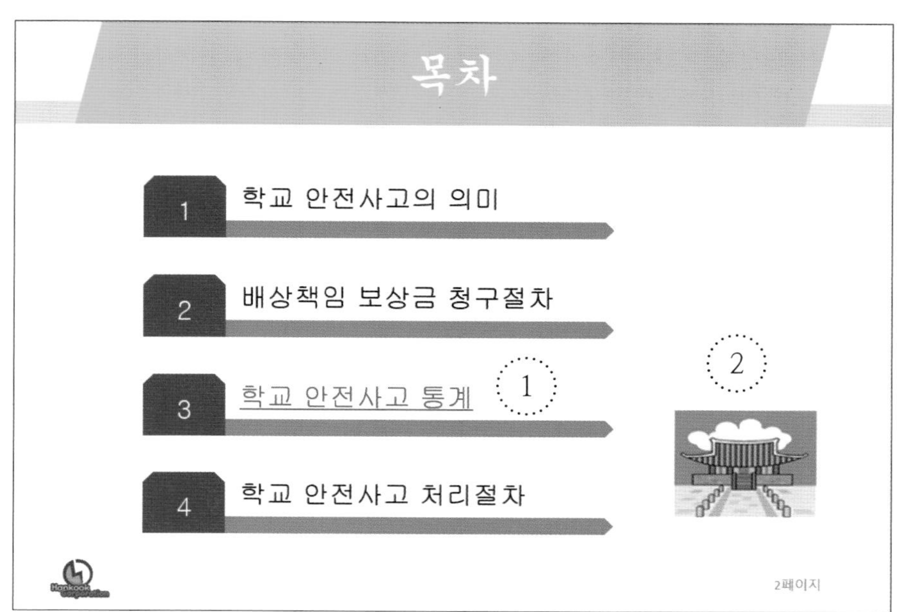

슬라이드 3 ≪텍스트/동영상 슬라이드≫ (60점)

(1) 텍스트 작성 : 글머리 기호 사용(◆, ✔)

◆문단(굴림, 24pt, 굵게, 줄 간격 : 1.5줄), ✔문단(굴림, 20pt, 줄 간격 : 1.5줄)

세부조건

① 동영상 삽입 :
- 「내 PC₩문서₩ITQ₩Picture₩동영상.wmv」
- 자동 실행, 반복 재생 설정

1. 학교 안전사고의 의미

◆ **Facility Safety**

✓Educational Facilities Periodic, Occasional, Summer Safety Check

✓Consultation on safety management of training, physical education and dormitory facilities

①

◆ **학교 안전사고**

✓학교교육활동 중에 발생한 사고로 학생, 교직원, 교육활동 참여자에게 발생하는 질병이나 생명 또는 신체에 피해를 주는 모든 사고

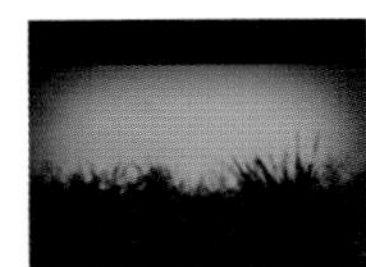

3페이지

슬라이드 4 ≪표 슬라이드≫ (80점)

(1) 도형과 표 작성 기능을 이용하여 슬라이드를 작성한다(글꼴 : 돋움, 18pt).

세부조건

① 상단 도형 :
2개 도형의 조합으로 작성

② 좌측 도형 :
그라데이션 효과(선형 아래쪽)

③ 표 스타일 :
테마 스타일 1 – 강조 4

2. 배상책임 보상금 청구절차

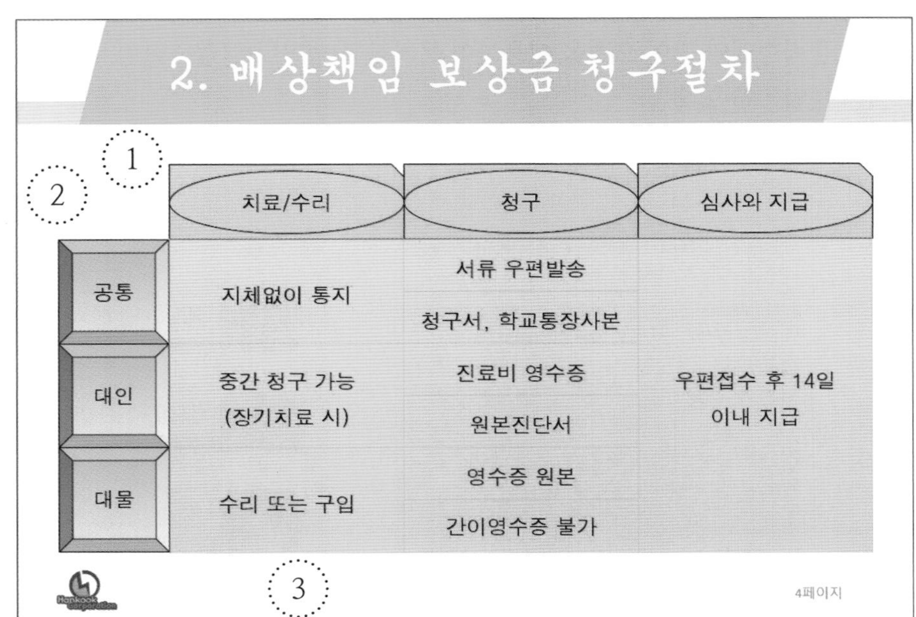

	치료/수리	청구	심사와 지급
공통	지체없이 통지	서류 우편발송 청구서, 학교통장사본	우편접수 후 14일 이내 지급
대인	중간 청구 가능 (장기치료 시)	진료비 영수증 원본진단서	
대물	수리 또는 구입	영수증 원본 간이영수증 불가	

슬라이드 5 ≪차트 슬라이드≫ (100점)

(1) 차트 작성 기능을 이용하여 슬라이드를 작성한다.

(2) 차트 : 종류(묶은 세로 막대형), 글꼴(돋움, 16pt), 외곽선

세부조건

※ 차트 설명

- 차트 제목 : 돋움, 24pt, 굵게, 채우기(흰색), 테두리, 그림자(오프셋 가운데)
- 차트 영역 : 채우기(노랑)
  그림 영역 : 채우기(흰색)
- 데이터 서식 : 2020년 계열을 표식이 있는 꺾은선형으로 변경 후 보조축으로 지정
- 값 표시 : 특수학교의 2020년 계열만

① 도형 삽입
- 스타일 :
  미세 효과 – 파랑, 강조 5
- 글꼴 : 돋움, 18pt

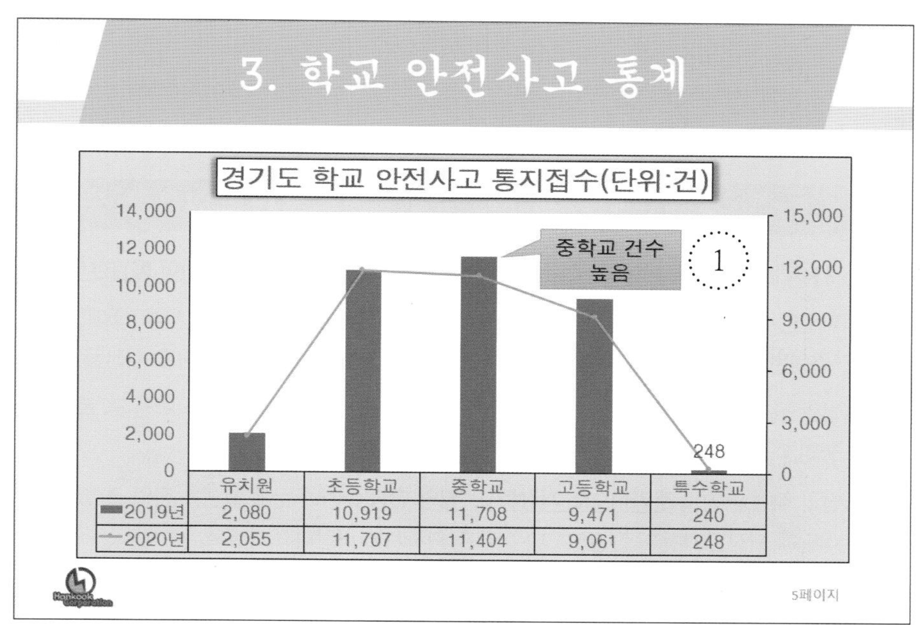

	유치원	초등학교	중학교	고등학교	특수학교
2019년	2,080	10,919	11,708	9,471	240
2020년	2,055	11,707	11,404	9,061	248

슬라이드 6 ≪도형 슬라이드≫ (100점)

(1) 슬라이드와 같이 도형 및 스마트아트를 배치한다(글꼴 : 굴림, 18pt).

(2) 애니메이션 순서 : ① ⇒ ②

세부조건

① 도형 및 스마트아트 편집
- 스마트아트 디자인 :
  3차원 벽돌, 3차원 만화
- 그룹화 후 애니메이션 효과 :
  실선 무늬(세로)

② 도형 편집
- 그룹화 후 애니메이션 효과 :
  시계 방향 회전

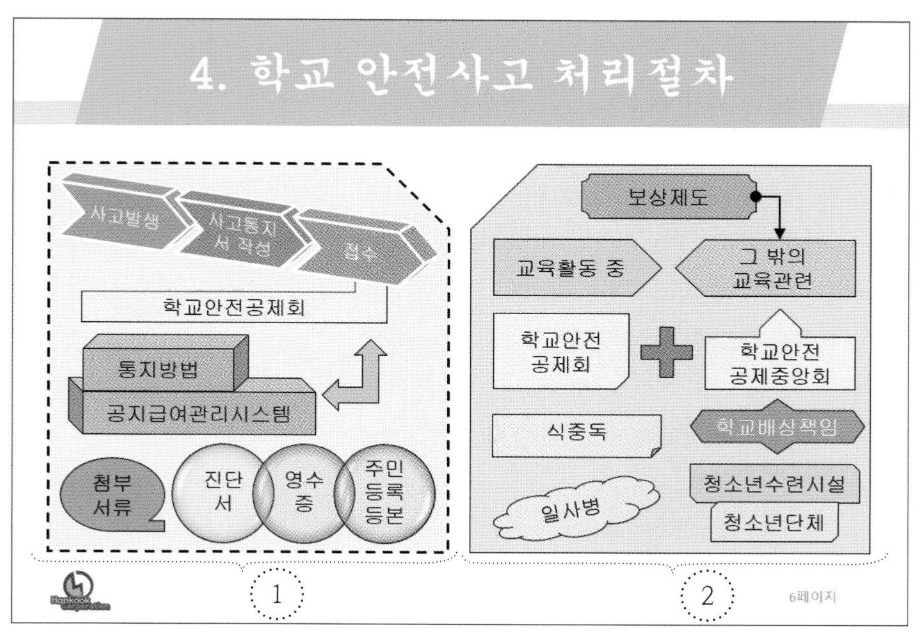

제 11 회 실전모의고사 (MS 오피스)

과목	코드	문제유형	시험시간	수험번호	성명
한글파워포인트	1142	A	60분		

수험자 유의사항

- 수험자는 문제지를 받는 즉시 문제지와 **수험표상의 시험과목(프로그램)이 동일한지 반드시 확인**하여야 합니다.
- 파일명은 본인의 "수험번호-성명"으로 입력하여 답안폴더(내 PC₩문서₩ITQ)에 하나의 파일로 저장해야 하며, 답안문서 파일명이 "수험번호-성명"과 일치하지 않거나, 답안파일을 전송하지 않아 미제출로 처리될 경우 실격 처리합니다(예:12345678-홍길동.pptx).
- 답안 작성을 마치면 파일을 저장하고, '답안 전송' 버튼을 선택하여 감독위원 PC로 답안을 전송하십시오. 수험생 정보와 저장한 파일명이 다를 경우 전송되지 않으므로 주의하시기 바랍니다.
- 답안 작성 중에도 **주기적으로 저장하고, '답안 전송'**하여야 문제 발생을 줄일 수 있습니다. 작업한 내용을 저장하지 않고 전송할 경우 이전에 저장된 내용이 전송되오니 이점 유의하시기 바랍니다.
- 답안문서는 지정된 경로 외의 다른 보조기억장치에 저장하는 경우, 지정된 시험 시간 외에 작성된 파일을 활용할 경우, 기타 통신수단(이메일, 메신저, 네트워크 등)을 이용하여 타인에게 전달 또는 외부 반출하는 경우는 부정 처리합니다.
- 시험 중 부주의 또는 고의로 시스템을 파손한 경우는 수험자가 변상해야 하며, 〈수험자 유의사항〉에 기재된 방법대로 이행하지 않아 생기는 불이익은 수험생 당사자의 책임임을 알려 드립니다.
- 문제의 조건은 MS오피스 2016 버전으로 설정되어 있으니 유의하시기 바랍니다.
- 시험을 완료한 수험자는 답안파일이 전송되었는지 확인한 후 감독위원의 지시에 따라 문제지를 제출하고 퇴실합니다.

답안 작성요령

- 온라인 답안 작성 절차
  수험자 등록 ➡ 시험 시작 ➡ 답안파일 저장 ➡ 답안 전송 ➡ 시험 종료
- 슬라이드의 크기는 A4 Paper로 설정하여 작성합니다.
- 슬라이드의 총 개수는 6개로 구성되어 있으며 슬라이드 1부터 순서대로 작업하고 반드시 문제와 세부 조건대로 합니다.
- 별도의 지시사항이 없는 경우 출력형태를 참조하여 글꼴색은 검정 또는 흰색으로 작성하고, 기타사항은 전체적인 균형을 고려하여 작성합니다.
- 슬라이드 도형 및 개체에 출력형태와 다른 스타일(그림자, 외곽선 등)을 적용했을 경우 감점 처리됩니다.
- 슬라이드 번호를 작성합니다(슬라이드 1에는 생략).
- 2~6번 슬라이드 제목 도형과 하단 로고는 슬라이드 마스터를 이용하여 출력형태와 동일하게 작성합니다(슬라이드 1에는 생략).
- 문제와 세부조건, 세부조건 번호 ◌ (점선원)는 입력하지 않습니다.
- 각 개체의 위치는 오른쪽의 슬라이드와 동일하게 구성합니다.
- 그림 삽입 문제의 경우 반드시 「내 PC₩문서₩ITQ₩Picture」 폴더에서 정확한 파일을 선택하여 삽입하십시오.
- 각 슬라이드를 각각의 파일로 작업해서 저장할 경우 실격 처리됩니다.

전체구성 (60점)

(1) 슬라이드 크기 및 순서 : 크기를 A4 용지로 설정하고 슬라이드 순서에 맞게 작성한다.

(2) 슬라이드 마스터 : 2~6 슬라이드의 제목, 하단 로고, 슬라이드 번호는 슬라이드 마스터를 이용하여 작성한다.

- 제목 글꼴(돋움, 40pt, 흰색), 왼쪽 맞춤, 도형(선 없음)
- 하단 로고(「내 PC₩문서₩ITQ₩Picture₩로고1.jpg」 배경(회색) 투명색으로 설정)

슬라이드 1 ≪표지 디자인≫ (40점)

(1) 표지 디자인 : 도형, 워드아트 및 그림을 이용하여 작성한다.

세부조건

① 도형 편집
- 도형에 그림 채우기 : 「내 PC₩문서₩ITQ₩Picture₩그림2.jpg」, 투명도 50%
- 도형 효과 : 부드러운 가장자리 5 포인트

② 워드아트 삽입
- 변환 : 아래로 계단식
- 글꼴 : 돋움, 굵게
- 텍스트 반사 : 1/2 반사, 터치

③ 그림 삽입
- 「내 PC₩문서₩ITQ₩Picture₩로고1.jpg」
- 배경(회색) 투명색으로 설정

슬라이드 2 ≪목차 슬라이드≫ (60점)

(1) 출력형태와 같이 도형을 이용하여 목차를 작성한다(글꼴 : 돋움, 24pt).

(2) 도형 : 선 없음

세부조건

① 텍스트에 하이퍼링크 적용
→ '슬라이드 6'

② 그림 삽입
- 「내 PC₩문서₩ITQ₩Picture₩그림4.jpg」
- 자르기 기능 이용

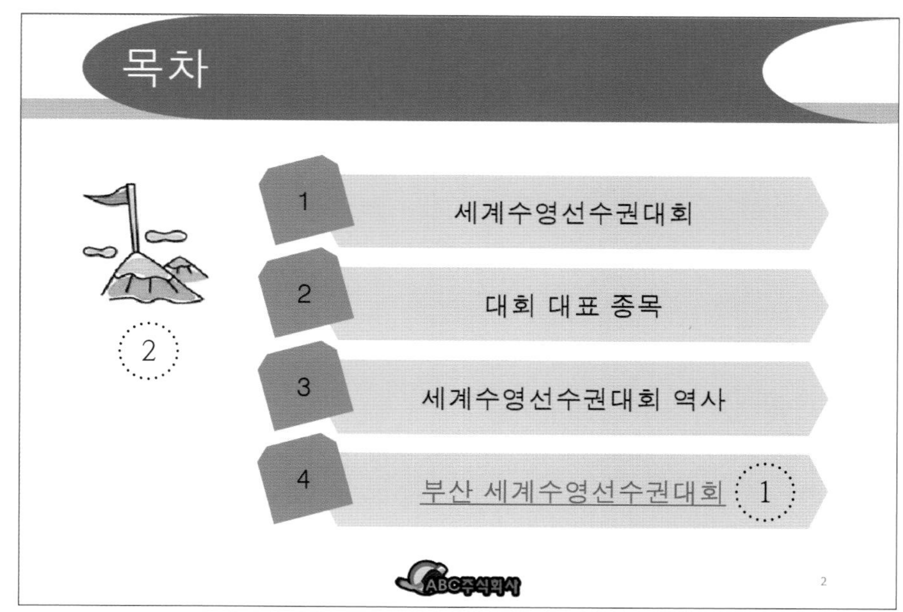

슬라이드 3 ≪텍스트/동영상 슬라이드≫ (60점)

(1) 텍스트 작성 : 글머리 기호 사용(➢, ■)

➢문단(굴림, 24pt, 굵게, 줄 간격 : 1.5줄), ■문단(굴림, 20pt, 줄 간격 : 1.5줄)

세부조건

① 동영상 삽입 :
- 「내 PC₩문서₩ITQ₩Picture₩동영상.wmv」
- 자동 실행, 반복 재생 설정

1. 세계수영선수권대회

➢ World Championships for Swimming
- ■ Swimming events range from 50m up to 1,500m in freestyle, backstroke, breaststroke and butterfly, with the winners decided after preliminaries, semi-finals and finals

1

➢ 국제수영연맹(FINA)
- ■ 수영 종목 경기대회의 국제관리기구
- ■ 공식 수영종목은 경영, 수구, 다이빙, 아티스틱 수영, 오픈워터 수영 및 하이다이빙으로 5개 대륙 209개의 국가연맹이 회원국으로 등재되어 있음

3

슬라이드 4 ≪표 슬라이드≫ (80점)

(1) 도형과 표 작성 기능을 이용하여 슬라이드를 작성한다(글꼴 : 돈움, 18pt).

세부조건

① 상단 도형 :
2개 도형의 조합으로 작성

② 좌측 도형 :
그라데이션 효과(선형 아래쪽)

③ 표 스타일 :
테마 스타일 1 – 강조 5

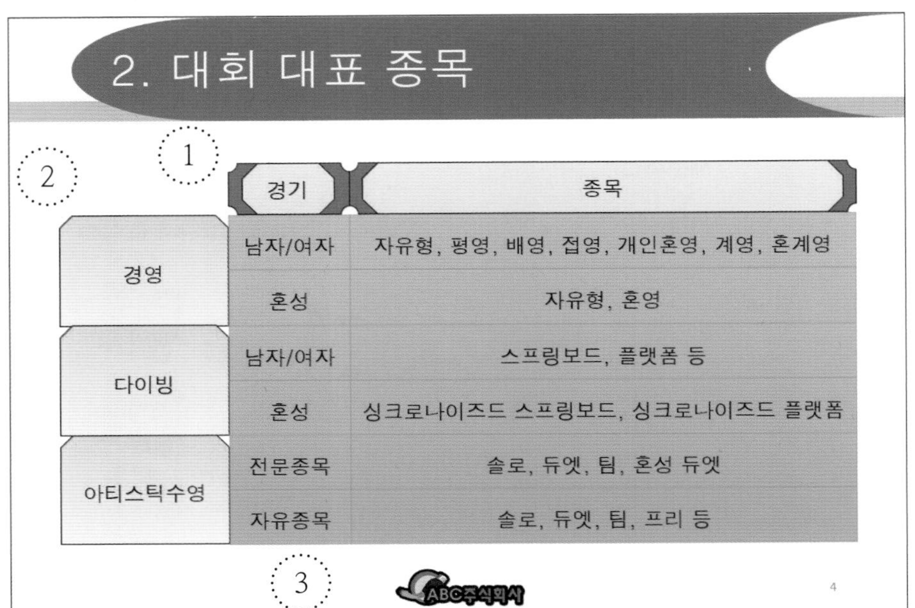

	경기	종목
경영	남자/여자	자유형, 평영, 배영, 접영, 개인혼영, 계영, 혼계영
	혼성	자유형, 혼영
다이빙	남자/여자	스프링보드, 플랫폼 등
	혼성	싱크로나이즈드 스프링보드, 싱크로나이즈드 플랫폼
아티스틱수영	전문종목	솔로, 듀엣, 팀, 혼성 듀엣
	자유종목	솔로, 듀엣, 팀, 프리 등

슬라이드 5 ≪차트 슬라이드≫ (100점)

(1) 차트 작성 기능을 이용하여 슬라이드를 작성한다.

(2) 차트 : 종류(묶은 세로 막대형), 글꼴(돋움, 16pt), 외곽선

세부조건

※ 차트 설명

- 차트 제목 : 궁서, 24pt, 굵게, 채우기(흰색), 테두리, 그림자(오프셋 대각선 왼쪽 아래)
- 차트 영역 : 채우기(노랑)
  그림 영역 : 채우기(흰색)
- 데이터 서식 : 선수(명) 계열을 표식이 있는 꺾은선형으로 변경 후 보조 축으로 지정
- 값 표시 : 2012년의 선수(명) 계열만

① 도형 삽입
- 스타일 : 미세 효과 – 황금색, 강조 4
- 글꼴 : 돋움, 18pt

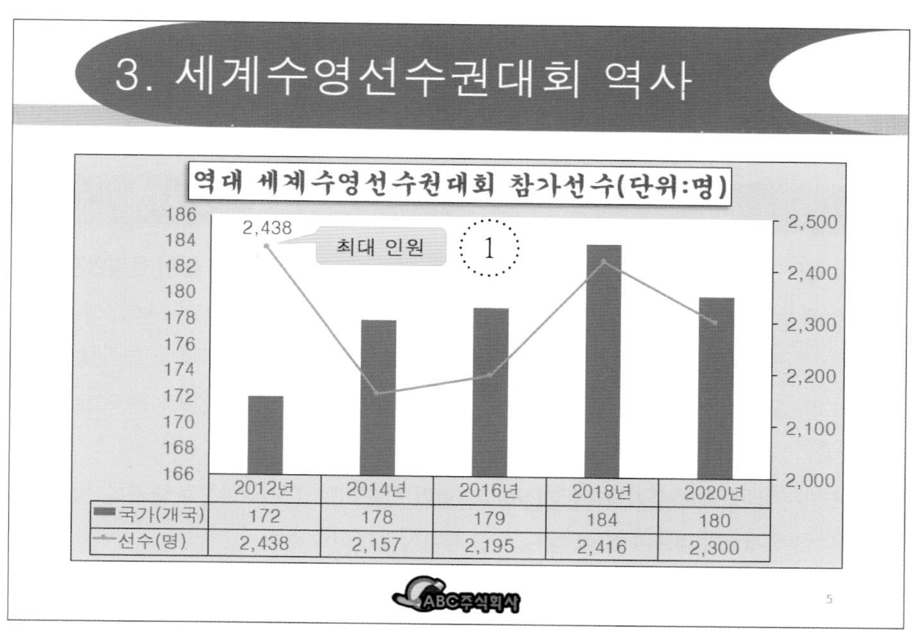

슬라이드 6 ≪도형 슬라이드≫ (100점)

(1) 슬라이드와 같이 도형 및 스마트아트를 배치한다(글꼴 : 굴림, 18pt).

(2) 애니메이션 순서 : ① ⇒ ②

세부조건

① 도형 및 스마트아트 편집
- 스마트아트 디자인 : 3차원 광택 처리, 3차원 벽돌
- 그룹화 후 애니메이션 효과 : 올라오기(떠오르며 내려가기)

② 도형 편집
- 그룹화 후 애니메이션 효과 : 나타내기

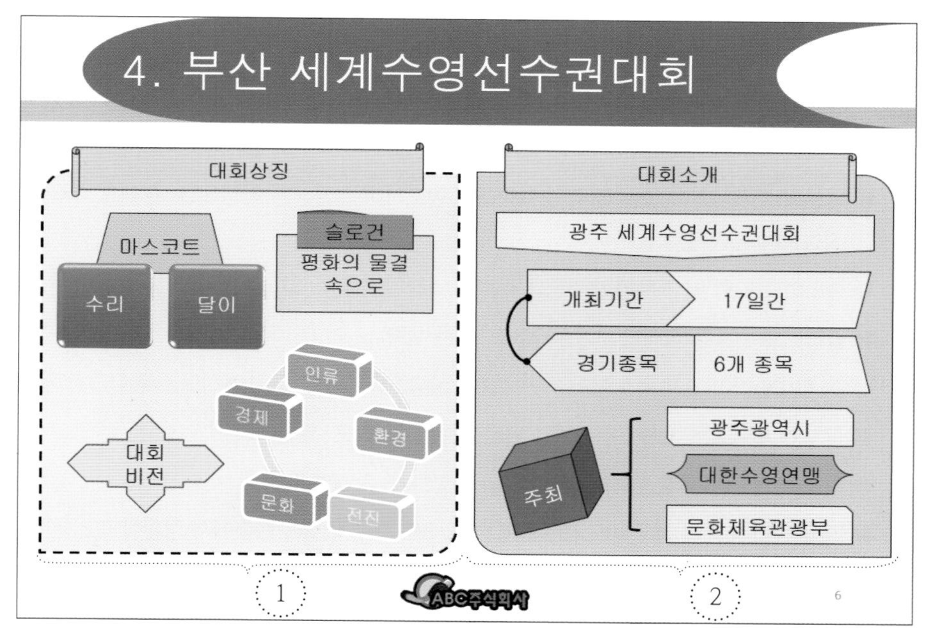

제 12 회 실전모의고사

MS 오피스

과목	코드	문제유형	시험시간	수험번호	성명
한글파워포인트	1142	B	60분		

수험자 유의사항

- 수험자는 문제지를 받는 즉시 문제지와 **수험표상의 시험과목(프로그램)이 동일한지 반드시 확인**하여야 합니다.
- 파일명은 본인의 "수험번호-성명"으로 입력하여 답안폴더(내 PC₩문서₩ITQ)에 하나의 파일로 저장해야 하며, 답안문서 파일명이 "수험번호-성명"과 일치하지 않거나, 답안파일을 전송하지 않아 미제출로 처리될 경우 실격 처리합니다(예:12345678-홍길동.pptx).
- 답안 작성을 마치면 파일을 저장하고, '답안 전송' 버튼을 선택하여 감독위원 PC로 답안을 전송하십시오. 수험생 정보와 저장한 파일명이 다를 경우 전송되지 않으므로 주의하시기 바랍니다.
- 답안 작성 중에도 **주기적으로 저장하고, '답안 전송'**하여야 문제 발생을 줄일 수 있습니다. 작업한 내용을 저장하지 않고 전송할 경우 이전에 저장된 내용이 전송되오니 이점 유의하시기 바랍니다.
- 답안문서는 지정된 경로 외의 다른 보조기억장치에 저장하는 경우, 지정된 시험 시간 외에 작성된 파일을 활용할 경우, 기타 통신수단(이메일, 메신저, 네트워크 등)을 이용하여 타인에게 전달 또는 외부 반출하는 경우는 부정 처리합니다.
- 시험 중 부주의 또는 고의로 시스템을 파손한 경우는 수험자가 변상해야 하며, 〈수험자 유의사항〉에 기재된 방법대로 이행하지 않아 생기는 불이익은 수험생 당사자의 책임임을 알려 드립니다.
- 문제의 조건은 MS오피스 2016 버전으로 설정되어 있으니 유의하시기 바랍니다.
- 시험을 완료한 수험자는 답안파일이 전송되었는지 확인한 후 감독위원의 지시에 따라 문제지를 제출하고 퇴실합니다.

답안 작성요령

- 온라인 답안 작성 절차
  수험자 등록 ➡ 시험 시작 ➡ 답안파일 저장 ➡ 답안 전송 ➡ 시험 종료
- 슬라이드의 크기는 A4 Paper로 설정하여 작성합니다.
- 슬라이드의 총 개수는 6개로 구성되어 있으며 슬라이드 1부터 순서대로 작업하고 반드시 문제와 세부 조건대로 합니다.
- 별도의 지시사항이 없는 경우 출력형태를 참조하여 글꼴색은 검정 또는 흰색으로 작성하고, 기타사항은 전체적인 균형을 고려하여 작성합니다.
- 슬라이드 도형 및 개체에 출력형태와 다른 스타일(그림자, 외곽선 등)을 적용했을 경우 감점 처리됩니다.
- 슬라이드 번호를 작성합니다(슬라이드 1에는 생략).
- 2~6번 슬라이드 제목 도형과 하단 로고는 슬라이드 마스터를 이용하여 출력형태와 동일하게 작성합니다(슬라이드 1에는 생략).
- 문제와 세부조건, 세부조건 번호 ◌ (점선원)는 입력하지 않습니다.
- 각 개체의 위치는 오른쪽의 슬라이드와 동일하게 구성합니다.
- 그림 삽입 문제의 경우 반드시 「내 PC₩문서₩ITQ₩Picture」 폴더에서 정확한 파일을 선택하여 삽입하십시오.
- 각 슬라이드를 각각의 파일로 작업해서 저장할 경우 실격 처리됩니다.

전체구성 (60점)

(1) 슬라이드 크기 및 순서 : 크기를 A4 용지로 설정하고 슬라이드 순서에 맞게 작성한다.

(2) 슬라이드 마스터 : 2~6 슬라이드의 제목, 하단 로고, 슬라이드 번호는 슬라이드 마스터를 이용하여 작성한다.

- 제목 글꼴(돋움, 40pt, 흰색), 가운데 맞춤, 도형(선 없음)
- 하단 로고(「내 PC₩문서₩ITQ₩Picture₩로고2.jpg」 배경(회색) 투명색으로 설정)

슬라이드 1 ≪표지 디자인≫ (40점)

(1) 표지 디자인 : 도형, 워드아트 및 그림을 이용하여 작성한다.

세부조건

① 도형 편집
- 도형에 그림 채우기 : 「내 PC₩문서₩ITQ₩Picture₩그림3.jpg」, 투명도 50%
- 도형 효과 : 부드러운 가장자리 5 포인트

② 워드아트 삽입
- 변환 : 위쪽 원호
- 글꼴 : 돋움, 굵게
- 텍스트 반사 : 근접 반사, 터치

③ 그림 삽입
- 「내 PC₩문서₩ITQ₩Picture₩로고2.jpg」
- 배경(회색) 투명색으로 설정

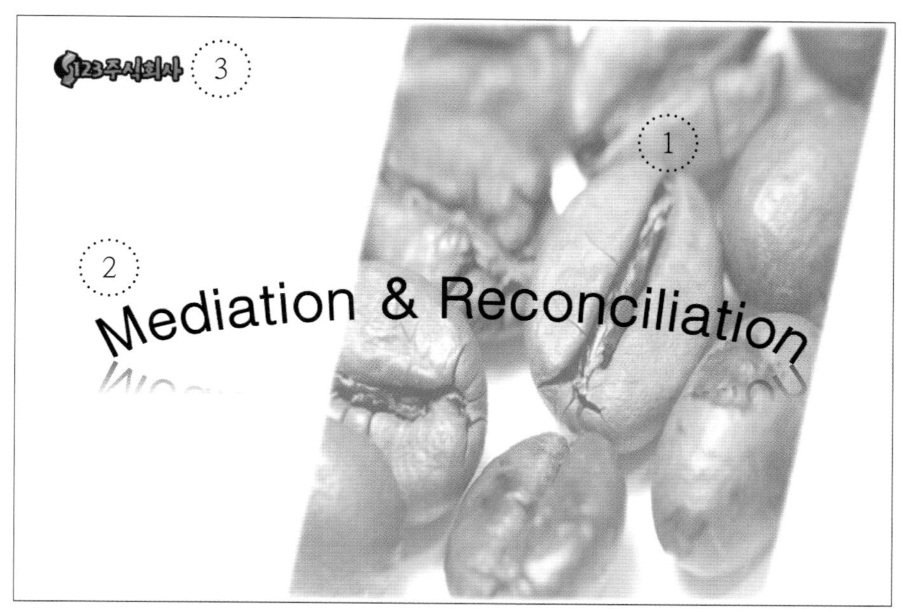

슬라이드 2 ≪목차 슬라이드≫ (60점)

(1) 출력형태와 같이 도형을 이용하여 목차를 작성한다(글꼴 : 굴림, 24pt).

(2) 도형 : 선 없음

세부조건

① 텍스트에 하이퍼링크 적용
→ '슬라이드 5'

② 그림 삽입
- 「내 PC₩문서₩ITQ₩Picture₩그림4.jpg」
- 자르기 기능 이용

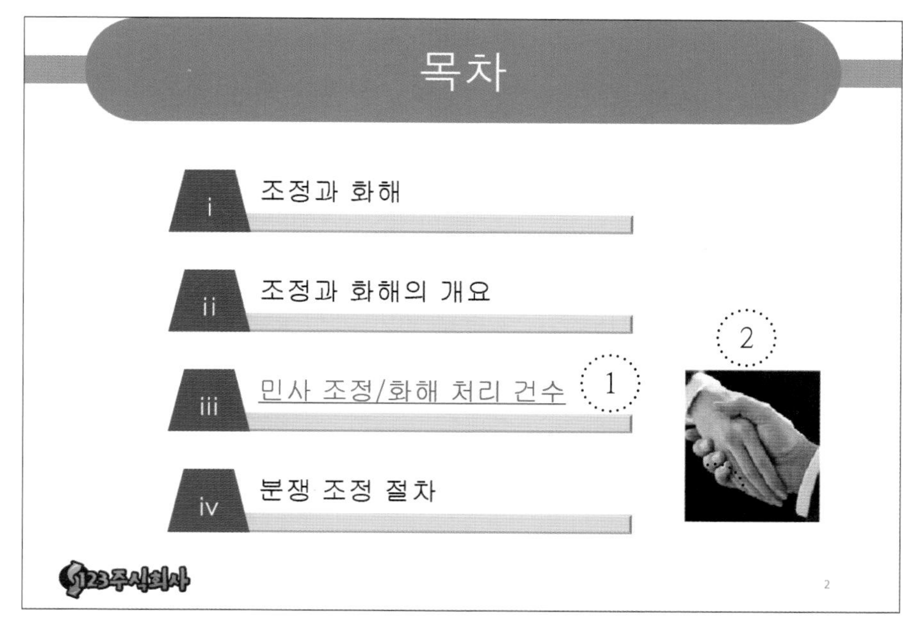

슬라이드 3 ≪텍스트/동영상 슬라이드≫ (60점)

(1) 텍스트 작성 : 글머리 기호 사용(◆, ■)

◆문단(굴림, 24pt, 굵게, 줄 간격 : 1.5줄), ■문단(굴림, 20pt, 줄 간격 : 1.5줄)

세부조건

① 동영상 삽입 :
- 「내 PC₩문서₩ITQ₩Picture₩동영상.wmv」
- 자동 실행, 반복 재생 설정

i . 조정과 화해

◆ Reconciliation

- The reconciliation of two beliefs, facts or demands that seem to be opposed is the process of finding a way in which they can both be true or both be successful

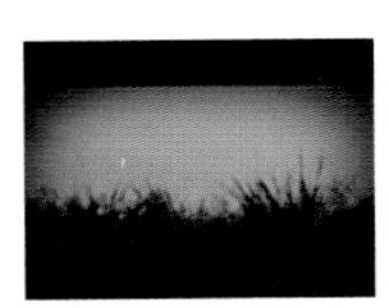

1

◆ 조정과 화해

- 조정 : 법원을 비롯한 제3자가 화해에 이르도록 분쟁당사자들을 설득
- 화해 : 분쟁 당사자가 서로 양보하여 당사자 사이의 분쟁을 종지할 것을 약정함으로써 성립하는 계약

3

슬라이드 4 ≪표 슬라이드≫ (80점)

(1) 도형과 표 작성 기능을 이용하여 슬라이드를 작성한다(글꼴 : 돋움, 18pt).

세부조건

① 상단 도형 :
2개 도형의 조합으로 작성

② 좌측 도형 :
그라데이션 효과(선형 아래쪽)

③ 표 스타일 :
테마 스타일 1 – 강조 3

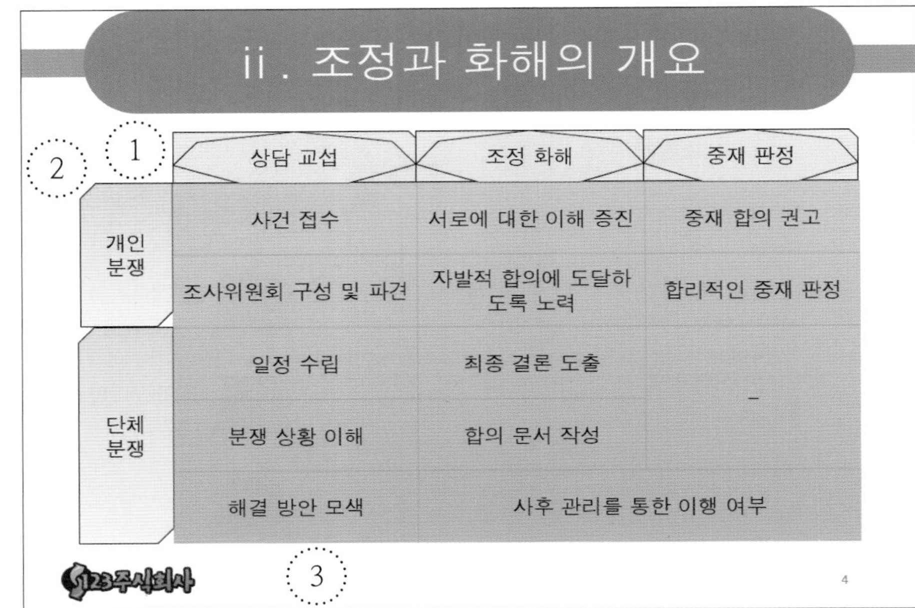

슬라이드 5 ≪차트 슬라이드≫ (100점)

(1) 차트 작성 기능을 이용하여 슬라이드를 작성한다.

(2) 차트 : 종류(묶은 세로 막대형), 글꼴(돋움, 16pt), 외곽선

세부조건

※ 차트 설명
- 차트 제목 : 궁서, 24pt, 굵게, 채우기(흰색), 테두리, 그림자(오프셋 대각선 왼쪽 위)
- 차트 영역 : 채우기(노랑)
  그림 영역 : 채우기(흰색)
- 데이터 서식 : 2020년 계열을 표식이 있는 꺾은선형으로 변경 후 보조 축으로 지정
- 값 표시 : 합계의 2020년 계열만

① 도형 삽입
- 스타일 :
  미세 효과 – 주황, 강조 2
- 글꼴 : 돋움, 18pt

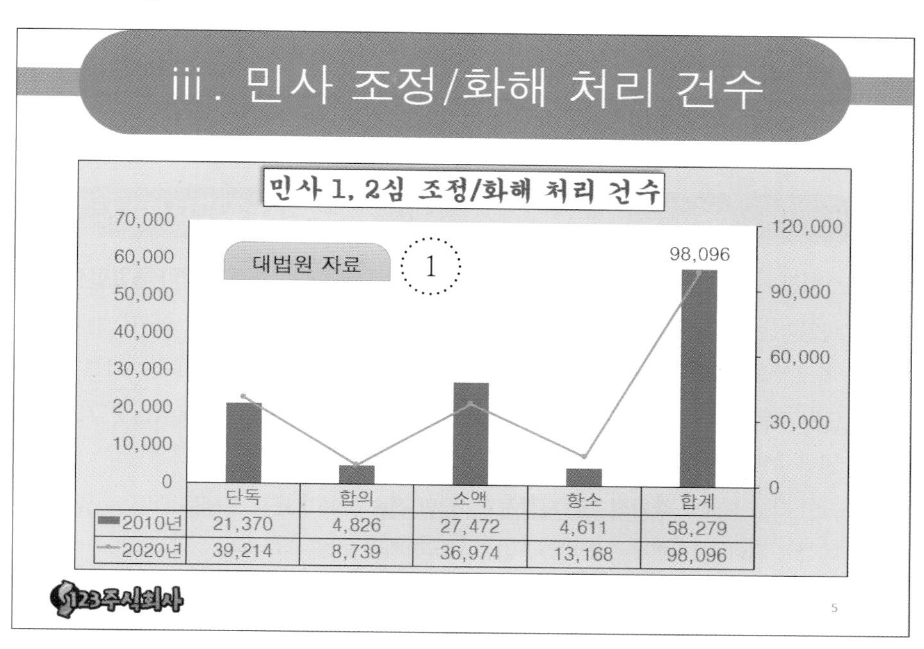

슬라이드 6 ≪도형 슬라이드≫ (100점)

(1) 슬라이드와 같이 도형 및 스마트아트를 배치한다(글꼴 : 굴림, 18pt).

(2) 애니메이션 순서 : ① ⇒ ②

세부조건

① 도형 편집
- 그룹화 후 애니메이션 효과 :
  밝기 변화

② 도형 및 스마트아트 편집
- 스마트아트 디자인 :
  3차원 만화, 3차원 광택 처리
- 그룹화 후 애니메이션 효과 :
  확대/축소(슬라이드 센터)

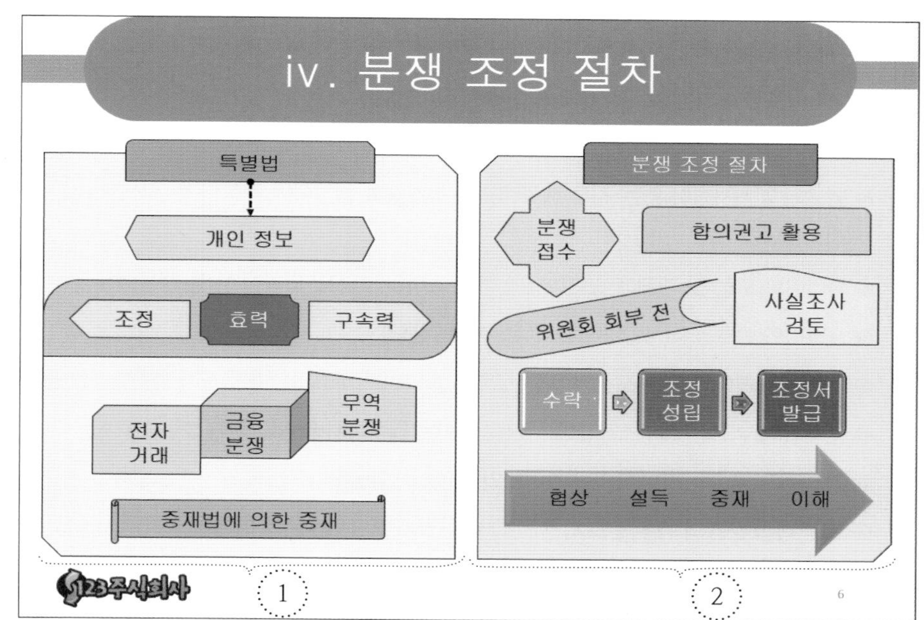

제 13 회 실전모의고사 (MS 오피스)

과목	코드	문제유형	시험시간	수험번호	성명
한글파워포인트	1142	C	60분		

수험자 유의사항

- 수험자는 문제지를 받는 즉시 문제지와 **수험표상의 시험과목(프로그램)이 동일한지 반드시 확인**하여야 합니다.
- 파일명은 본인의 "수험번호-성명"으로 입력하여 답안폴더(내 PC₩문서₩ITQ)에 하나의 파일로 저장해야 하며, 답안문서 파일명이 "수험번호-성명"과 일치하지 않거나, 답안파일을 전송하지 않아 미제출로 처리될 경우 실격 처리합니다(예:12345678-홍길동.pptx).
- 답안 작성을 마치면 파일을 저장하고, '답안 전송' 버튼을 선택하여 감독위원 PC로 답안을 전송하십시오. 수험생 정보와 저장한 파일명이 다를 경우 전송되지 않으므로 주의하시기 바랍니다.
- 답안 작성 중에도 **주기적으로 저장하고, '답안 전송'**하여야 문제 발생을 줄일 수 있습니다. 작업한 내용을 저장하지 않고 전송할 경우 이전에 저장된 내용이 전송되오니 이점 유의하시기 바랍니다.
- 답안문서는 지정된 경로 외의 다른 보조기억장치에 저장하는 경우, 지정된 시험 시간 외에 작성된 파일을 활용할 경우, 기타 통신수단(이메일, 메신저, 네트워크 등)을 이용하여 타인에게 전달 또는 외부 반출하는 경우는 부정 처리합니다.
- 시험 중 부주의 또는 고의로 시스템을 파손한 경우는 수험자가 변상해야 하며, 〈수험자 유의사항〉에 기재된 방법대로 이행하지 않아 생기는 불이익은 수험생 당사자의 책임임을 알려 드립니다.
- 문제의 조건은 MS오피스 2016 버전으로 설정되어 있으니 유의하시기 바랍니다.
- 시험을 완료한 수험자는 답안파일이 전송되었는지 확인한 후 감독위원의 지시에 따라 문제지를 제출하고 퇴실합니다.

답안 작성요령

- 온라인 답안 작성 절차
  수험자 등록 ➡ 시험 시작 ➡ 답안파일 저장 ➡ 답안 전송 ➡ 시험 종료
- 슬라이드의 크기는 A4 Paper로 설정하여 작성합니다.
- 슬라이드의 총 개수는 6개로 구성되어 있으며 슬라이드 1부터 순서대로 작업하고 반드시 문제와 세부 조건대로 합니다.
- 별도의 지시사항이 없는 경우 출력형태를 참조하여 글꼴색은 검정 또는 흰색으로 작성하고, 기타사항은 전체적인 균형을 고려하여 작성합니다.
- 슬라이드 도형 및 개체에 출력형태와 다른 스타일(그림자, 외곽선 등)을 적용했을 경우 감점 처리됩니다.
- 슬라이드 번호를 작성합니다(슬라이드 1에는 생략).
- 2~6번 슬라이드 제목 도형과 하단 로고는 슬라이드 마스터를 이용하여 출력형태와 동일하게 작성합니다(슬라이드 1에는 생략).
- 문제와 세부조건, 세부조건 번호 ◌ (점선원)는 입력하지 않습니다.
- 각 개체의 위치는 오른쪽의 슬라이드와 동일하게 구성합니다.
- 그림 삽입 문제의 경우 반드시 「내 PC₩문서₩ITQ₩Picture」 폴더에서 정확한 파일을 선택하여 삽입하십시오.
- 각 슬라이드를 각각의 파일로 작업해서 저장할 경우 실격 처리됩니다.

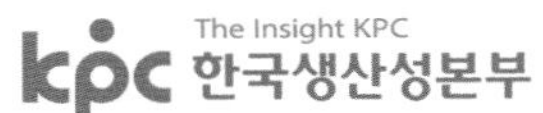

전체구성 (60점)

(1) 슬라이드 크기 및 순서 : 크기를 A4 용지로 설정하고 슬라이드 순서에 맞게 작성한다.

(2) 슬라이드 마스터 : 2~6 슬라이드의 제목, 하단 로고, 슬라이드 번호는 슬라이드 마스터를 이용하여 작성한다.

- 제목 글꼴(돋움, 40pt, 흰색), 왼쪽 맞춤, 도형(선 없음)
- 하단 로고(「내 PC₩문서₩ITQ₩Picture₩로고3.jpg」 배경(연보라) 투명색으로 설정)

슬라이드 1 ≪표지 디자인≫ (40점)

(1) 표지 디자인 : 도형, 워드아트 및 그림을 이용하여 작성한다.

세부조건

① 도형 편집
- 도형에 그림 채우기 : 「내 PC₩문서₩ITQ₩Picture₩그림1.jpg」, 투명도 50%
- 도형 효과 : 부드러운 가장자리 5 포인트

② 워드아트 삽입
- 변환 : 아래쪽 수축
- 글꼴 : 궁서, 굵게
- 텍스트 반사 : 1/2 반사, 터치

③ 그림 삽입
- 「내 PC₩문서₩ITQ₩Picture₩로고3.jpg」
- 배경(연보라) 투명색으로 설정

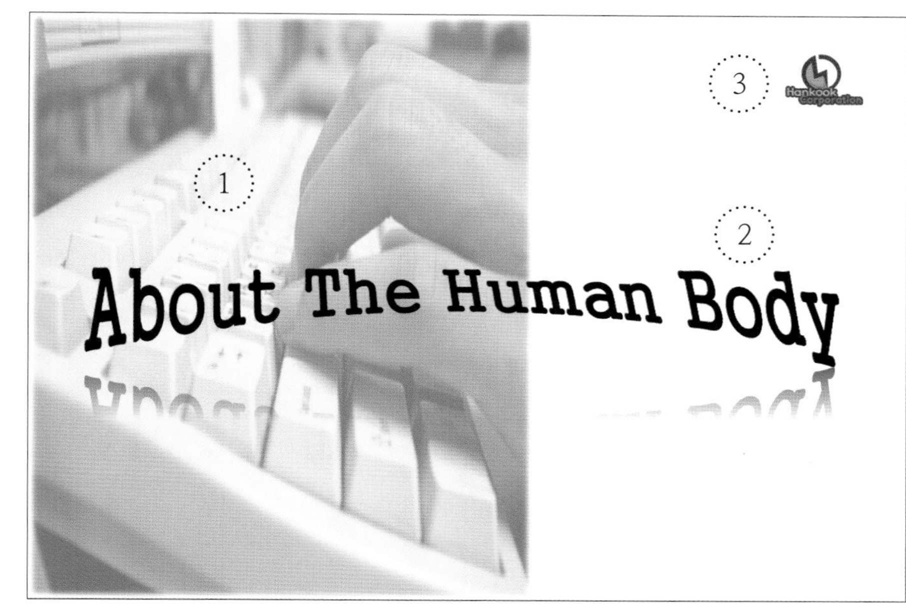

슬라이드 2 ≪목차 슬라이드≫ (60점)

(1) 출력형태와 같이 도형을 이용하여 목차를 작성한다(글꼴 : 돋움, 24pt).

(2) 도형 : 선 없음

세부조건

① 텍스트에 하이퍼링크 적용 → '슬라이드 4'

② 그림 삽입
- 「내 PC₩문서₩ITQ₩Picture₩그림5.jpg」
- 자르기 기능 이용

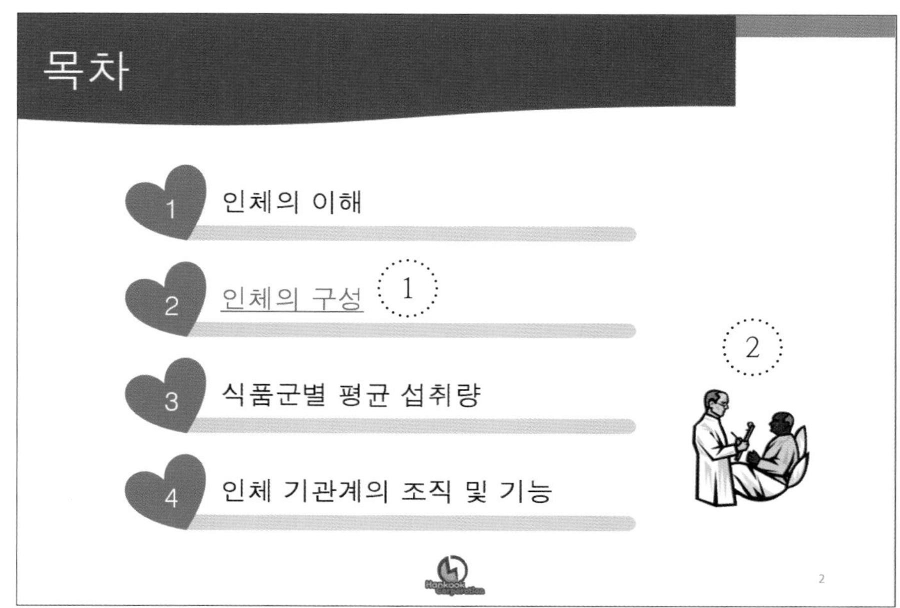

슬라이드 3 ≪텍스트/동영상 슬라이드≫ (60점)

(1) 텍스트 작성 : 글머리 기호 사용(●, ➢)

●문단(굴림, 24pt, 굵게, 줄 간격 : 1.5줄), ➢문단(굴림, 20pt, 줄 간격 : 1.5줄)

세부조건

① 동영상 삽입 :
- 「내 PC₩문서₩ITQ₩Picture₩동영상.wmv」
- 자동 실행, 반복 재생 설정

1. 인체의 이해

● Human Body

➢ The organ systems of the body include the musculoskeletal, cardiovascular, digestive, endocrine and reproductive system

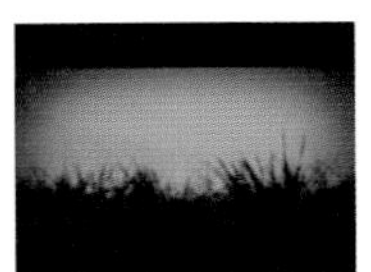

1

● 인체의 의미와 특징

➢ 조직, 기관, 기관계로 구성된 인간의 신체적 구조를 지칭

➢ 살아 있는 세포와 세포외 물질이 기본 조직을 이루며, 조직은 기능적 단위를 형성하여 기관을 구성

3

슬라이드 4 ≪표 슬라이드≫ (80점)

(1) 도형과 표 작성 기능을 이용하여 슬라이드를 작성한다(글꼴 : 굴림, 18pt).

세부조건

① 상단 도형 :
2개 도형의 조합으로 작성

② 좌측 도형 :
그라데이션 효과(선형 아래쪽)

③ 표 스타일 :
테마 스타일 1 – 강조 1

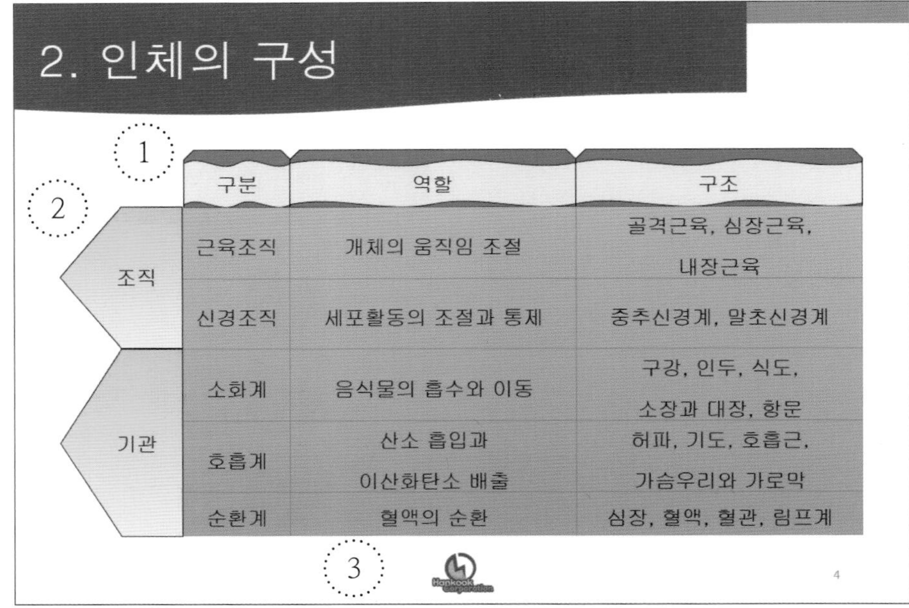

	구분	역할	구조
조직	근육조직	개체의 움직임 조절	골격근육, 심장근육, 내장근육
	신경조직	세포활동의 조절과 통제	중추신경계, 말초신경계
기관	소화계	음식물의 흡수와 이동	구강, 인두, 식도, 소장과 대장, 항문
	호흡계	산소 흡입과 이산화탄소 배출	허파, 기도, 호흡근, 가슴우리와 가로막
	순환계	혈액의 순환	심장, 혈액, 혈관, 림프계

슬라이드 5 ≪차트 슬라이드≫ (100점)

(1) 차트 작성 기능을 이용하여 슬라이드를 작성한다.

(2) 차트 : 종류(묶은 세로 막대형), 글꼴(돋움, 16pt), 외곽선

세부조건

※ 차트 설명

- 차트 제목 : 궁서, 24pt, 굵게, 채우기(흰색), 테두리, 그림자(오프셋 왼쪽)
- 차트 영역 : 채우기(노랑)
  그림 영역 : 채우기(흰색)
- 데이터 서식 : 여자 계열을 표식이 있는 꺾은선형으로 변경 후 보조 축으로 지정
- 값 표시 : 곡류의 여자 계열만

① 도형 삽입
- 스타일 :
  미세 효과 – 파랑, 강조 1
- 글꼴 : 굴림, 18pt

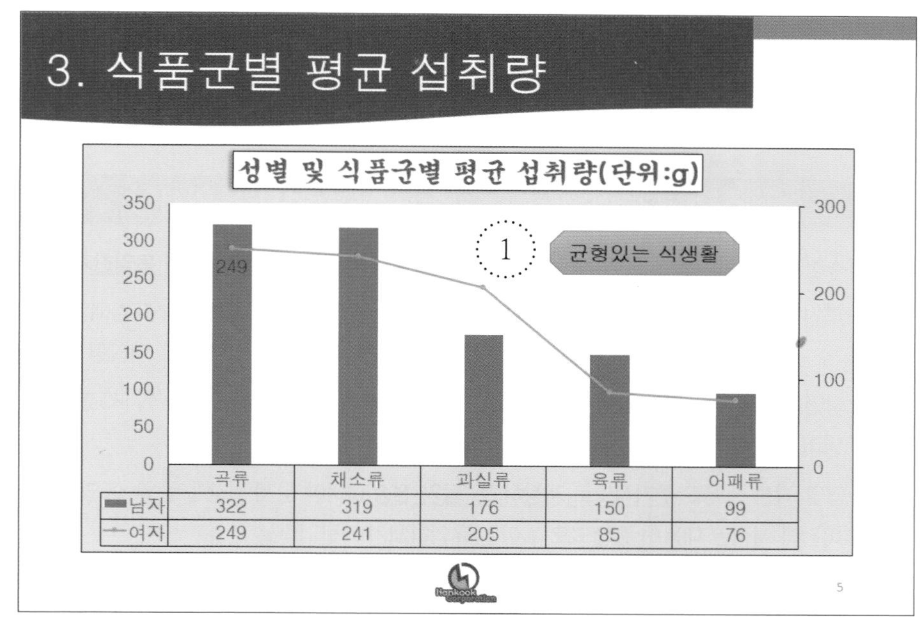

슬라이드 6 ≪도형 슬라이드≫ (100점)

(1) 슬라이드와 같이 도형 및 스마트아트를 배치한다(글꼴 : 굴림, 18pt).

(2) 애니메이션 순서 : ① ⇒ ②

세부조건

① 도형 및 스마트아트 편집
- 스마트아트 디자인 :
  3차원 만화, 3차원 경사
- 그룹화 후 애니메이션 효과 :
  나누기(가로 바깥쪽으로)

② 도형 편집
- 그룹화 후 애니메이션 효과 :
  회전하며 밝기 변화

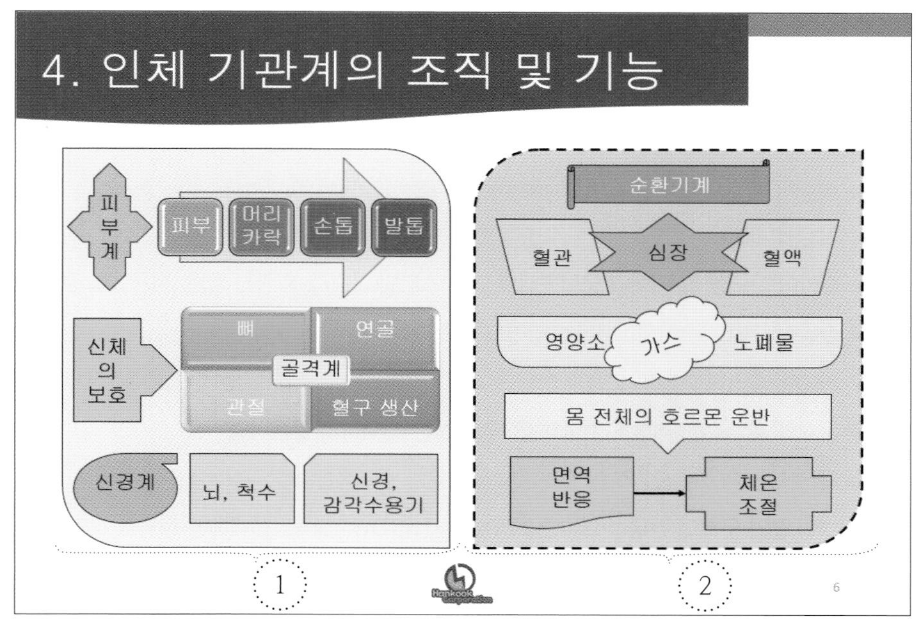

제 14 회 실전모의고사 (MS 오피스)

과목	코드	문제유형	시험시간	수험번호	성명
한글파워포인트	1142	D	60분		

수험자 유의사항

- 수험자는 문제지를 받는 즉시 문제지와 **수험표상의 시험과목(프로그램)이 동일한지 반드시 확인**하여야 합니다.
- 파일명은 본인의 "수험번호-성명"으로 입력하여 답안폴더(내 PC₩문서₩ITQ)에 하나의 파일로 저장해야 하며, 답안문서 파일명이 "수험번호-성명"과 일치하지 않거나, 답안파일을 전송하지 않아 미제출로 처리될 경우 실격 처리합니다(예:12345678-홍길동.pptx).
- 답안 작성을 마치면 파일을 저장하고, '답안 전송' 버튼을 선택하여 감독위원 PC로 답안을 전송하십시오. 수험생 정보와 저장한 파일명이 다를 경우 전송되지 않으므로 주의하시기 바랍니다.
- 답안 작성 중에도 **주기적으로 저장하고, '답안 전송'**하여야 문제 발생을 줄일 수 있습니다. 작업한 내용을 저장하지 않고 전송할 경우 이전에 저장된 내용이 전송되오니 이점 유의하시기 바랍니다.
- 답안문서는 지정된 경로 외의 다른 보조기억장치에 저장하는 경우, 지정된 시험 시간 외에 작성된 파일을 활용할 경우, 기타 통신수단(이메일, 메신저, 네트워크 등)을 이용하여 타인에게 전달 또는 외부 반출하는 경우는 부정 처리합니다.
- 시험 중 부주의 또는 고의로 시스템을 파손한 경우는 수험자가 변상해야 하며, 〈수험자 유의사항〉에 기재된 방법대로 이행하지 않아 생기는 불이익은 수험생 당사자의 책임임을 알려 드립니다.
- 문제의 조건은 MS오피스 2016 버전으로 설정되어 있으니 유의하시기 바랍니다.
- 시험을 완료한 수험자는 답안파일이 전송되었는지 확인한 후 감독위원의 지시에 따라 문제지를 제출하고 퇴실합니다.

답안 작성요령

- 온라인 답안 작성 절차
  수험자 등록 ➡ 시험 시작 ➡ 답안파일 저장 ➡ 답안 전송 ➡ 시험 종료
- 슬라이드의 크기는 A4 Paper로 설정하여 작성합니다.
- 슬라이드의 총 개수는 6개로 구성되어 있으며 슬라이드 1부터 순서대로 작업하고 반드시 문제와 세부 조건대로 합니다.
- 별도의 지시사항이 없는 경우 출력형태를 참조하여 글꼴색은 검정 또는 흰색으로 작성하고, 기타사항은 전체적인 균형을 고려하여 작성합니다.
- 슬라이드 도형 및 개체에 출력형태와 다른 스타일(그림자, 외곽선 등)을 적용했을 경우 감점 처리됩니다.
- 슬라이드 번호를 작성합니다(슬라이드 1에는 생략).
- 2~6번 슬라이드 제목 도형과 하단 로고는 슬라이드 마스터를 이용하여 출력형태와 동일하게 작성합니다(슬라이드 1에는 생략).
- 문제와 세부조건, 세부조건 번호 ◌ (점선원)는 입력하지 않습니다.
- 각 개체의 위치는 오른쪽의 슬라이드와 동일하게 구성합니다.
- 그림 삽입 문제의 경우 반드시 「내 PC₩문서₩ITQ₩Picture」 폴더에서 정확한 파일을 선택하여 삽입하십시오.
- 각 슬라이드를 각각의 파일로 작업해서 저장할 경우 실격 처리됩니다.

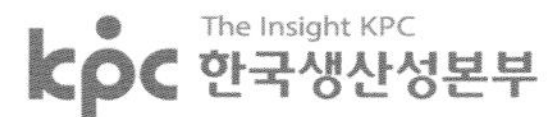

전체구성 (60점)

(1) 슬라이드 크기 및 순서 : 크기를 A4 용지로 설정하고 슬라이드 순서에 맞게 작성한다.

(2) 슬라이드 마스터 : 2~6 슬라이드의 제목, 하단 로고, 슬라이드 번호는 슬라이드 마스터를 이용하여 작성한다.

- 제목 글꼴(돋움, 40pt, 흰색), 가운데 맞춤, 도형(선 없음)
- 하단 로고(「내 PC₩문서₩ITQ₩Picture₩로고1.jpg」배경(회색) 투명색으로 설정)

슬라이드 1 ≪표지 디자인≫ (40점)

(1) 표지 디자인 : 도형, 워드아트 및 그림을 이용하여 작성한다.

세부조건

① 도형 편집
- 도형에 그림 채우기 : 「내 PC₩문서₩ITQ₩Picture₩그림2.jpg」, 투명도 50%
- 도형 효과 : 부드러운 가장자리 5 포인트

② 워드아트 삽입
- 변환 : 삼각형
- 글꼴 : 돋움, 굵게
- 텍스트 반사 : 전체 반사, 터치

③ 그림 삽입
- 「내 PC₩문서₩ITQ₩Picture₩로고1.jpg」
- 배경(회색) 투명색으로 설정

슬라이드 2 ≪목차 슬라이드≫ (60점)

(1) 출력형태와 같이 도형을 이용하여 목차를 작성한다(글꼴 : 굴림, 24pt).

(2) 도형 : 선 없음

세부조건

① 텍스트에 하이퍼링크 적용 → '슬라이드 5'

② 그림 삽입
- 「내 PC₩문서₩ITQ₩Picture₩그림4.jpg」
- 자르기 기능 이용

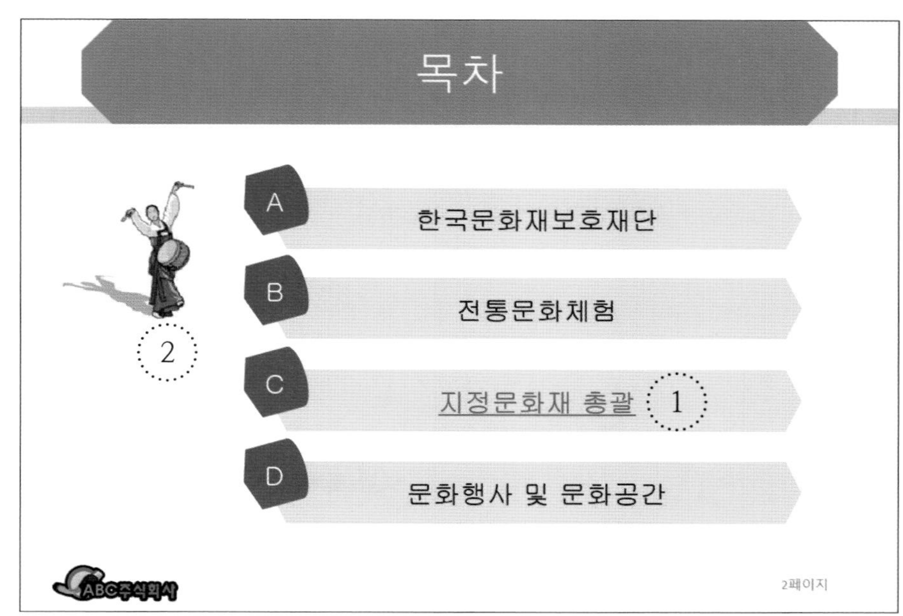

슬라이드 3 ≪텍스트/동영상 슬라이드≫ (60점)

(1) 텍스트 작성 : 글머리 기호 사용(➢, ✓)

➢문단(굴림, 24pt, 굵게, 줄 간격 : 1.5줄), ✓문단(굴림, 20pt, 줄 간격 : 1.5줄)

세부조건

① 동영상 삽입 :
- 「내 PC₩문서₩ITQ₩Picture₩동영상.wmv」
- 자동 실행, 반복 재생 설정

A. 한국문화재보호재단

➢ The Traditional Ceremony Reproduction Project

✓Royal Guard-Changing Ceremony

✓Cangchamui(King's morning session) in the Joseon Dynasty

✓Royal Palace Walk

✓Giroyeon(the ceremony to honor the aged)

➢ 한국문화재보호재단

✓우리의 문화재를 보호 및 보존하고 전통생활문화를 창조적으로 계발하여 이를 보급, 활용함으로 우수한 우리의 민족 문화를 널리 보전 및 선양함을 목적으로 함

1

3페이지

슬라이드 4 ≪표 슬라이드≫ (80점)

(1) 도형과 표 작성 기능을 이용하여 슬라이드를 작성한다(글꼴 : 돋움, 18pt).

세부조건

① 상단 도형 : 2개 도형의 조합으로 작성

② 좌측 도형 : 그라데이션 효과(선형 아래쪽)

③ 표 스타일 : 테마 스타일 1 – 강조 6

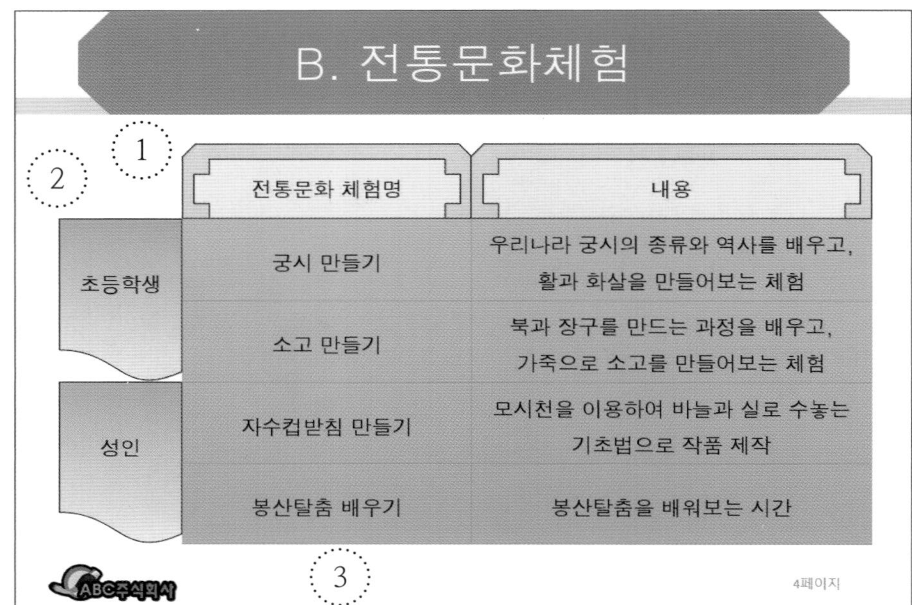

	전통문화 체험명	내용
초등학생	궁시 만들기	우리나라 궁시의 종류와 역사를 배우고, 활과 화살을 만들어보는 체험
	소고 만들기	북과 장구를 만드는 과정을 배우고, 가죽으로 소고를 만들어보는 체험
성인	자수컵받침 만들기	모시천을 이용하여 바늘과 실로 수놓는 기초법으로 작품 제작
	봉산탈춤 배우기	봉산탈춤을 배워보는 시간

슬라이드 5 ≪차트 슬라이드≫ (100점)

(1) 차트 작성 기능을 이용하여 슬라이드를 작성한다.

(2) 차트 : 종류(묶은 세로 막대형), 글꼴(돋움, 16pt), 외곽선

세부조건

※ 차트 설명

- 차트 제목 : 돋움, 24pt, 굵게, 채우기(흰색), 테두리, 그림자(오프셋 가운데)
- 차트 영역 : 채우기(노랑)
  그림 영역 : 채우기(흰색)
- 데이터 서식 : 보물 계열을 표식이 있는 꺾은선형으로 변경 후 보조 축으로 지정
- 값 표시 : 광주의 보물 계열만

① 도형 삽입
- 스타일 :
  미세 효과 – 녹색, 강조 6
- 글꼴 : 굴림, 18pt

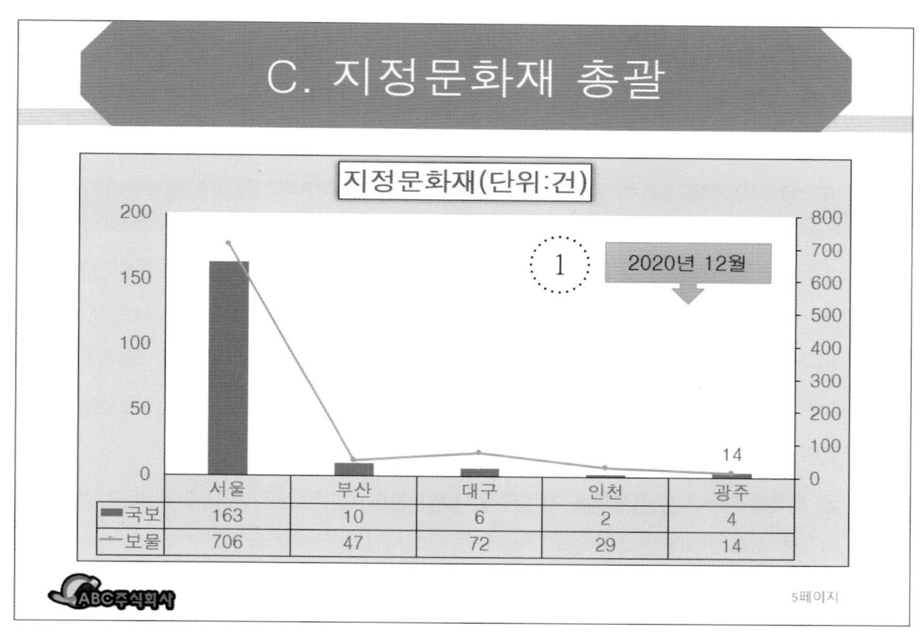

	서울	부산	대구	인천	광주
국보	163	10	6	2	4
보물	706	47	72	29	14

슬라이드 6 ≪도형 슬라이드≫ (100점)

(1) 슬라이드와 같이 도형 및 스마트아트를 배치한다(글꼴 : 굴림, 18pt).

(2) 애니메이션 순서 : ① ⇒ ②

세부조건

① 도형 및 스마트아트 편집
- 스마트아트 디자인 :
  3차원 광택 처리, 3차원 경사
- 그룹화 후 애니메이션 효과 :
  밝기 변화

② 도형 편집
- 그룹화 후 애니메이션 효과 :
  날아오기(오른쪽에서)

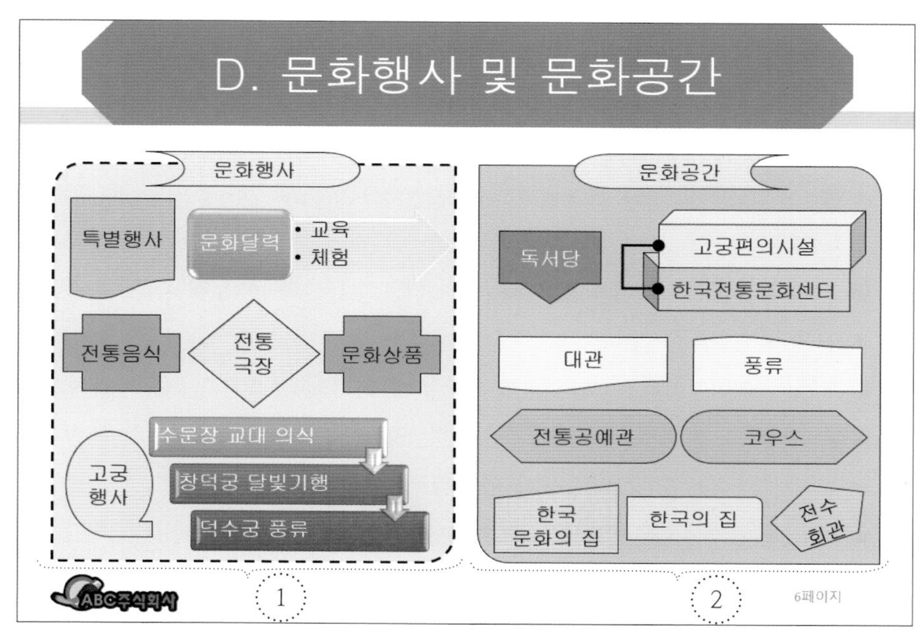

제 15 회 실전모의고사 (MS 오피스)

과목	코드	문제유형	시험시간	수험번호	성명
한글파워포인트	1142	E	60분		

수험자 유의사항

- 수험자는 문제지를 받는 즉시 문제지와 **수험표상의 시험과목(프로그램)이 동일한지 반드시 확인**하여야 합니다.
- 파일명은 본인의 "수험번호-성명"으로 입력하여 답안폴더(내 PC₩문서₩ITQ)에 하나의 파일로 저장해야 하며, 답안문서 파일명이 "수험번호-성명"과 일치하지 않거나, 답안파일을 전송하지 않아 미제출로 처리될 경우 실격 처리합니다(예:12345678-홍길동.pptx).
- 답안 작성을 마치면 파일을 저장하고, '답안 전송' 버튼을 선택하여 감독위원 PC로 답안을 전송하십시오. 수험생 정보와 저장한 파일명이 다를 경우 전송되지 않으므로 주의하시기 바랍니다.
- 답안 작성 중에도 **주기적으로 저장하고, '답안 전송'**하여야 문제 발생을 줄일 수 있습니다. 작업한 내용을 저장하지 않고 전송할 경우 이전에 저장된 내용이 전송되오니 이점 유의하시기 바랍니다.
- 답안문서는 지정된 경로 외의 다른 보조기억장치에 저장하는 경우, 지정된 시험 시간 외에 작성된 파일을 활용할 경우, 기타 통신수단(이메일, 메신저, 네트워크 등)을 이용하여 타인에게 전달 또는 외부 반출하는 경우는 부정 처리합니다.
- 시험 중 부주의 또는 고의로 시스템을 파손한 경우는 수험자가 변상해야 하며, 〈수험자 유의사항〉에 기재된 방법대로 이행하지 않아 생기는 불이익은 수험생 당사자의 책임임을 알려 드립니다.
- 문제의 조건은 MS오피스 2016 버전으로 설정되어 있으니 유의하시기 바랍니다.
- 시험을 완료한 수험자는 답안파일이 전송되었는지 확인한 후 감독위원의 지시에 따라 문제지를 제출하고 퇴실합니다.

답안 작성요령

- 온라인 답안 작성 절차
  수험자 등록 ➡ 시험 시작 ➡ 답안파일 저장 ➡ 답안 전송 ➡ 시험 종료
- 슬라이드의 크기는 A4 Paper로 설정하여 작성합니다.
- 슬라이드의 총 개수는 6개로 구성되어 있으며 슬라이드 1부터 순서대로 작업하고 반드시 문제와 세부 조건대로 합니다.
- 별도의 지시사항이 없는 경우 출력형태를 참조하여 글꼴색은 검정 또는 흰색으로 작성하고, 기타사항은 전체적인 균형을 고려하여 작성합니다.
- 슬라이드 도형 및 개체에 출력형태와 다른 스타일(그림자, 외곽선 등)을 적용했을 경우 감점 처리됩니다.
- 슬라이드 번호를 작성합니다(슬라이드 1에는 생략).
- 2~6번 슬라이드 제목 도형과 하단 로고는 슬라이드 마스터를 이용하여 출력형태와 동일하게 작성합니다(슬라이드 1에는 생략).
- 문제와 세부조건, 세부조건 번호 ◌ (점선원)는 입력하지 않습니다.
- 각 개체의 위치는 오른쪽의 슬라이드와 동일하게 구성합니다.
- 그림 삽입 문제의 경우 반드시 「내 PC₩문서₩ITQ₩Picture」 폴더에서 정확한 파일을 선택하여 삽입하십시오.
- 각 슬라이드를 각각의 파일로 작업해서 저장할 경우 실격 처리됩니다.

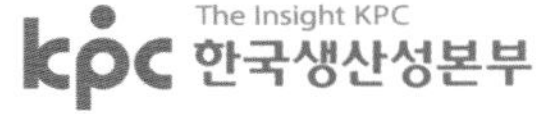

전체구성 (60점)

(1) 슬라이드 크기 및 순서 : 크기를 A4 용지로 설정하고 슬라이드 순서에 맞게 작성한다.

(2) 슬라이드 마스터 : 2~6 슬라이드의 제목, 하단 로고, 슬라이드 번호는 슬라이드 마스터를 이용하여 작성한다.

- 제목 글꼴(돋움, 40pt, 흰색), 왼쪽 맞춤, 도형(선 없음)
- 하단 로고(「내 PC₩문서₩ITQ₩Picture₩로고2.jpg」배경(회색) 투명색으로 설정)

슬라이드 1 ≪표지 디자인≫ (40점)

(1) 표지 디자인 : 도형, 워드아트 및 그림을 이용하여 작성한다.

세부조건

① 도형 편집
- 도형에 그림 채우기 : 「내 PC₩문서₩ITQ₩Picture₩그림3.jpg」, 투명도 50%
- 도형 효과 : 부드러운 가장자리 5 포인트

② 워드아트 삽입
- 변환 : 이중 물결 2
- 글꼴 : 돋움, 굵게
- 텍스트 반사 : 근접 반사, 4 pt 오프셋

③ 그림 삽입
- 「내 PC₩문서₩ITQ₩Picture₩로고2.jpg」
- 배경(회색) 투명색으로 설정

슬라이드 2 ≪목차 슬라이드≫ (60점)

(1) 출력형태와 같이 도형을 이용하여 목차를 작성한다(글꼴 : 굴림, 24pt).

(2) 도형 : 선 없음

세부조건

① 텍스트에 하이퍼링크 적용
→ '슬라이드 6'

② 그림 삽입
- 「내 PC₩문서₩ITQ₩Picture₩그림5.jpg」
- 자르기 기능 이용

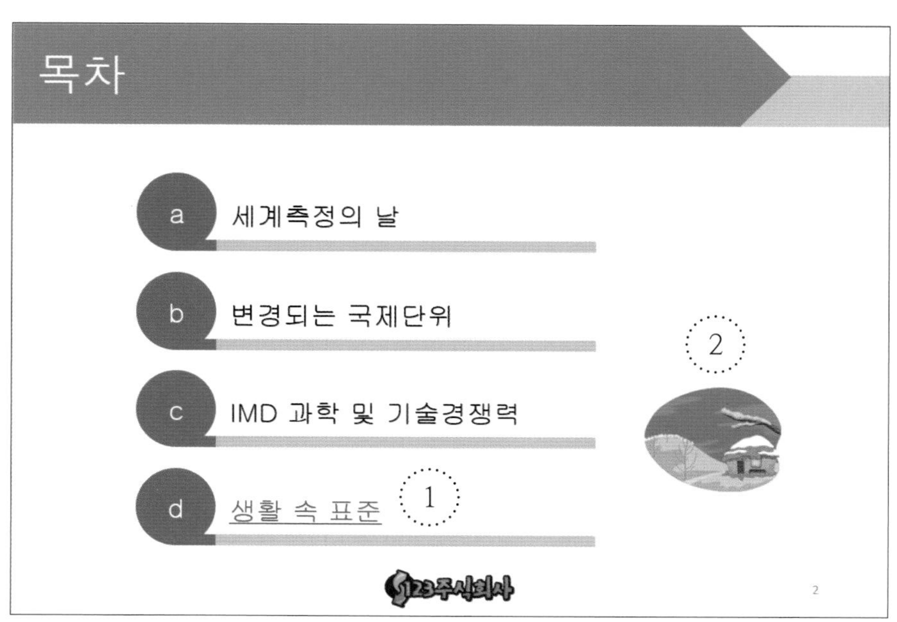

슬라이드 3 ≪텍스트/동영상 슬라이드≫ (60점)

(1) 텍스트 작성 : 글머리 기호 사용(❖, ●)

❖문단(굴림, 24pt, 굵게, 줄 간격 : 1.5줄), ●문단(굴림, 20pt, 줄 간격 : 1.5줄)

세부조건

① 동영상 삽입 :
- 「내 PC₩문서₩ITQ₩Picture₩동영상.wmv」
- 자동 실행, 반복 재생 설정

a. 세계측정의 날

❖ **World Metrology Day**

- This Day is a memorial day that celebrated the signing of the Meter Convention on 17 May 1875 and holds events to inform the importance of units and standards

1

❖ **미터협약?**

- 미터법 도량형의 제정, 보급을 목적으로 1875년 체결한 국제협약으로, 길이와 질량의 단위를 미터 기반으로 제정하였음
- 한국은 1959년 미터협약에 가입 후, 1964년부터 계량법에 의거하여 미터법을 전면 실시하고 있음

3

슬라이드 4 ≪표 슬라이드≫ (80점)

(1) 도형과 표 작성 기능을 이용하여 슬라이드를 작성한다(글꼴 : 돋움, 18pt).

세부조건

① 상단 도형 :
2개 도형의 조합으로 작성

② 좌측 도형 :
그라데이션 효과(선형 아래쪽)

③ 표 스타일 :
테마 스타일 1 – 강조 4

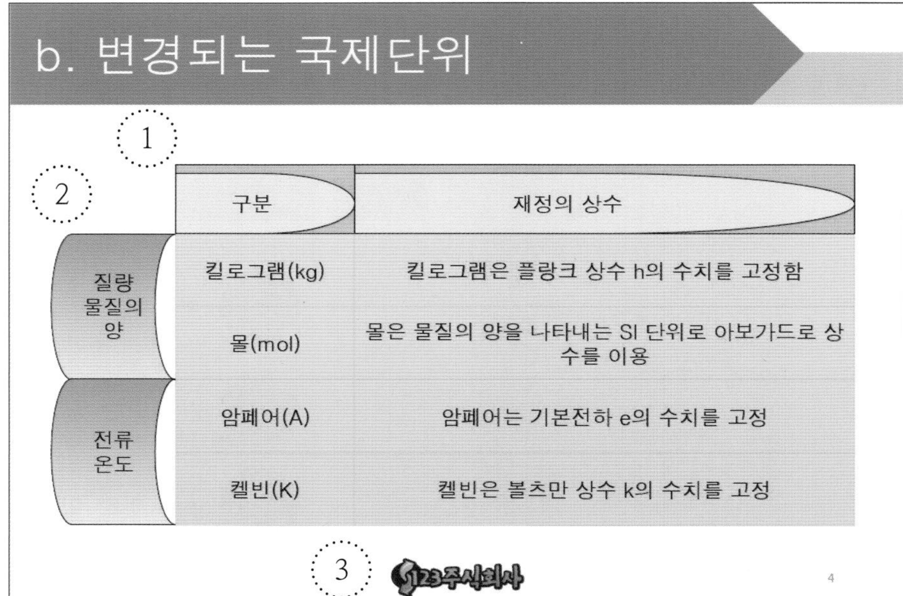

슬라이드 5 ≪차트 슬라이드≫ (100점)

(1) 차트 작성 기능을 이용하여 슬라이드를 작성한다.

(2) 차트 : 종류(묶은 세로 막대형), 글꼴(돋움, 16pt), 외곽선

세부조건

※ 차트 설명
- 차트 제목 : 궁서, 24pt, 굵게, 채우기(흰색), 테두리, 그림자(오프셋 오른쪽)
- 차트 영역 : 채우기(노랑)
  그림 영역 : 채우기(흰색)
- 데이터 서식 : 기술경쟁력 계열을 표식이 있는 꺾은선형으로 변경 후 보조 축으로 지정
- 값 표시 : 2020년의 기술경쟁력 계열만

① 도형 삽입
  – 스타일 :
    미세 효과 – 주황, 강조 2
  – 글꼴 : 굴림, 18pt

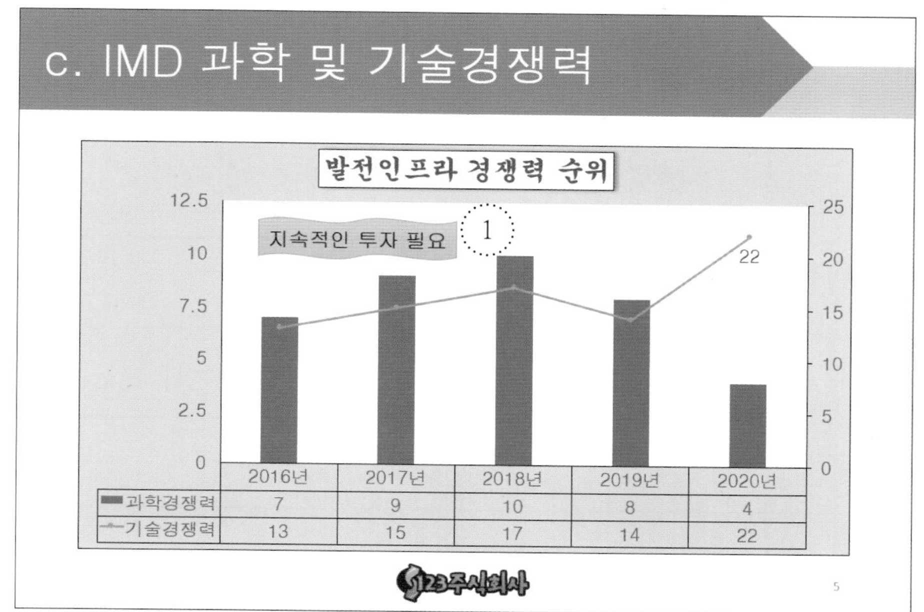

슬라이드 6 ≪도형 슬라이드≫ (100점)

(1) 슬라이드와 같이 도형 및 스마트아트를 배치한다(글꼴 : 굴림, 18pt).

(2) 애니메이션 순서 : ① ⇒ ②

세부조건

① 도형 편집
  – 그룹화 후 애니메이션 효과 :
    바운드

② 도형 및 스마트아트 편집
  – 스마트아트 디자인 :
    3차원 만화, 3차원 벽돌
  – 그룹화 후 애니메이션 효과 :
    닦아내기(오른쪽에서)

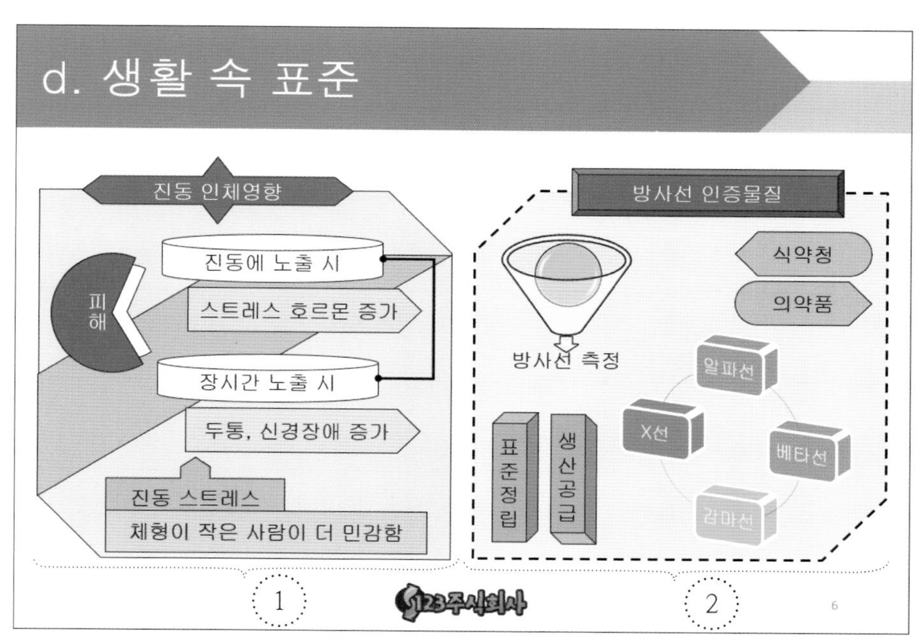

Memo

PART 03

Information Technology Qualification

최신기출유형

제 01 회 최신기출유형 (MS 오피스)

과목	코드	문제유형	시험시간	수험번호	성명
한글파워포인트	1142	A	60분		

수험자 유의사항

- 수험자는 문제지를 받는 즉시 문제지와 **수험표상의 시험과목(프로그램)이 동일한지 반드시 확인**하여야 합니다.
- 파일명은 본인의 "수험번호-성명"으로 입력하여 답안폴더(내 PC₩문서₩ITQ)에 하나의 파일로 저장해야 하며, 답안문서 파일명이 "수험번호-성명"과 일치하지 않거나, 답안파일을 전송하지 않아 미제출로 처리될 경우 실격 처리합니다(예:12345678-홍길동.pptx).
- 답안 작성을 마치면 파일을 저장하고, '답안 전송' 버튼을 선택하여 감독위원 PC로 답안을 전송하십시오. 수험생 정보와 저장한 파일명이 다를 경우 전송되지 않으므로 주의하시기 바랍니다.
- 답안 작성 중에도 **주기적으로 저장하고, '답안 전송'**하여야 문제 발생을 줄일 수 있습니다. 작업한 내용을 저장하지 않고 전송할 경우 이전에 저장된 내용이 전송되오니 이점 유의하시기 바랍니다.
- 답안문서는 지정된 경로 외의 다른 보조기억장치에 저장하는 경우, 지정된 시험 시간 외에 작성된 파일을 활용할 경우, 기타 통신수단(이메일, 메신저, 네트워크 등)을 이용하여 타인에게 전달 또는 외부 반출하는 경우는 부정 처리합니다.
- 시험 중 부주의 또는 고의로 시스템을 파손한 경우는 수험자가 변상해야 하며, 〈수험자 유의사항〉에 기재된 방법대로 이행하지 않아 생기는 불이익은 수험생 당사자의 책임임을 알려 드립니다.
- 문제의 조건은 MS오피스 2016 버전으로 설정되어 있으니 유의하시기 바랍니다.
- 시험을 완료한 수험자는 답안파일이 전송되었는지 확인한 후 감독위원의 지시에 따라 문제지를 제출하고 퇴실합니다.

답안 작성요령

- 온라인 답안 작성 절차
  수험자 등록 ➡ 시험 시작 ➡ 답안파일 저장 ➡ 답안 전송 ➡ 시험 종료
- 슬라이드의 크기는 A4 Paper로 설정하여 작성합니다.
- 슬라이드의 총 개수는 6개로 구성되어 있으며 슬라이드 1부터 순서대로 작업하고 반드시 문제와 세부 조건대로 합니다.
- 별도의 지시사항이 없는 경우 출력형태를 참조하여 글꼴색은 검정 또는 흰색으로 작성하고, 기타사항은 전체적인 균형을 고려하여 작성합니다.
- 슬라이드 도형 및 개체에 출력형태와 다른 스타일(그림자, 외곽선 등)을 적용했을 경우 감점 처리됩니다.
- 슬라이드 번호를 작성합니다(슬라이드 1에는 생략).
- 2~6번 슬라이드 제목 도형과 하단 로고는 슬라이드 마스터를 이용하여 출력형태와 동일하게 작성합니다(슬라이드 1에는 생략).
- 문제와 세부조건, 세부조건 번호 ◌ (점선원)는 입력하지 않습니다.
- 각 개체의 위치는 오른쪽의 슬라이드와 동일하게 구성합니다.
- 그림 삽입 문제의 경우 반드시 「내 PC₩문서₩ITQ₩Picture」 폴더에서 정확한 파일을 선택하여 삽입하십시오.
- 각 슬라이드를 각각의 파일로 작업해서 저장할 경우 실격 처리됩니다.

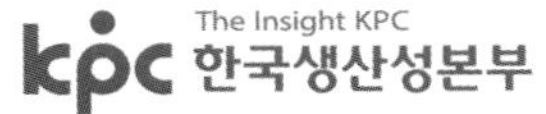

전체구성 (60점)

(1) 슬라이드 크기 및 순서 : 크기를 A4 용지로 설정하고 슬라이드 순서에 맞게 작성한다.

(2) 슬라이드 마스터 : 2~6 슬라이드의 제목, 하단 로고, 슬라이드 번호는 슬라이드 마스터를 이용하여 작성한다.

- 제목 글꼴(돋움, 40pt, 흰색), 가운데 맞춤, 도형(선 없음)
- 하단 로고(「내 PC₩문서₩ITQ₩Picture₩로고2.jpg」 배경(회색) 투명색으로 설정)

슬라이드 1 ≪표지 디자인≫ (40점)

(1) 표지 디자인 : 도형, 워드아트 및 그림을 이용하여 작성한다.

세부조건

① 도형 편집
- 도형에 그림 채우기 : 「내 PC₩문서₩ITQ₩Picture₩그림3.jpg」, 투명도 50%
- 도형 효과 : 부드러운 가장자리 5 포인트

② 워드아트 삽입
- 변환 : 휘어 올라오기
- 글꼴 : 돋움, 굵게
- 텍스트 반사 : 근접 반사, 4pt 오프셋

③ 그림 삽입
- 「내 PC₩문서₩ITQ₩Picture₩로고2.jpg」
- 배경(회색) 투명색으로 설정

슬라이드 2 ≪목차 슬라이드≫ (60점)

(1) 출력형태와 같이 도형을 이용하여 목차를 작성한다(글꼴 : 굴림, 24pt).

(2) 도형 : 선 없음

세부조건

① 텍스트에 하이퍼링크 적용
→ '슬라이드 6'

② 그림 삽입
- 「내 PC₩문서₩ITQ₩Picture₩그림4.jpg」
- 자르기 기능 이용

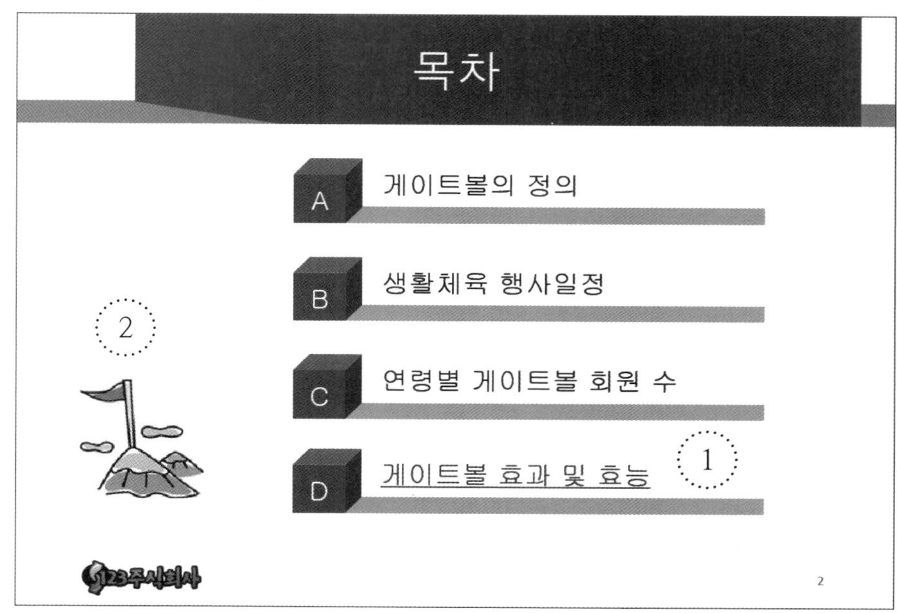

슬라이드 3 ≪텍스트/동영상 슬라이드≫ (60점)

(1) 텍스트 작성 : 글머리 기호 사용(❖, ■)

❖문단(굴림, 24pt, 굵게, 줄 간격 : 1.5줄), ■문단(굴림, 20pt, 줄 간격 : 1.5줄)

세부조건

① 동영상 삽입 :
- 「내 PC₩문서₩ITQ₩Picture₩동영상.wmv」
- 자동 실행, 반복 재생 설정

A. 게이트볼의 정의

❖ The Game

- ■ It is a game played between two teams, each with 5 players
- ■ The winner is decided by the total number of points achieved during the 30-minute game

1

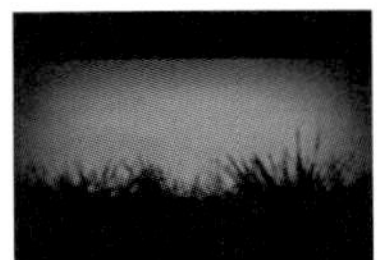

❖ 게이트볼의 정의

- ■ 게이트볼은 T 자 모양의 막대기로 공을 쳐서 경기장 안의 게이트(문) 3군데를 통과시킨 다음 경기장 중앙에 세운 20cm 골폴에 맞히는 구기

3

슬라이드 4 ≪표 슬라이드≫ (80점)

(1) 도형과 표 작성 기능을 이용하여 슬라이드를 작성한다(글꼴 : 돋움, 18pt).

세부조건

① 상단 도형 :
2개 도형의 조합으로 작성

② 좌측 도형 :
그라데이션 효과(선형 아래쪽)

③ 표 스타일 :
테마 스타일 1 – 강조 6

B. 생활체육 행사일정

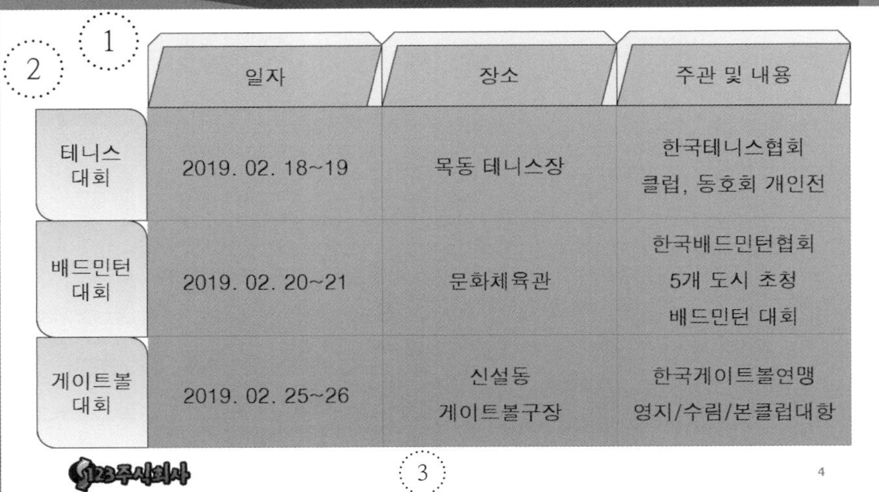

	일자	장소	주관 및 내용
테니스 대회	2019. 02. 18~19	목동 테니스장	한국테니스협회 클럽, 동호회 개인전
배드민턴 대회	2019. 02. 20~21	문화체육관	한국배드민턴협회 5개 도시 초청 배드민턴 대회
게이트볼 대회	2019. 02. 25~26	신설동 게이트볼구장	한국게이트볼연맹 영지/수림/본클럽대항

123주식회사 3 4

슬라이드 5 ≪차트 슬라이드≫ (100점)

(1) 차트 작성 기능을 이용하여 슬라이드를 작성한다.

(2) 차트 : 종류(묶은 세로 막대형), 글꼴(돋움, 16pt), 외곽선

세부조건

※ 차트 설명
- 차트 제목 : 궁서, 24pt, 굵게, 채우기(흰색), 테두리, 그림자(오프셋 오른쪽)
- 차트 영역 : 채우기(노랑)
  그림 영역 : 채우기(흰색)
- 데이터 서식 : 2018년 계열을 표식이 있는 꺾은선형으로 변경 후 보조 축으로 지정
- 값 표시 : 2018년의 60대 계열만

① 도형 삽입
- 스타일 :
  미세 효과 – 파랑, 강조 1
- 글꼴 : 굴림, 18pt

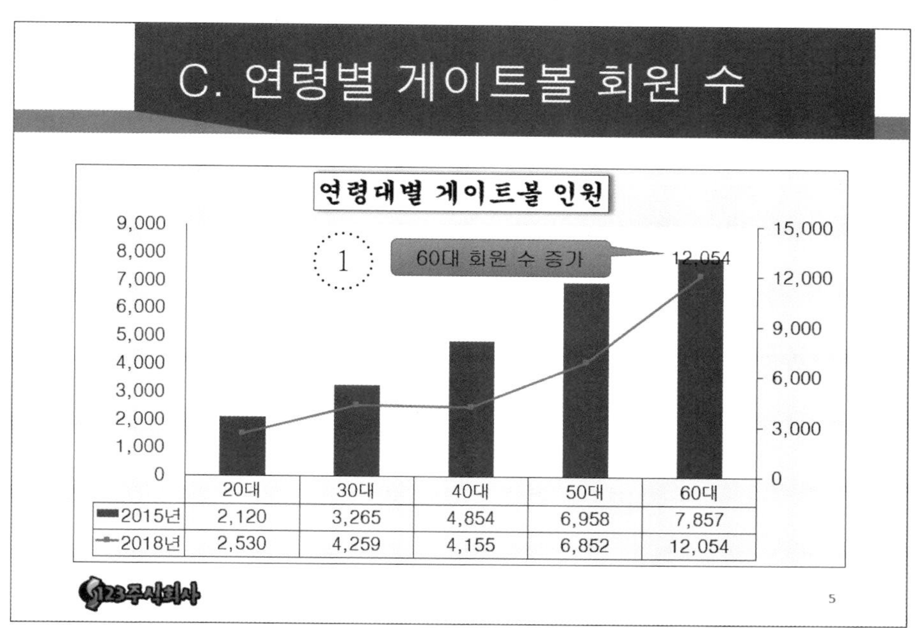

	20대	30대	40대	50대	60대
2015년	2,120	3,265	4,854	6,958	7,857
2018년	2,530	4,259	4,155	6,852	12,054

슬라이드 6 ≪도형 슬라이드≫ (100점)

(1) 슬라이드와 같이 도형 및 스마트아트를 배치한다(글꼴 : 굴림, 18pt).

(2) 애니메이션 순서 : ① ⇒ ②

세부조건

① 도형 및 스마트아트 편집
- 스마트아트 디자인 :
  3차원 광택 처리, 3차원 만화
- 그룹화 후 애니메이션 효과 :
  시계 방향 회전

② 도형 편집
- 그룹화 후 애니메이션 효과 :
  실선 무늬(세로)

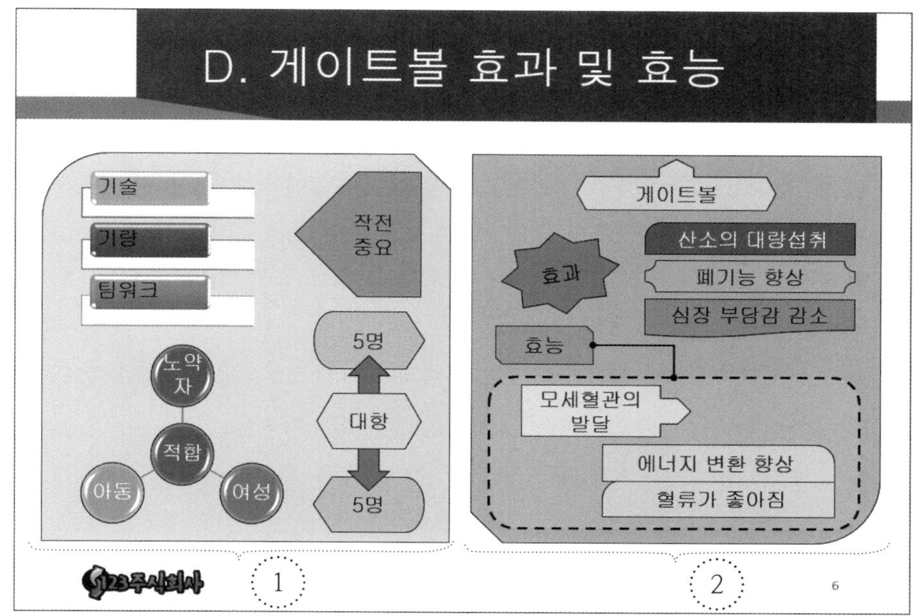

제 02 회 최신기출유형 (MS 오피스)

과목	코드	문제유형	시험시간	수험번호	성명
한글파워포인트	1142	B	60분		

수험자 유의사항

- 수험자는 문제지를 받는 즉시 문제지와 **수험표상의 시험과목(프로그램)이 동일한지 반드시 확인**하여야 합니다.
- 파일명은 본인의 "수험번호-성명"으로 입력하여 답안폴더(내 PC₩문서₩ITQ)에 하나의 파일로 저장해야 하며, 답안문서 파일명이 "수험번호-성명"과 일치하지 않거나, 답안파일을 전송하지 않아 미제출로 처리될 경우 실격 처리합니다(예:12345678-홍길동.pptx).
- 답안 작성을 마치면 파일을 저장하고, '답안 전송' 버튼을 선택하여 감독위원 PC로 답안을 전송하십시오. 수험생 정보와 저장한 파일명이 다를 경우 전송되지 않으므로 주의하시기 바랍니다.
- 답안 작성 중에도 **주기적으로 저장하고, '답안 전송'**하여야 문제 발생을 줄일 수 있습니다. 작업한 내용을 저장하지 않고 전송할 경우 이전에 저장된 내용이 전송되오니 이점 유의하시기 바랍니다.
- 답안문서는 지정된 경로 외의 다른 보조기억장치에 저장하는 경우, 지정된 시험 시간 외에 작성된 파일을 활용할 경우, 기타 통신수단(이메일, 메신저, 네트워크 등)을 이용하여 타인에게 전달 또는 외부 반출하는 경우는 부정 처리합니다.
- 시험 중 부주의 또는 고의로 시스템을 파손한 경우는 수험자가 변상해야 하며, 〈수험자 유의사항〉에 기재된 방법대로 이행하지 않아 생기는 불이익은 수험생 당사자의 책임임을 알려 드립니다.
- 문제의 조건은 MS오피스 2016 버전으로 설정되어 있으니 유의하시기 바랍니다.
- 시험을 완료한 수험자는 답안파일이 전송되었는지 확인한 후 감독위원의 지시에 따라 문제지를 제출하고 퇴실합니다.

답안 작성요령

- 온라인 답안 작성 절차
  수험자 등록 ➡ 시험 시작 ➡ 답안파일 저장 ➡ 답안 전송 ➡ 시험 종료
- 슬라이드의 크기는 A4 Paper로 설정하여 작성합니다.
- 슬라이드의 총 개수는 6개로 구성되어 있으며 슬라이드 1부터 순서대로 작업하고 반드시 문제와 세부 조건대로 합니다.
- 별도의 지시사항이 없는 경우 출력형태를 참조하여 글꼴색은 검정 또는 흰색으로 작성하고, 기타사항은 전체적인 균형을 고려하여 작성합니다.
- 슬라이드 도형 및 개체에 출력형태와 다른 스타일(그림자, 외곽선 등)을 적용했을 경우 감점 처리됩니다.
- 슬라이드 번호를 작성합니다(슬라이드 1에는 생략).
- 2~6번 슬라이드 제목 도형과 하단 로고는 슬라이드 마스터를 이용하여 출력형태와 동일하게 작성합니다(슬라이드 1에는 생략).
- 문제와 세부조건, 세부조건 번호 ◌ (점선원)는 입력하지 않습니다.
- 각 개체의 위치는 오른쪽의 슬라이드와 동일하게 구성합니다.
- 그림 삽입 문제의 경우 반드시 「내 PC₩문서₩ITQ₩Picture」 폴더에서 정확한 파일을 선택하여 삽입하십시오.
- 각 슬라이드를 각각의 파일로 작업해서 저장할 경우 실격 처리됩니다.

전체구성 (60점)

(1) 슬라이드 크기 및 순서 : 크기를 A4 용지로 설정하고 슬라이드 순서에 맞게 작성한다.

(2) 슬라이드 마스터 : 2~6 슬라이드의 제목, 하단 로고, 슬라이드 번호는 슬라이드 마스터를 이용하여 작성한다.

- 제목 글꼴(돋움, 40pt, 흰색), 왼쪽 맞춤, 도형(선 없음)
- 하단 로고(「내 PC₩문서₩ITQ₩Picture₩로고3.jpg」 배경(연보라) 투명색으로 설정)

슬라이드 1 ≪표지 디자인≫ (40점)

(1) 표지 디자인 : 도형, 워드아트 및 그림을 이용하여 작성한다.

세부조건

① 도형 편집
- 도형에 그림 채우기 : 「내 PC₩문서₩ITQ₩Picture₩그림1.jpg」, 투명도 50%
- 도형 효과 : 부드러운 가장자리 5 포인트

② 워드아트 삽입
- 변환 : 물결 1
- 글꼴 : 돋움, 굵게
- 텍스트 반사 : 근접 반사, 터치

③ 그림 삽입
- 「내 PC₩문서₩ITQ₩Picture₩로고3.jpg」
- 배경(연보라) 투명색으로 설정

슬라이드 2 ≪목차 슬라이드≫ (60점)

(1) 출력형태와 같이 도형을 이용하여 목차를 작성한다(글꼴 : 돋움, 24pt).

(2) 도형 : 선 없음

세부조건

① 텍스트에 하이퍼링크 적용
→ '슬라이드 5'

② 그림 삽입
- 「내 PC₩문서₩ITQ₩Picture₩그림5.jpg」
- 자르기 기능 이용

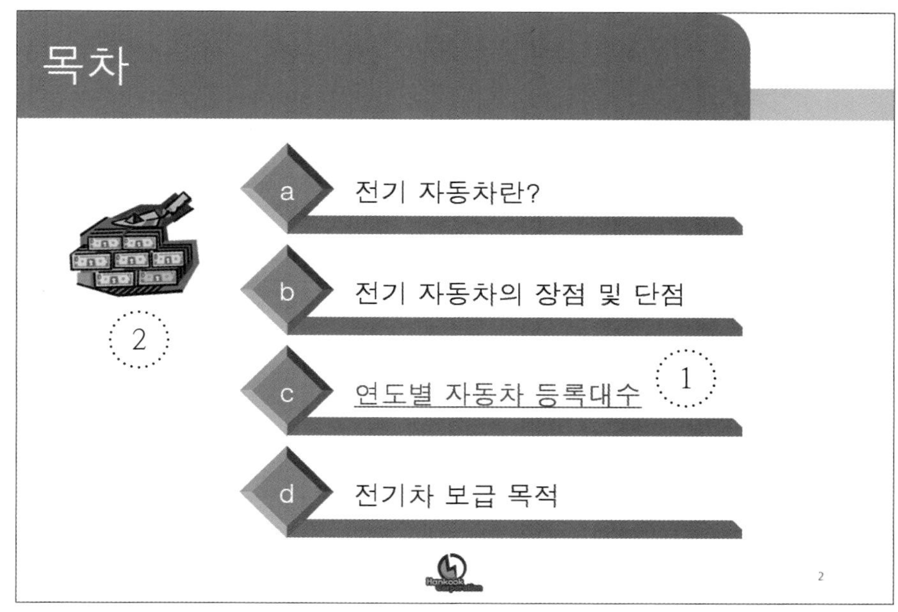

슬라이드 3 ≪텍스트/동영상 슬라이드≫ (60점)

(1) 텍스트 작성 : 글머리 기호 사용(❖, ●)

❖문단(굴림, 24pt, 굵게, 줄 간격 : 1.5줄), ●문단(굴림, 20pt, 줄 간격 : 1.5줄)

세부조건

① 동영상 삽입 :
- 「내 PC₩문서₩ITQ₩Picture₩동영상.wmv」
- 자동 실행, 반복 재생 설정

a. 전기 자동차란?

❖ Electric Vehicle

- ● Refers to a car that uses an electric battery and an electric motor without using oil fuel and engine
- ● They can reach maximum acceleration in half the time of a normal car

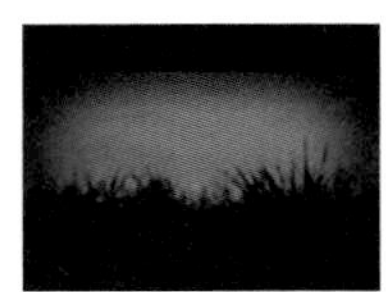

1

❖ 전기 자동차

- ● 배기가스 배출이나 소음이 거의 없으며 무거운 중량 및 충전에 걸리는 시간이 오래 걸려 실용화되지 못하다가 환경오염과 자원부족 문제로 개발 경쟁이 치열해지고 있음

3

슬라이드 4 ≪표 슬라이드≫ (80점)

(1) 도형과 표 작성 기능을 이용하여 슬라이드를 작성한다(글꼴 : 돋움, 18pt).

세부조건

① 상단 도형 :
2개 도형의 조합으로 작성

② 좌측 도형 :
그라데이션 효과(선형 아래쪽)

③ 표 스타일 :
테마 스타일 1 – 강조 5

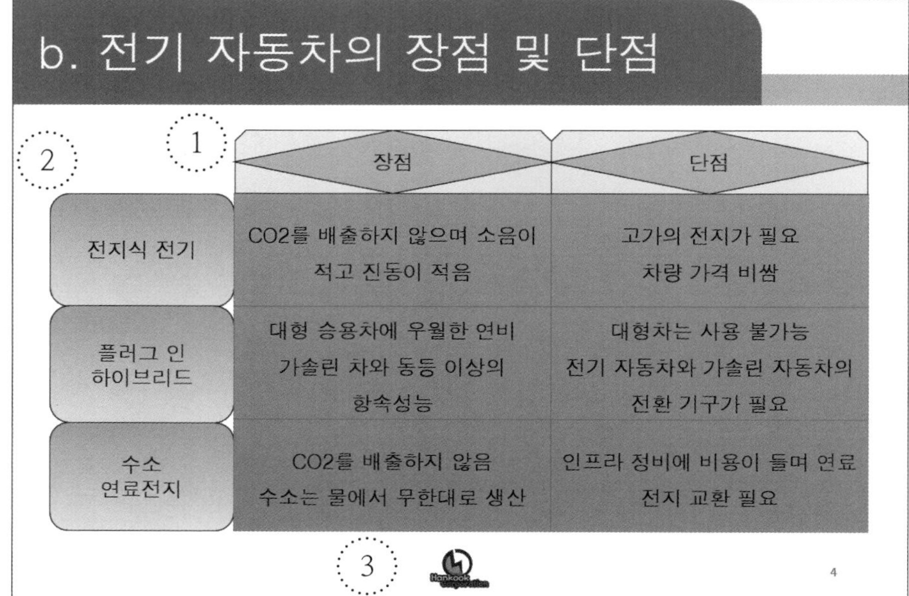

	장점	단점
전지식 전기	CO2를 배출하지 않으며 소음이 적고 진동이 적음	고가의 전지가 필요 차량 가격 비쌈
플러그 인 하이브리드	대형 승용차에 우월한 연비 가솔린 차와 동등 이상의 항속성능	대형차는 사용 불가능 전기 자동차와 가솔린 자동차의 전환 기구가 필요
수소 연료전지	CO2를 배출하지 않음 수소는 물에서 무한대로 생산	인프라 정비에 비용이 들며 연료 전지 교환 필요

슬라이드 5 ≪차트 슬라이드≫ (100점)

(1) 차트 작성 기능을 이용하여 슬라이드를 작성한다.

(2) 차트 : 종류(묶은 세로 막대형), 글꼴(돋움, 16pt), 외곽선

세부조건

※ 차트 설명
- 차트 제목 : 돋움, 24pt, 굵게, 채우기(흰색), 테두리, 그림자(오프셋 대각선 오른쪽 아래)
- 차트 영역 : 채우기(노랑)
  그림 영역 : 채우기(흰색)
- 데이터 서식 : 대수(만대) 계열을 표식이 있는 꺾은선형으로 변경 후 보조 축으로 지정
- 값 표시 : 2020년의 대수(만대) 계열만

① 도형 삽입
- 스타일 : 미세 효과 – 녹색, 강조 6
- 글꼴 : 굴림, 18pt

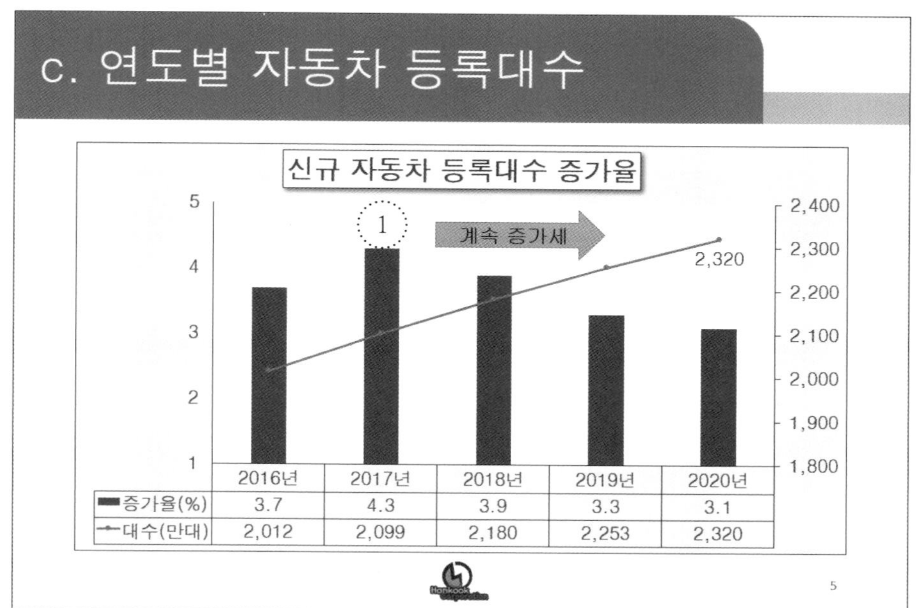

	2016년	2017년	2018년	2019년	2020년
증가율(%)	3.7	4.3	3.9	3.3	3.1
대수(만대)	2,012	2,099	2,180	2,253	2,320

슬라이드 6 ≪도형 슬라이드≫ (100점)

(1) 슬라이드와 같이 도형 및 스마트아트를 배치한다(글꼴 : 굴림, 18pt).

(2) 애니메이션 순서 : ① ⇒ ②

세부조건

① 도형 및 스마트아트 편집
- 스마트아트 디자인 : 3차원 만화, 3차원 경사
- 그룹화 후 애니메이션 효과 : 바운드

② 도형 편집
- 그룹화 후 애니메이션 효과 : 닦아내기(오른쪽에서)

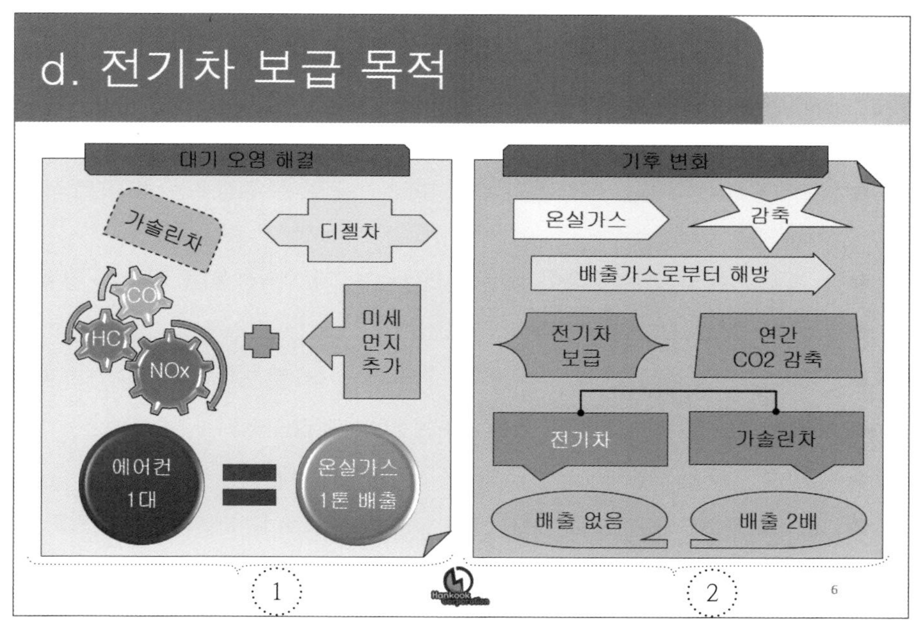

제 03 회 최신기출유형 (MS 오피스)

과목	코드	문제유형	시험시간	수험번호	성명
한글파워포인트	1142	C	60분		

수험자 유의사항

- 수험자는 문제지를 받는 즉시 문제지와 **수험표상의 시험과목(프로그램)이 동일한지 반드시 확인**하여야 합니다.
- 파일명은 본인의 "수험번호-성명"으로 입력하여 답안폴더(내 PC₩문서₩ITQ)에 하나의 파일로 저장해야 하며, 답안문서 파일명이 "수험번호-성명"과 일치하지 않거나, 답안파일을 전송하지 않아 미제출로 처리될 경우 실격 처리합니다(예:12345678-홍길동.pptx).
- 답안 작성을 마치면 파일을 저장하고, '답안 전송' 버튼을 선택하여 감독위원 PC로 답안을 전송하십시오. 수험생 정보와 저장한 파일명이 다를 경우 전송되지 않으므로 주의하시기 바랍니다.
- 답안 작성 중에도 **주기적으로 저장하고, '답안 전송'**하여야 문제 발생을 줄일 수 있습니다. 작업한 내용을 저장하지 않고 전송할 경우 이전에 저장된 내용이 전송되오니 이점 유의하시기 바랍니다.
- 답안문서는 지정된 경로 외의 다른 보조기억장치에 저장하는 경우, 지정된 시험 시간 외에 작성된 파일을 활용할 경우, 기타 통신수단(이메일, 메신저, 네트워크 등)을 이용하여 타인에게 전달 또는 외부 반출하는 경우는 부정 처리합니다.
- 시험 중 부주의 또는 고의로 시스템을 파손한 경우는 수험자가 변상해야 하며, 〈수험자 유의사항〉에 기재된 방법대로 이행하지 않아 생기는 불이익은 수험생 당사자의 책임임을 알려 드립니다.
- 문제의 조건은 MS오피스 2016 버전으로 설정되어 있으니 유의하시기 바랍니다.
- 시험을 완료한 수험자는 답안파일이 전송되었는지 확인한 후 감독위원의 지시에 따라 문제지를 제출하고 퇴실합니다.

답안 작성요령

- 온라인 답안 작성 절차
  수험자 등록 ➡ 시험 시작 ➡ 답안파일 저장 ➡ 답안 전송 ➡ 시험 종료
- 슬라이드의 크기는 A4 Paper로 설정하여 작성합니다.
- 슬라이드의 총 개수는 6개로 구성되어 있으며 슬라이드 1부터 순서대로 작업하고 반드시 문제와 세부 조건대로 합니다.
- 별도의 지시사항이 없는 경우 출력형태를 참조하여 글꼴색은 검정 또는 흰색으로 작성하고, 기타사항은 전체적인 균형을 고려하여 작성합니다.
- 슬라이드 도형 및 개체에 출력형태와 다른 스타일(그림자, 외곽선 등)을 적용했을 경우 감점 처리됩니다.
- 슬라이드 번호를 작성합니다(슬라이드 1에는 생략).
- 2~6번 슬라이드 제목 도형과 하단 로고는 슬라이드 마스터를 이용하여 출력형태와 동일하게 작성합니다(슬라이드 1에는 생략).
- 문제와 세부조건, 세부조건 번호 ◌ (점선원)는 입력하지 않습니다.
- 각 개체의 위치는 오른쪽의 슬라이드와 동일하게 구성합니다.
- 그림 삽입 문제의 경우 반드시 「내 PC₩문서₩ITQ₩Picture」 폴더에서 정확한 파일을 선택하여 삽입하십시오.
- 각 슬라이드를 각각의 파일로 작업해서 저장할 경우 실격 처리됩니다.

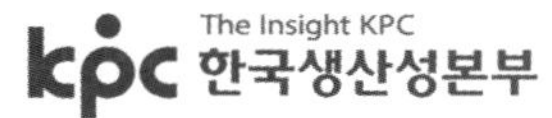

전체구성 (60점)

(1) 슬라이드 크기 및 순서 : 크기를 A4 용지로 설정하고 슬라이드 순서에 맞게 작성한다.

(2) 슬라이드 마스터 : 2~6 슬라이드의 제목, 하단 로고, 슬라이드 번호는 슬라이드 마스터를 이용하여 작성한다.

- 제목 글꼴(돋움, 40pt, 흰색), 가운데 맞춤, 도형(선 없음)
- 하단 로고(「내 PC₩문서₩ITQ₩Picture₩로고1.jpg」 배경(회색) 투명색으로 설정)

슬라이드 1 ≪표지 디자인≫ (40점)

(1) 표지 디자인 : 도형, 워드아트 및 그림을 이용하여 작성한다.

세부조건

① 도형 편집
- 도형에 그림 채우기 : 「내 PC₩문서₩ITQ₩Picture₩그림2.jpg」, 투명도 50%
- 도형 효과 : 부드러운 가장자리 5 포인트

② 워드아트 삽입
- 변환 : 수축
- 글꼴 : 궁서, 굵게
- 텍스트 반사 : 근접 반사, 8 pt 오프셋

③ 그림 삽입
- 「내 PC₩문서₩ITQ₩Picture₩로고1.jpg」
- 배경(회색) 투명색으로 설정

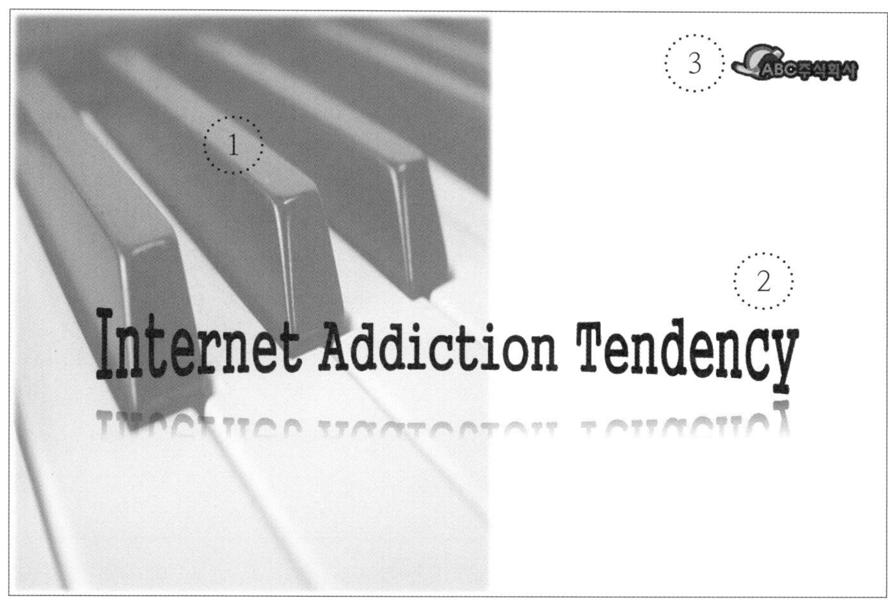

슬라이드 2 ≪목차 슬라이드≫ (60점)

(1) 출력형태와 같이 도형을 이용하여 목차를 작성한다(글꼴 : 돋움, 24pt).

(2) 도형 : 선 없음

세부조건

① 텍스트에 하이퍼링크 적용 → '슬라이드 3'

② 그림 삽입
- 「내 PC₩문서₩ITQ₩Picture₩그림4.jpg」
- 자르기 기능 이용

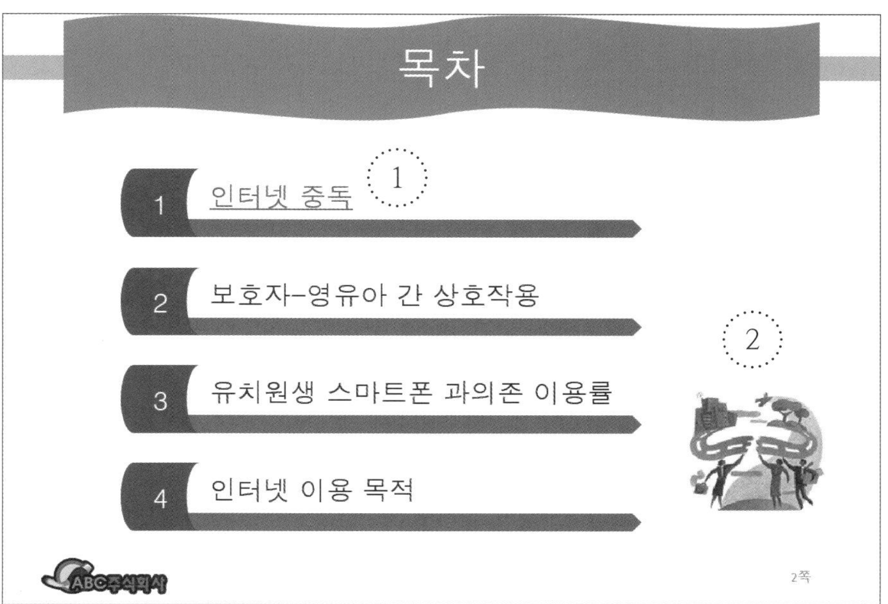

슬라이드 3 ≪텍스트/동영상 슬라이드≫ (60점)

(1) 텍스트 작성 : 글머리 기호 사용(❖, ✓)

❖문단(굴림, 24pt, 굵게, 줄 간격 : 1.5줄), ✓문단(굴림, 20pt, 줄 간격 : 1.5줄)

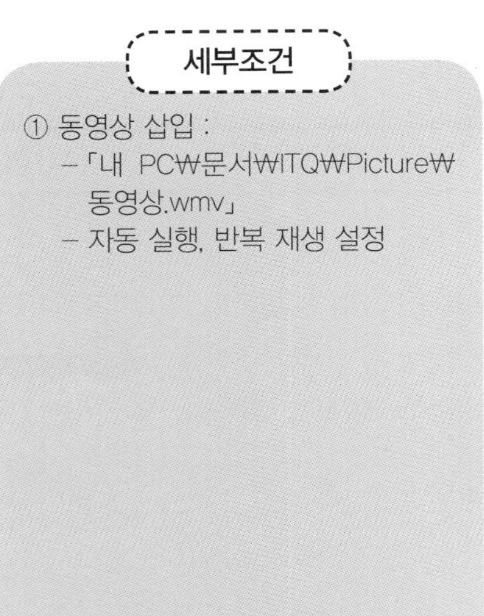

1. 인터넷 중독

❖ Internet Addiction Test

✓The Internet Addiction Test is the first validated and reliable measure of addictive use of the Internet

✓How do you know if you're already addicted or rapidly tumbling toward trouble

❖ 인터넷 중독

✓ 과다한 인터넷 이용으로 인해 가정, 학교, 사회에서 수행해야 할 일들에 지장이 생기거나 일상생활의 유지가 불가능한 상태로 습관적 행위로 굳어짐

1

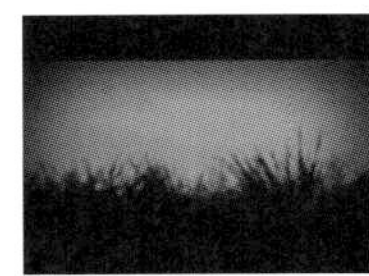

ABC주식회사

3쪽

슬라이드 4 ≪표 슬라이드≫ (80점)

(1) 도형과 표 작성 기능을 이용하여 슬라이드를 작성한다(글꼴 : 돋움, 18pt).

세부조건

① 상단 도형 :
2개 도형의 조합으로 작성

② 좌측 도형 :
그라데이션 효과(선형 아래쪽)

③ 표 스타일 :
테마 스타일 1 – 강조 1

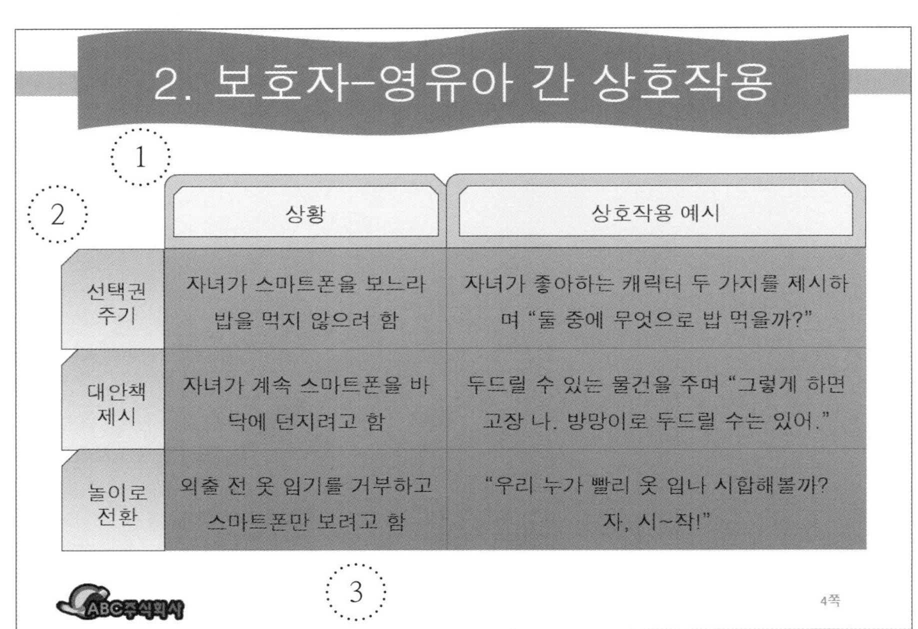

	상황	상호작용 예시
선택권 주기	자녀가 스마트폰을 보느라 밥을 먹지 않으려 함	자녀가 좋아하는 캐릭터 두 가지를 제시하며 "둘 중에 무엇으로 밥 먹을까?"
대안책 제시	자녀가 계속 스마트폰을 바닥에 던지려고 함	두드릴 수 있는 물건을 주며 "그렇게 하면 고장 나. 방망이로 두드릴 수는 있어."
놀이로 전환	외출 전 옷 입기를 거부하고 스마트폰만 보려고 함	"우리 누가 빨리 옷 입나 시합해볼까? 자, 시~작!"

슬라이드 5 ≪차트 슬라이드≫ (100점)

(1) 차트 작성 기능을 이용하여 슬라이드를 작성한다.

(2) 차트 : 종류(묶은 세로 막대형), 글꼴(돋움, 16pt), 외곽선

세부조건

※ 차트 설명

- 차트 제목 : 궁서, 24pt, 굵게, 채우기(흰색), 테두리, 그림자(오프셋 대각선 오른쪽 위)
- 차트 영역 : 채우기(노랑)
  그림 영역 : 채우기(흰색)
- 데이터 서식 : 과의존 위험군 계열을 표식이 있는 꺾은선형으로 변경 후 보조 축으로 지정
- 값 표시 : SNS의 과의존 위험군 계열만

① 도형 삽입
- 스타일 : 미세 효과 – 파랑, 강조 5
- 글꼴 : 굴림, 18pt

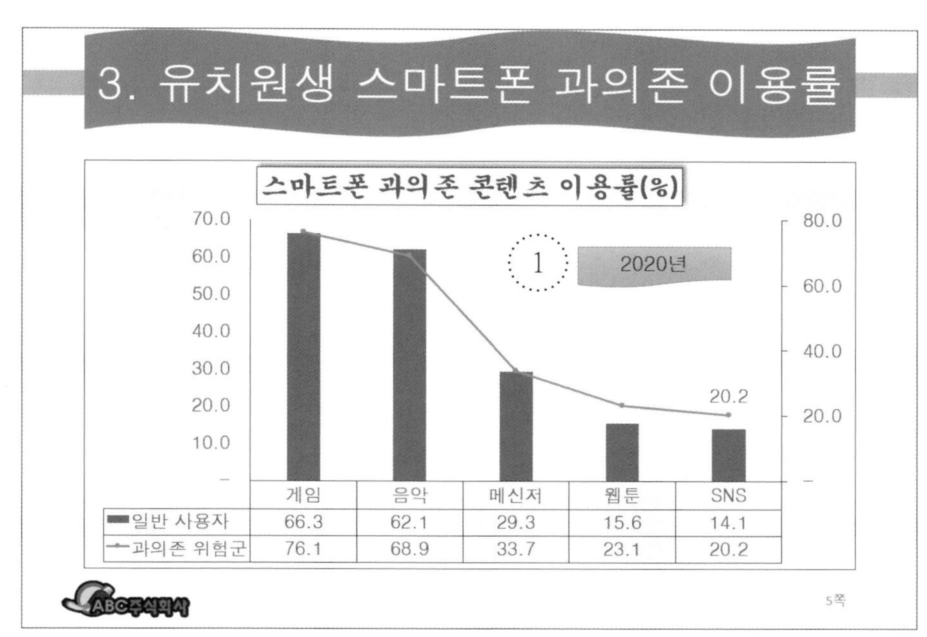

	게임	음악	메신저	웹툰	SNS
일반 사용자	66.3	62.1	29.3	15.6	14.1
과의존 위험군	76.1	68.9	33.7	23.1	20.2

슬라이드 6 ≪도형 슬라이드≫ (100점)

(1) 슬라이드와 같이 도형 및 스마트아트를 배치한다(글꼴 : 굴림, 18pt).

(2) 애니메이션 순서 : ① ⇒ ②

세부조건

① 도형 및 스마트아트 편집
- 스마트아트 디자인 : 3차원 경사, 3차원 만화
- 그룹화 후 애니메이션 효과 : 나누기(세로 바깥쪽으로)

② 도형 편집
- 그룹화 후 애니메이션 효과 : 시계 방향 회전

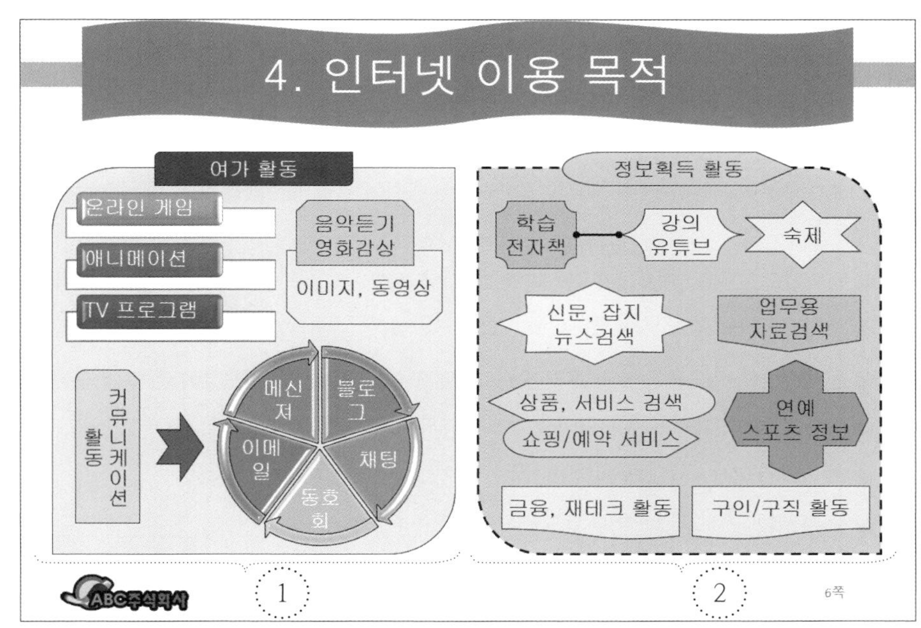

제 04 회 최신기출유형 (MS 오피스)

과목	코드	문제유형	시험시간	수험번호	성명
한글파워포인트	1142	D	60분		

수험자 유의사항

- 수험자는 문제지를 받는 즉시 문제지와 **수험표상의 시험과목(프로그램)이 동일한지 반드시 확인**하여야 합니다.
- 파일명은 본인의 "수험번호-성명"으로 입력하여 답안폴더(내 PC₩문서₩ITQ)에 하나의 파일로 저장해야 하며, 답안문서 파일명이 "수험번호-성명"과 일치하지 않거나, 답안파일을 전송하지 않아 미제출로 처리될 경우 실격 처리합니다(예:12345678-홍길동.pptx).
- 답안 작성을 마치면 파일을 저장하고, '답안 전송' 버튼을 선택하여 감독위원 PC로 답안을 전송하십시오. 수험생 정보와 저장한 파일명이 다를 경우 전송되지 않으므로 주의하시기 바랍니다.
- 답안 작성 중에도 **주기적으로 저장하고, '답안 전송'**하여야 문제 발생을 줄일 수 있습니다. 작업한 내용을 저장하지 않고 전송할 경우 이전에 저장된 내용이 전송되오니 이점 유의하시기 바랍니다.
- 답안문서는 지정된 경로 외의 다른 보조기억장치에 저장하는 경우, 지정된 시험 시간 외에 작성된 파일을 활용할 경우, 기타 통신수단(이메일, 메신저, 네트워크 등)을 이용하여 타인에게 전달 또는 외부 반출하는 경우는 부정 처리합니다.
- 시험 중 부주의 또는 고의로 시스템을 파손한 경우는 수험자가 변상해야 하며, 〈수험자 유의사항〉에 기재된 방법대로 이행하지 않아 생기는 불이익은 수험생 당사자의 책임임을 알려 드립니다.
- 문제의 조건은 MS오피스 2016 버전으로 설정되어 있으니 유의하시기 바랍니다.
- 시험을 완료한 수험자는 답안파일이 전송되었는지 확인한 후 감독위원의 지시에 따라 문제지를 제출하고 퇴실합니다.

답안 작성요령

- 온라인 답안 작성 절차
  수험자 등록 ➡ 시험 시작 ➡ 답안파일 저장 ➡ 답안 전송 ➡ 시험 종료
- 슬라이드의 크기는 A4 Paper로 설정하여 작성합니다.
- 슬라이드의 총 개수는 6개로 구성되어 있으며 슬라이드 1부터 순서대로 작업하고 반드시 문제와 세부 조건대로 합니다.
- 별도의 지시사항이 없는 경우 출력형태를 참조하여 글꼴색은 검정 또는 흰색으로 작성하고, 기타사항은 전체적인 균형을 고려하여 작성합니다.
- 슬라이드 도형 및 개체에 출력형태와 다른 스타일(그림자, 외곽선 등)을 적용했을 경우 감점 처리됩니다.
- 슬라이드 번호를 작성합니다(슬라이드 1에는 생략).
- 2~6번 슬라이드 제목 도형과 하단 로고는 슬라이드 마스터를 이용하여 출력형태와 동일하게 작성합니다(슬라이드 1에는 생략).
- 문제와 세부조건, 세부조건 번호 ◌ (점선원)는 입력하지 않습니다.
- 각 개체의 위치는 오른쪽의 슬라이드와 동일하게 구성합니다.
- 그림 삽입 문제의 경우 반드시 「내 PC₩문서₩ITQ₩Picture」 폴더에서 정확한 파일을 선택하여 삽입하십시오.
- 각 슬라이드를 각각의 파일로 작업해서 저장할 경우 실격 처리됩니다.

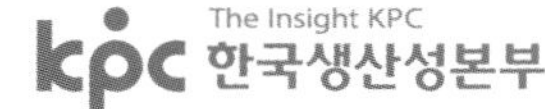

전체구성 (60점)

(1) 슬라이드 크기 및 순서 : 크기를 A4 용지로 설정하고 슬라이드 순서에 맞게 작성한다.

(2) 슬라이드 마스터 : 2~6 슬라이드의 제목, 하단 로고, 슬라이드 번호는 슬라이드 마스터를 이용하여 작성한다.

- 제목 글꼴(돋움, 40pt, 흰색), 왼쪽 맞춤, 도형(선 없음)
- 하단 로고(「내 PC₩문서₩ITQ₩Picture₩로고2.jpg」 배경(회색) 투명색으로 설정)

슬라이드 1 ≪표지 디자인≫ (40점)

(1) 표지 디자인 : 도형, 워드아트 및 그림을 이용하여 작성한다.

세부조건

① 도형 편집
- 도형에 그림 채우기 : 「내 PC₩문서₩ITQ₩Picture₩그림3.jpg」, 투명도 50%
- 도형 효과 : 부드러운 가장자리 5 포인트

② 워드아트 삽입
- 변환 : 갈매기형 수장
- 글꼴 : 굴림, 굵게
- 텍스트 반사 : 1/2 반사, 터치

③ 그림 삽입
- 「내 PC₩문서₩ITQ₩Picture₩로고2.jpg」
- 배경(회색) 투명색으로 설정

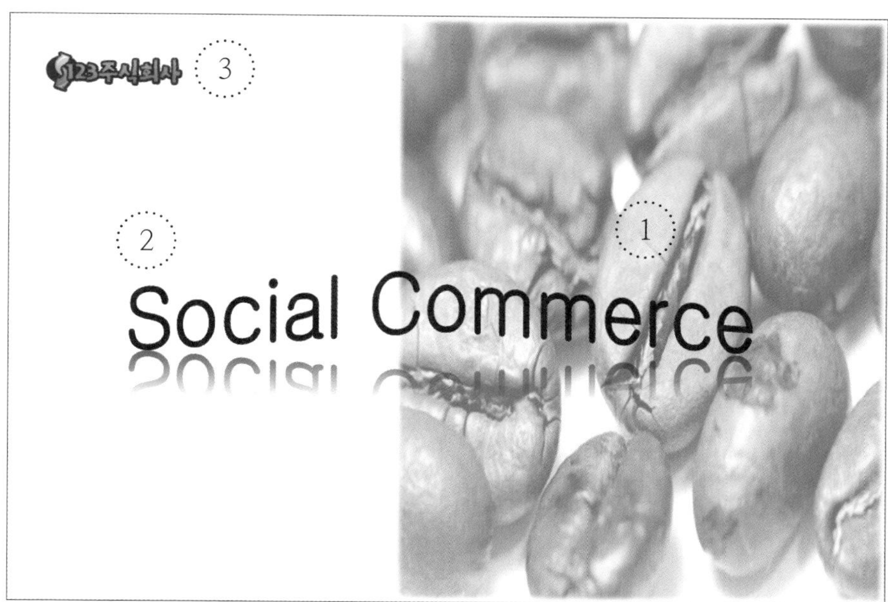

슬라이드 2 ≪목차 슬라이드≫ (60점)

(1) 출력형태와 같이 도형을 이용하여 목차를 작성한다(글꼴 : 굴림, 24pt).

(2) 도형 : 선 없음

세부조건

① 텍스트에 하이퍼링크 적용
→ '슬라이드 4'

② 그림 삽입
- 「내 PC₩문서₩ITQ₩Picture₩그림4.jpg」
- 자르기 기능 이용

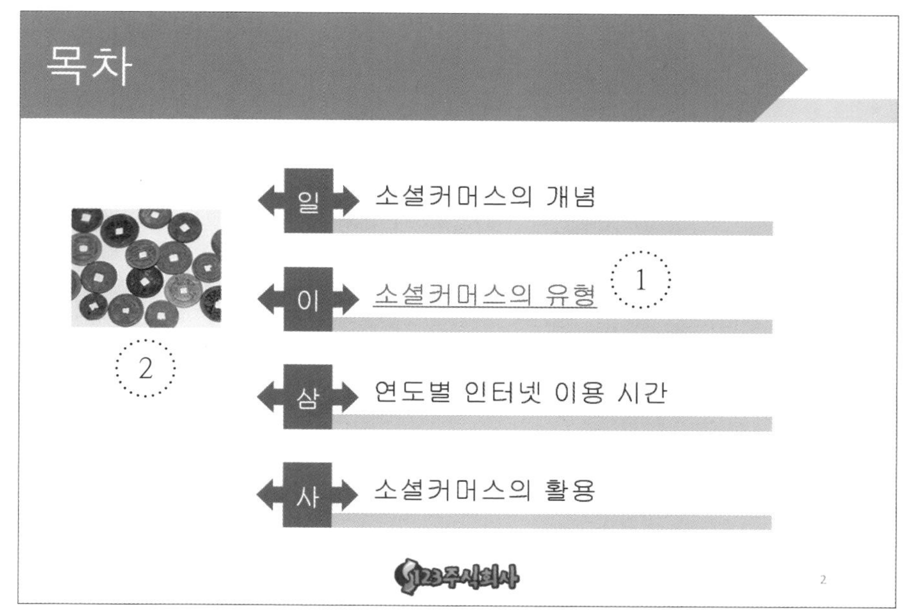

슬라이드 3 ≪텍스트/동영상 슬라이드≫ (60점)

(1) 텍스트 작성 : 글머리 기호 사용(✓, ❖)

✓문단(굴림, 24pt, 굵게, 줄 간격 : 1.5줄), ❖문단(굴림, 20pt, 줄 간격 : 1.5줄)

세부조건

① 동영상 삽입 :
- 「내 PC₩문서₩ITQ₩Picture₩동영상.wmv」
- 자동 실행, 반복 재생 설정

일. 소셜커머스의 개념

✓ Social Commerce

❖Social media is becoming more a part of an overall integrated, multi-channel marketing strategy

❖The use of social by marketers reflects this more deeply engrained behavior

1

✓ 소셜커머스

❖소셜커머스는 페이스북, 인스타그램, 트위터 등 소셜미디어를 활용하는 전자상거래로 기존의 공동구매와는 달리 소비자의 인맥과 입소문을 활용하여 다양한 형태의 상품을 판매

3

슬라이드 4 ≪표 슬라이드≫ (80점)

(1) 도형과 표 작성 기능을 이용하여 슬라이드를 작성한다(글꼴 : 돋움, 18pt).

세부조건

① 상단 도형 : 2개 도형의 조합으로 작성

② 좌측 도형 : 그라데이션 효과(선형 아래쪽)

③ 표 스타일 : 테마 스타일 1 – 강조 4

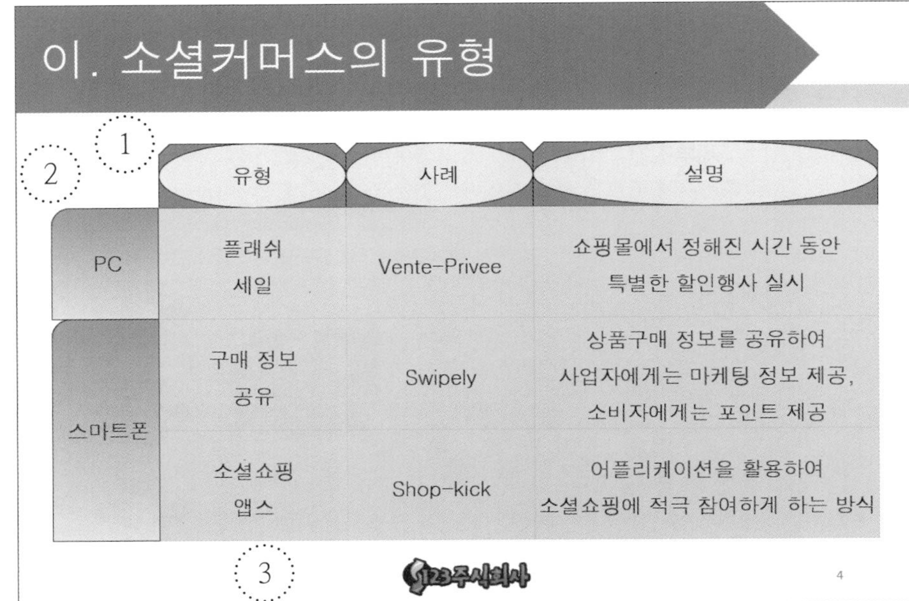

	유형	사례	설명
PC	플래쉬 세일	Vente-Privee	쇼핑몰에서 정해진 시간 동안 특별한 할인행사 실시
스마트폰	구매 정보 공유	Swipely	상품구매 정보를 공유하여 사업자에게는 마케팅 정보 제공, 소비자에게는 포인트 제공
	소셜쇼핑 앱스	Shop-kick	어플리케이션을 활용하여 소셜쇼핑에 적극 참여하게 하는 방식

슬라이드 5 ≪차트 슬라이드≫ (100점)

(1) 차트 작성 기능을 이용하여 슬라이드를 작성한다.

(2) 차트 : 종류(묶은 세로 막대형), 글꼴(굴림, 16pt), 외곽선

세부조건

※ 차트 설명
- 차트 제목 : 굴림, 24pt, 굵게, 채우기(흰색), 테두리, 그림자(오프셋 아래쪽)
- 차트 영역 : 채우기(노랑)
  그림 영역 : 채우기(흰색)
- 데이터 서식 : 페이스북 계열을 표식이 있는 꺾은선형으로 변경 후 보조 축으로 지정
- 값 표시 : 페이스북 계열만

① 도형 삽입
- 스타일 :
  미세 효과 – 황금색, 강조 4
- 글꼴 : 돋움, 18pt

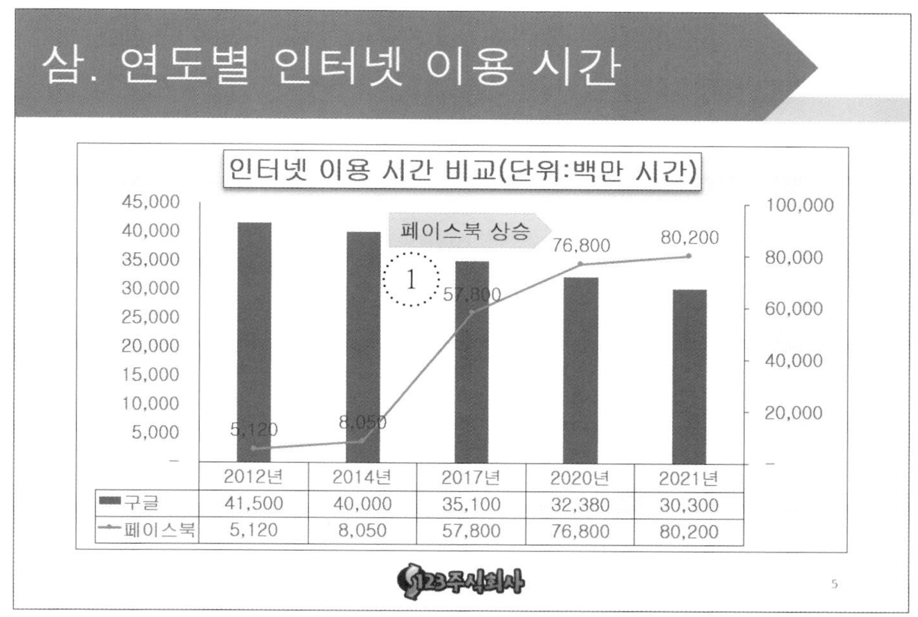

	2012년	2014년	2017년	2020년	2021년
구글	41,500	40,000	35,100	32,380	30,300
페이스북	5,120	8,050	57,800	76,800	80,200

슬라이드 6 ≪도형 슬라이드≫ (100점)

(1) 슬라이드와 같이 도형 및 스마트아트를 배치한다(글꼴 : 굴림, 18pt).

(2) 애니메이션 순서 : ① ⇒ ②

세부조건

① 도형 편집
- 그룹화 후 애니메이션 효과 :
  올라오기(떠오르며 내려가기)

② 도형 및 스마트아트 편집
- 스마트아트 디자인 :
  3차원 만화, 3차원 경사
- 그룹화 후 애니메이션 효과 :
  밝기 변화

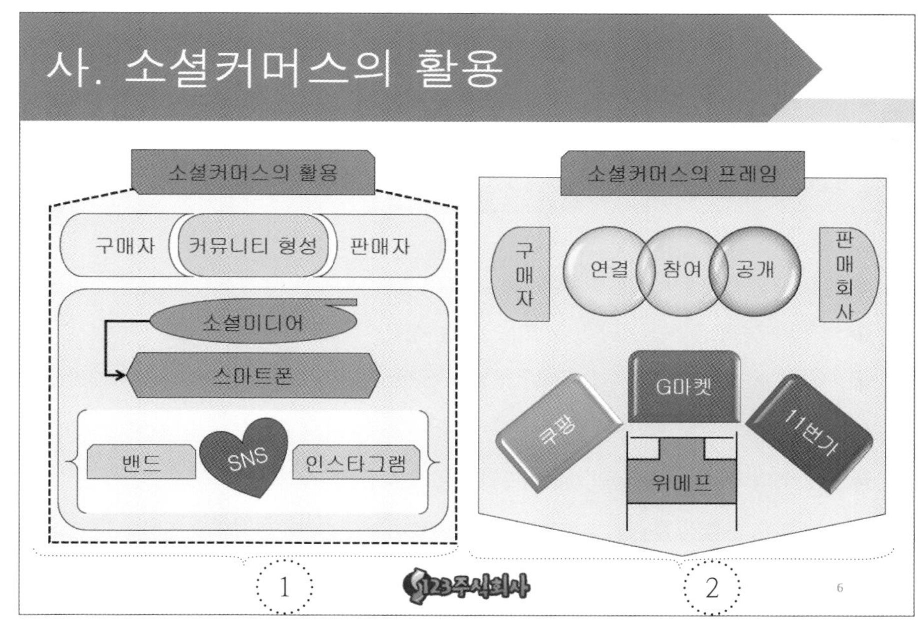

제 05 회 최신기출유형 (MS 오피스)

과목	코드	문제유형	시험시간	수험번호	성명
한글파워포인트	1142	E	60분		

수험자 유의사항

- 수험자는 문제지를 받는 즉시 문제지와 **수험표상의 시험과목(프로그램)이 동일한지 반드시 확인**하여야 합니다.
- 파일명은 본인의 "수험번호-성명"으로 입력하여 답안폴더(내 PC₩문서₩ITQ)에 하나의 파일로 저장해야 하며, 답안문서 파일명이 "수험번호-성명"과 일치하지 않거나, 답안파일을 전송하지 않아 미제출로 처리될 경우 실격 처리합니다(예:12345678-홍길동.pptx).
- 답안 작성을 마치면 파일을 저장하고, '답안 전송' 버튼을 선택하여 감독위원 PC로 답안을 전송하십시오. 수험생 정보와 저장한 파일명이 다를 경우 전송되지 않으므로 주의하시기 바랍니다.
- 답안 작성 중에도 **주기적으로 저장하고, '답안 전송'**하여야 문제 발생을 줄일 수 있습니다. 작업한 내용을 저장하지 않고 전송할 경우 이전에 저장된 내용이 전송되오니 이점 유의하시기 바랍니다.
- 답안문서는 지정된 경로 외의 다른 보조기억장치에 저장하는 경우, 지정된 시험 시간 외에 작성된 파일을 활용할 경우, 기타 통신수단(이메일, 메신저, 네트워크 등)을 이용하여 타인에게 전달 또는 외부 반출하는 경우는 부정 처리합니다.
- 시험 중 부주의 또는 고의로 시스템을 파손한 경우는 수험자가 변상해야 하며, 〈수험자 유의사항〉에 기재된 방법대로 이행하지 않아 생기는 불이익은 수험생 당사자의 책임임을 알려 드립니다.
- 문제의 조건은 MS오피스 2016 버전으로 설정되어 있으니 유의하시기 바랍니다.
- 시험을 완료한 수험자는 답안파일이 전송되었는지 확인한 후 감독위원의 지시에 따라 문제지를 제출하고 퇴실합니다.

답안 작성요령

- 온라인 답안 작성 절차
  수험자 등록 ➡ 시험 시작 ➡ 답안파일 저장 ➡ 답안 전송 ➡ 시험 종료
- 슬라이드의 크기는 A4 Paper로 설정하여 작성합니다.
- 슬라이드의 총 개수는 6개로 구성되어 있으며 슬라이드 1부터 순서대로 작업하고 반드시 문제와 세부 조건대로 합니다.
- 별도의 지시사항이 없는 경우 출력형태를 참조하여 글꼴색은 검정 또는 흰색으로 작성하고, 기타사항은 전체적인 균형을 고려하여 작성합니다.
- 슬라이드 도형 및 개체에 출력형태와 다른 스타일(그림자, 외곽선 등)을 적용했을 경우 감점 처리됩니다.
- 슬라이드 번호를 작성합니다(슬라이드 1에는 생략).
- 2~6번 슬라이드 제목 도형과 하단 로고는 슬라이드 마스터를 이용하여 출력형태와 동일하게 작성합니다(슬라이드 1에는 생략).
- 문제와 세부조건, 세부조건 번호 ◌ (점선원)는 입력하지 않습니다.
- 각 개체의 위치는 오른쪽의 슬라이드와 동일하게 구성합니다.
- 그림 삽입 문제의 경우 반드시 「내 PC₩문서₩ITQ₩Picture」 폴더에서 정확한 파일을 선택하여 삽입하십시오.
- 각 슬라이드를 각각의 파일로 작업해서 저장할 경우 실격 처리됩니다.

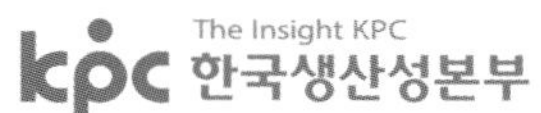

전체구성 (60점)

(1) 슬라이드 크기 및 순서 : 크기를 A4 용지로 설정하고 슬라이드 순서에 맞게 작성한다.

(2) 슬라이드 마스터 : 2~6 슬라이드의 제목, 하단 로고, 슬라이드 번호는 슬라이드 마스터를 이용하여 작성한다.

- 제목 글꼴(돋움, 40pt, 흰색), 가운데 맞춤, 도형(선 없음)
- 하단 로고(「내 PC₩문서₩ITQ₩Picture₩로고3.jpg」 배경(연보라) 투명색으로 설정)

슬라이드 1 ≪표지 디자인≫ (40점)

(1) 표지 디자인 : 도형, 워드아트 및 그림을 이용하여 작성한다.

세부조건

① 도형 편집
- 도형에 그림 채우기 : 「내 PC₩문서₩ITQ₩Picture₩그림1.jpg」, 투명도 50%
- 도형 효과 : 부드러운 가장자리 5 포인트

② 워드아트 삽입
- 변환 : 아래쪽 수축
- 글꼴 : 굴림, 굵게
- 텍스트 반사 : 전체 반사, 터치

③ 그림 삽입
- 「내 PC₩문서₩ITQ₩Picture₩로고3.jpg」
- 배경(연보라) 투명색으로 설정

슬라이드 2 ≪목차 슬라이드≫ (60점)

(1) 출력형태와 같이 도형을 이용하여 목차를 작성한다(글꼴 : 굴림, 24pt).

(2) 도형 : 선 없음

세부조건

① 텍스트에 하이퍼링크 적용
→ '슬라이드 5'

② 그림 삽입
- 「내 PC₩문서₩ITQ₩Picture₩그림4.jpg」
- 자르기 기능 이용

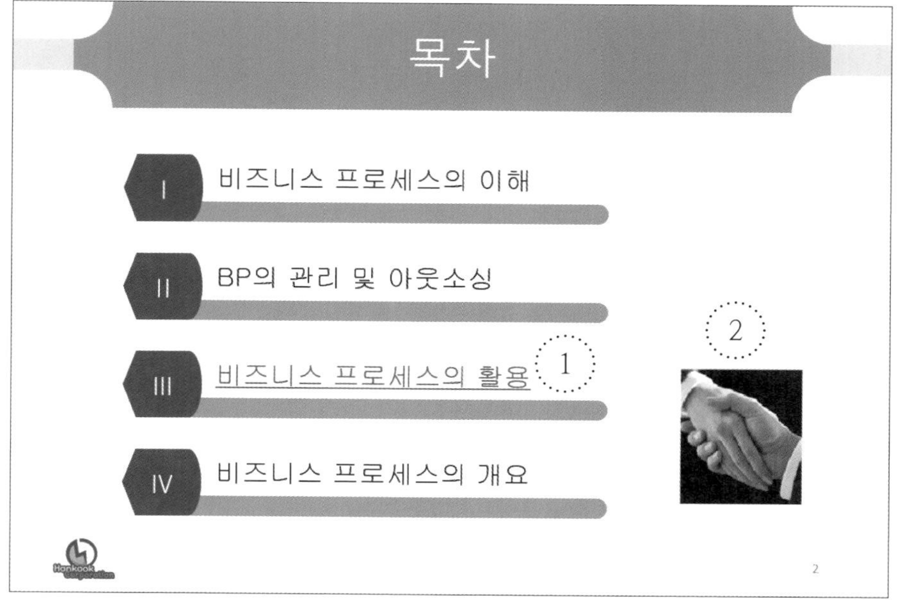

슬라이드 3 ≪텍스트/동영상 슬라이드≫ (60점)

(1) 텍스트 작성 : 글머리 기호 사용(◆, ✓)

◆문단(굴림, 24pt, 굵게, 줄 간격 : 1.5줄), ✓문단(굴림, 20pt, 줄 간격 : 1.5줄)

세부조건

① 동영상 삽입 :
- 「내 PC₩문서₩ITQ₩Picture₩동영상.wmv」
- 자동 실행, 반복 재생 설정

Ⅰ. 비즈니스 프로세스의 이해

◆ Expectation effect

① 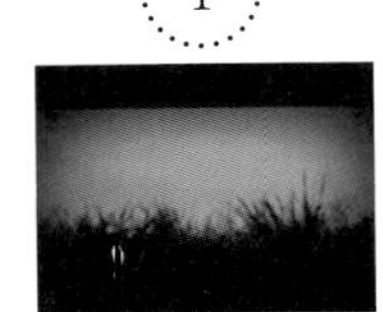

✓BPM provides the greatest ROI opportunity of any 

IT initiative by delivering

✓A reduction in time for process completion

◆ 비즈니스 프로세스의 개념

✓고객을 위해 가치를 창조하는 업무 활동의 집합으로 기업 경영 활동에서 목표를 달성해 나가는 일련의 단계로서 마케팅, 제조, 판매, 회계, 유통 및 고객 관리 등의 활동

3

슬라이드 4 ≪표 슬라이드≫ (80점)

(1) 도형과 표 작성 기능을 이용하여 슬라이드를 작성한다(글꼴 : 돋움, 18pt).

세부조건

① 상단 도형 :
2개 도형의 조합으로 작성

② 좌측 도형 :
그라데이션 효과(선형 아래쪽)

③ 표 스타일 :
테마 스타일 1 – 강조 3

Ⅱ. BP의 관리 및 아웃소싱

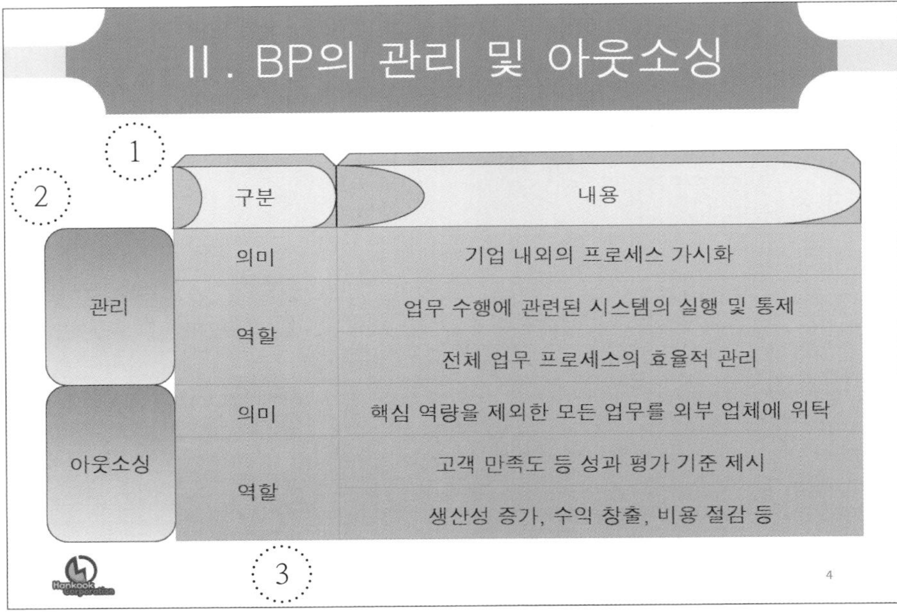

	구분	내용
관리	의미	기업 내외의 프로세스 가시화
	역할	업무 수행에 관련된 시스템의 실행 및 통제
		전체 업무 프로세스의 효율적 관리
아웃소싱	의미	핵심 역량을 제외한 모든 업무를 외부 업체에 위탁
	역할	고객 만족도 등 성과 평가 기준 제시
		생산성 증가, 수익 창출, 비용 절감 등

슬라이드 5 ≪차트 슬라이드≫ (100점)

(1) 차트 작성 기능을 이용하여 슬라이드를 작성한다.

(2) 차트 : 종류(묶은 세로 막대형), 글꼴(돋움, 16pt), 외곽선

세부조건

※ 차트 설명

- 차트 제목 : 돋움, 24pt, 굵게, 채우기(흰색), 테두리, 그림자(오프셋 가운데)
- 차트 영역 : 채우기(노랑)
  그림 영역 : 채우기(흰색)
- 데이터 서식 : 2020년 계열을 표식이 있는 꺾은선형으로 변경 후 보조 축으로 지정
- 값 표시 : 제조계의 2020년 계열만

① 도형 삽입
- 스타일 :
  미세 효과 – 파랑, 강조 5
- 글꼴 : 돋움, 18pt

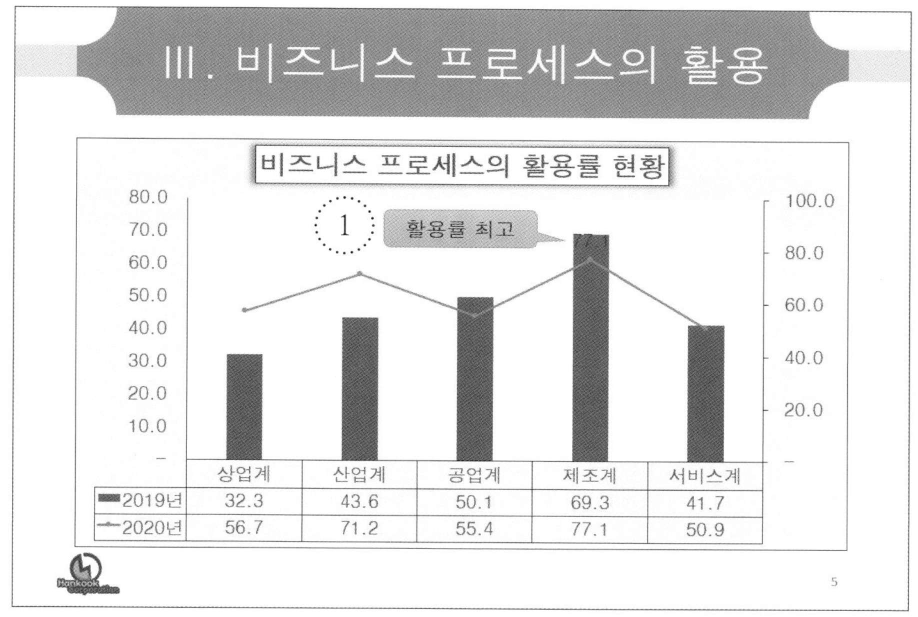

슬라이드 6 ≪도형 슬라이드≫ (100점)

(1) 슬라이드와 같이 도형 및 스마트아트를 배치한다(글꼴 : 굴림, 18pt).

(2) 애니메이션 순서 : ① ⇒ ②

세부조건

① 도형 및 스마트아트 편집
- 스마트아트 디자인 :
  강한 효과, 3차원 만화
- 그룹화 후 애니메이션 효과 :
  날아오기(왼쪽 위에서)

② 도형 편집
- 그룹화 후 애니메이션 효과 :
  바운드

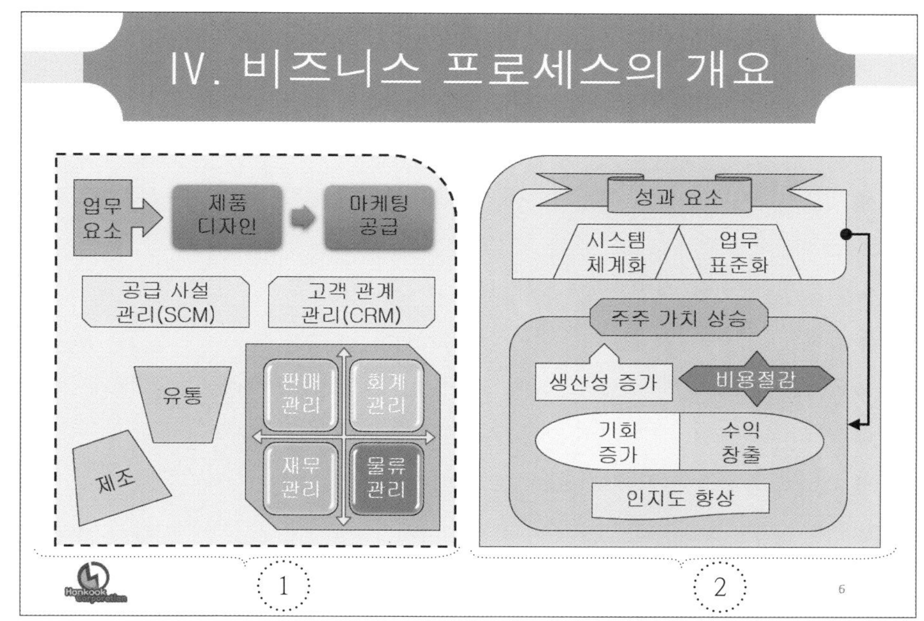

제 06 회 최신기출유형 (MS 오피스)

과목	코드	문제유형	시험시간	수험번호	성명
한글파워포인트	1142	A	60분		

수험자 유의사항

- 수험자는 문제지를 받는 즉시 문제지와 **수험표상의 시험과목(프로그램)이 동일한지 반드시 확인**하여야 합니다.
- 파일명은 본인의 "수험번호-성명"으로 입력하여 답안폴더(내 PC₩문서₩ITQ)에 하나의 파일로 저장해야 하며, 답안문서 파일명이 "수험번호-성명"과 일치하지 않거나, 답안파일을 전송하지 않아 미제출로 처리될 경우 실격 처리합니다(예:12345678-홍길동.pptx).
- 답안 작성을 마치면 파일을 저장하고, '답안 전송' 버튼을 선택하여 감독위원 PC로 답안을 전송하십시오. 수험생 정보와 저장한 파일명이 다를 경우 전송되지 않으므로 주의하시기 바랍니다.
- 답안 작성 중에도 **주기적으로 저장하고, '답안 전송'**하여야 문제 발생을 줄일 수 있습니다. 작업한 내용을 저장하지 않고 전송할 경우 이전에 저장된 내용이 전송되오니 이점 유의하시기 바랍니다.
- 답안문서는 지정된 경로 외의 다른 보조기억장치에 저장하는 경우, 지정된 시험 시간 외에 작성된 파일을 활용할 경우, 기타 통신수단(이메일, 메신저, 네트워크 등)을 이용하여 타인에게 전달 또는 외부 반출하는 경우는 부정 처리합니다.
- 시험 중 부주의 또는 고의로 시스템을 파손한 경우는 수험자가 변상해야 하며, 〈수험자 유의사항〉에 기재된 방법대로 이행하지 않아 생기는 불이익은 수험생 당사자의 책임임을 알려 드립니다.
- 문제의 조건은 MS오피스 2016 버전으로 설정되어 있으니 유의하시기 바랍니다.
- 시험을 완료한 수험자는 답안파일이 전송되었는지 확인한 후 감독위원의 지시에 따라 문제지를 제출하고 퇴실합니다.

답안 작성요령

- 온라인 답안 작성 절차
  수험자 등록 ➡ 시험 시작 ➡ 답안파일 저장 ➡ 답안 전송 ➡ 시험 종료
- 슬라이드의 크기는 A4 Paper로 설정하여 작성합니다.
- 슬라이드의 총 개수는 6개로 구성되어 있으며 슬라이드 1부터 순서대로 작업하고 반드시 문제와 세부 조건대로 합니다.
- 별도의 지시사항이 없는 경우 출력형태를 참조하여 글꼴색은 검정 또는 흰색으로 작성하고, 기타사항은 전체적인 균형을 고려하여 작성합니다.
- 슬라이드 도형 및 개체에 출력형태와 다른 스타일(그림자, 외곽선 등)을 적용했을 경우 감점 처리됩니다.
- 슬라이드 번호를 작성합니다(슬라이드 1에는 생략).
- 2~6번 슬라이드 제목 도형과 하단 로고는 슬라이드 마스터를 이용하여 출력형태와 동일하게 작성합니다(슬라이드 1에는 생략).
- 문제와 세부조건, 세부조건 번호 ◌ (점선원)는 입력하지 않습니다.
- 각 개체의 위치는 오른쪽의 슬라이드와 동일하게 구성합니다.
- 그림 삽입 문제의 경우 반드시 「내 PC₩문서₩ITQ₩Picture」 폴더에서 정확한 파일을 선택하여 삽입하십시오.
- 각 슬라이드를 각각의 파일로 작업해서 저장할 경우 실격 처리됩니다.

전체구성 (60점)

(1) 슬라이드 크기 및 순서 : 크기를 A4 용지로 설정하고 슬라이드 순서에 맞게 작성한다.

(2) 슬라이드 마스터 : 2~6 슬라이드의 제목, 하단 로고, 슬라이드 번호는 슬라이드 마스터를 이용하여 작성한다.

- 제목 글꼴(돋움, 40pt, 흰색), 왼쪽 맞춤, 도형(선 없음)
- 하단 로고(「내 PC₩문서₩ITQ₩Picture₩로고1.jpg」 배경(회색) 투명색으로 설정)

슬라이드 1 ≪표지 디자인≫ (40점)

(1) 표지 디자인 : 도형, 워드아트 및 그림을 이용하여 작성한다.

세부조건

① 도형 편집
- 도형에 그림 채우기 : 「내 PC₩문서₩ITQ₩Picture₩그림2.jpg」, 투명도 50%
- 도형 효과 : 부드러운 가장자리 5 포인트

② 워드아트 삽입
- 변환 : 중지
- 글꼴 : 궁서, 굵게
- 텍스트 반사 : 1/2 반사, 4 pt 오프셋

③ 그림 삽입
- 「내 PC₩문서₩ITQ₩Picture₩로고1.jpg」
- 배경(회색) 투명색으로 설정

슬라이드 2 ≪목차 슬라이드≫ (60점)

(1) 출력형태와 같이 도형을 이용하여 목차를 작성한다(글꼴 : 돋움, 24pt).

(2) 도형 : 선 없음

세부조건

① 텍스트에 하이퍼링크 적용 → '슬라이드 6'

② 그림 삽입
- 「내 PC₩문서₩ITQ₩Picture₩그림5.jpg」
- 자르기 기능 이용

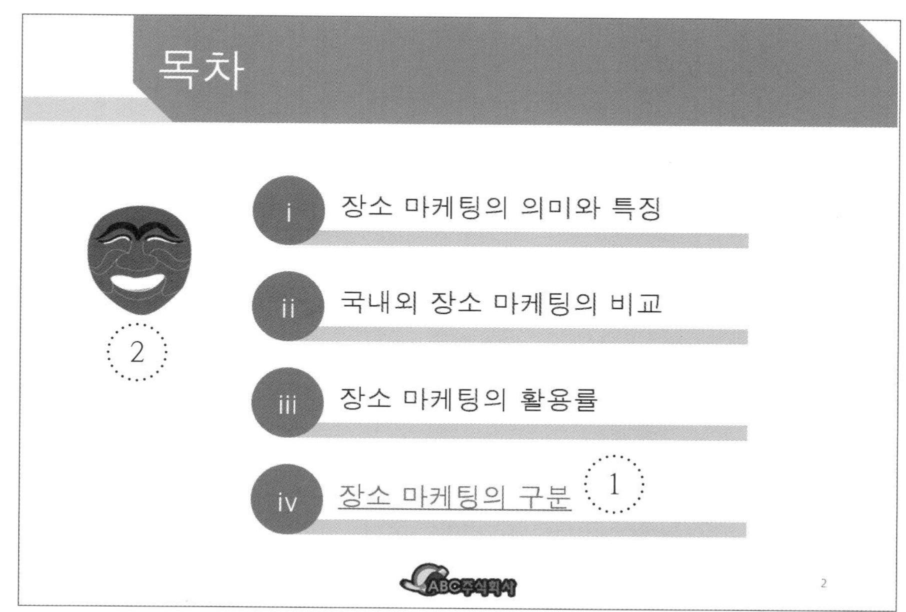

슬라이드 3 ≪텍스트/동영상 슬라이드≫ (60점)

(1) 텍스트 작성 : 글머리 기호 사용(●, ■)

●문단(굴림, 24pt, 굵게, 줄 간격 : 1.5줄), ■문단(굴림, 20pt, 줄 간격 : 1.5줄)

세부조건

① 동영상 삽입 :
- 「내 PC₩문서₩ITQ₩Picture₩동영상.wmv」
- 자동 실행, 반복 재생 설정

ⅰ. 장소 마케팅의 의미와 특징

● Place Marketing

■ The term "place marketing" could refer to a city, country or a tourist destination and to their competition for tourists, visitors, investors, residents and other resources

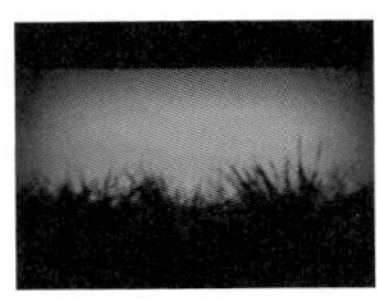

1

● 장소 마케팅의 특징

■ 지역을 관광 명소로 만들기 위한 지역화 전략으로 랜드 마크를 활용

■ 관광객과 투자자 유치를 통해 소득 수준이 향상되고, 지역 주민들의 소속감과 자긍심을 높일 수 있음

3

슬라이드 4 ≪표 슬라이드≫ (80점)

(1) 도형과 표 작성 기능을 이용하여 슬라이드를 작성한다(글꼴 : 돋움, 18pt).

세부조건

① 상단 도형 :
2개 도형의 조합으로 작성

② 좌측 도형 :
그라데이션 효과(선형 아래쪽)

③ 표 스타일 :
테마 스타일 1 – 강조 2

ⅱ. 국내외 장소 마케팅의 비교

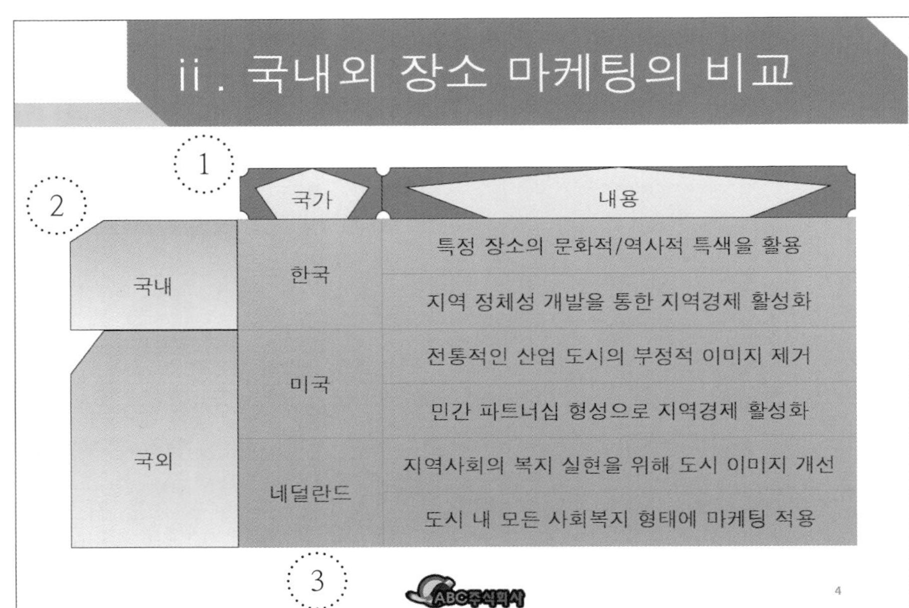

	국가	내용
국내	한국	특정 장소의 문화적/역사적 특색을 활용
		지역 정체성 개발을 통한 지역경제 활성화
국외	미국	전통적인 산업 도시의 부정적 이미지 제거
		민간 파트너십 형성으로 지역경제 활성화
	네덜란드	지역사회의 복지 실현을 위해 도시 이미지 개선
		도시 내 모든 사회복지 형태에 마케팅 적용

슬라이드 5 ≪차트 슬라이드≫ (100점)

(1) 차트 작성 기능을 이용하여 슬라이드를 작성한다.

(2) 차트 : 종류(묶은 세로 막대형), 글꼴(돋움, 16pt), 외곽선

세부조건

※ 차트 설명

- 차트 제목 : 궁서, 24pt, 굵게, 채우기(흰색), 테두리, 그림자(오프셋 위쪽)
- 차트 영역 : 채우기(노랑)
  그림 영역 : 채우기(흰색)
- 데이터 서식 : 2020년 계열을 표식이 있는 꺾은선형으로 변경 후 보조 축으로 지정
- 값 표시 : 관광시설의 2020년 계열만

① 도형 삽입
- 스타일 : 미세 효과 – 주황, 강조 2
- 글꼴 : 돋움, 18pt

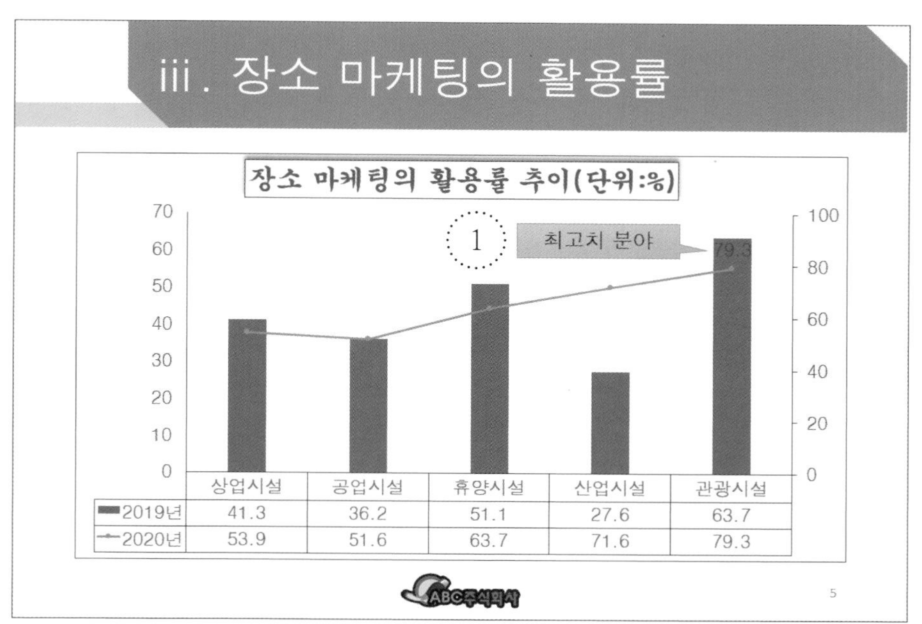

슬라이드 6 ≪도형 슬라이드≫ (100점)

(1) 슬라이드와 같이 도형 및 스마트아트를 배치한다(글꼴 : 굴림, 18pt).

(2) 애니메이션 순서 : ① ⇒ ②

세부조건

① 도형 및 스마트아트 편집
- 스마트아트 디자인 : 3차원 만화, 3차원 경사
- 그룹화 후 애니메이션 효과 : 확대/축소(슬라이드 센터)

② 도형 편집
- 그룹화 후 애니메이션 효과 : 시계 방향 회전

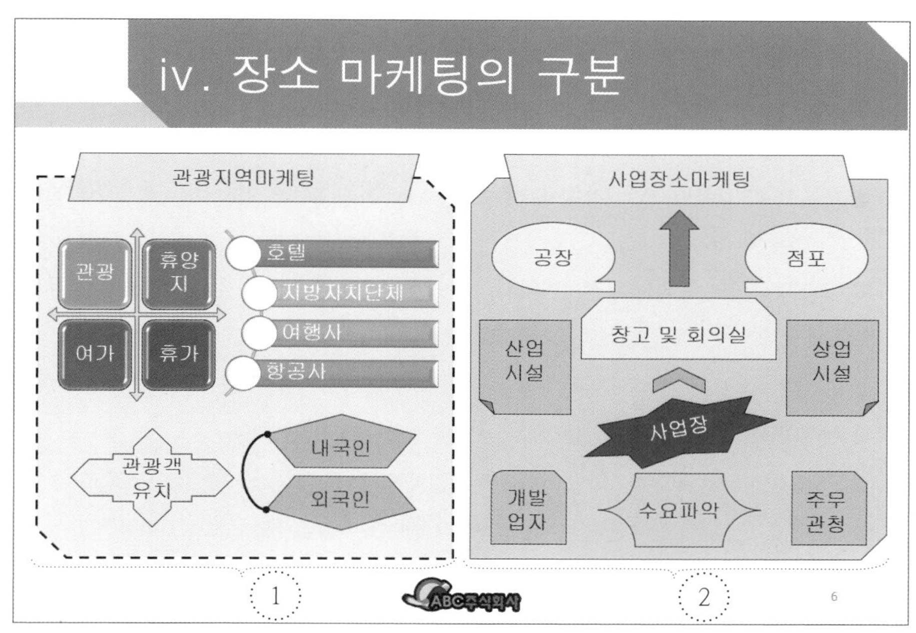

제 07 회 최신기출유형 (MS 오피스)

과목	코드	문제유형	시험시간	수험번호	성명
한글파워포인트	1142	B	60분		

수험자 유의사항

- 수험자는 문제지를 받는 즉시 문제지와 **수험표상의 시험과목(프로그램)이 동일한지 반드시 확인**하여야 합니다.
- 파일명은 본인의 "수험번호-성명"으로 입력하여 답안폴더(내 PC₩문서₩ITQ)에 하나의 파일로 저장해야 하며, 답안문서 파일명이 "수험번호-성명"과 일치하지 않거나, 답안파일을 전송하지 않아 미제출로 처리될 경우 실격 처리합니다(예:12345678-홍길동.pptx).
- 답안 작성을 마치면 파일을 저장하고, '답안 전송' 버튼을 선택하여 감독위원 PC로 답안을 전송하십시오. 수험생 정보와 저장한 파일명이 다를 경우 전송되지 않으므로 주의하시기 바랍니다.
- 답안 작성 중에도 **주기적으로 저장하고, '답안 전송'**하여야 문제 발생을 줄일 수 있습니다. 작업한 내용을 저장하지 않고 전송할 경우 이전에 저장된 내용이 전송되오니 이점 유의하시기 바랍니다.
- 답안문서는 지정된 경로 외의 다른 보조기억장치에 저장하는 경우, 지정된 시험 시간 외에 작성된 파일을 활용할 경우, 기타 통신수단(이메일, 메신저, 네트워크 등)을 이용하여 타인에게 전달 또는 외부 반출하는 경우는 부정 처리합니다.
- 시험 중 부주의 또는 고의로 시스템을 파손한 경우는 수험자가 변상해야 하며, 〈수험자 유의사항〉에 기재된 방법대로 이행하지 않아 생기는 불이익은 수험생 당사자의 책임임을 알려 드립니다.
- 문제의 조건은 MS오피스 2016 버전으로 설정되어 있으니 유의하시기 바랍니다.
- 시험을 완료한 수험자는 답안파일이 전송되었는지 확인한 후 감독위원의 지시에 따라 문제지를 제출하고 퇴실합니다.

답안 작성요령

- 온라인 답안 작성 절차
  수험자 등록 ➡ 시험 시작 ➡ 답안파일 저장 ➡ 답안 전송 ➡ 시험 종료
- 슬라이드의 크기는 A4 Paper로 설정하여 작성합니다.
- 슬라이드의 총 개수는 6개로 구성되어 있으며 슬라이드 1부터 순서대로 작업하고 반드시 문제와 세부 조건대로 합니다.
- 별도의 지시사항이 없는 경우 출력형태를 참조하여 글꼴색은 검정 또는 흰색으로 작성하고, 기타사항은 전체적인 균형을 고려하여 작성합니다.
- 슬라이드 도형 및 개체에 출력형태와 다른 스타일(그림자, 외곽선 등)을 적용했을 경우 감점 처리됩니다.
- 슬라이드 번호를 작성합니다(슬라이드 1에는 생략).
- 2~6번 슬라이드 제목 도형과 하단 로고는 슬라이드 마스터를 이용하여 출력형태와 동일하게 작성합니다(슬라이드 1에는 생략).
- 문제와 세부조건, 세부조건 번호 ◌ (점선원)는 입력하지 않습니다.
- 각 개체의 위치는 오른쪽의 슬라이드와 동일하게 구성합니다.
- 그림 삽입 문제의 경우 반드시 「내 PC₩문서₩ITQ₩Picture」 폴더에서 정확한 파일을 선택하여 삽입하십시오.
- 각 슬라이드를 각각의 파일로 작업해서 저장할 경우 실격 처리됩니다.

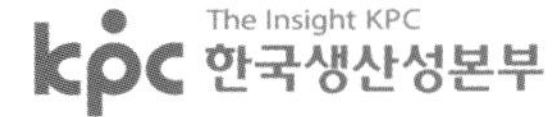

전체구성 (60점)

(1) 슬라이드 크기 및 순서 : 크기를 A4 용지로 설정하고 슬라이드 순서에 맞게 작성한다.

(2) 슬라이드 마스터 : 2~6 슬라이드의 제목, 하단 로고, 슬라이드 번호는 슬라이드 마스터를 이용하여 작성한다.

- 제목 글꼴(돋움, 40pt, 흰색), 가운데 맞춤, 도형(선 없음)
- 하단 로고(「내 PC₩문서₩ITQ₩Picture₩로고2.jpg」 배경(회색) 투명색으로 설정)

슬라이드 1 ≪표지 디자인≫ (40점)

(1) 표지 디자인 : 도형, 워드아트 및 그림을 이용하여 작성한다.

세부조건

① 도형 편집
- 도형에 그림 채우기 : 「내 PC₩문서₩ITQ₩Picture₩그림3.jpg」, 투명도 50%
- 도형 효과 : 부드러운 가장자리 5 포인트

② 워드아트 삽입
- 변환 : 왼쪽 줄이기
- 글꼴 : 돋움, 굵게
- 텍스트 반사 : 전체 반사, 4 pt 오프셋

③ 그림 삽입
- 「내 PC₩문서₩ITQ₩Picture₩로고2.jpg」
- 배경(회색) 투명색으로 설정

슬라이드 2 ≪목차 슬라이드≫ (60점)

(1) 출력형태와 같이 도형을 이용하여 목차를 작성한다(글꼴 : 굴림, 24pt).

(2) 도형 : 선 없음

세부조건

① 텍스트에 하이퍼링크 적용
→ '슬라이드 5'

② 그림 삽입
- 「내 PC₩문서₩ITQ₩Picture₩그림4.jpg」
- 자르기 기능 이용

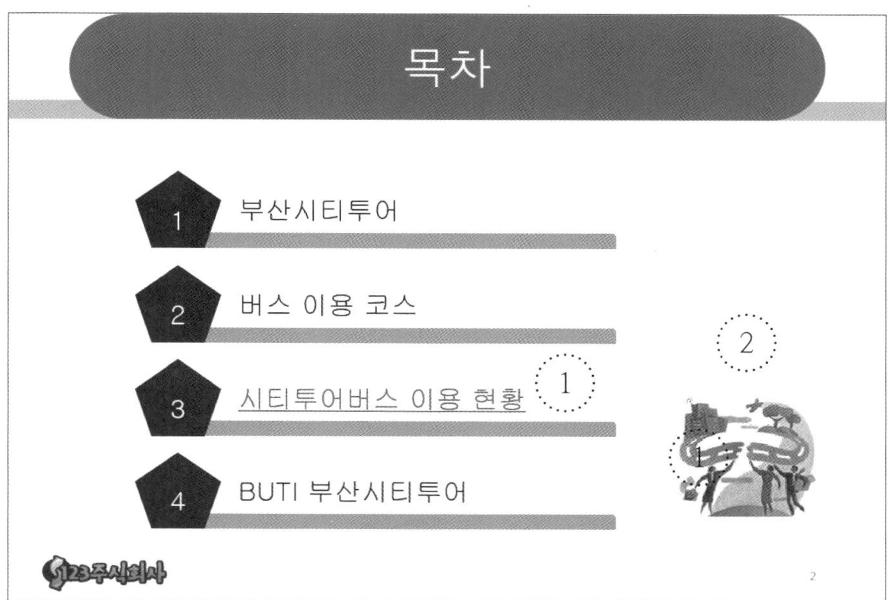

슬라이드 3 ≪텍스트/동영상 슬라이드≫ (60점)

(1) 텍스트 작성 : 글머리 기호 사용(➢, ■)

➢문단(굴림, 24pt, 굵게, 줄 간격 : 1.5줄), ■문단(굴림, 20pt, 줄 간격 : 1.5줄)

세부조건

① 동영상 삽입 :
- 「내 PC₩문서₩ITQ₩Picture₩동영상.wmv」
- 자동 실행, 반복 재생 설정

1. 부산시티투어

➢ Busan city tour

- We have gathered Busan's popular attractions and shopping venues into one package
- Every city tour bus is fueled with pollution-free national gas(CNG) with more legroom and reclining seats

1

➢ 부산시티투어

- 부산역을 기점으로 정해진 코스를 순환 운행하는 셔틀버스를 타고 부산 지역을 관광하며 각 코스에 대한 정보를 영어, 일본어, 중국어로 청취할 수 있어 내국인은 물론 외국인 관광객에게도 인기

123주식회사 3

슬라이드 4 ≪표 슬라이드≫ (80점)

(1) 도형과 표 작성 기능을 이용하여 슬라이드를 작성한다(글꼴 : 돋움, 18pt).

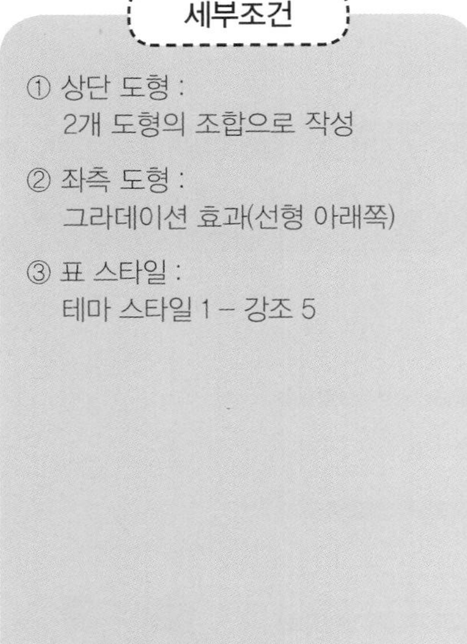

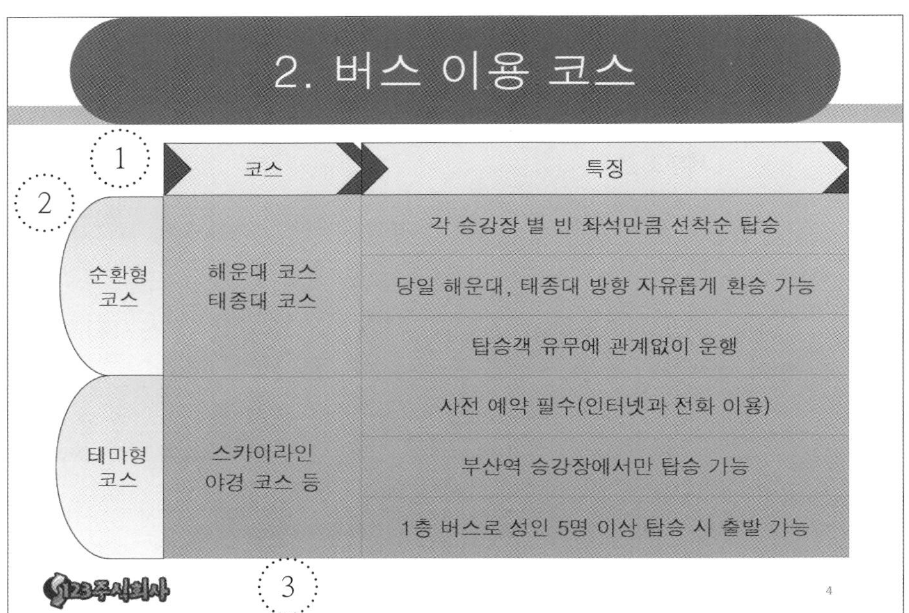

슬라이드 5 ≪차트 슬라이드≫ (100점)

(1) 차트 작성 기능을 이용하여 슬라이드를 작성한다.

(2) 차트 : 종류(묶은 세로 막대형), 글꼴(돋움, 16pt), 외곽선

세부조건

※ 차트 설명

- 차트 제목 : 궁서, 24pt, 굵게, 채우기(흰색), 테두리, 그림자(오프셋 대각선 왼쪽 아래)
- 차트 영역 : 채우기(노랑)
  그림 영역 : 채우기(흰색)
- 데이터 서식 : 외국인(만명) 계열을 표식이 있는 꺾은선형으로 변경 후 보조 축으로 지정
- 값 표시 : 2020년의 외국인(만명) 계열만

① 도형 삽입
 - 스타일 : 미세 효과 – 파랑, 강조 5
 - 글꼴 : 돋움, 18pt

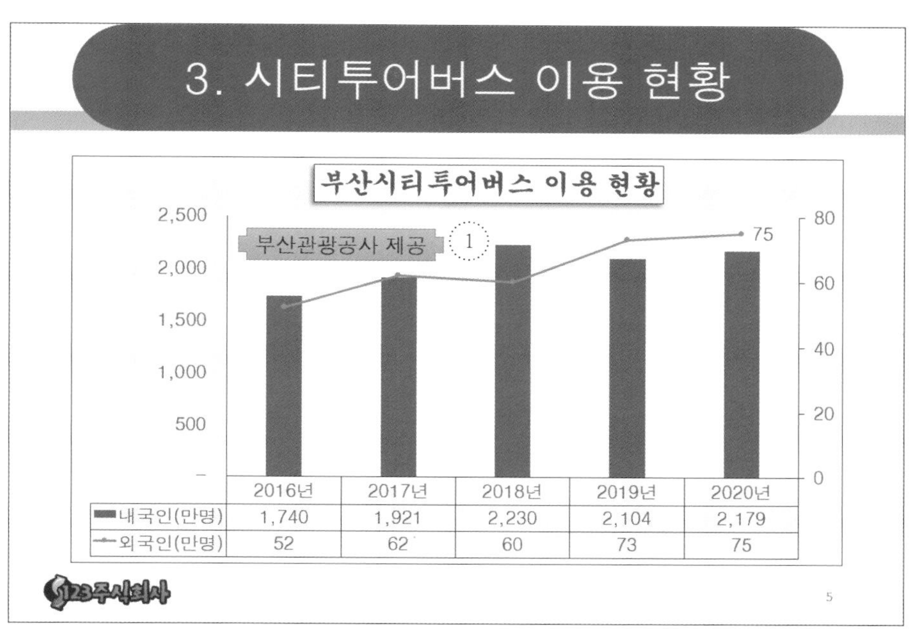

슬라이드 6 ≪도형 슬라이드≫ (100점)

(1) 슬라이드와 같이 도형 및 스마트아트를 배치한다(글꼴 : 굴림, 18pt).

(2) 애니메이션 순서 : ① ⇒ ②

세부조건

① 도형 편집
 - 그룹화 후 애니메이션 효과 : 밝기 변화

② 도형 및 스마트아트 편집
 - 스마트아트 디자인 : 3차원 만화, 3차원 광택 처리
 - 그룹화 후 애니메이션 효과 : 실선 무늬(세로)

4. BUTI 부산시티투어

2층 버스 야경투어
사전예약 필수
4-10월 운행
부산역
광안대교
부산대교
영도대교
부산항대교
광안리
시티투어코스
1일 이용권
레드라인
부산역
해운대
점보버스
태종대
해동 용궁사
아난티 코브
기장 시장
123주식회사
1
2
6

제 08 회 최신기출유형 (MS 오피스)

과목	코드	문제유형	시험시간	수험번호	성명
한글파워포인트	1142	C	60분		

수험자 유의사항

- 수험자는 문제지를 받는 즉시 문제지와 **수험표상의 시험과목(프로그램)이 동일한지 반드시 확인**하여야 합니다.
- 파일명은 본인의 "수험번호-성명"으로 입력하여 답안폴더(내 PC₩문서₩ITQ)에 하나의 파일로 저장해야 하며, 답안문서 파일명이 "수험번호-성명"과 일치하지 않거나, 답안파일을 전송하지 않아 미제출로 처리될 경우 실격 처리합니다(예:12345678-홍길동.pptx).
- 답안 작성을 마치면 파일을 저장하고, '답안 전송' 버튼을 선택하여 감독위원 PC로 답안을 전송하십시오. 수험생 정보와 저장한 파일명이 다를 경우 전송되지 않으므로 주의하시기 바랍니다.
- 답안 작성 중에도 **주기적으로 저장하고, '답안 전송'**하여야 문제 발생을 줄일 수 있습니다. 작업한 내용을 저장하지 않고 전송할 경우 이전에 저장된 내용이 전송되오니 이점 유의하시기 바랍니다.
- 답안문서는 지정된 경로 외의 다른 보조기억장치에 저장하는 경우, 지정된 시험 시간 외에 작성된 파일을 활용할 경우, 기타 통신수단(이메일, 메신저, 네트워크 등)을 이용하여 타인에게 전달 또는 외부 반출하는 경우는 부정 처리합니다.
- 시험 중 부주의 또는 고의로 시스템을 파손한 경우는 수험자가 변상해야 하며, 〈수험자 유의사항〉에 기재된 방법대로 이행하지 않아 생기는 불이익은 수험생 당사자의 책임임을 알려 드립니다.
- 문제의 조건은 MS오피스 2016 버전으로 설정되어 있으니 유의하시기 바랍니다.
- 시험을 완료한 수험자는 답안파일이 전송되었는지 확인한 후 감독위원의 지시에 따라 문제지를 제출하고 퇴실합니다.

답안 작성요령

- 온라인 답안 작성 절차
  수험자 등록 ➡ 시험 시작 ➡ 답안파일 저장 ➡ 답안 전송 ➡ 시험 종료
- 슬라이드의 크기는 A4 Paper로 설정하여 작성합니다.
- 슬라이드의 총 개수는 6개로 구성되어 있으며 슬라이드 1부터 순서대로 작업하고 반드시 문제와 세부 조건대로 합니다.
- 별도의 지시사항이 없는 경우 출력형태를 참조하여 글꼴색은 검정 또는 흰색으로 작성하고, 기타사항은 전체적인 균형을 고려하여 작성합니다.
- 슬라이드 도형 및 개체에 출력형태와 다른 스타일(그림자, 외곽선 등)을 적용했을 경우 감점 처리됩니다.
- 슬라이드 번호를 작성합니다(슬라이드 1에는 생략).
- 2~6번 슬라이드 제목 도형과 하단 로고는 슬라이드 마스터를 이용하여 출력형태와 동일하게 작성합니다(슬라이드 1에는 생략).
- 문제와 세부조건, 세부조건 번호 ◌ (점선원)는 입력하지 않습니다.
- 각 개체의 위치는 오른쪽의 슬라이드와 동일하게 구성합니다.
- 그림 삽입 문제의 경우 반드시 「내 PC₩문서₩ITQ₩Picture」 폴더에서 정확한 파일을 선택하여 삽입하십시오.
- 각 슬라이드를 각각의 파일로 작업해서 저장할 경우 실격 처리됩니다.

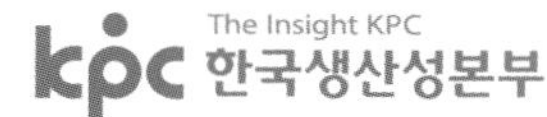

전체구성 (60점)

(1) 슬라이드 크기 및 순서 : 크기를 A4 용지로 설정하고 슬라이드 순서에 맞게 작성한다.

(2) 슬라이드 마스터 : 2~6 슬라이드의 제목, 하단 로고, 슬라이드 번호는 슬라이드 마스터를 이용하여 작성한다.

- 제목 글꼴(돋움, 40pt, 흰색), 왼쪽 맞춤, 도형(선 없음)
- 하단 로고(「내 PC₩문서₩ITQ₩Picture₩로고3.jpg」 배경(연보라) 투명색으로 설정)

슬라이드 1 ≪표지 디자인≫ (40점)

(1) 표지 디자인 : 도형, 워드아트 및 그림을 이용하여 작성한다.

세부조건

① 도형 편집
- 도형에 그림 채우기 : 「내 PC₩문서₩ITQ₩Picture₩그림1.jpg」, 투명도 50%
- 도형 효과 : 부드러운 가장자리 5 포인트

② 워드아트 삽입
- 변환 : 역삼각형
- 글꼴 : 돋움, 굵게
- 텍스트 반사 : 1/2 반사, 8 pt 오프셋

③ 그림 삽입
- 「내 PC₩문서₩ITQ₩Picture₩로고3.jpg」
- 배경(연보라) 투명색으로 설정

슬라이드 2 ≪목차 슬라이드≫ (60점)

(1) 출력형태와 같이 도형을 이용하여 목차를 작성한다(글꼴 : 굴림, 24pt).

(2) 도형 : 선 없음

세부조건

① 텍스트에 하이퍼링크 적용 → '슬라이드 5'

② 그림 삽입
- 「내 PC₩문서₩ITQ₩Picture₩그림5.jpg」
- 자르기 기능 이용

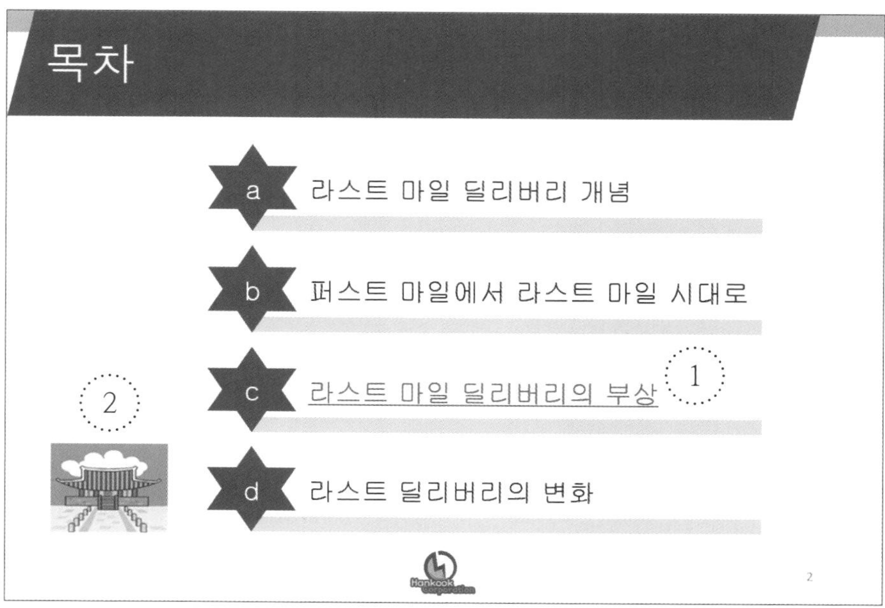

슬라이드 3 ≪텍스트/동영상 슬라이드≫ (60점)

(1) 텍스트 작성 : 글머리 기호 사용(➢, ✓)

➢ 문단(굴림, 24pt, 굵게, 줄 간격 : 1.5줄), ✓문단(굴림, 20pt, 줄 간격 : 1.5줄)

세부조건

① 동영상 삽입 :
- 「내 PC₩문서₩ITQ₩Picture₩동영상.wmv」
- 자동 실행, 반복 재생 설정

라스트 마일 딜리버리 개념

➢ Last Mile Delivery

✓All elements used to convey goods to their destination

✓In order to save logistics freight costs from courier companies, distributors have to order products and ship them to consumers

1

➢ 라스트 마일 딜리버리

✓상품이 목적지까지 전달되기 위해 사용되는 모든 요소들로 택배업체에서 물류 운송비용을 절약하기 위한 기술적 방안으로 최근에는 유통업체가 제품을 주문 받아 소비자들에게 배송하는 것까지 포함

3

슬라이드 4 ≪표 슬라이드≫ (80점)

(1) 도형과 표 작성 기능을 이용하여 슬라이드를 작성한다(글꼴 : 돋움, 18pt).

세부조건

① 상단 도형 :
2개 도형의 조합으로 작성

② 좌측 도형 :
그라데이션 효과(선형 아래쪽)

③ 표 스타일 :
테마 스타일 1 – 강조 3

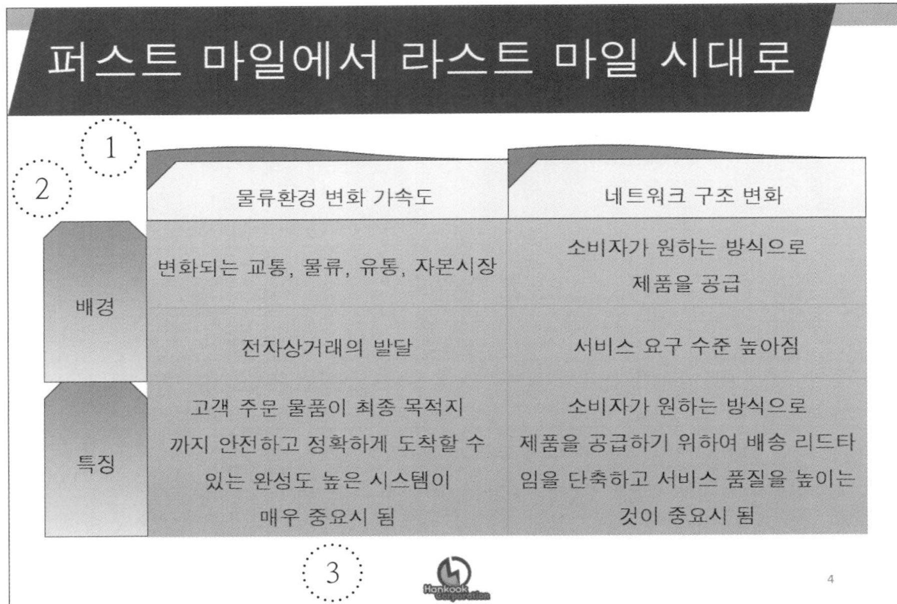
퍼스트 마일에서 라스트 마일 시대로

	물류환경 변화 가속도	네트워크 구조 변화
배경	변화되는 교통, 물류, 유통, 자본시장	소비자가 원하는 방식으로 제품을 공급
	전자상거래의 발달	서비스 요구 수준 높아짐
특징	고객 주문 물품이 최종 목적지까지 안전하고 정확하게 도착할 수 있는 완성도 높은 시스템이 매우 중요시 됨	소비자가 원하는 방식으로 제품을 공급하기 위하여 배송 리드타임을 단축하고 서비스 품질을 높이는 것이 중요시 됨

슬라이드 5 ≪차트 슬라이드≫ (100점)

(1) 차트 작성 기능을 이용하여 슬라이드를 작성한다.

(2) 차트 : 종류(묶은 세로 막대형), 글꼴(돋움, 16pt), 외곽선

세부조건

※ 차트 설명
- 차트 제목 : 궁서, 24pt, 굵게, 채우기(흰색), 테두리, 그림자(오프셋 왼쪽)
- 차트 영역 : 채우기(노랑)
  그림 영역 : 채우기(흰색)
- 데이터 서식 : 모바일 계열을 표식이 있는 꺾은선형으로 변경 후 보조 축으로 지정
- 값 표시 : 2021년의 모바일 계열만

① 도형 삽입
- 스타일 :
  미세 효과 – 파랑, 강조 1
- 글꼴 : 돋움, 18pt

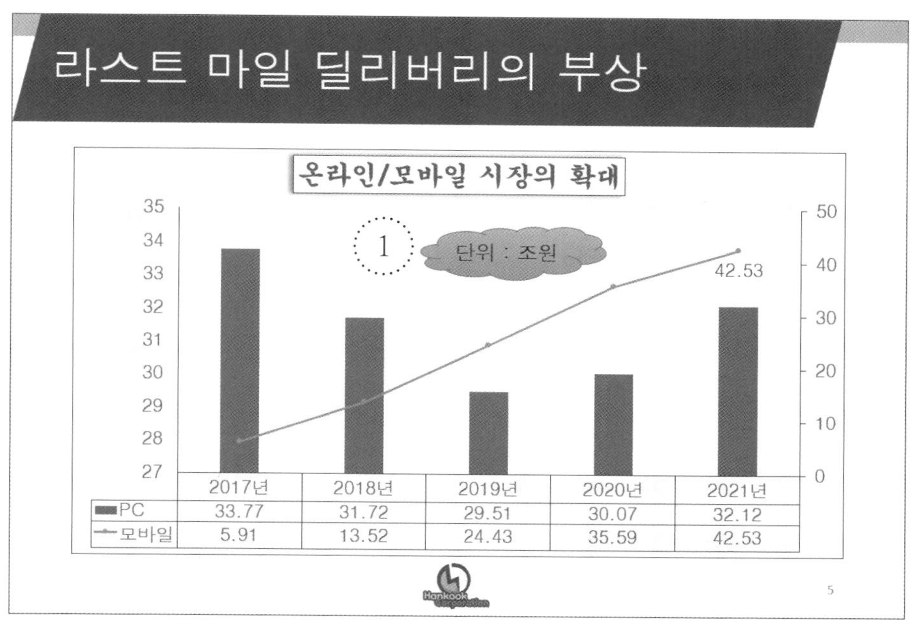

	2017년	2018년	2019년	2020년	2021년
PC	33.77	31.72	29.51	30.07	32.12
모바일	5.91	13.52	24.43	35.59	42.53

슬라이드 6 ≪도형 슬라이드≫ (100점)

(1) 슬라이드와 같이 도형 및 스마트아트를 배치한다(글꼴 : 굴림, 18pt).

(2) 애니메이션 순서 : ① ⇒ ②

세부조건

① 도형 및 스마트아트 편집
- 스마트아트 디자인 :
  3차원 광택 처리, 3차원 경사
- 그룹화 후 애니메이션 효과 :
  밝기 변화

② 도형 편집
- 그룹화 후 애니메이션 효과 :
  날아오기(오른쪽에서)

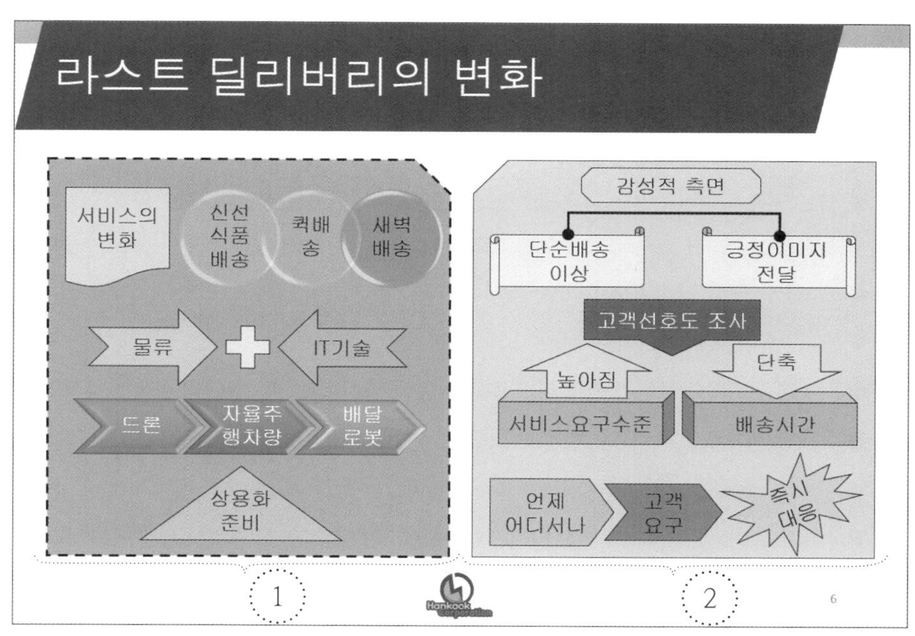

제 09 회 최신기출유형 (MS 오피스)

과목	코드	문제유형	시험시간	수험번호	성명
한글파워포인트	1142	D	60분		

수험자 유의사항

- 수험자는 문제지를 받는 즉시 문제지와 **수험표상의 시험과목(프로그램)이 동일한지 반드시 확인**하여야 합니다.
- 파일명은 본인의 "수험번호-성명"으로 입력하여 답안폴더(내 PC₩문서₩ITQ)에 하나의 파일로 저장해야 하며, 답안문서 파일명이 "수험번호-성명"과 일치하지 않거나, 답안파일을 전송하지 않아 미제출로 처리될 경우 실격 처리합니다(예:12345678-홍길동.pptx).
- 답안 작성을 마치면 파일을 저장하고, '답안 전송' 버튼을 선택하여 감독위원 PC로 답안을 전송하십시오. 수험생 정보와 저장한 파일명이 다를 경우 전송되지 않으므로 주의하시기 바랍니다.
- 답안 작성 중에도 **주기적으로 저장하고, '답안 전송'**하여야 문제 발생을 줄일 수 있습니다. 작업한 내용을 저장하지 않고 전송할 경우 이전에 저장된 내용이 전송되오니 이점 유의하시기 바랍니다.
- 답안문서는 지정된 경로 외의 다른 보조기억장치에 저장하는 경우, 지정된 시험 시간 외에 작성된 파일을 활용할 경우, 기타 통신수단(이메일, 메신저, 네트워크 등)을 이용하여 타인에게 전달 또는 외부 반출하는 경우는 부정 처리합니다.
- 시험 중 부주의 또는 고의로 시스템을 파손한 경우는 수험자가 변상해야 하며, 〈수험자 유의사항〉에 기재된 방법대로 이행하지 않아 생기는 불이익은 수험생 당사자의 책임임을 알려 드립니다.
- 문제의 조건은 MS오피스 2016 버전으로 설정되어 있으니 유의하시기 바랍니다.
- 시험을 완료한 수험자는 답안파일이 전송되었는지 확인한 후 감독위원의 지시에 따라 문제지를 제출하고 퇴실합니다.

답안 작성요령

- 온라인 답안 작성 절차
  수험자 등록 ➡ 시험 시작 ➡ 답안파일 저장 ➡ 답안 전송 ➡ 시험 종료
- 슬라이드의 크기는 A4 Paper로 설정하여 작성합니다.
- 슬라이드의 총 개수는 6개로 구성되어 있으며 슬라이드 1부터 순서대로 작업하고 반드시 문제와 세부 조건대로 합니다.
- 별도의 지시사항이 없는 경우 출력형태를 참조하여 글꼴색은 검정 또는 흰색으로 작성하고, 기타사항은 전체적인 균형을 고려하여 작성합니다.
- 슬라이드 도형 및 개체에 출력형태와 다른 스타일(그림자, 외곽선 등)을 적용했을 경우 감점 처리됩니다.
- 슬라이드 번호를 작성합니다(슬라이드 1에는 생략).
- 2~6번 슬라이드 제목 도형과 하단 로고는 슬라이드 마스터를 이용하여 출력형태와 동일하게 작성합니다(슬라이드 1에는 생략).
- 문제와 세부조건, 세부조건 번호 ◌ (점선원)는 입력하지 않습니다.
- 각 개체의 위치는 오른쪽의 슬라이드와 동일하게 구성합니다.
- 그림 삽입 문제의 경우 반드시 「내 PC₩문서₩ITQ₩Picture」 폴더에서 정확한 파일을 선택하여 삽입하십시오.
- 각 슬라이드를 각각의 파일로 작업해서 저장할 경우 실격 처리됩니다.

전체구성 (60점)

(1) 슬라이드 크기 및 순서 : 크기를 A4 용지로 설정하고 슬라이드 순서에 맞게 작성한다.

(2) 슬라이드 마스터 : 2~6 슬라이드의 제목, 하단 로고, 슬라이드 번호는 슬라이드 마스터를 이용하여 작성한다.

- 제목 글꼴(굴림, 40pt, 흰색), 가운데 맞춤, 도형(선 없음)
- 하단 로고(「내 PC₩문서₩ITQ₩Picture₩로고2.jpg」 배경(회색) 투명색으로 설정)

슬라이드 1 ≪표지 디자인≫ (40점)

(1) 표지 디자인 : 도형, 워드아트 및 그림을 이용하여 작성한다.

세부조건

① 도형 편집
- 도형에 그림 채우기 : 「내 PC₩문서₩ITQ₩Picture₩그림1.jpg」, 투명도 50%
- 도형 효과 : 부드러운 가장자리 5 포인트

② 워드아트 삽입
- 변환 : 아래쪽 수축
- 글꼴 : 궁서, 굵게
- 텍스트 반사 : 전체 반사, 4 pt 오프셋

③ 그림 삽입
- 「내 PC₩문서₩ITQ₩Picture₩로고2.jpg」
- 배경(회색) 투명색으로 설정

슬라이드 2 ≪목차 슬라이드≫ (60점)

(1) 출력형태와 같이 도형을 이용하여 목차를 작성한다(글꼴 : 돋움, 24pt).

(2) 도형 : 선 없음

세부조건

① 텍스트에 하이퍼링크 적용 → '슬라이드 5'

② 그림 삽입
- 「내 PC₩문서₩ITQ₩Picture₩그림5.jpg」
- 자르기 기능 이용

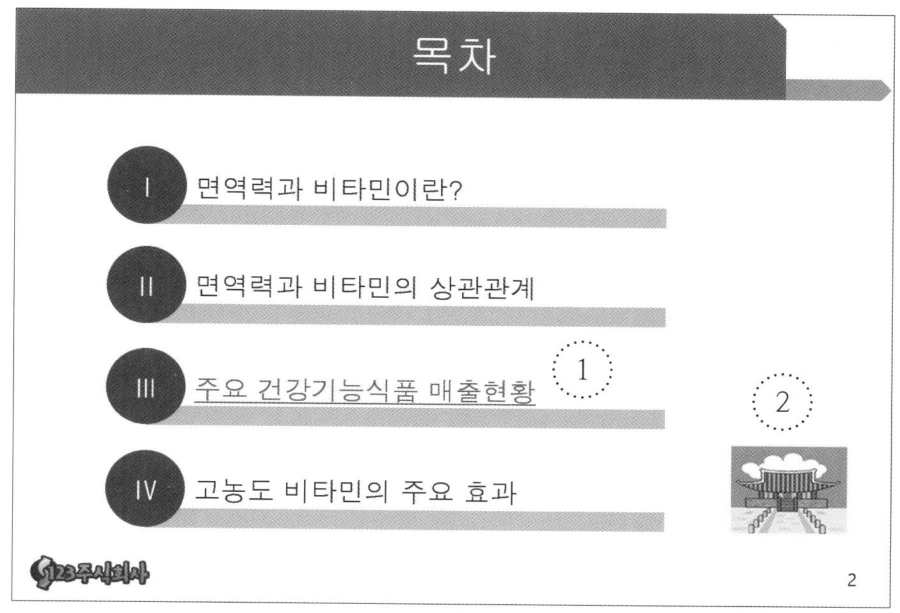

슬라이드 3 ≪텍스트/동영상 슬라이드≫ (60점)

(1) 텍스트 작성 : 글머리 기호 사용(❖, ■)

❖문단(굴림, 24pt, 굵게, 줄 간격 : 1.5줄), ■문단(굴림, 20pt, 줄 간격 : 1.5줄)

세부조건

① 동영상 삽입 :
- 「내 PC₩문서₩ITQ₩Picture₩동영상.wmv」
- 자동 실행, 반복 재생 설정

Ⅰ. 면역력과 비타민이란?

❖ Immunity
- ■ Specific defense against certain diseases
- ■ Defensive state against invasion of pathogens, pathogens or poisoning of antigenic substances from outside

❖ 비타민
- ■ 동물체의 주 영양소가 아니면서 동물의 정상적인 발육과 생리 작용을 유지하는 데 없어서는 안 되는 유기 화합물을 통틀어 이르는 말로 비교적 소량이 필요하지만 체내에서 생성되지 않음

1

3

슬라이드 4 ≪표 슬라이드≫ (80점)

(1) 도형과 표 작성 기능을 이용하여 슬라이드를 작성한다(글꼴 : 궁서, 18pt).

세부조건

① 상단 도형 :
2개 도형의 조합으로 작성

② 좌측 도형 :
그라데이션 효과(선형 아래쪽)

③ 표 스타일 :
테마 스타일 1 – 강조 5

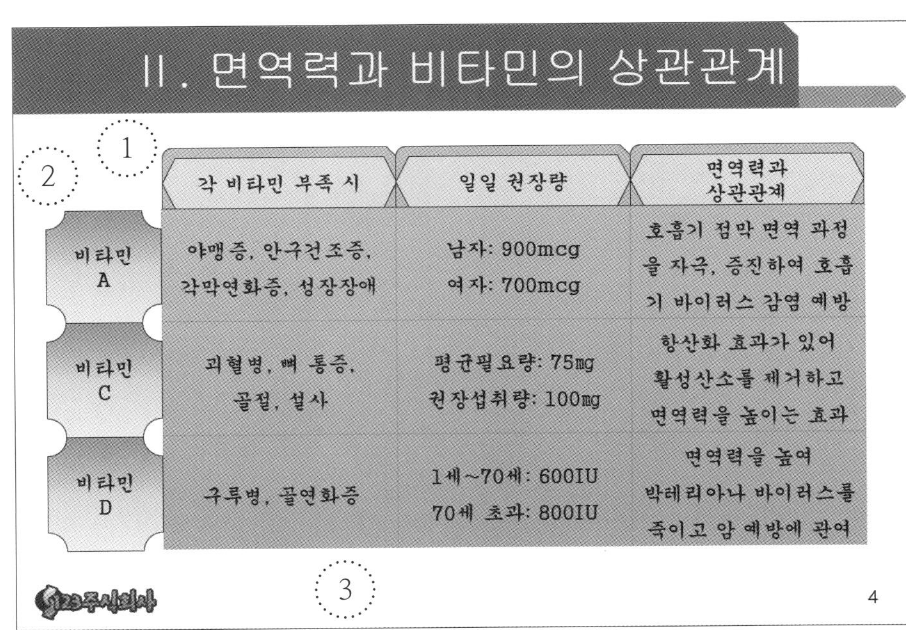

	각 비타민 부족 시	일일 권장량	면역력과 상관관계
비타민 A	야맹증, 안구건조증, 각막연화증, 성장장애	남자: 900mcg 여자: 700mcg	호흡기 점막 면역 과정을 자극, 증진하여 호흡기 바이러스 감염 예방
비타민 C	괴혈병, 뼈 통증, 골절, 설사	평균필요량: 75mg 권장섭취량: 100mg	항산화 효과가 있어 활성산소를 제거하고 면역력을 높이는 효과
비타민 D	구루병, 골연화증	1세~70세: 600IU 70세 초과: 800IU	면역력을 높여 박테리아나 바이러스를 죽이고 암 예방에 관여

슬라이드 5 ≪차트 슬라이드≫ (100점)

(1) 차트 작성 기능을 이용하여 슬라이드를 작성한다.

(2) 차트 : 종류(묶은 세로 막대형), 글꼴(돋움, 16pt), 외곽선

세부조건

※ 차트 설명
- 차트 제목 : 돋움, 24pt, 굵게, 채우기(흰색), 테두리, 그림자(오프셋 아래쪽)
- 차트 영역 : 채우기(노랑)
  그림 영역 : 채우기(흰색)
- 데이터 서식 : 홍삼 계열을 표식이 있는 꺾은선형으로 변경 후 보조 축으로 지정
- 값 표시 : 2018년의 비타민 계열만

① 도형 삽입
- 스타일 :
  미세 효과 – 파랑, 강조 1
- 글꼴 : 굴림, 18pt

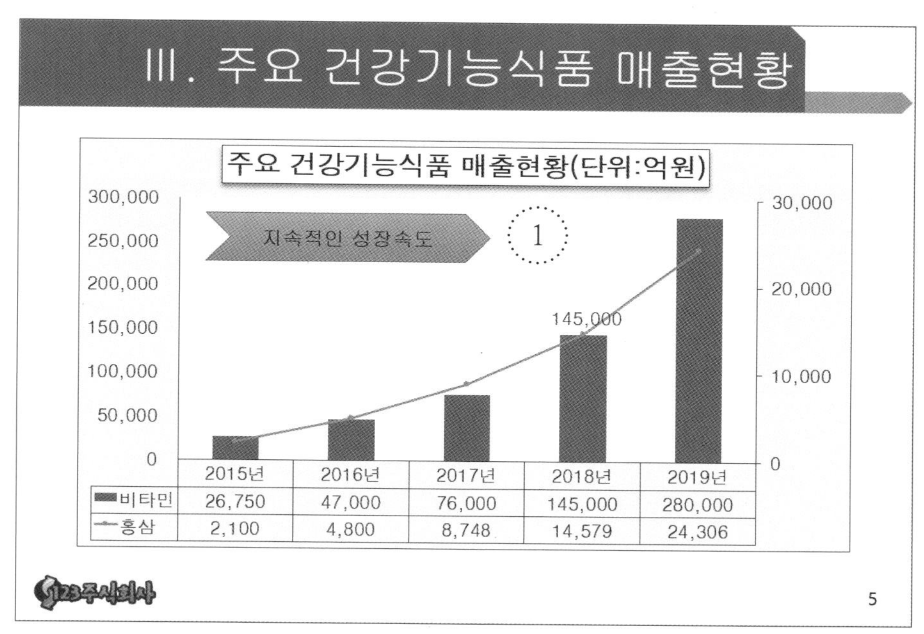

슬라이드 6 ≪도형 슬라이드≫ (100점)

(1) 슬라이드와 같이 도형 및 스마트아트를 배치한다(글꼴 : 돋움, 18pt).

(2) 애니메이션 순서 : ① ⇒ ②

세부조건

① 도형 및 스마트아트 편집
- 스마트아트 디자인 :
  3차원 만화, 3차원 경사
- 그룹화 후 애니메이션 효과 :
  날아오기(왼쪽에서)

② 도형 편집
- 그룹화 후 애니메이션 효과 :
  밝기 변화

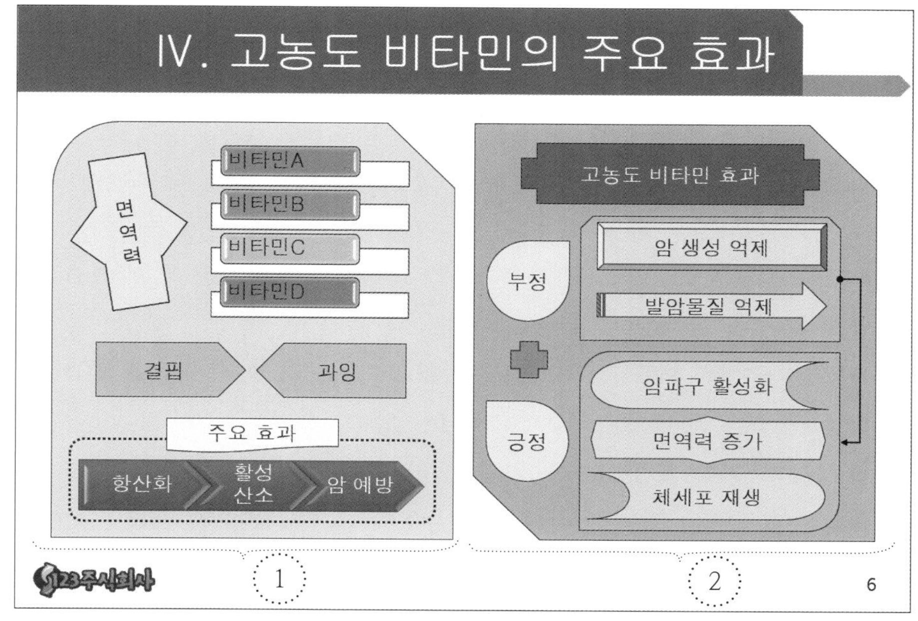

제 10 회 최신기출유형 (MS 오피스)

과목	코드	문제유형	시험시간	수험번호	성명
한글파워포인트	1142	E	60분		

수험자 유의사항

- 수험자는 문제지를 받는 즉시 문제지와 **수험표상의 시험과목(프로그램)이 동일한지 반드시 확인**하여야 합니다.
- 파일명은 본인의 "수험번호-성명"으로 입력하여 답안폴더(내 PC₩문서₩ITQ)에 하나의 파일로 저장해야 하며, 답안문서 파일명이 "수험번호-성명"과 일치하지 않거나, 답안파일을 전송하지 않아 미제출로 처리될 경우 실격 처리합니다(예:12345678-홍길동.pptx).
- 답안 작성을 마치면 파일을 저장하고, '답안 전송' 버튼을 선택하여 감독위원 PC로 답안을 전송하십시오. 수험생 정보와 저장한 파일명이 다를 경우 전송되지 않으므로 주의하시기 바랍니다.
- 답안 작성 중에도 **주기적으로 저장하고, '답안 전송'**하여야 문제 발생을 줄일 수 있습니다. 작업한 내용을 저장하지 않고 전송할 경우 이전에 저장된 내용이 전송되오니 이점 유의하시기 바랍니다.
- 답안문서는 지정된 경로 외의 다른 보조기억장치에 저장하는 경우, 지정된 시험 시간 외에 작성된 파일을 활용할 경우, 기타 통신수단(이메일, 메신저, 네트워크 등)을 이용하여 타인에게 전달 또는 외부 반출하는 경우는 부정 처리합니다.
- 시험 중 부주의 또는 고의로 시스템을 파손한 경우는 수험자가 변상해야 하며, 〈수험자 유의사항〉에 기재된 방법대로 이행하지 않아 생기는 불이익은 수험생 당사자의 책임임을 알려 드립니다.
- 문제의 조건은 MS오피스 2016 버전으로 설정되어 있으니 유의하시기 바랍니다.
- 시험을 완료한 수험자는 답안파일이 전송되었는지 확인한 후 감독위원의 지시에 따라 문제지를 제출하고 퇴실합니다.

답안 작성요령

- 온라인 답안 작성 절차
  수험자 등록 ➡ 시험 시작 ➡ 답안파일 저장 ➡ 답안 전송 ➡ 시험 종료
- 슬라이드의 크기는 A4 Paper로 설정하여 작성합니다.
- 슬라이드의 총 개수는 6개로 구성되어 있으며 슬라이드 1부터 순서대로 작업하고 반드시 문제와 세부 조건대로 합니다.
- 별도의 지시사항이 없는 경우 출력형태를 참조하여 글꼴색은 검정 또는 흰색으로 작성하고, 기타사항은 전체적인 균형을 고려하여 작성합니다.
- 슬라이드 도형 및 개체에 출력형태와 다른 스타일(그림자, 외곽선 등)을 적용했을 경우 감점 처리됩니다.
- 슬라이드 번호를 작성합니다(슬라이드 1에는 생략).
- 2~6번 슬라이드 제목 도형과 하단 로고는 슬라이드 마스터를 이용하여 출력형태와 동일하게 작성합니다(슬라이드 1에는 생략).
- 문제와 세부조건, 세부조건 번호 ◌ (점선원)는 입력하지 않습니다.
- 각 개체의 위치는 오른쪽의 슬라이드와 동일하게 구성합니다.
- 그림 삽입 문제의 경우 반드시 「내 PC₩문서₩ITQ₩Picture」 폴더에서 정확한 파일을 선택하여 삽입하십시오.
- 각 슬라이드를 각각의 파일로 작업해서 저장할 경우 실격 처리됩니다.

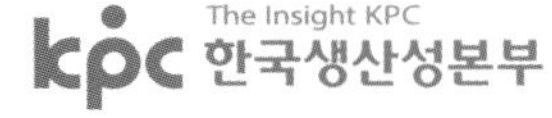

전체구성 (60점)

(1) 슬라이드 크기 및 순서 : 크기를 A4 용지로 설정하고 슬라이드 순서에 맞게 작성한다.

(2) 슬라이드 마스터 : 2~6 슬라이드의 제목, 하단 로고, 슬라이드 번호는 슬라이드 마스터를 이용하여 작성한다.

- 제목 글꼴(굴림, 40pt, 흰색), 가운데 맞춤, 도형(선 없음)
- 하단 로고(「내 PC₩문서₩ITQ₩Picture₩로고2.jpg」 배경(회색) 투명색으로 설정)

슬라이드 1 ≪표지 디자인≫ (40점)

(1) 표지 디자인 : 도형, 워드아트 및 그림을 이용하여 작성한다.

세부조건

① 도형 편집
- 도형에 그림 채우기 : 「내 PC₩문서₩ITQ₩Picture₩그림1.jpg」, 투명도 50%
- 도형 효과 : 부드러운 가장자리 5 포인트

② 워드아트 삽입
- 변환 : 아래쪽 수축
- 글꼴 : 궁서, 굵게
- 텍스트 반사 : 전체 반사, 4 pt 오프셋

③ 그림 삽입
- 「내 PC₩문서₩ITQ₩Picture₩로고2.jpg」
- 배경(회색) 투명색으로 설정

슬라이드 2 ≪목차 슬라이드≫ (60점)

(1) 출력형태와 같이 도형을 이용하여 목차를 작성한다(글꼴 : 돋움, 24pt).

(2) 도형 : 선 없음

세부조건

① 텍스트에 하이퍼링크 적용
→ '슬라이드 5'

② 그림 삽입
- 「내 PC₩문서₩ITQ₩Picture₩그림5.jpg」
- 자르기 기능 이용

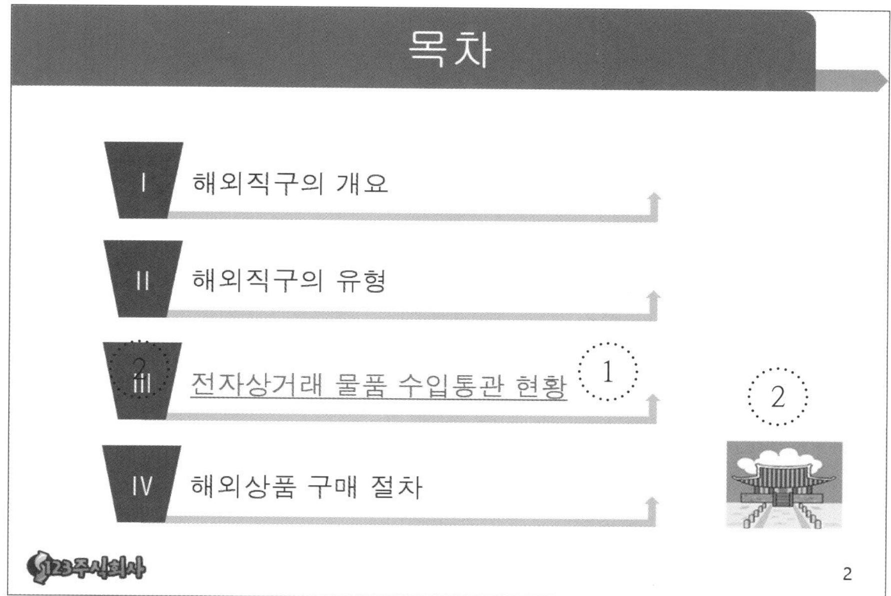

슬라이드 3 ≪텍스트/동영상 슬라이드≫ (60점)

(1) 텍스트 작성 : 글머리 기호 사용(❖, ■)

❖문단(굴림, 24pt, 굵게, 줄 간격 : 1.5줄), ■문단(굴림, 20pt, 줄 간격 : 1.5줄)

세부조건

① 동영상 삽입 :
- 「내 PC₩문서₩ITQ₩Picture₩동영상.wmv」
- 자동 실행, 반복 재생 설정

Ⅰ. 해외직구의 개요

❖ Overseas direct

- ■ Shopping type to purchase directly from overseas via internet shopping malls
- ■ Easy and affordable payment system advantages

❖ 해외직구란?

- ■ 인터넷 쇼핑몰을 통해 해외에서 직접 상품을 구매하는 쇼핑 형태로 간편한 결제 시스템과 국내에 없는 다양한 상품을 저렴하게 구매할 수 있지만 환불 교환이 복잡하며 배송이 오래 걸림

①

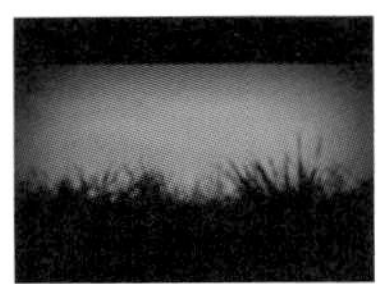

123주식회사 3

슬라이드 4 ≪표 슬라이드≫ (80점)

(1) 도형과 표 작성 기능을 이용하여 슬라이드를 작성한다(글꼴 : 굴림, 18pt).

세부조건

① 상단 도형 :
2개 도형의 조합으로 작성

② 좌측 도형 :
그라데이션 효과(선형 아래쪽)

③ 표 스타일 :
테마 스타일 1 – 강조 5

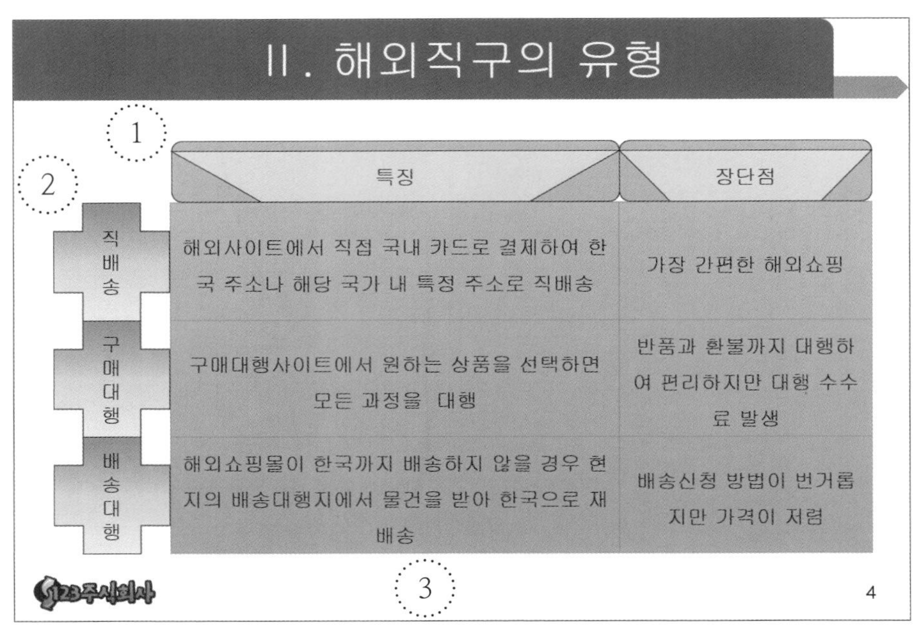

Ⅱ. 해외직구의 유형

	특징	장단점
직배송	해외사이트에서 직접 국내 카드로 결제하여 한국 주소나 해당 국가 내 특정 주소로 직배송	가장 간편한 해외쇼핑
구매대행	구매대행사이트에서 원하는 상품을 선택하면 모든 과정을 대행	반품과 환불까지 대행하여 편리하지만 대행 수수료 발생
배송대행	해외쇼핑몰이 한국까지 배송하지 않을 경우 현지의 배송대행지에서 물건을 받아 한국으로 재배송	배송신청 방법이 번거롭지만 가격이 저렴

슬라이드 5 ≪차트 슬라이드≫ (100점)

(1) 차트 작성 기능을 이용하여 슬라이드를 작성한다.

(2) 차트 : 종류(묶은 세로 막대형), 글꼴(돋움, 16pt), 외곽선

세부조건

※ 차트 설명
- 차트 제목 : 돋움, 24pt, 굵게, 채우기(흰색), 테두리, 그림자(오프셋 아래쪽)
- 차트 영역 : 채우기(노랑)
  그림 영역 : 채우기(흰색)
- 데이터 서식 : 비율 계열을 표식이 있는 꺾은선형으로 변경 후 보조 축으로 지정
- 값 표시 : 의류, 신발의 비율 계열만

① 도형 삽입
- 스타일 : 미세 효과 – 파랑, 강조 1
- 글꼴 : 굴림, 18pt

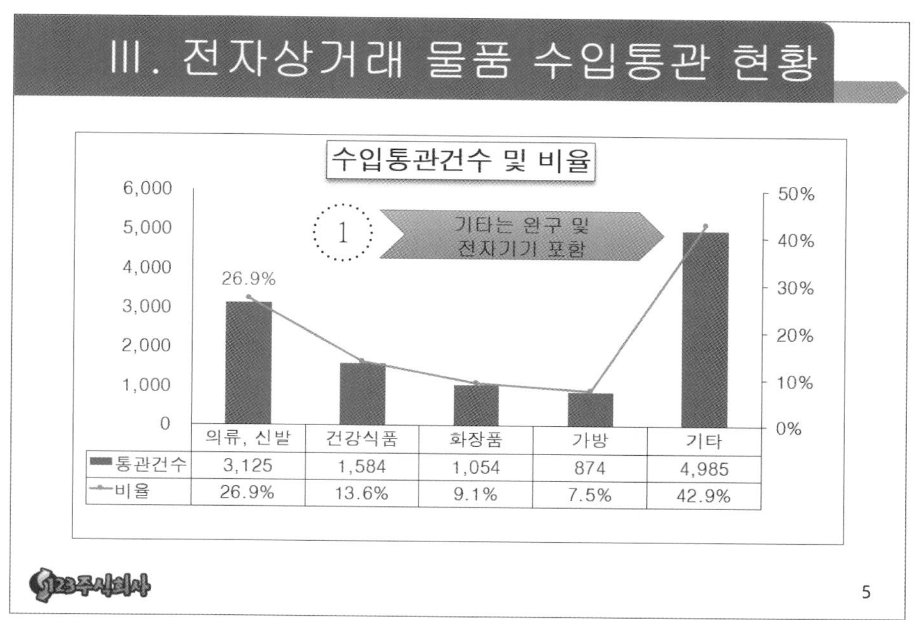

	의류, 신발	건강식품	화장품	가방	기타
통관건수	3,125	1,584	1,054	874	4,985
비율	26.9%	13.6%	9.1%	7.5%	42.9%

슬라이드 6 ≪도형 슬라이드≫ (100점)

(1) 슬라이드와 같이 도형 및 스마트아트를 배치한다(글꼴 : 돋움, 18pt).

(2) 애니메이션 순서 : ① ⇒ ②

세부조건

① 도형 및 스마트아트 편집
- 스마트아트 디자인 : 3차원 만화, 3차원 경사
- 그룹화 후 애니메이션 효과 : 날아오기(왼쪽에서)

② 도형 편집
- 그룹화 후 애니메이션 효과 : 밝기 변화

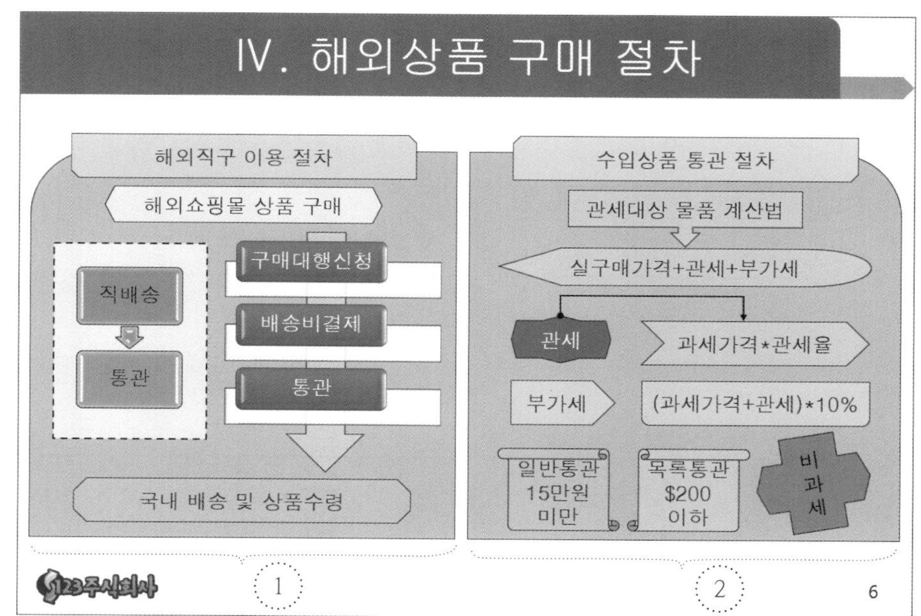

Memo